Spring Boot Up & Running

처음부터 제대로 배우는 스프링 부트

| 표지 설명 |

표지 그림은 아메리카메추라기도요새(학명: *Calidris melanotos*)입니다. 그래스피퍼grasspipers의 일종으로, 보통 북아메리카 전역의 풀이 무성한 습지나 습한 들판에 서식하며 주로 대평원에서 볼 수 있고 대서양 동쪽으로 갈수록 개체수가 적습니다. 펙토랄pectoral, 흉근이란 수컷 도요새의 가슴에 있는 기낭air sac인데, 새들이 여름 짝짓기 시즌을 보내기 위해 툰드라 상공을 비행할 때 부풀어오릅니다.

중간 크기의 도요새는 줄무늬가 많은 가슴과 경계가 뚜렷한 하얀 배로 식별합니다. 수컷은 구애 중인 암컷 위를 날면서 암컷을 따라 땅으로 내려간 다음 하늘을 향해 날개를 펼친 채 정교한 춤을 추며 암컷을 유인합니다. 툰드라에서 여름을 보내고 나면 남아메리카로 이주하며 일부는 겨울나기를 위해 호주와 뉴질랜드로 여행을 떠납니다.

오라일리 표지에 실린 많은 동물은 멸종 위기에 처해 있으며 우리 생태계에 매우 중요합니다.

표지 삽화는 『British Birds』의 흑백 판화를 바탕으로 캐런 몽고메리Karen Montgomery가 그렸습니다.

처음부터 제대로 배우는 스프링 부트

자바와 코틀린으로 만나는 클라우드 네이티브 애플리케이션 구축

초판 1쇄 발행 2023년 5월 8일
초판 2쇄 발행 2024년 7월 20일

지은이 마크 헤클러 / **옮긴이** 오시영, 서정대 / **펴낸이** 전태호
펴낸곳 한빛미디어(주) / **주소** 서울시 서대문구 연희로2길 62 한빛미디어(주) IT출판2부
전화 02-325-5544 / **팩스** 02-336-7124
등록 1999년 6월 24일 제25100-2017-000058호 / **ISBN** 979-11-6921-096-6 93000

총괄 송경석 / **책임편집** 박지영 / **기획** 서현 / **교정** 김묘선 / **진행** 박지영
디자인 표지 윤혜원 내지 박정화 / **전산편집** 김민정
영업 김형진, 장경환, 조유미 / **마케팅** 박상용, 한종진, 이행은, 김선아, 고광일, 성화정, 김한솔 / **제작** 박성우, 김정우

이 책에 대한 의견이나 오탈자 및 잘못된 내용은 출판사 홈페이지나 아래 이메일로 알려주십시오.
파본은 구매처에서 교환하실 수 있습니다. 책값은 뒤표지에 표시되어 있습니다.
한빛미디어 홈페이지 www.hanbit.co.kr / 이메일 ask@hanbit.co.kr

지금 하지 않으면 할 수 없는 일이 있습니다.
책으로 펴내고 싶은 아이디어나 원고를 메일(writer@hanbit.co.kr)로 보내주세요.
한빛미디어(주)는 여러분의 소중한 경험과 지식을 기다리고 있습니다.

Spring Boot Up & Running

처음부터 제대로 배우는 스프링 부트

O'REILLY® 한빛미디어 Hanbit Media, Inc.

베타리더 리뷰

이 책은 스프링 부트를 사용해 가벼운 프로젝트를 만들어보고 개념을 정리할 수 있는 책입니다. 많은 부분을 깊게 설명하지 않아 부담스럽지 않게 읽을 수 있으며, 코드를 따라 작성해볼 수 있습니다. 또한 기본 개념은 물론이고, 최근에 각광받고 있는 마이크로 서비스에 초점을 맞추어 WebFlux 또는 R2DBC 개념도 가볍게 배울 수 있어서 좋습니다. 이 책은 초급부터 중급 개발자를 대상으로 하여 최신 스프링 부트 개념을 빠르게 정리할 수 있는 교본이 되기에 충분합니다.

_강성태 케어링

스프링 부트를 오래전에 해봤던 사람도 알고는 있지만 헷갈렸던 부분, 혹은 사용은 하지만 너무 당연해 잊고 있던 개념을 다시 한번 리마인드할 수 있는 책입니다. 당연하지만 헷갈릴 수 있는 부분들을 간결하고 정확하게 짚어내 책을 가볍게 읽었을 때도 중요한 내용을 명확하게 기억할 수 있었습니다.

'당연히 이렇게 하는 거야!'하고 무심히 넘어갈 만한 내용도 왜 이렇게 하는지 알려주니 기억하기 좋은 포인트가 되어 더 오래 기억하게 됩니다. 오랜만에 스프링 부트를 서비스에 적용할 일이 생겼는데, 이 책을 통해 서비스 운영에 반드시 챙겨야 할 점을 쉽고 빠르게 정리하고 적용할 수 있었습니다.

_김선오 메이사

스프링 프레임워크를 어느 정도 다뤄본 사용자가 스프링 부트를 배우고 스프링 데이터, 스프링 시큐리티, 스프링 웹플럭스와 같은 모듈의 철학까지 빠르게 이해할 수 있는 훌륭한 자료입니다. 또 스프링 부트로 확장 가능한 애플리케이션을 구축하는 방법을 따라 하기 쉬운 코드 샘플로 친절하게 알려줍니다. 전반적으로 스프링 부트 및 관련 모듈에 대한 이해의 지평을 넓히고자 하는 스프링 프레임워크 중급 사용자에게 이 책을 적극 추천합니다.

_박재성(Jason) 우아한형제들

챗GPT는 이 책을 다음과 같이 설명합니다.

> **초보자부터 전문가까지 모두가 이해하기 쉽게 작성되고 각 장에 실제로 실행 가능한 코드가 제시되어 개념을 이해하기가 쉽습니다. 게다가 스프링 부트의 기본 개념만이 아니라 클라우드 네이티브 애플리케이션을 구축하는 기술도 설명합니다. 스프링 부트는 기초부터 따라 하면서 학습하게 구성되었지만, 자바나 IDE 환경 설정과 관련된 부분은 선지식을 요합니다.**

스프링 부트만 조명하지 않고 다양한 개발 툴을 소개하고 설명하여 초, 중급 개발자에게 유용합니다. 단순히 코드 작성에 필요한 지식만이 아니라 개발자로서 알아야 할 환경과 기반 지식을 폭넓게 다뤄 실무 역량을 한 차원 높여줍니다. 일선 경험이 부족하거나 개발자로 막 입문한 분들에게 필독을 권합니다.

_장진달 NextStep

스프링 입문서가 넘쳐나는 시기에 초심자뿐만 아니라 중고급 개발자까지 볼 수 있는 난도 있는 도서였습니다. 스프링 부트가 제공하는 핵심 기능을 코드를 따라 하면서 실습할 수 있습니다. 스프링 부트의 큰 그림을 정리하는 데 도움이 될 것 같습니다.

_전송연 Jocoos

스프링 부트를 처음 접하는 분들을 위한 책입니다. 스프링 부트로 간단한 API 서버를 만드는 방법부터 데이터베이스를 연결해 데이터를 처리하는 법, 웹플럭스, 애플리케이션 보안, 테스트 등 다양한 내용을 다룹니다. 깊이가 있진 않지만, 초보자도 이해할 만큼 쉽고 간결합니다. 스프링 부트를 어떻게 개발하는지를 풍부한 예제를 통해 코드로 이해하고 싶은 분들에게 추천합니다.

_홍상표 카카오엔터테인먼트

지은이 · 옮긴이 소개

지은이 **마크 헤클러** Mark Heckler

VMware의 소프트웨어 개발자이자 스프링 개발 애드버킷Spring Developer Advocate, 컨퍼런스 연사, 자바 챔피언 및 코틀린의 구글 개발자 전문가입니다. 클라우드를 위한 빠르고 혁신적인 프로덕션 수준 소프트웨어 개발에 주력하고 있습니다. 그는 제조, 소매, 의료, 과학, 통신, 금융 산업의 주요 업체 및 다양한 공공 부문 조직과 협력하여 핵심 기능을 예산과 일정에 맞게 개발하고 제공했습니다. 오픈소스 기여자이자 개발자 중심 블로그의 저자/큐레이터로 가끔 흥미로운 트위터 글을 게시합니다(*@mkheck*).

옮긴이 **오시영** dev@syoh.net

프로그래밍으로 하고 싶은 것과 할 수 있는 것을 합니다.

옮긴이 **서정대** jungdaesuh1221@gmail.com

해군 통역 장교를 지냈으며, 현재 (주)핸디즈에서 코틀린/스프링 백엔드 개발자로 근무하고 있습니다.

옮긴이의 말

이 책은 입문자는 물론이고 스프링부트 중급자, 나아가 고급 개발자에게도 유용한 내용을 담고 있습니다. 처음부터 차근차근 읽는다면 스프링부트의 기본 개념과 철학을 이해하는 데 많은 도움이 될 것입니다. 뒷부분은 리액티브 프로그래밍 등 스프링부트 입문자에게는 다소 어려운 내용을 다루고 있지만, 실습과 함께 진행한다면 조금 더 수월하게 이해할 수 있으리라 기대합니다.

저자가 이 책을 집필할 당시, 상당수의 개념과 지식은 독자가 이미 알고 있으리라 가정하고 쓴 내용들이 있습니다. 그에 따라 여러분의 이해를 돕고자 원저자와 직접 이메일을 주고받으며 추가 설명을 덧붙인 부분들이 있습니다. 그럼에도 설명이 부족한 부분이 있다면 제 이메일로 연락 주세요.

또한, 스프링부트의 최신 버전인 3.0과 호환되도록 깃허브 저장소의 코드도 업데이트했습니다. 이 책이 스프링부트를 학습하고 실무에 적용하려는 독자 여러분께 많은 도움이 되길 바랍니다.

좋은 책을 번역할 기회를 주신 오시영 님께 감사드리며, 업무와 번역 작업을 병행할 수 있도록 허락해 주신 (주)핸디즈에도 감사드립니다.

_서정대

옮긴이의 말

이 책을 처음 접했을 때, 처음부터 끝까지 앉은 자리에서 막힘없이 읽을 수 있었습니다. 명쾌하게 핵심을 짚는 것이 이 책의 큰 장점이라고 생각합니다. 번역하며 장고Django와 플라스크Flask를 사용하다가 다시 스프링 부트로 바꿔 사용하면서 고생했던 때가 생각났습니다. 그 당시 이 책이 있었다면, 빠르게 스프링 부트를 스프링 부트답게 쓸 수 있었을 텐데 말이죠.

이 책은 크게 두 개의 프로젝트를 발전시켜 나가며 진행합니다. 장마다 속도감 있게 프로젝트를 발전시켜 가며 코드를 중심으로 개념을 설명합니다. 스프링 부트 프로젝트 생성부터 DB-JPA, 테스트, 스프링 시큐리티를 사용한 보안, 그리고 배포까지 빠르게 애플리케이션의 전 과정을 실습할 수 있습니다. 각 장의 분량은 적어 보이지만 내용은 결코 가볍지 않습니다. 장마다 다른 핵심 토픽을 다루며 저자의 놀라운 통찰력을 보여줍니다.

각 장에서는 개별적인 주제를 다루고 있습니다.

1장은 스프링 부트의 특징을 설명합니다. 2장은 스프링 부트 개발에 들어가기 전에 어떤 언어와 도구를 사용할지 소개합니다. 스프링 부트가 제공하는 여러 선택지 중에 무엇을 선택할지 안내할 것입니다. 3장에서 5장은 REST API를 만들고 DB 연결을 하며 자동설정과 어노테이션의 기본을 살펴봅니다. 8장과 12장은 리액트를 다루며 기본 개념을 깊이 있게 파고듭니다. 리액트에 관심 있거나 현재 사용하고 있지만 리액트의 장점을 더 살려 활용도를 넓히고 싶은 분이라면 정독을 권합니다. 9장에서는 스프링 부트에서 테스트뿐만이 아닌 테스트에 대한 저자의 관점을 엿볼 수 있습니다.

스프링 부트를 처음 접하는 개발자라면 스프링 부트에 대한 큰 얼개와 최신 흐름을 한번에 살펴볼 수 있습니다. 스프링 부트의 특징에 집중하는 1장에서 3장까지를 보며 큰 그림을 그리게 될 것입니다. 스프링을 사용하고 있거나 다른 웹 프레임워크를 사용해본 개발자라면 스프링 부트를 스프링 부트답게 사용하는 데 도움이 되리라 생각합니다.

스프링 부트로 개발을 하고 있고 특정 개념만 보고 싶은 독자라면, 순서에 상관없이 바로 관심 가는 장을 골라 봐도 좋습니다. 다만 스프링 부트에 대한 저자의 통찰력을 엿볼 수 있는 1장은 꼭 읽어보시길 권합니다. 앞서 작성한 프로젝트는 각 장의 시작 코드, 완성된 코드는 깃허브 리포지터리에서 브랜치별로 다운로드할 수 있습니다. 어느 장에서 시작해도 프로젝트 코드를 작성하는 데 불편함은 없을 것이라 생각합니다.

고마우신 분들이 참 많습니다. IT 전문서를 번역할 수 있게 역자 지원을 권해주신 SLiPP의 박상도 님, 아직 덜 번역된 거친 초고를 리뷰해주신 명지혜 님, 김선만 님, 권나연 님, 전송연 님, 고맙습니다. 따뜻하게 반겨주어 제게 힘이 되어주는 카페 언위트의 carrie.m 님, 언제나 고맙습니다. 모두 첫 발걸음을 떼는 데 큰 힘이 되어주셨습니다. 수줍게 내민 원고의 베타 리뷰를 흔쾌히 수락해주신 홍상표 님, 박재성 님, 김선오 님, 전송연 님, 장진달 님, 김문수 님, 고맙습니다.

번역하면서 커뮤니티 도움을 많이 받았습니다. 참 많은 것을 배우고 자랐다는 생각을 했습니다. 그 덕분에 이렇게 IT 전문서 번역에 도전할 수 있었습니다. 언제나 터놓고 개발 이야기를 나누면서 제게 자극이 되고 위안이 되는 pro00er의 문혜영 님, 김선오 님, 고맙습니다. 혼란스러울 때마다 코칭으로, 멘토링으로 도움을 주신 AC2 커뮤니티의 많은 분들, '개복치 개발자'에서 '회사 밖 개발자'로 성장하고 있는 지금까지 언제나 아낌없이 조언해주시는 SLiPP 스터디분들, 모두 고맙습니다.

무엇보다 무한에 가까운 인내심으로 기다려주신 서현 편집자님과 같이 번역해주신 서정대 님, 고맙습니다. 서정대 님이 계시지 않았다면 본격적으로 번역을 시작하기도, 마무리하기도 어려웠을 겁니다. 고맙습니다!

_오시영

서문

"연은 바람을 거슬러 날아오른다."

_존 닐, The Weekly Mirror에 실린 'Enterprise and Perseverance' 에세이에서

『처음부터 제대로 배우는 스프링 부트』에 오신 것을 환영합니다. 만나뵙게 되어 반갑습니다.

요즘은 여러모로 활용하기 좋은 스프링 부트 책이 많습니다. 훌륭한 저자가 쓴 좋은 책도 많습니다. 하지만 저자라면 누구나 어떤 내용을 다루고 제외할지, 내용을 어떻게 효과적으로 설명할지 등 책을 특별하게 만들 크고 작은 결정을 내려야 합니다. 한 저자에겐 부차적인 내용이 다른 저자에겐 꼭 필요한 내용이 되기도 합니다. 여느 개발자들처럼, 우린 모두 개발자이고 각자 의견이 있으니까요.

제 의견은 이렇습니다. 스프링 부트를 처음 사용하는 개발자에게 공유된다면 반드시 필요하고 대단히 큰 도움이 됐을 부분이 누락됐다는 겁니다. 그리고 누락된 부분은 스프링 부트를 다루는 능력이 서툴든 능숙하든 전 세계 도처의 개발자들과 만나 상호작용을 할수록 늘어났습니다. 우리 모두는 다른 것을 다른 시간에 다른 방식으로 배우고 있습니다. 그래서 이 책을 구상하게 됐습니다.

만약 여러분이 스프링 부트가 처음이라면, 혹은 스프링 부트에 대한 기본 지식을 더 쌓는 것이 유용하다고 여긴다면, 생각해봅시다. 기본 지식을 다루는 책이 있다면 언제나 유용하지 않을까요? 이 책은 여러분을 염두에 두고 썼습니다. 이 책은 스프링 부트의 주요 기능을 다루는 동시에 이 기능들을 현실 세계에서 애플리케이션에 유용하게 활용하는 방법을 가볍게 소개합니다.

여러분과 이 여정을 함께하게 되어 영광입니다. 그럼 시작해보죠!

감사의 말

이 책을 쓰도록 격려하고 집필하는 내내 지지해준 모든 분들에게 이루 말할 수 없는 감사를 전합니다. 트위터에서 초안을 읽고 주신 친절한 피드백과 많은 조언이 제게 얼마나 큰 의미가 됐는지 모르실 겁니다. 깊은 감사를 드립니다.

언젠가는 책을 쓰겠지 하는 막연한 희망에 머물지 않고 이 책이 세상에 나오기까지 도움을 주신 분들을 소개합니다.

상사이자 멘토이며 친구인 타샤 아이젠버그Tasha Isenberg. 당신은 진행 일정을 맞추기 위해 오롯이 나와 함께했고, 일정이 밀릴 때 달릴 길을 터주었으며, 중요한 마감일을 제때 맞춰주었습니다. VMware에 계신 이해심 많은 옹호자들과 열렬한 지지자들께 진심으로 감사드립니다.

스프링 부트, 스프링 클라우드, 스프링 배치의 창립자이자 수많은 스프링 프로젝트에 기여한 데이빗 사이어 박사Dr. David Syer. 당신의 통찰력과 피드백은 정말 탁월하고 놀랄 정도로 사려 깊었습니다. 그 모든 것에 이루 말할 수 없이 감사합니다.

스프링 데이터Spring Data 팀원인 그렉 턴키스트Greg L. Turnquist. 당신의 비판적인 시선과 여과 없는 피드백에 감사드립니다. 귀중한 관점 덕분에 이 책이 현저히 더 좋아졌습니다.

코빈 콜린스Corbin Collins와 잔 맥쿼드Suzanne (Zan) McQuade 편집자님. 콘셉트부터 완성까지 아낌없이 지지해주셨고, 제 최고의 작품을 제작하고 외부 환경이 짓누르려는 듯 보이는 상황에서도 어떻게든 마감일을 맞추도록 응원해주셨습니다. 두 편집자님의 지지에 감사드립니다.

롭 로마노Rob Romano, 케이틀린 헤건Caitlin Ghegan, 킴 산도발Kim Sandoval과 오라일리 제작팀 모든 분들. 제가 마지막 한 걸음을 내딛어 결승선을 통과하게 해주셨습니다. 말 그대로 그리고 비유하건대 그야말로 이 책을 '생산'해내셨습니다.

마지막으로 가장 중요한 조력자이자 똑똑하고 사랑스러우며 인내심이 많은 아내 캐시Kathy. 당신에게 영감을 받고 당신 덕분에 지금까지 성취할 수 있었습니다. 고마움을 이루 말로 다 표현할 수 없습니다. 당신이 해준 모든 것에 마음 깊은 곳으로부터 감사를 전합니다.

_마크 헤클러

CONTENTS

CHAPTER 3 첫 번째 REST API

CHAPTER 4 데이터베이스 액세스

CONTENTS

CONTENTS

CHAPTER 11 애플리케이션 배포

CONTENTS

CHAPTER 12 리액티브로 더 깊이 들어가기

CHAPTER 1

스프링 부트

이 장에서는 스프링 부트의 세 가지 핵심 기능과 그 기능이 어떻게 개발자 능력을 향상시키는지 살펴봅니다.

1.1 스프링 부트의 핵심 기능

스프링 부트의 세 가지 핵심 기능은 의존성 관리dependency management 간소화, 배포deployment 간소화, 자동 설정auto configuration입니다. 스프링 부트의 모든 기능은 이 세 가지 핵심 측면을 기반으로 합니다.

1.1.1 의존성 관리 간소화 - 스타터

스프링 부트의 놀랍고도 특별한 점은 '의존성'을 수월하게 '관리'한다는 것입니다.

소프트웨어 개발에 시간이 얼마나 걸리든, 또 얼마나 중요하든 의존성 관리 때문에 대부분 골치가 아팠을 겁니다. 일반적으로 애플리케이션에서 제공하는 모든 기능에는 여러 기본 의존성이 필요합니다. 예를 들어 RESTful Web API를 개발하는 경우에는 HTTP 엔드포인트EndPoint를 만들어 요청을 수신하고, 요청을 처리할 메서드/함수에 해당 엔드포인트를 연결한 후에 적절한 응답을 만들어 반환합니다.

대부분의 기본적인 의존성은 기능 구현을 위해 추가로 설정해야 하는 수많은 의존성을 이미 포함합니다.

가령 RESTful API는 아래와 같은 의존성을 포함합니다. 특정 형식으로 응답하는 코드(JSON, XML, HTML 등), 요청된 포맷의 객체를 마샬링/언마샬링하는 코드[1], 요청을 처리하고 다시 응답을 반환하는 코드와 다양한 유선 프로토콜wire protocol 등을 지원하는 코드입니다.

위의 RESTful API 같은 매우 간단한 예에서도 빌드 파일에 수많은 의존성이 필요합니다. 심지어 여기서는 오직 외부 상호작용만을 고려하고 애플리케이션에 어떤 기능을 포함할지는 고려하지도 않았습니다.

위에서 이야기한 의존성을 각각의 버전에서 이야기해보겠습니다.

한 특정 버전의 의존성은 다른 의존성의 어떤 특정 버전에서만 테스트(또는 기능이 동작하는지)됐을 가능성이 있습니다. 따라서 라이브러리를 함께 사용하려면 특정 요건을 만족하는 엄격함이 필요합니다. 특정 버전들에서만 테스트된 의존성을 함께 사용할 때 문제가 생기면, 소위 말하는 '의존성 꼬임Dependency Whack-a-Mole'이 발생합니다.

'의존성 꼬임' 문제로 좌절을 경험하기도 합니다. 의존성 불일치로 생긴 불필요한 버그를 찾아 해결하는 일은 많은 시간 소모에 비해 성과가 크지 않습니다.

'스프링 부트'와 '스타터'는 이런 어려움을 해결하기 위해 등장했습니다. '스프링 부트 스타터'는 거의 매번 동일한 방식으로 특정 기능을 제공한다는 입증된 전제를 바탕으로 제작된 BOMBills of Materials[2]입니다. BOM은 프로젝트 아티팩트(라이브러리 등의 구성 요소)의 정보, 버전과 의존성 관리dependency management를 포함한 특수한 POM입니다. 여기서 POM은 빌드 도구에서 의존성을 가져오고 프로젝트 빌드에 사용하는 정보와 프로젝트 구성이 담긴 파일입니다.

앞의 예에서는 API를 만들 때마다 엔드포인트를 설계하고, 요청을 수신해 처리하고, 객체 간 변환하고, 하나 이상의 표준 형식으로 정보를 교환하고, 특정 프로토콜로 데이터를 주고받는 등의 작업을 수행합니다. 이러한 설계/개발/사용 패턴은 별반 다르지 않고, 큰 변경 없이 업계

1 옮긴이_ 마샬링(marshalling)은 객체의 메모리 표현 방식을 저장이나 전송에 알맞은 데이터 형식으로 변환하는 프로세스입니다. 데이터를 서로 다른 컴퓨터 프로그램 간 혹은 같은 프로그램의 다른 부분에 옮길 때 사용합니다. 언마샬링(unmarshalling)은 마샬링의 반대로 직렬화(serialization)와 유사하거나 동일합니다. https://en.wikipedia.org/wiki/Marshalling_(computer_science) 참조

2 옮긴이_ BOM은 프로젝트의 의존성 버전을 제어하고, 이 버전을 정의하고 업데이트하기 위한 중앙 위치를 제공하는 데 사용되는 특별한 종류의 POM입니다.

전반에서 사용됩니다. 이런 패턴이 바로 '스프링 부트 스타터'에 반영됐습니다.

spring-boot-starter-web 같은 단일 스타터를 추가하면 단일 애플리케이션에 필요한 기능을 모두 제공합니다. 단일 스타터에 포함된 여러 의존성 안에 들어 있는 각 의존성 내의 **여러 라이브러리 버전**이 모든 의존성에 맞게 동기화됩니다.[3] 즉, 모든 의존성 간의 관계가 완벽하게 테스트됐습니다. 예를 들어, 의존성에 포함된 라이브러리 A는 의존성에 포함된 라이브러리 B, C, D 등과 정확히 잘 작동합니다. 따라서 애플리케이션의 중요한 기능을 제공하는 데 필요한 의존성 간에 식별하기 어려운 버전 충돌이 발생하지 않으므로, 극적으로 의존성 목록이 단순화되며 개발자의 삶이 수월해집니다.

의존성에 포함된 라이브러리가 다른 버전 라이브러리에 있는 기능을 포함해야 하는 드문 경우에는 테스트된 라이브러리 버전을 간단히 오버라이딩합니다.

> **WARNING_** 기본 버전 의존성을 다른 버전으로 오버라이딩하는 경우, 테스트 수준을 높여 의존성 오버라이딩으로 발생하는 리스크를 완화해야 합니다.

애플리케이션에 의존성이 필요하지 않은 경우에는 의존성을 제외해도 되지만, 이때에도 앞에 설명한 대로 주의를 기울여야 합니다.

전반적으로 스프링 부트의 스타터 개념은 의존성을 간소화하고 애플리케이션에 기능 전체를 추가하는 데 필요한 작업을 줄여줍니다. 또 테스트, 유지보수, 업그레이드에 드는 오버헤드 overhead를 크게 줄입니다.

1.1.2 배포 간소화 – 실행 가능한 JAR

오래전부터 애플리케이션 서버에 자바 애플리케이션을 배포하는 과정은 복잡했습니다.

예를 들어, 오늘날 수많은 마이크로 데이터 저장소 서비스와 거의 모든 모놀리식 서비스는 데이터베이스 액세스가 가능한 애플리케이션을 만들기 위해 다음과 같은 작업을 수행합니다.

---

3 **원저자_** 메이븐의 pom.xml 또는 그레이들의 빌드 파일에 있는 'dependencies'에 추가하는 파일은 '의존성(dependencies)'이라 하고, 각 의존성을 구성하는 실제 파일(.jar file)을 '라이브러리'라고 합니다. 만약 의존성을 구성하는 .jar 파일이 하나라면, 그 의존성을 '라이브러리'로 부를 수 있습니다.

1. 애플리케이션 서버를 설치하고 설정합니다.
2. 데이터베이스 드라이버를 설치합니다.
3. 데이터베이스 커넥션을 생성합니다.
4. '커넥션 풀connection pool'을 생성합니다.
5. 애플리케이션을 빌드하고 테스트합니다.
6. 애플리케이션과 애플리케이션(보통 수많은)의 의존성을 애플리케이션에 배포합니다.

이 목록에서는 시스템/가상 시스템을 설정하는 관리자가 있고 특정 시점에 이 프로세스와 독립적으로 데이터베이스를 생성했다고 가정합니다.

스프링 부트는 번거로운 배포 프로세스의 많은 부분을 한 단계로 간소화했으며, 만약 독자가 단일 파일을 원하는 곳까지 복사하거나 `cf push`[4]까지 진행한다고 고려하더라도, 두 단계로 줄일 수 있습니다.

스프링 부트는 소위 Über JAR[5]의 기원은 아니지만 혁명을 일으켰습니다. 스프링 부트 설계자는 애플리케이션 JAR와 모든 종속적인 JAR에서 모든 파일을 추출한 다음, 단일 JAR로 결합하는 셰이딩shading 방식[6] 대신 새로운 관점으로 접근했습니다. 만약 의도된 형식과 전달 형식을 유지하면서 '중첩된 JAR'를 만들게 된다면 어떨까요?

JAR를 셰이딩하는 대신 중첩된 JAR를 사용하면 많은 잠재적 문제가 완화됩니다. 그 이유는 의존성 JAR A와 의존성 JAR B가 각각 다른 버전의 라이브러리 C를 사용할 때 발생 가능한 버전 충돌이 없기 때문입니다. 또 소프트웨어를 재패키징하고 결합하면서 소프트웨어 간 라이선스가 달라서 발생하는 법적 문제도 제거합니다. 모든 종속 JAR를 원래 형식으로 유지하면 이런 문제와 그 외 문제를 깔끔하게 피해 갑니다.

스프링 부트를 실행하는 JAR의 내용도 간단히 추출합니다. 상황에 따라 JAR의 내용을 추출하는 이유가 몇 가지 있는데, 이 내용은 나중에 설명하겠습니다. 여기선 실행 가능한 JAR가 원하는 기능을 실행해준다는 사실만 알면 됩니다.

---

4 옮긴이_ 클라우드 파운드리(Cloud Foundry)에서 애플리케이션을 배포하는 방법의 하나입니다.

5 옮긴이_ JAR는 자바 프로그램을 배포(deployment)할 수 있도록 패키징한 파일 형식입니다. 'Über JAR는 jar 방식의 하나로 자바 런타임 환경에서 전체 애플리케이션 실행에 필요한 모든 것을 포함하는 패키징 방식입니다. 예를 들면, Über JAR 방식으로 패키징하면 myapp이라는 이름의 애플리케이션을 `java -jar myapp.jar` 명령어로 실행할 수 있습니다.

6 옮긴이_ Über JAR를 만드는 방식의 하나입니다.

모든 의존성이 포함된 단일 스프링 부트 JAR는 배포를 용이하게 합니다. 모든 의존성을 수집해 배포하는 대신 스프링 부트 플러그인이 모든 의존성을 결과 JAR(output jar)에 압축합니다. JAR가 있으면, Java Virtual Machine(JVM)이 있는 환경에서 `Java -jar <SpringBootAppName.jar>` 같은 명령만으로 애플리케이션을 실행합니다.

뿐만이 아닙니다. 빌드 파일에 단일 속성을 설정하면, 스프링 부트 빌드 플러그인은 단일 JAR를 완전히 자체적으로 실행 가능한 파일로 만듭니다. JVM이 존재한다고 가정할 경우, 성가신 `Java -jar <SpringBootAppName.jar>`의 전체 명령어를 입력하거나 스크립트를 만들어 사용할 필요 없이, 간단히 `<SpringBootAppName.jar>` (사용자의 파일 이름)을 입력하면 됩니다. 이것만으로도 제대로 동작합니다. 이보다 더 쉬울 순 없죠.

1.1.3 자동 설정 – 스프링 부트의 '마법'

스프링 부트를 처음 접하는 사람이 **마법**이라고 부르는 '자동 설정'은 아마도 스프링 부트 개발자의 생산성을 향상시키는 가장 강력한 도구일 겁니다. 저는 종종 개발자의 초능력이라고 부릅니다. 스프링 부트가 널리 사용되고 반복되는 사용 사례에서 의견opinions[7]을 제시해 믿기 힘들 정도로 생산성을 향상시키기 때문입니다.

소프트웨어에서 '의견'을 제시한다고요? 그게 대체 어떻게 도움이 될까요? 도움될 수도 있겠죠! 그런데 어떻게요?

개발자로 오랫동안 일했다면, 특정 패턴이 자주 반복된다는 사실을 틀림없이 알아차렸을 겁니다. 물론 전부는 아니지만 높은 비율로, 어쩌면 특정 설계, 개발, 활동의 80~90%를 차지할 겁

---

7 의견이란 개발자가 특정 작업을 수행할 때 마주하는 대부분의 사용 사례에 맞는 특정 기본값 또는 프로세스를 스프링 개발팀이 제공하거나 수용하기 위해 내린 결정을 뜻합니다. '로컬 호스트(localhost)'를 예로 들어보겠습니다. 특정 호스트 이름이 지정되지 않았을 때는 로컬 호스트가 기본값입니다. 이 기본값에 대한 여러 가지 '의견'은 다음과 같습니다.

1. 개발할 때는 가능한 한 충돌이 없어야 하며 대부분의 개발이 로컬 환경에서 진행되므로 호스트 이름이 지정되지 않은 경우 로컬 호스트가 아마도 가장 좋은 값일 겁니다.
2. 프로덕션 환경이 호스트 이름의 기본값이 될 수도 있지만, 실제 프로덕션 대상은 매우 다양합니다. 기본 호스트 이름이 프로덕션 환경을 반영해야 한다는 '의견'은 비현실적이므로 다른 선택을 해야 합니다.
3. 다시 1번으로 돌아가면 거의 모든 데이터베이스, 메시징 시스템 등은 개발자의 컴퓨터에서 직접 또는 개발자 컴퓨터의 VM이나 컨테이너에서 로컬로 실행 가능합니다. 이 사실은 호스트 이름의 기본값이 로컬 호스트여야 한다는 의견을 추가로 검증합니다. 스프링 부트가 수용하고 지지하는 모든 '의견'에 이와 유사한 논리를 세울 수 있습니다. 대안이 있겠지만, 제시된 '의견'은 가치, 프로세스 또는 둘 모두의 측면에서 일관된 결과를 제공합니다. 그리고 이 모든 '의견'은 일반적으로 개발 경험을 최우선순위로 고려합니다.

니다.

방금 전에 소프트웨어에서 특정 패턴이 반복된다고 말했습니다. 스프링 부트 스타터Spring Boot starter 역시 반복된 패턴이 일관되므로 이런 점에서 유용합니다. 또 반복 패턴이 있음으로써 특정 작업에서 작성해야 할 코드가 간소화됩니다.

스프링 부트의 관련 프로젝트인 **스프링 데이터**Spring Data를 예로 들어봅시다. 보통 데이터베이스에 액세스할 때마다 해당 데이터베이스에 연결해야 합니다. 또 애플리케이션 작업을 완료하면 잠재적인 문제 발생을 방지하기 위해 연결을 종료해야 합니다. 데이터베이스가 연결된 동안에는 단순한(또는 복잡한) 읽기, 쓰기 쿼리로 데이터베이스에 수많은 작업을 요청하는데, 쿼리를 적절히 사용하기 위해선 약간의 노력이 필요합니다.

이제 이 모든 것이 간소화된다고 상상해보세요. 데이터베이스를 자동으로 연결하고, 애플리케이션이 종료하면 연결도 자동으로 종료합니다. 간단한 컨벤션convention을 따라 개발자가 최소한의 노력으로 쿼리를 자동으로 만듭니다. 간단한 컨벤션으로 코드를 쉽게 커스터마이제이션customization 해서 복잡한 맞춤형 쿼리를 효율적이고 일관되게 생성합니다.

이런 식으로 코드에 접근하는 방식을 '**설정보다 관습**convention over configuration'이라고 하기도 하는데, 이 방식은 특정 규칙을 처음 접하는 경우 다소 거슬리게 보이기도 합니다. 그러나 이전에 유사한 기능을 구현하면서 매우 간단한 작업을 위해 수백 개의 엄청난 setup/teardown/configuration 코드를 반복적으로 작성했던 경험에 비추어보면, 이 방식은 정말 참신합니다. 스프링 부트(또는 스프링 프로젝트)는 '설정보다 관습'이라는 정신을 추구합니다. 그래서 문서화로 확립된 단순한 규칙을 따라 작업을 수행한다면, 작성해야 하는 설정 코드가 최소화되거나 아예 없어집니다.

자동 설정이 개발자에게 초능력을 제공하는 또 다른 방법이 있습니다. 바로 스프링 기술을 만들고 있는 팀the Spring Team이 '개발자 우선 환경' 설정을 제공하는 데 노력을 집중한다는 점입니다. 개발자는 수많은 설정 작업이 아니라 비즈니스 로직을 만드는 작업에 집중할 때 가장 생산적입니다. 그럼 스프링 부트는 어떻게 그렇게 만들까요?

또 다른 스프링 부트 프로젝트인 **스프링 클라우드 스트림**Spring Cloud Stream을 예로 들겠습니다. 개발자는 RabbitMQ나 Apache Kafka 같은 메시징 플랫폼에 연결할 때 일반적으로 해당 메시징 플랫폼에 연결하고, 사용을 위해서는 호스트 이름, 포트, 자격 증명 등의 특정 설정을 지정합니다.

'개발자 우선 환경'은 **로컬 호스트**localhost, **기본 포트**default port 등의 기본값을 지정하지 않아도 개발자가 로컬에서 작업하기 편한 기본값을 제공합니다. 이는 로컬 개발 환경에서는 거의 100% 일관성이 있기 때문에 의미 있는 '의견'입니다. 하지만 프로덕션 환경에서는 그렇지 않습니다. 프로덕션 환경에서는 플랫폼과 호스팅 환경이 매우 다양해서 구체적인 값을 제공해야 합니다.

기본값을 쓰는 공유 프로젝트는 프로젝트 설정 시 기본값을 사용하므로 개발 환경을 설정하는 시간을 많이 절약합니다. 사용자 당신과 팀 모두가 윈-윈입니다.

사용 사례가 80~90%의 일반적인 범주에 들지 않고, 드물지만 유용한 10~20% 범주에 속하기도 합니다. 이 경우 자동 설정을 선택적으로 오버라이딩하거나 완전히 사용하지 않도록 설정할 수도 있지만, 그러면 스프링 부트의 모든 '초능력'(장점)이 소멸됩니다.

특정 의견certain opinions의 오버라이딩은 일반적으로 하나 이상의 속성을 원하는 대로 설정하거나, 스프링 부트가 사용자를 대신해 자동 설정 작업을 하는 빈Bean을 제공하는 경우에 수행합니다. 다시 말해, 드물지만 필요할 때는 이런 작업을 매우 쉽게 할 수 있습니다. 결국 '자동 설정' 기능은 사용자의 삶을 극적으로 생산적이고 더할 수 없이 편하게 만들기 위해 뒤에서 묵묵히 쉬지 않고 작동하는 강력한 도구입니다.

1.2 마치며

스프링 부트의 세 가지 핵심 기능은 **의존성 관리**dependency management 간소화, **배포**deployment 간소화, **자동 설정**auto configuration입니다. 세 가지 기능은 모두 커스터마이징이 가능하지만, 그렇게 할 필요는 거의 없습니다. 그리고 세 기능은 개발자를 더 유능하고 생산적으로 만들기 위해 열심히 일합니다. 이제부터 스프링 부트로 날개를 달아봅시다!

다음 장에서는 스프링 부트로 애플리케이션을 만들 때 고려할 훌륭한 옵션을 몇 가지 살펴봅니다. 전부 좋은 선택지죠!

CHAPTER 2

도구 선택 및 시작

곧 알게 되겠지만, 스프링 부트 애플리케이션은 만들기 쉽습니다. 어려운 부분이라고 해봤자 어떤 옵션을 사용할지 정하는 선택뿐입니다.

이번 장에서는 빌드 시스템, 프로그래밍 언어, 도구 모음toolchains, 코드 편집기 등 스프링 부트 애플리케이션을 만들 때 사용하는 몇 가지 훌륭한 옵션을 살펴보겠습니다.

2.1 메이븐 vs. 그레이들

과거에 자바 애플리케이션 개발자는 여러 프로젝트 빌드 도구를 선택했습니다. 일부 빌드 도구는 타당한 이유로 시간이 지나면서 사용되지 않았고, 현재는 메이븐Maven과 그레이들Gradle이라는 두 커뮤니티로 통합됐습니다. 스프링 부트는 메이븐과 그레이들을 모두 동일하게 완전히 지원합니다.

2.1.1 아파치 메이븐

메이븐은 빌드 자동화 시스템을 위한 대중적이고 확실한 선택입니다. 메이븐은 2002년에 시작되어 2003년에 아파치 소프트웨어 재단Apache Software Foundation에서 최상위 프로젝트가 된 이래 꽤 오랫동안 사용돼왔습니다. 메이븐의 선언형 접근법은 다른 빌드 도구보다 개념이 더 간단합니다. XML 형식의 *pom.xml* 파일에 프로젝트에서 사용할 의존성과 플러그인을 적기만 하면 됩니다. mvn 명령어를 실행할 때, 어떤 단계phase를 완료할지 지정해서 컴파일, 이전 빌드에서 생성된 산출물 삭제, 패키징, 애플리케이션 실행 등 원하는 작업을 수행합니다.

```
<?xml version="1.0" encoding="UTF-8"?>
<project xmlns="http://maven.apache.org/POM/4.0.0"
            xmlns:xsi="http://www.w3.org/2001/XMLSchema-instance"
            xsi:schemaLocation="http://maven.apache.org/POM/4.0.0
            https://maven.apache.org/xsd/maven-4.0.0.xsd">
        <modelVersion>4.0.0</modelVersion>
        <parent>
                <groupId>org.springframework.boot</groupId>
                <artifactId>spring-boot-starter-parent</artifactId>
                <version>3.0.2</version>
                <relativePath/> <!-- lookup parent from repository -->
        </parent>
        <groupId>com.example</groupId>
        <artifactId>demo</artifactId>
        <version>0.0.1-SNAPSHOT</version>
        <name>demo</name>
        <description>Demo project for Spring Boot</description>

        <properties>
                <java.version>17</java.version>
        </properties>

        <dependencies>
                <dependency>
                <groupId>org.springframework.boot</groupId>
                <artifactId>spring-boot-starter</artifactId>
        </dependency>
                <dependency>
                        <groupId>org.springframework.boot</groupId>
                        <artifactId>spring-boot-starter-test</artifactId>
                        <scope>test</scope>
                </dependency>
        </dependencies>

        <build>
                <plugins>
                        <plugin>
                                <groupId>org.springframework.boot</groupId>
```

```
                <artifactId>spring-boot-maven-plugin</artifactId>
            </plugin>
        </plugins>
    </build>

</project>
```

또한 메이븐은 컨벤션에 따라 특정한 프로젝트 구조를 생성합니다. 빌드 도구와 씨름하지 않으려면, 정해진 프로젝트 구조에서 크게 벗어나지 않아야 합니다. 즉, 메이븐이 만든 프로젝트 구조를 그대로 사용하지 않으면 메이븐을 쓰는 게 오히려 역효과를 냅니다. 대부분의 프로젝트는 메이븐으로 만든 구조로도 완벽하게 작동하므로 구조를 변경할 필요가 없습니다. [그림 2-1]은 메이븐으로 만든 일반적인 스프링 부트 애플리케이션 프로젝트 구조입니다.

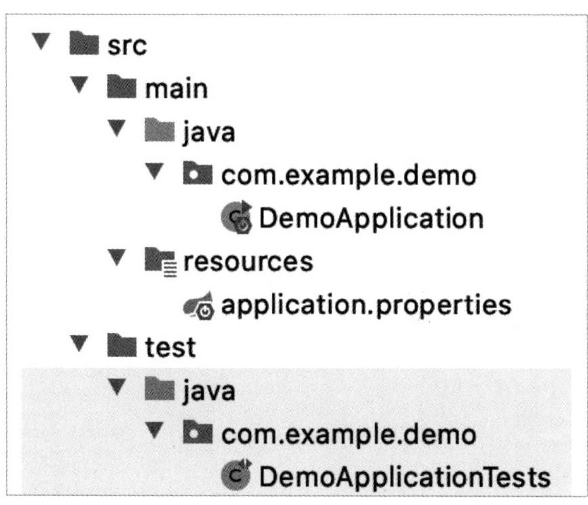

그림 2-1 메이븐으로 만든 스프링 부트 애플리케이션 구조

NOTE_ 메이븐 프로젝트 구조의 자세한 내용은 '메이븐 프로젝트의 표준 디렉터리 구조 개론(*https://oreil.ly/mavenprojintro*)'을 참조하세요.

메이븐의 프로젝트 규칙과 엄격한 구조의 빌드 방식이 매우 제한적인 경우, 사용할 다른 훌륭한 옵션이 있습니다.

2.1.2 그레이들

그레이들은 JVMJava Virtual Machine(자바 가상 머신) 프로젝트를 빌드할 때 널리 사용되는 또 다른 옵션입니다. 2008년에 출시된 DSLDomain Specific Language(도메인 특화 언어)입니다. 최소한의 코드로 유연한 빌드 파일 *build.gradle*을 생성합니다. 다음은 스프링 부트 애플리케이션용 그레이들 빌드 파일의 예입니다.

```
plugins {
        id 'org.springframework.boot' version '3.0.2
        id 'io.spring.dependency-management' version '1.1.0'
        id 'java'
}

group = 'com.example'
version = '0.0.1-SNAPSHOT'
sourceCompatibility = '17'

repositories {
        MavenCentral()
}

dependencies {
        implementation 'org.springframework.boot:spring-boot-starter'
        testImplementation org.springframework.boot:spring-boot-starter-test'
}

tasks.named('test'){
    useJunitPlatform()
}
```

그레이들에서는 그루비Grooby 또는 코틀린을 모두 DSL로 사용합니다. 또 프로젝트 빌드의 대기 시간을 줄이기 위해 다음과 같은 기능을 제공합니다.

- 자바 클래스의 증분 컴파일incremental compilation
- 변경 사항이 없는 경우, 자바 컴파일을 하지 않음
- 프로젝트를 컴파일하기 위한 데몬demon

2.1.3 메이븐과 그레이들 중 선택하기

이쯤 되면 빌드 도구 선택이 별 의미 없어 보입니다. 그냥 그레이들을 선택하면 되지 않을까요?

메이븐의 엄격하고 때로는 독단적이기까지 한 선언적 접근법은 프로젝트와 개발 환경을 대단히 일관되게 만듭니다. 메이븐 방식을 따르면 일반적으로 문제가 거의 발생하지 않으므로, 빌드에 신경 쓰지 않고 코드에만 집중하게 됩니다.

그레이들은 프로그래밍/스크립팅 중심입니다. 따라서 그레이들로 빌드한 프로젝트에서 새로 출시된 버전의 프로그래밍 언어를 사용하면 종종 문제가 생깁니다. 그레이들 개발팀이 신속하게 대응하겠지만, 프로그래밍 언어의 최신 버전을 선호하거나 반드시 사용해야 한다면 빌드 문제가 발생할 여지가 있음을 염두에 두어야 합니다.

그레이들은 빌드 속도가 빠른데, 특히 대규모 프로젝트에서는 메이븐보다 훨씬 더 빠릅니다. 일반적인 마이크로서비스 프로젝트에서는 메이븐과 그레이들의 빌드 속도가 비슷합니다.

그레이들의 유연함은 간단한 프로젝트와 매우 복잡하게 빌드해야 하는 프로젝트 모두에서 청량제 같이 작용합니다. 그러나 그레이들의 유연함 때문에 프로젝트가 예상대로 동작하지 않을 때는 빌드 과정을 수정하고 문제를 해결하는 데 시간이 오래 걸립니다. 복잡한 프로젝트일수록 더 그렇습니다. 세상에 공짜는 없습니다.

스프링 부트는 메이븐과 그레이들을 모두 지원합니다. 다음 절에서 다룰 이니셜라이저Initializer를 사용하면, 신속히 작업할 수 있도록 프로젝트와 원하는 빌드 파일을 생성합니다. 한마디로, 메이븐과 그레이들을 둘 다 사용해본 후, 자신에게 더 잘 맞는 언어를 선택하세요. 스프링 부트는 어느 쪽이든 기꺼이 지원하니까요.

2.2 자바 vs. 코틀린

JVM에서 사용 가능한 언어가 많지만, 그중 널리 사용하는 언어는 자바와 코틀린입니다. 자바는 JVM의 원래 언어이며, 코틀린은 JVM을 사용하는 비교적 새로운 언어입니다. 스프링 부트는 자바와 코틀린을 모두 완벽하게 지원합니다.

2.2.1 자바

자바는 프로젝트 시작 기준으로는 30년, 공식 1.0버전 출시 기준으로는 25년 된 프로그래밍 언어입니다. 또 오래됐지만 정체되지 않고 발전하는 언어로, 2017년 9월 이후부터는 출시 주기가 6개월로 바뀌어 이전보다 기능 개선이 잦아졌습니다. 자바 코드는 정리됐고, 새로운 기능은 필요 없어진 이전 기능을 대체했습니다. 또 자바 커뮤니티가 주도하는 주요 기능이 도입됐습니다. 자바는 지금 그 어느 때보다 생생하게 살아 있는 언어입니다.

자바는 오랫동안 널리 사용됐고 지속적으로 혁신하면서 이전 버전과도 일관되게 호환됩니다. 덕분에 전 세계 수많은 곳에서 자바로 핵심 애플리케이션을 만들고 유지, 관리합니다. 대부분의 자바 애플리케이션은 스프링으로 만들었습니다.

스프링 코드가 대부분 자바를 기반으로 하므로, 스프링 부트 애플리케이션을 자바로 만들면 이점이 많습니다. 스프링, 스프링 부트, 이와 관련된 프로젝트 코드는 해당 깃허브GitHub 저장소를 방문하거나, 오프라인이라면 저장소를 클론clone해 검토하면 됩니다. 또 자바로 작성한 풍부한 예제 코드, 샘플 프로젝트, '시작하기' 가이드를 사용할 수 있어 다른 언어로 만들 때보다 작업이 한결 수월합니다.

2.2.2 코틀린

코틀린은 떠오르는 샛별입니다. 2010년 젯브레인즈JetBrains에서 개발해 대중에게는 2011년에 공개했습니다. 코틀린은 자바의 사용성을 개선하기 위해 만들었으므로 설계 초기부터 다음 사항을 중요하게 고려했습니다.

간결함

컴파일러와 다른 개발자에게 최소한의 코드로 의도를 명확하게 전달합니다.

안전성

개발자가 특별히 null 값을 허용하도록 동작을 재정의하지 않는 한, null 값의 가능성을 기본적으로 제거해 null 관련 오류를 없앱니다.

상호 운용성

기존의 모든 JVM, 안드로이드Android, 브라우저 라이브러리와 원활하게, 아무런 제약 없이 서로 호환해 사용합니다.

도구 친화적

수많은 IDEIntegrated Development Environment (통합 개발 환경) 또는 자바처럼 명령 줄로 코틀린 애플리케이션을 빌드합니다.

코틀린 설계자들은 세심한 주의를 기울이면서 동시에 빠른 속도로 기능을 확장하고 있습니다. 코틀린은 25년 이상 된 자바처럼 버전 간의 호환성을 핵심 설계로 고려하지 않아도 되기 때문에, 자바가 나중에서야 도입한 매우 유용한 기능을 매우 빠르게 도입했습니다.

코틀린은 간결하면서 유연한 언어입니다. 지나치게 많은 세부 사항을 다루지 않으며, 확장 함수extension function와 중위 표기법infix notation 같은 몇몇 특징이 우아함을 자아냅니다. 코틀린은 다음과 같은 구문이 가능합니다. 이 부분은 나중에 자세히 설명하겠습니다.

```
infix fun Int.multiplyBy(x: Int): Int { ... }

// 중위 표기법으로 함수 호출
1 multiplyBy 2

// 위와 같게 실행됨
1.multiplyBy(2)
```

알다시피 자신만의 간결하고 명료한 '언어 내의 언어language within a language'를 정의한다는 건 API 설계에 큰 도움이 됩니다. 간결함 덕분에 코틀린으로 작성된 스프링 부트 애플리케이션은 자바로 만들어진 것보다 더 짧고 읽기 쉬우면서도 의도 전달력을 그대로 유지합니다.

코틀린은 2017년 가을에 출시된 스프링 프레임워크 5.0부터 2018년 봄에 출시된 스프링 부트 버전, 그 외 스프링 컴포넌트 프로젝트 등을 완벽하게 지원합니다. 또 모든 스프링 문서에 자바 예제와 코틀린 예제를 두 종류 모두 포함하도록 바꾸고 있습니다. 즉, 코틀린으로도 자바처럼 스프링 부트 애플리케이션을 쉽고 효과적으로 만듭니다.

2.2.3 자바와 코틀린 중 선택하기

놀랍게도, 실제로는 선택할 필요가 없습니다. 코틀린은 자바와 동일한 바이트코드 출력으로 컴파일하고 자바 소스 파일과 코틀린을 모두 포함하는 스프링 프로젝트를 만들고 두 컴파일러를 쉽게 호출하기 때문에, 한 프로젝트에서도 둘 중 더 적합하다고 판단한 언어를 사용하면 됩니다. 두 마리 토끼를 다 잡아보는 건 어떨까요?

물론 둘 중 선호하는 언어나 제약 사항이 있다면, 택일해 전체 애플리케이션을 개발하기도 합니다. 어떻게 작업할지 선택권이 있다는 건 좋으니까요.

2.3 스프링 부트 버전 선택하기

다음과 같은 극히 일부 예외나 임시 상황을 제외한다면, 실제 프로덕트로 배포되는 애플리케이션은 항상 현재 버전의 스프링 부트를 사용해야 합니다.

- 스프링 부트 이전 버전을 실행 중이지만 현재 버전의 앱을 실행하기 위해 애플리케이션을 업그레이드, 테스트, 배포 중인 경우
- 스프링 부트 이전 버전을 실행 중인데 현재 버전 스프링 부트에 공식 보고된 충돌이나 버그가 있고, 문제가 있는 스프링 부트나 의존성이 업데이트될 때까지 기다리라는 공식 가이드가 있는 경우
- 스냅숏, 마일스톤 또는 출시 후보인 출시 전 버전pre-General Availability(GA)[8]의 기능을 사용해야만 하는 경우, 아직 GA(프로덕션용)로 출시되지 않은 코드에 내재된 위험을 기꺼이 받아들이는 경우

NOTE_ 스프링의 스냅숏, 마일스톤, RCRelease Candidate[9] 버전은 출시되기 전에 광범위한 테스트를 거치며 안정성을 보장하기 위한 엄격한 작업이 이미 많이 수행됐습니다. 그러나 정식 GA 버전이 승인/출시되기 전까지는 API 변경, 수정 등의 가능성이 상존합니다. 애플리케이션에 미칠 위험은 낮지만 초기 버전의 소프트웨어를 사용할 때는 위험을 관리할 수 있는지 여부를 직접 판단해야 합니다.

---

8 옮긴이_ GA는 테스트를 완료한 정식 출시 버전입니다. 즉 비즈니스 프로덕트로도 사용할 수 있는 버전이죠. 스프링 부트의 현재 GA 버전은 다음 링크에서 확인할 수 있습니다. `https://spring.io/projects/spring-boot#learn`

9 옮긴이_ GA 직전 버전. 즉 베타 버전을 의미합니다.

2.4 스프링 이니셜라이저

스프링 부트 애플리케이션을 만드는 방법은 여러 가지지만, 대부분은 [그림 2-2]와 같이 스프링 이니셜라이저(스프링 초기 세팅 도구)로 만듭니다.

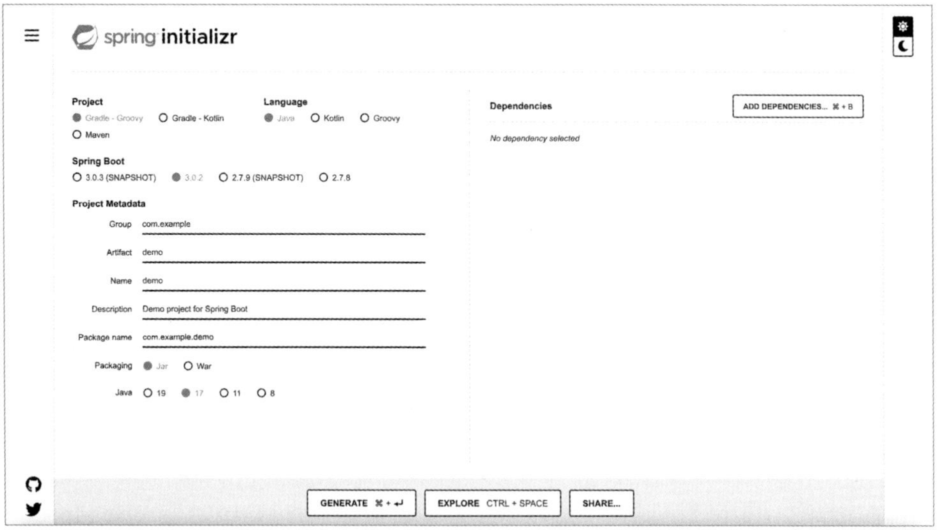

그림 2-2 스프링 이니셜라이저

`start.spring.io`라는 URL로 간단히 언급되기도 하는 스프링 이니셜라이저는 많이 쓰이는 IDE의 프로젝트 생성 마법사, 명령 줄, 웹 브라우저에서 사용할 수 있습니다. 웹 브라우저를 이용하면 다른 방법에서는 가능하지 않은 몇 가지 유용한 기능도 사용하게 됩니다.

*`https://start.spring.io`*에 접속해 몇 가지 옵션을 선택하고 '최선의 방법Best Possible Way'으로 스프링 부트 프로젝트를 시작하겠습니다.

자바 설치

이쯤이면 현재 여러분의 컴퓨터에 최신 버전의 JDKJava Development Kit를 설치했으리라 생각합니다. JDK는 때때로 '자바 플랫폼' 또는 '표준 에디션'이라고 합니다. 만약 아직 자바를 설치하지 않았다면 바로 지금 설치해야 합니다.

자바 설치에 관한 자세한 설명은 이 책의 범위를 벗어나므로 몇 가지 방법만 추천하겠습니다.

시스템에 하나 이상의 JDK를 설치하고 이를 관리하는 가장 손쉬운 방법은 'SDKMAN!'(*https://sdkman.io*)입니다. 이 패키지 관리자는 나중에 사용할 스프링 부트 CLI[Spring Boot Command Line Interface]의 설치도 지원(그 외 수많은 도구)하므로 매우 유용한 유틸리티 앱입니다. 설치 페이지(*https://sdkman.io/install*)를 방문해 설치하세요.

WARNING_ SDKMAN!은 배시[bash](유닉스/리눅스 셸) 스크립트로 작성돼 MacOS, 리눅스[Linux]만이 아니라 유닉스나 리눅스 재단[Linux foundation]을 사용하는 운영 체제에서도 원활하게 설치되고 동작합니다. 하지만 윈도우 환경에서 SDKMAN!을 설치한 후 실행하려면 먼저 다음 소프트웨어를 설치해야 합니다. 자세한 내용은 SDKMAN! 설치 페이지를 참조하세요.

- WSL(*https://oreil.ly/WindowsSubL*)
- Git Bash(*https://oreil.ly/GitBashWin*)
- MinGW(*www.mingw.org*)

SDKMAN!에서 sdk list java로 원하는 자바 버전이 있는지 확인한 후, 'sdk install java 〈원하는 자바 버전〉'을 설치합니다. 훌륭한 옵션이 여럿 있지만, 처음에는 Hotspot JVM이 포함된 AdoptOpenJDK(예: 11.0.7.hs-adpt)로 패키징된 현재 버전의 LTSLong Term Support 버전을 추천합니다.[10]

그리고 어떤 이유로든 SDKMAN!을 사용하지 않을 경우, AdoptOpenJDK(*https://adoptopenjdk.net*)에서 직접 JDK를 다운로드해 설치해도 됩니다. 그러나 이렇게 하면 JDK 실행이 가능하지만 업데이트가 어려워집니다. 또 나중에 업데이트나 여러 JDK를 관리할 때 (SDKMAN의 관리 기능 같은) 도움을 받지 못합니다.

스프링 이니셜라이저를 시작하려면, 먼저 프로젝트에 사용할 빌드 시스템을 선택합니다. 앞서 언급했듯, 우리에게는 메이븐과 그레이들이라는 훌륭한 선택지가 있습니다. 예제에서는 메이븐을 사용하겠습니다.

다음으로 이 프로젝트의 기준 언어로 자바를 선택하겠습니다.

---

10 옮긴이_ 현재 AdoptOpenJDK 프로젝트는 Eclipse Adoptium으로 이관됐으니, AdoptiumJDK 설치를 권장합니다. 자세한 내용은 'Good-bye AdoptOpenJDK. Hello Adoptium!'를 참고하세요. https://blog.adoptopenjdk.net/2021/08/goodbyeadoptopenjdk-hello-adoptium

알아차린 분도 있겠지만, 스프링 이니셜라이저는 사용자의 입력 없이 설정된 기본 옵션값만으로도 프로젝트를 만듭니다. 스프링 이니셜라이저 웹페이지에서는 메이븐과 자바가 기본으로 선택돼 있습니다. 또 여러분이 대부분의 애플리케이션 프로젝트에서 사용할 버전인 현재 버전의 스프링 부트도 선택돼 있습니다.

별 문제 없이 프로젝트 메타데이터Project Metadata의 아래 옵션을 그대로 두어도 되지만, 앞으로의 프로젝트를 위해 옵션을 수정하겠습니다. 현재는 그 어떤 의존성도 포함하지 않습니다. 이렇게 하면 특정한 결과가 아닌 프로젝트 생성 메커니즘에만 집중하게 됩니다.

프로젝트를 생성하기 전에, 먼저 스프링 이니셜라이저의 몇 가지 특징과 참고 사항을 살펴봅시다.

현재 선택 항목을 기반으로 프로젝트를 생성하기 전에 프로젝트의 메타데이터와 의존성 세부 정보를 검토하려면, 'EXPLORE(탐색)' 버튼을 클릭하거나 단축키인 [Ctrl]+[Space]로 스프링 이니셜라이저의 프로젝트 탐색기를 엽니다(그림 2-3). 그다음 이니셜라이저는 다운로드하려는 압축된 프로젝트(.zip)에 포함될 프로젝트 구조와 빌드 파일을 제공합니다. 그러면 디렉터리/패키지 구조, 앞으로 설명할 애플리케이션 속성 파일application configuration file, 빌드 파일에 지정된 프로젝트 속성, 의존성을 검토합니다. 이 프로젝트에서는 메이븐을 사용하므로 *pom.xml*을 사용하겠습니다.

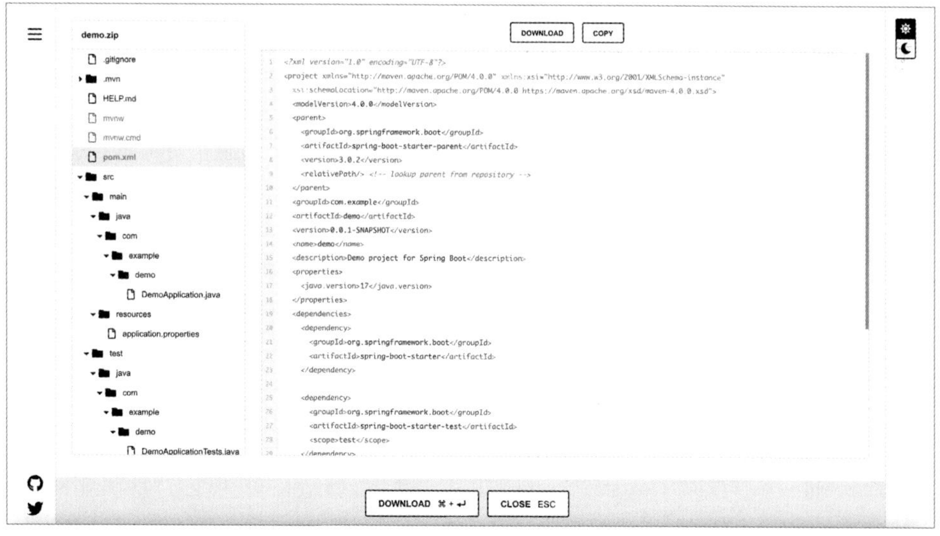

그림 2-3 스프링 이니셜라이저의 프로젝트 탐색기

프로젝트 탐색기로 만들어진 프로젝트를 다운로드한 후 압축을 해제하고, IDE에 불러오기 전에 프로젝트 구성과 의존성을 빠르고 편리하게 확인합니다.

스프링 이니셜라이저의 또 다른 소소한 기능은 수많은 개발자에게 환영받는 '다크 모드'입니다. [그림 2-4]와 같이 페이지 상단의 다크 UI 토글을 클릭하면, 이니셜라이저의 다크 모드로 전환돼 해당 페이지를 방문할 때마다 다크 모드로 보입니다. 소소한 기능이지만, 다크 모드를 사용한다면 이니셜라이저 웹페이지가 덜 거슬리고 쾌적해 보여서 또다시 방문하고 싶어지겠죠.

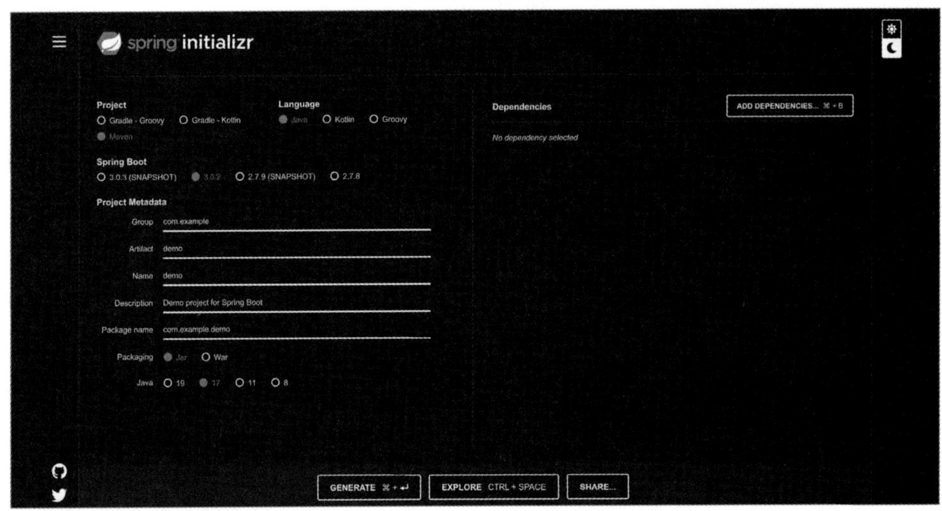

그림 2-4 스프링 이니셜라이저의 다크 모드

> **NOTE_** 스프링 이니셜라이저는 메인 애플리케이션 클래스main application class와 그 클래스의 메인 메서드main method, 비어 있는 테스트를 제외하고 사용자를 위해 코드를 생성하지 않습니다. 사용자의 명령에 따라 프로젝트를 생성합니다. 이 점은 작지만 중요한 차이입니다. 코드 생성은 매우 다양한 결과를 가져오며 변경하는 순간부터 골칫거리가 될 소지가 큽니다. 이니셜라이저는 의존성이 지정된 빌드 파일을 포함한 프로젝트 구조를 생성함으로써, 스프링 부트의 자동 설정 기능 활용에 필요한 코드를 쓰기 위해 실행됩니다. 여러분은 자동 설정으로 그 어떤 제한에도 구속받지 않으면서 초능력을 발휘하게 됩니다.

그런 다음 'GENERATE(생성)' 버튼을 클릭해 프로젝트를 생성, 패키징하고 프로젝트를 내 컴퓨터의 선택한 디렉터리에 다운로드합니다. 그 후 다운로드한 압축 파일(.zip)을 해제해 애플리케이션 개발을 준비합니다.

2.5 스프링 부트 CLI 거침없이 사용하기

명령 줄을 최대한 많이 사용하거나 프로젝트를 스크립트로 만들어 사용하고 싶다면, 스프링 부트 CLI command line interface (명령 줄 인터페이스)를 사용해보세요. 스프링 부트 CLI에는 강력한 기능이 여럿 있지만, 지금은 새로운 스프링 부트 프로젝트를 만드는 데 초점을 맞추겠습니다.

스프링 부트 CLI 설치

'JDK', 'Kotlin Utility' 등과 마찬가지로, SDKMAN![11]을 이용하는 방법이 스프링 부트 CLI를 가장 쉽게 설치하는 방법입니다. SDKMAN!으로 설치 가능한 다양한 패키지를 보려면 터미널 창에서 아래 명령어를 실행하세요. [그림 2-5]를 참고하세요.

```
sdk list
```

다음 명령어로 사용 가능한 스프링 부트 버전을 확인합니다.

```
sdk list springboot
```

그 후 아래 명령어로 최신 버전[12]을 설치합니다.

```
sdk install springboot
```

SDKMAN! 명령어에 `sdk install <tool> <버전명>`으로 특정 〈버전명〉을 입력하지 않으면 기본적으로 최신 권장 버전의 언어/툴이 설치됩니다. 예를 들어 자바를 설치할 때 버전명을 명시하지 않고 명령어를 사용한다고 합시다. 그러면 사용 가능한 최신 버전이 아니라 최신의 권장 버전인 자바 LTS 버전이 설치됩니다. 자바에서는 새 버전이 6개월마다 출시되고, 주기적으로 LTS 버전은 별도로 지정되기 때문입니다. 즉 6개월 동안만 공식적으로 업데이트와 버그 수정(기능 평가, 테스트, 프로덕션 배포)을 지원하는 반면에, 특정 LTS 버전은 업데이트와 버그 수정을 완벽히 지원합니다.[13]

위 내용은 JDK 제공자JDK provider마다 조금 다를 수 있지만, 관례적으로 대개 비슷합니다. 위에서 이야기한 세부 사항이 이 장의 목적에 미치는 영향은 전혀 없습니다.

---

11 옮긴이_ SDKMAN! 설치페이지 https://sdkman.io/install

12 옮긴이_ 실습코드에서는 Spring Boot 3.0.2 버전을 사용합니다. 실습코드와 같은 버전을 설치하려면 sdk install springboot 3.0.2 명령어를 사용하세요.

13 옮긴이_ 자바 출시 이력(Java Release History)을 참조하세요. https://dev.java/download/releases

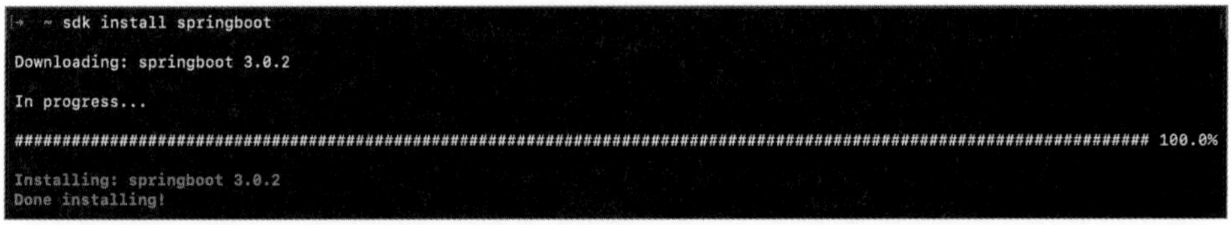

```
→ ~ sdk install springboot

Downloading: springboot 3.0.2

In progress...

######################################################################################################## 100.0%

Installing: springboot 3.0.2
Done installing!
```

그림 2-5 SDKMAN!의 스프링 부트 CLI

스프링 부트 CLI를 설치한 후에는 다음 명령어로 스프링 이니셜라이저로 만든 프로젝트와 동일한 것을 만듭니다.

```
spring init
```

다음 명령어를 사용해 압축 프로젝트인 *demo.zip*을 'demo'라는 디렉터리에 압축 해제합니다.

```
unzip demo.zip -d demo
```

잠깐, 어떻게 옵션을 하나도 주지 않고 간단한 명령어로 할 수 있을까요? 바로 기본값을 사용하기 때문입니다. 스프링 CLI는 스프링 이니셜라이저와 기본 설정(메이븐, 자바 등)이 동일합니다. 설정값은 인수로 변경합니다. 관련 내용을 더 잘 확인하도록, 아래 명령어로 기본값 설정을 명시적으로 나타내겠습니다.

```
spring init -a demo -l java --build maven demo
```

여전히 스프링 CLI를 사용해 프로젝트를 시작하지만, 이번엔 아래와 같은 인수를 제공합니다.

- `-a demo`(또는 `--artifactId demo`): 프로젝트의 아티팩트 ID 설정. 여기서는 'demo'로 지칭하겠습니다.
- `-l java`(또는 `--language java`): 프로젝트의 기본 언어로 자바, 코틀린, 그루비Groovy 지정이 가능합니다(그루비는 스프링 부트에서 지원하지만 자바나 코틀린만큼 널리 사용되지는 않습니다).
- `--build`: 빌드 시스템 인수의 플래그 값. 유효한 값은 `maven` 또는 `gradle`입니다.
- `-x demo`: 이니셜라이저로 만든 프로젝트의 .zip 파일을 'demo' 디렉터리에 압축 해제합니다. `-x`는 옵션이며, 확장자명 없이 텍스트명으로 지정하면 추출할 디렉터리명으로 동작합니다.

NOTE_ 스프링 CLI 명령어의 옵션은 모두 `spring help init`으로 확인하세요.

의존성을 지정할 때 상황은 더 복잡해집니다. 예상한 대로 스프링 이니셜라이저가 제시하는 'menu(메뉴)'에서 의존성을 선택하는 편이 훨씬 더 쉽습니다. 그렇다 해도 스프링 CLI의 유연성은 빠른 시작, 스크립트 작성, 파이프라인 구축 시 매우 유용합니다.

한 가지 더 살펴봅시다. 기본적으로 CLI는 이니셜라이저를 활용해 프로젝트 빌드 기능을 제공합니다. 즉, CLI와 이니셜라이저 웹페이지라는 두 방식으로 생성된 프로젝트는 동일합니다. 일관성은 스프링 이니셜라이저의 기능을 직접 사용할 때 절대적으로 중요한 부분입니다.

그러나 조직은 개발자가 프로젝트를 만들 때 사용할 수 있는 의존성을 엄격하게 제한합니다. 솔직히 말하면, 저자인 제게는 이런 접근방식이 유감입니다. 조직의 민첩성을 저해하고 사용자와 시장 상황에 대응하기 어렵게 만드는 시간적 제약으로 여겨집니다. 만약 여러분의 조직이 그렇다면, 위와 같은 제약 사항이 목표 달성을 방해할 수 있습니다.

이 경우, 직접 프로젝트 생성기를 만들 수 있습니다(스프링 이니셜라이저 리포지터리 복제 등).[14] 이렇게 만든 프로젝트 생성기 웹페이지를 사용하거나 아니면 REST API 부분만 노출해 스프링 CLI에서 활용할 수도 있습니다. 이를 실행하려면, 아래 매개변수를 위에서 언급한 스프링 CLI 명령 부분에 추가하세요.

```
--target https://스프링 부트-프로젝트-생성에-사용할-url
```

2.6 통합 개발 환경(IDE) 사용하기

여러분이 어떤 방식으로 스프링 부트 프로젝트를 생성하든 간에, 프로젝트를 열고 유용한 애플리케이션을 만들려면 코드를 작성해야 합니다.

개발자를 지원하는 세 가지 주요 IDE와 수많은 텍스트 편집기가 있습니다. 세 가지 IDE는 아파치 넷빈즈(*https://netbeans.apache.org*), 이클립스(*https://www.eclipse.org*), 인텔리제이 아이디어IntelliJ IDEA(*https://www.jetbrains.com/idea*)지만 이에 국한되지는 않습니다. 세 IDE는 모두 오픈 소스 소프트웨어open source software(OSS)이며, 대부분의 기능이 무료입

14 옮긴이_ URL을 따로 지정하지 않을 경우에는 https://start.spring.io를 기본값으로 사용합니다.

니다.

인텔리제이 아이디어에는 두 가지 옵션이 있습니다. 커뮤니티 에디션Community Edition(CE)과 얼티미트 에디션Ultimate Edition(UE)입니다. 커뮤니티 에디션은 자바와 코틀린 앱 개발을 지원하지만, 스프링 사용 시 편의 기능을 쓰려면 얼티미트 에디션을 사용해야 합니다. 얼티미트 에디션을 사용하려면 구입해야 하며, 특정 조건을 만족한 경우에 한해 무료 라이선스를 받기도 합니다. 세 IDE는 모두 스프링 부트 애플리케이션을 탁월하게 지원합니다.

저는 이 책에서나 일상적으로 개발할 때나 주로 인텔리제이 얼티미트 에디션을 사용합니다. IDE 선택은 개인적인 선호(또는 조직의 권한이나 선호)에 의한 결정이므로 잘못된 선택이란 없습니다. 취향에 가장 잘 맞는 IDE를 사용하세요. 주요 IDE들은 대개 개념이 비슷합니다.

또한 많은 개발자들이 좋아하는 텍스트 편집기도 몇 개 있습니다. 서브라임 텍스트sublimetext(`https://www.sublimetext.com`)는 품질과 수명 때문에 유료 애플리케이션을 사용합니다. 마이크로소프트의 깃허브Github가 만든 아톰(`https://atom.io`)과 비주얼 스튜디오 코드visual studio code(VSCode, `https://code.visualstudio.com`) 같이 텍스트 편집기 분야에 새로 진입한 제품은 빠른 속도로 기능을 갖추고 충성스러운 개발자 팬을 확보하고 있습니다.

이 책에서는 종종 비주얼 스튜디오 코드를 사용하거나, 그 코드에 기반해 개발했으나 원격 측정/비교 기능이 비활성화된 VSCodium(`https://vscodium.com`)을 사용합니다. 개발할 때 필요한 일부 기능을 위해 비주얼 스튜디오 코드/VSCodium에 다음 확장 기능extension을 추가합니다.

스프링 부트 확장팩(Pivotal)(*https://oreil.ly/SBExtPack*)

스프링 이니셜라이저, 자바 서포트Java Support, 스프링 부트 툴즈Spring Boot Tools, 스프링 부트 대시보드Spring Boot Dashboard 등 확장 기능이 포함됐습니다. 이 기능으로 비주얼 스튜디오 코드에서 스프링 부트 애플리케이션을 쉽게 편집하고 관리하게 됩니다.

Java용 디버거(Microsoft)(*https://oreil.ly/DebuggerJava*)

스프링 부트 대시보드를 사용하기 위해 설치해야 하는 확장 기능입니다.

인텔리제이 아이디어 키 바인딩(Keisuke Kato)(*https://oreil.ly/IntellijIDEAKeys*)
인텔리제이 사용자가 단축키를 비주얼 스튜디오 코드에서도 쉽게 전환하게 해줍니다.

Java™용 언어 지원(Red Hat)(*https://oreil.ly/JavaLangSupport*)
스프링 부트 툴즈를 사용하기 위해 설치해야 하는 확장 기능입니다.

Java용 메이븐(Microsoft)(*https://oreil.ly/mavenJava*)
메이븐 기반 프로젝트를 쉽게 사용하게 해줍니다.

위 확장 기능은 스프링 부트 프로젝트를 실행하려면 반드시 설치해야 합니다. 이외에 XML, 도커Docker와 기타 관련 기술의 유용한 확장 기능도 있습니다.

앞으로 스프링 부트 프로젝트를 실행할 때는 여러분이 선택한 IDE나 텍스트 편집기를 사용하면 됩니다. 책의 예제 대부분에서는 인텔리제이를 사용합니다. 이는 젯브레인즈사가 자바와 코틀린으로 만든 매우 유능한 IDE입니다.

이미 사용 중인 IDE와 프로젝트 빌드 파일을 연결했다면, 파일 관리자(Mac의 Finder, Windows의 탐색기, Linux의 다양한 파일 관리자)를 통해 프로젝트 폴더 내의 *pom.xml* 파일을 더블 클릭해서 IDE에 프로젝트를 자동으로 불러옵니다. 또는 IDE와 텍스트 편집기에서 권장하는 방식으로 프로젝트를 엽니다.

NOTE_ 수많은 IDE와 텍스트 편집기는 짧은 명령어 하나로 프로젝트를 시작하는 단축 명령어를 지정합니다. 예를 들어 인텔리제이에는 `idea`, 비주얼 스튜디오 코드에는 `code`, 아톰에는 `atom` 등의 단축 명령어가 있습니다.

2.7 main()을 향한 여정

이제 IDE(또는 텍스트 편집기)에 프로젝트를 불러왔으니 스프링 부트 프로젝트(그림 2-6)가 표준 자바 애플리케이션과 다른 점이 무엇인지 살펴보겠습니다.

DemoApplication.java ×

src > main > java > com > example > demo > DemoApplication.java > {} com.example.demo

```java
package com.example.demo;

import org.springframework.boot.SpringApplication;
import org.springframework.boot.autoconfigure.SpringBootApplication;

@SpringBootApplication
public class DemoApplication {

    Run | Debug
    public static void main(String[] args) {
        SpringApplication.run(DemoApplication.class, args);
    }

}

```

그림 2-6 스프링 부트 데모 애플리케이션의 메인 애플리케이션 클래스

표준 자바 애플리케이션에는 비어 있는 기본 메서드인 'public static void main()'이 기본적으로 들어 있습니다. 자바 애플리케이션을 실행하면 JVM은 기본 메서드를 애플리케이션의 시작 지점으로 검색하는데, 기본 메서드가 없으면 다음과 같은 오류가 발생합니다.

```
Error:
Main method not found in class PlainJavaApp, please define the main method as:
        public static void main(String[] args)
or a JavaFX application class must extend javafx.application.Application
```

애플리케이션을 실행할 때는 실행할 코드를 자바 클래스의 메인 메서드에 넣는데, 스프링 부트 애플리케이션은 이 방식을 사용합니다. 애플리케이션 실행 시 스프링 부트 애플리케이션 환경을 확인하고 애플리케이션을 설정한 다음, '초기 컨텍스트initial context'를 생성하고 스프링 부트 애플리케이션을 실행합니다. [그림 2-7]과 같이 하나의 '최상위 어노테이션top-level annotation'과 한 줄의 코드로 수행합니다.

```java
package com.example.demo;

import org.springframework.boot.SpringApplication;
import org.springframework.boot.autoconfigure.SpringBootApplication;

@SpringBootApplication
public class DemoApplication {

    public static void main(String[] args) {
        SpringApplication.run(DemoApplication.class, args);
    }

}
```

그림 2-7 스프링 부트 애플리케이션의 주요 부분

앞으로 이러한 동작 방식의 메커니즘도 다룰 예정입니다. 현재는 스프링 부트가 설계상, 그리고 기본적으로 애플리케이션을 실행할 때 거치는 지루한 애플리케이션 설정 작업을 덜어주므로 여러분은 의미 있는 코드를 작성하는 일에 빠르게 착수할 수 있습니다.

2.8 마치며

스프링 부트 애플리케이션을 만들 때 선택할 만한 가장 좋은first-class 설정을 살펴보았습니다. 메이븐과 그레이들 중 어느 것을 사용해 프로젝트를 빌드하든, 자바나 코틀린 중 어느 것으로 코드를 작성하든, 스프링 이니셜라이저와 스프링 부트 CLI에서 제공하는 웹 인터페이스 중 어느 방법으로 프로젝트를 생성하든, 성능 저하 없이 간편하게 스프링 부트를 사용할 수 있었습니다. 또 최고 수준의 스프링 부트를 지원하는 인상적인 여러 IDE와 텍스트 편집기로 스프링 부트 프로젝트를 다뤘습니다.

1장과 2장에서 설명했듯이, 스프링 이니셜라이저는 프로젝트를 빠르고 쉽게 만드는 데 많은 노력을 기울였습니다. 스프링 부트의 다음 기능들은 개발 수명 주기 전반에 걸쳐 의미 있게 기여합니다.

- 프로젝트 생성부터 개발과 유지보수에 용이한 의존성 관리 간소화
- 작업하려는 도메인의 보일러플레이트 코드boilerplate를 극적으로 줄이거나 없애주는 자동 설정
- 패키징과 배포를 간편하게 만들어주는 배포 간소화

이 모든 기능은 빌드 시스템(메이븐, 그레이들), 프로그래밍 언어, 도구에 관계없이 완벽히 지원합니다. 기능의 조합은 놀랍도록 유연하고 강력합니다.

다음 장에서는 REST API를 제공하는 의미 있는 첫 번째 스프링 부트 애플리케이션을 만들어 보겠습니다.

CHAPTER 3

첫 번째 REST API

이 장에서는 스프링 부트로 기본 기능을 갖추고 동작하는 애플리케이션의 개발 방법을 설명하고 시연합니다. 대부분의 애플리케이션은 프론트엔드 UI를 통해 백엔드 클라우드 리소스backend cloud resources를 사용자에게 노출시킵니다. 따라서 APIApplication Programming Interface(애플리케이션 프로그램 인터페이스)는 실용적이고 이해하기도 쉬운 훌륭한 출발점이 됩니다. 그럼 시작해볼까요.

3.1 API를 왜 사용하고 어떻게 사용할까요?

모든 것을 한곳에서 실행하는 모놀리식Monolithic 애플리케이션의 시대는 끝났습니다.

모놀리식 애플리케이션이 완전히 사라졌다거나 앞으로도 만들어지지 않는다는 말은 아닙니다. 특히 다음과 같은 환경에서는 다양한 상황에서 단일 패키지로 수많은 기능을 제공하는 모놀리식 애플리케이션이 여전히 유효합니다.

- 도메인과 도메인의 경계가 모호할 때
- 제공된 기능이 긴밀하게 결합됐으며, 모듈 간 상호작용에서 유연함보다 성능이 절대적으로 더 중요할 때
- 관련된 모든 기능의 애플리케이션 확장 요구사항Scaling requirements이 알려져 있고 일관적일 때
- 기능이 변동성이 없을 때, 즉 변화가 느리거나 변화 범위가 제한적일 때와 둘 다일 때

그 외에는 마이크로서비스를 사용합니다.

물론 이 요약은 지나치게 단순화됐지만 타당합니다. 마이크로서비스에서는 기능을 작고 응집력 있는 '청크chunk'로 분할해 디커플링decoupling합니다. 따라서 더 빠른 배포와 용이한 유지보수가 가능한 유연하고 튼튼한 시스템을 구축하게 됩니다.

어떤 마이크로서비스 분산 시스템distributed system에서든 통신communication이 핵심입니다. 어떤 서비스도 섬처럼 고립되어 동작하지 않습니다. 애플리케이션/마이크로서비스를 연결하는 수많은 동작 방식이 있지만, 일상생활에서 자주 사용하는 인터넷으로 이야기를 시작해보겠습니다.

인터넷은 통신을 위한 수단으로 만들었습니다. 인터넷의 전신인 ARPANETAdvanced Research Projects Agency Network의 설계자들은 '중대한 장애'가 발생하더라도 시스템 간 통신이 유지되게 하려고 했습니다. ARPANET과 HTTP 기반의 접근방식은 유사합니다. 오늘날 사용하는 시스템은 유선을 통해over the wire 다양한 리소스를 생성, 조회, 업데이트, 삭제하는 등의 기능을 수행합니다.

역사를 정말 사랑하지만, 로이 필딩이 2000년 박사 학위 논문에서 1994년의 HTTP 객체 모델을 기반으로 REST 원칙을 제시했다는 것 말고는 REST API의 역사를 더 깊이 파고들진 않겠습니다.[15]

3.2 REST가 무엇이며, 왜 중요할까요?

앞서 언급한 바와 같이, API는 개발자가 작성한 사양/인터페이스입니다. API를 통해 라이브러리, 다른 애플리케이션, 서비스 같은 다른 코드를 사용할 수 있습니다. 그런데 'REST API'에서 REST는 무엇을 의미할까요?

REST는 Representational State Transfer의 약어로, 다소 모호한 표현이지만 다음과 같이 설명할 수 있습니다. 예를 들어 애플리케이션 A가 애플리케이션 B와 통신할 때, A는 B에서 통신 시점의 '현재 상태state'를 가져옵니다. A는 B가 통신 호출communication calls 간 '상태(현재 및 누적된 프로세스 정보)'를 유지하리라고 가정하지 않습니다. A는 B에 요청할 때마다 관련 '상태'

15 **옮긴이_** Fielding, Roy Thomas. Architectural styles and the design of network-based software architectures. University of California, Irvine, 2000.

의 '표현representation'[16]을 제공합니다. 이런 동작 방식은 생존가능성survivability과 회복탄력성resilience을 향상시킵니다. 이렇게 처리하는 이유는 통신 문제가 발생하거나 B가 충돌해 재시작돼도, A와 상호작용한 '현재 상태'를 잃어버리지 않기 때문입니다. A가 다시 요청해 두 애플리케이션이 중단된 곳에서 통신을 이어갑니다.

NOTE_ 일반적인 개념으로 이는 '무상태stateless'[17] 애플리케이션/서비스라고 합니다. 각 서비스는 일련의 서비스 간 상호작용에서조차 서비스마다 자체적으로 '현재 상태'를 가지며, 다른 서비스가 자기 서비스의 '현재 상태'를 저장하리라 기대하지 않기 때문입니다.

3.3 API, HTTP 메서드 스타일

이제 휴식스러운rest REST API(RESTful API라고도 함)에 대해 이야기해보겠습니다.[18]

IETFinternet engineering task force RFCrequests for comment 문서에 수많은 표준 HTTP 메서드가 정의됐습니다. 그중 API를 만들 때 일반적으로 사용되는 것은 일부이며, 가끔 사용되는 메서드가 몇 개 더 있습니다. REST API는 주로 다음의 HTTP 메서드를 기반으로 합니다.

- POST
- GET
- PUT
- PATCH
- DELETE

이는 생성(POST), 읽기(GET), 업데이트(PUT 및 PATCH), 삭제(DELETE)와 같이 리소스에 수행하는 일반적인 작업입니다.

---

16 옮긴이_ RFC7213의 Representations 항목을 참고하세요. https://tools.ietf.org/html/rfc3966#section-3

17 옮긴이_ 무상태는 수신자(receiver)가 이전 요청(request)의 상태를 유지하지 않는 방식입니다. 여기에선 HTTP의 사용되는 클라이언트(요청 발신자)와 서버(요청 수신자, 응답자) 구조에서 서버가 클라이언트의 상태를 보존하지 않는 것을 의미합니다. 안정성과 확장성에 유리하지만 요청을 재사용할 수 없으므로 반복 데이터로 네트워크 성능을 저하시킵니다.

18 옮긴이_ REST(휴식)의 의미를 이용한 저자의 말장난입니다.

> **NOTE_** PUT 메서드는 리소스 업데이트, POST 메서드는 리소스 생성 등으로 의미를 두루뭉술하게 말했습니다. 앞으로 구현 단계를 밟으며 자세히 설명할 테니 그때까지 인내심을 갖고 기다려주세요.

때로는 다음의 두 메서드도 사용합니다.

- `OPTIONS`
- `HEAD`

두 메서드는 요청/응답 쌍pair에서 사용할 수 있는 통신 옵션을 조회하고(`OPTIONS`), 응답 메시지에서 바디body를 뺀 응답 헤더header를 조회하는(`HEAD`)데 사용합니다.

이 책에서는 대부분의 서비스에서 실제 사용하고 활용도가 높은 첫 번째 메서드 그룹[19]에 초점을 맞추겠습니다. 매우 기본적인 REST API를 구현하는 간단한 마이크로서비스를 생성해봅시다.

3.3.1 이니셜라이저 다시 보기

[그림 3-1]과 같이 스프링 이니셜라이저로 시작합시다. 세부 정보를 반영하도록 그룹과 아티팩트 필드를 변경(원하는 명명법을 자유롭게 사용해도 됨)하고, 옵션으로 자바 17과 스프링 웹 의존성을 선택합니다. 화면의 오른쪽 설명에서 알 수 있듯이, 의존성은 'RESTful을 포함한 웹을 만들고, 스프링 MVC를 사용한 애플리케이션'을 만드는 기능 등 여러 기능을 포함합니다. 앞으로 할 작업에 딱 맞는 의존성입니다.

---

19 옮긴이_ POST, GET, PUT, PATCH, DELETE를 의미합니다.

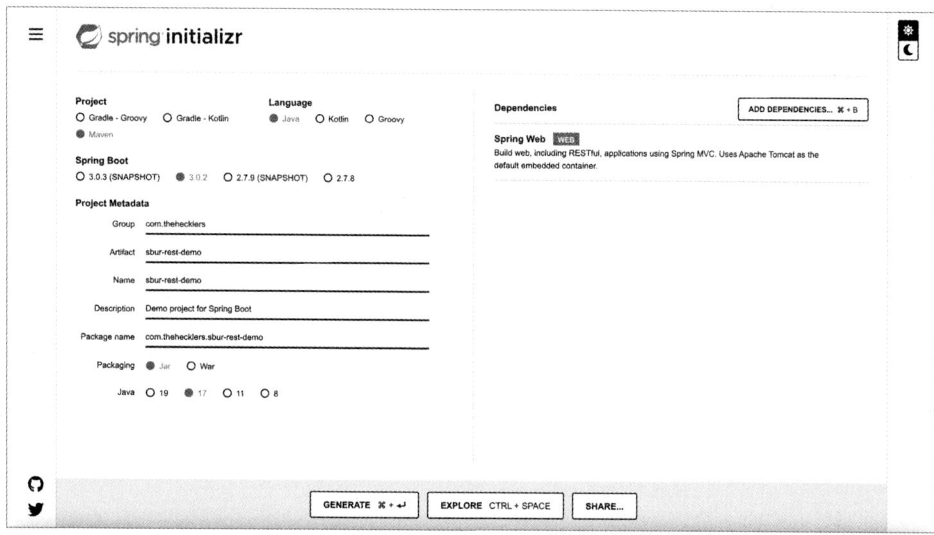

그림 3-1 REST API를 만들기 위한 스프링 부트 프로젝트 생성

이니셜라이저에서 프로젝트를 생성하고 결과 *.zip* 파일을 로컬에 저장해서 압축 파일을 풉니다(파일 탐색기에서 다운로드한 *sbur-rest-demo.zip* 파일을 두 번 클릭하거나 터미널 창에서 명령어로 압축을 해제합니다). 다음에는 선택한 IDE나 텍스트 편집기에서 압축 해제된 프로젝트를 불러옵니다(그림 3-2).

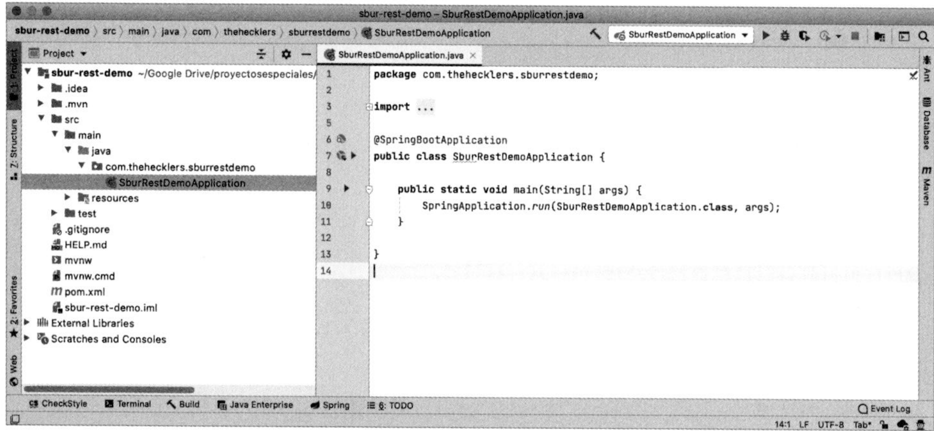

그림 3-2 새로운 스프링 부트 프로젝트

3.3.2 간단한 도메인 만들기

리소스를 다루기 위해 리소스를 담을 코드를 작성합니다. 먼저 관리할 리소스를 표현할 매우 간단한 도메인 클래스를 만듭니다.

제가 커피 애호가라서 예제에 커피 도메인을 사용하겠습니다. 특정 종류의 커피를 나타내는 클래스를 사용합니다.

먼저 Coffee 클래스를 만드는 것으로 시작합니다. REST API를 통한 리소스 관리를 시연하기 위해 몇 종류의 리소스가 필요합니다. 도메인이 단순하거나 복잡한 것은 부수적인 부분입니다. 여기선 목표인 REST API를 만드는 데 초점을 맞추기 위해 도메인을 단순하게 만들겠습니다.

Coffee 클래스에는 멤버 변수가 두 개 있습니다(그림 3-3).

- id: 특정 커피 종류의 고유 식별값
- name: 커피(종류)명

```
@SpringBootApplication
public class SburRestDemoApplication {

    public static void main(String[] args) {
        SpringApplication.run(SburRestDemoApplication.class, args);
    }

}

class Coffee {
    private final String id;
    private String name;

    public Coffee(String id, String name) {
        this.id = id;
        this.name = name;
    }

    public Coffee(String name) {
        this(UUID.randomUUID().toString(), name);
    }

    public String getId() {
        return id;
    }

    public String getName() {
        return name;
    }

    public void setName(String name) {
        this.name = name;
    }
}
```

그림 3-3 Coffee 클래스(도메인 클래스)

id 필드를 final로 선언해 한 번만 할당하고 절대 수정할 수 없게 합니다. 따라서 Coffee 인스턴스 생성 시 id를 할당해야 하며 변경자mutator 메서드가 없습니다.

생성자constructor를 두 개 만들겠습니다. 하나는 매개변수를 모두 사용하는 것이고, 다른 하나는 Coffee 인스턴스 생성 시 id 매개변수를 입력하지 않으면 고유 식별자인 id 값을 기본으로 제공하는 것입니다.

다음에는 final로 선언되지 않아서 변경이 가능한 name 필드를 위해 접근자accessor와 변경자mutator 메서드(게터 메서드와 세터 메서드라고도 불림)를 생성합니다. 이 방식은 완벽하지 않고 논란의 여지가 있는 설계이지만, 이 예제에서는 충분합니다.

이것으로 기본적인 도메인을 갖추었습니다. 이제 RESTful API를 만들어보겠습니다.

3.4 GET으로 시작하기

아마도 가장 많이 사용되는 메서드는 GET일 겁니다. 그럼 시작해볼까요.

3.4.1 @RestController 개요

간단히 설명하면, 스프링 MVC는 뷰View가 서버 렌더링된 웹페이지로 제공된다는 가정하에, 데이터와 데이터를 전송하는 부분과 데이터를 표현하는 부분을 분리해 생성합니다. 이러한 MVC의 여러 부분을 연결하는 데 @Controller 어노테이션이 도움됩니다.

@Controller는 @Component의 스테레오타입streotype/별칭입니다.[20] 따라서 애플리케이션 실행 시, 스프링 빈Bean(애플리케이션 내 객체로서 스프링 IoC 컨테이너에 의해 생성되고 관리됨) @Controller 어노테이션이 붙은 클래스로부터 생성됩니다.

@Controller가 붙은 클래스는 Model 객체를 받습니다. Model 객체로 표현 계층presentation layer[21]

---

20 옮긴이_ 스프링 공식 문서를 참고하세요. https://docs.spring.io/spring-framework/docs/current/reference/html/core.html#beans-stereotype-annotations

21 옮긴이_ 웹 애플리케이션의 3계층 아키텍처(3-Tier/layer Architecture of Web Application)에서의 표현 계층(layer)을 의미합니다.

에 모델 기반 데이터model-based data를 제공합니다. 또 `ViewResolver`와 함께 작동해 애플리케이션이 뷰 기술view technology에 의해 렌더링된 특정 뷰를 표시하게 합니다.

> **NOTE_** 스프링이 지원하는 몇 가지 뷰 기술과 템플릿 엔진의 자세한 내용은 4장에서 다룹니다.

간단히 `@ResponseBody`를 클래스나 메서드에 추가해서 JSON이나 XML 같은 데이터 형식처럼 형식화된 응답을 반환하도록 `Controller` 클래스에 지시할 수도 있습니다(기본적으로 JSON을 사용함). 이렇게 하면 메서드의 객체Object/Iterable 반환값이 웹 응답의 전체 바디가 됩니다. 모델의 일부로 반환되지 않습니다.

`@RestController` 어노테이션은 `@Controller`와 `@ResponseBody`를 하나의 어노테이션으로 합쳐 쓴 것입니다. 결합해 하나의 어노테이션을 사용함으로써 코드를 단순하게 만들고 의도를 더욱 명확하게 표현하게 됩니다. 클래스에 `@RestController`로 어노테이션을 달아서 REST API를 만들 수 있습니다.

GET으로 달려보자

REST API는 객체를 다룹니다. 객체는 하나이거나 그룹입니다. 이 프로젝트는 특정 커피를 조회하는 시나리오로 진행됩니다. 예를 들면, 모든 커피를 조회하거나, 식별자(id)를 통해 특정 커피(예. 강하게 볶은 커피, 콜롬비아 커피)를 조회합니다. 하나 이상의 인스턴스instance를 조회해야 한다면 여러 메서드를 만드는 편이 낫습니다.

먼저 아래 코드에서 정의한 기본 클래스는 여러 `Coffee` 객체를 반환하는 메서드를 지원하기 위해 `Coffee` 객체 목록을 만듭니다. 커피 그룹은 `Coffee` 객체의 `List` 형태로 정의합니다. 멤버 변수 타입을 최상위 인터페이스higher-level interface인 제네릭 `List`로 만들었지만, `RestApiDemoController` 클래스 내에서는 비어 있는 `ArrayList`를 할당해 사용하겠습니다.

```
@RestController
class RestApiDemoController {
        private List<Coffee> coffees = new ArrayList<>();
}
```

NOTE_ 내외부적으로 API를 깔끔하게 만족시킬 최상위 레벨 타입(클래스, 인터페이스)의 선택을 권장합니다. 모든 경우에 적용되는 것은 아닙니다. 다만 제 기준으로 List는 내부적으로 가장 깔끔하게 API를 구현할 수 있는 수준의 타입입니다. 외부적으로는 List보다 더 높은 수준의 추상화를 정의할 수 있으며, 이 내용은 곧 있을 예제에서 살펴보겠습니다.

항상 코드가 예상대로 동작하는지 확인할 데이터가 있는 것이 좋습니다. 다음 코드에서 RestApiDemoController 클래스에 대한 생성자를 만들어 객체 생성 시 커피 목록을 채우는 코드를 추가합니다.

```
@RestController
class RestApiDemoController {
        private List<Coffee> coffees = new ArrayList<>();

        public RestApiDemoController() {
                coffees.addAll(List.of(
                                new Coffee("Café Cereza"),
                                new Coffee("Café Ganador"),
                                new Coffee("Café Lareño"),
                                new Coffee("Café Três Pontas")
                ));
        }
}
```

다음 코드를 보면, RestApiDemoController 클래스에 'iterable한 커피의 그룹'을 멤버 변수인 coffees로 반환하는 메서드를 만듭니다. Iterable<Coffee>를 사용하는 이유는 모든 iterable 유형이 이 API의 원하는 기능을 충분히 제공할 것이기 때문입니다. 아래 코드에서는 @RequestMapping 어노테이션으로 커피 목록을 가져옵니다.

@RequestMapping을 사용한 GET 요청으로 커피 목록 가져오기

```
@RestController
class RestApiDemoController {
        private List<Coffee> coffees = new ArrayList<>();

        public RestApiDemoController() {
                coffees.addAll(List.of(
                                new Coffee("Café Cereza"),
```

```
                                    new Coffee("Café Ganador"),
                                    new Coffee("Café Lareño"),
                                    new Coffee("Café Três Pontas")
                    ));
        }

        @RequestMapping(value = "/coffees", method = RequestMethod.GET)
        Iterable<Coffee> getCoffees() {
                return coffees;
        }
}
```

@RequestMapping 어노테이션에 API URL인 /coffees와 HTTP 메서드 타입인 RequestMethod.GET을 추가합니다. getCoffees 메서드가 GET 요청의 /coffee URL에만 응답하게 제한하는 것입니다. 데이터 조회는 이 메서드를 사용하지만, 모든 데이터 업데이트 요청은 다른 메서드를 사용합니다. 스프링 부트는 스프링 웹에 포함된 Jackson 의존성을 통해 객체를 자동으로 JSON이나 그 밖의 포맷으로 마샬링marshalling하거나 언마샬링unmarshalling합니다.

@RequestMapping 어노테이션을 다른 어노테이션으로 변경하면 위 코드를 더욱 간략하게 표현하게 됩니다. @GetMapping을 GET 요청만 허용하며 보일러플레이트 코드를 줄이고 URL 경로만 지정합니다. 심지어 매개변수 간의 충돌을 염려할 필요가 없으므로 URL 경로의 등호(=)도 생략합니다. 다음 코드는 어노테이션을 @GetMapping으로 바꾸면 얼마나 가독성이 좋아지는지 보여줍니다.

```
@GetMapping("/coffees")
Iterable<Coffee> getCoffees() {
    return coffees;
}
```

@RequestMapping에 대한 유용한 힌트

@RequestMapping에는 @GetMapping처럼 편리한 어노테이션이 몇 개 있습니다.

- @GetMapping
- @PostMapping
- @PutMapping

- @PatchMapping
- @DeleteMapping

위와 같은 매핑Mapping 어노테이션은 클래스나 메서드 수준에서 적용하며 URL 경로를 추가로 적어주면 됩니다. 예를 들어, 아래 RestApiDemoController와 해당 getCoffee() 메서드에 어노테이션을 추가하면 앞에서 만든 코드와 동일하게 동작합니다.

```
@RestController
@RequestMapping("/")
class RestApiDemoController {
        private List<Coffee> coffees = new ArrayList<>();

        public RestApiDemoController() {
                coffees.addAll(List.of(
                                new Coffee("Café Cereza"),
                                new Coffee("Café Ganador"),
                                new Coffee("Café Lareño"),
                                new Coffee("Café Três Pontas")
                ));
        }

        @GetMapping("/coffees")
        Iterable<Coffee> getCoffees() {
                return coffees;
        }
}
```

위 코드는 임시 데이터 저장소에 있는 모든 커피를 조회하지만, 기능이 충분하지 않습니다. 만약 특정 커피만 조회하고 싶다면 어떻게 해야 할까요?

특정 커피 조회는 모든 커피 조회와 비슷하게 동작합니다. 다음 코드에서 단일 아이템을 조회하는 getCoffeeById라는 메서드를 추가합니다.

경로에 적혀 있는 {id} 부분은 URIuniform resource identifier 변수이며, 해당 값은 @PathVariable 어노테이션이 달린 id 매개변수를 통해 getCoffeeById 메서드에 전달됩니다.

커피 목록에 일치하는 항목이 있으면 값이 있는 Optional<Coffee>를 반환하고, 요청된 id 값이 없으면 비어 있는 Optional<Coffee>를 반환합니다.

```
@GetMapping("/coffees/{id}")
Optional<Coffee> getCoffeeById(@PathVariable String id) {
    for (Coffee c: coffees) {
        if (c.getId().equals(id)) {
            return Optional.of(c);
        }
    }

    return Optional.empty();
}
```

3.4.2 POST로 생성하기

HTTP POST 메서드를 사용해 리소스를 생성합니다.

> **NOTE_** POST는 리소스의 세부 정보(일반적으로 JSON 형식)를 제공합니다. 해당 서비스에 POST 요청을 해서 지정된 URI에 리소스를 생성합니다.

다음 코드에서 볼 수 있듯, POST는 비교적 간단히 구현할 수 있습니다. 스프링 부트의 자동 마샬링 덕분에 해당 커피 정보를 Coffee 객체로 받습니다. 그리고 해당 객체를 커피 목록에 추가합니다. Coffee 객체는 스프링 부트에 의해 언마샬링(기본값은 JSON)되어 요청한 애플리케이션이나 서비스로 반환됩니다.

```
@PostMapping("/coffees")
Coffee postCoffee(@RequestBody Coffee coffee) {
    coffees.add(coffee);
    return coffee;
}
```

3.4.3 PUT으로 업데이트하기

일반적으로 PUT 요청은 파악된 URI를 통해 기존 리소스의 업데이트에 사용됩니다.[22]

22 옮긴이_ CRUD 중 Update에 해당합니다.

NOTE_ IETF의 'Hypertext Transfer Protocol(HTTP/1.1): Semantics and Content(*https://tools.ietf.org/html/rfc7231*)' 문서에 의하면, 기존에 만든 리소스가 있으면 **PUT** 요청으로 리소스를 업데이트하고 리소스가 없으면 리소스를 생성해야 합니다.

다음 코드는 특정 식별자로 커피를 검색하고, 찾으면 업데이트합니다. 목록에 해당 커피가 없는 경우 리소스를 만듭니다.

```
@PutMapping("/coffees/{id}")
Coffee putCoffee(@PathVariable String id, @RequestBody Coffee coffee) {
    int coffeeIndex = -1;

    for (Coffee c: coffees) {
        if (c.getId().equals(id)) {
            coffeeIndex = coffees.indexOf(c);
            coffees.set(coffeeIndex, coffee);
        }
    }

    return (coffeeIndex == -1) ? postCoffee(coffee) : coffee;
}
```

3.4.4 DELETE로 삭제하기

HTTP의 DELETE 요청은 리소스를 삭제합니다. 다음 코드는 @PathVariable로 커피 식별자인 id를 받아서 Collection 메서드의 removeIf[23]를 사용해 해당 커피를 목록에서 제거합니다. removeIf는 Predicate 값을 받습니다. 즉, 목록에 제거할 커피가 존재하면 참[true]인 불[bool] 값을 반환하는 람다[lamda]입니다. 멋지고 깔끔하죠.

```
@DeleteMapping("/coffees/{id}")
void deleteCoffee(@PathVariable String id) {
    coffees.removeIf(c -> c.getId().equals(id));
}
```

23 옮긴이_ Java Doc의 removeIf를 참고하세요. https://docs.oracle.com/en/java/javase/11/docs/api/java.base/java/util/Collection.html#removeIf(java.util.function.Predicate)

3.4.5 그리고 하나 더

커피 시나리오는 개선할 사항이 여럿 있지만 두 가지에 집중하겠습니다. 반복된 코드를 줄이고, HTTP 사양specification에서 요구하는 HTTP 상태 코드를 반환하도록 하는 일입니다.

반복된 코드를 줄이기 위해서, `RestApiDemoController`의 모든 메서드에 매핑된 URI인 `/coffees`를 클래스 수준인 `@RequestMapping` 어노테이션에 적습니다. 이렇게 설정하면 각 메서드에 반복되는 매핑 URI를 제거해 글자를 줄이게 됩니다.

```
@RestController
@RequestMapping("/coffees")
class RestApiDemoController {
	private List<Coffee> coffees = new ArrayList<>();

	public RestApiDemoController() {
		coffees.addAll(List.of(
				new Coffee("Café Cereza"),
				new Coffee("Café Ganador"),
				new Coffee("Café Lareño"),
				new Coffee("Café Três Pontas")
		));
	}

	@GetMapping
	Iterable<Coffee> getCoffees() {
		return coffees;
	}

	@GetMapping("/{id}")
	Optional<Coffee> getCoffeeById(@PathVariable String id) {
		for (Coffee c: coffees) {
			if (c.getId().equals(id)) {
				return Optional.of(c);
			}
		}

		return Optional.empty();
	}

	@PostMapping
	Coffee postCoffee(@RequestBody Coffee coffee) {
		coffees.add(coffee);
```

```
            return coffee;
        }

        @PutMapping("/{id}")
        Coffee putCoffee(@PathVariable String id, @RequestBody Coffee coffee) {
            int coffeeIndex = -1;

            for (Coffee c: coffees) {
                if (c.getId().equals(id)) {
                    coffeeIndex = coffees.indexOf(c);
                    coffees.set(coffeeIndex, coffee);
                }
            }
            return (coffeeIndex == -1) ? postCoffee(coffee) : coffee;
        }
        @DeleteMapping("/{id}")
        void deleteCoffee(@PathVariable String id) {
            coffees.removeIf(c -> c.getId().equals(id));
        }
}
```

다음으로는 앞에서 언급한 IETF 문서의 'HTTP 상태 코드' 부분을 참조합니다. GET에는 특정 상태 코드를 지정하지 않고, POST와 DELETE 메서드에는 '상태 코드' 사용을 권장합니다. 그러나 PUT 메서드 응답 시 '상태 코드'는 필수입니다. HTTP 사양을 준수하기 위해 아래 코드처럼 putCoffee 메서드를 수정합니다. putCoffee 메서드는 이제 업데이트되거나 생성된 Coffee 객체만 반환하는 대신, 해당 객체와 적절한 HTTP 상태 코드가 포함된 'ResponseEntity'를 반환합니다. HTTP 상태 코드는 데이터 저장소에 커피가 존재하지 않는 경우 '201(Created)'가 반환되며, 커피가 존재하는 경우 '200(OK)'가 반환됩니다. 물론 더 많은 작업을 할 수 있지만, 현재 애플리케이션 코드는 요구사항을 충족하며 API가 내외부적으로 간단하고 깔끔해졌습니다.

```
@PutMapping("/{id}")
ResponseEntity<Coffee> putCoffee(@PathVariable String id,
        @RequestBody Coffee coffee) {
    int coffeeIndex = -1;

    for (Coffee c: coffees) {
        if (c.getId().equals(id)) {
            coffeeIndex = coffees.indexOf(c);
```

```
                coffees.set(coffeeIndex, coffee);
            }
        }
        return (coffeeIndex == -1) ?
                new ResponseEntity<>(postCoffee(coffee), HttpStatus.CREATED) :
                new ResponseEntity<>(coffee, HttpStatus.OK);
    }
```

3.5 믿으라, 그러나 검증하라[24]

작성한 코드를 가지고 API를 사용해보겠습니다.

> **NOTE_** HTTP 기반 작업에는 명령 줄 HTTP 클라이언트인 HTTPie[25]를 사용합니다. curl(*https://curl.haxx.se*)이나 Postman(*https://www.postman.com*)을 사용해도 되지만 HTTPie가 간소화된 CLI와 뛰어난 유틸리티를 갖춘 다용도 클라이언트이기 때문입니다.

[그림 3-4]에서는 리스트에 있는 모든 커피를 조회하기 위해 지정된 `coffee` 엔드포인트(`/coffees`)에 쿼리를 보냅니다. HTTPie의 기본 요청값은 `GET`이며, 호스트 이름이 없다면 로컬 호스트localhost로 정합니다. 이렇게 하면 불필요한 타이핑을 줄입니다. 이제 모든 커피를 조회하면, 위에서 미리 작성한 네 개의 커피를 확인할 수 있습니다.

---

24 옮긴이_ 'Trust but verify'. 미소 관계 회담에서 자주 언급되는 러시아 속담입니다.

25 옮긴이_ HTTPie 설치 페이지(`https://httpie.io/docs/cli/installation`)를 참고하세요.

```
mheckler-a01 :: ~ » http :8080/coffees
HTTP/1.1 200
Connection: keep-alive
Content-Type: application/json
Date: Thu, 19 Nov 2020 00:04:42 GMT
Keep-Alive: timeout=60
Transfer-Encoding: chunked

[
    {
        "id": "41ba3a26-b94c-4ab2-84ff-71a8ab63aad9",
        "name": "Café Cereza"
    },
    {
        "id": "686ed31a-0719-4907-b4ec-d79f41c8be2d",
        "name": "Café Ganador"
    },
    {
        "id": "f96da5f2-ede8-4862-aa81-ea4c3a5b626a",
        "name": "Café Lareño"
    },
    {
        "id": "11f1dcef-7808-4971-99fc-0cc1458baff2",
        "name": "Café Três Pontas"
    }
]
```

그림 3-4 GET으로 '모든' 커피 조회하기

다음으로 위의 조회된 커피 중 id 값 하나를 복사해 다른 GET 요청에 붙여 넣습니다. [그림 3-5]는 정상적인 응답 결과를 보여줍니다.

```
mheckler-a01 :: ~ » http :8080/coffees/41ba3a26-b94c-4ab2-84ff-71a8ab63aad9
HTTP/1.1 200
Connection: keep-alive
Content-Type: application/json
Date: Thu, 19 Nov 2020 00:09:10 GMT
Keep-Alive: timeout=60
Transfer-Encoding: chunked

{
    "id": "41ba3a26-b94c-4ab2-84ff-71a8ab63aad9",
    "name": "Café Cereza"
}
```

그림 3-5 GET으로 '특정' 커피 조회하기

HTTPie로 POST 요청을 간단히 수행합니다. Coffee 객체의 JSON 형식(id와 name 필드가 포함된) 텍스트 파일을 넣으면 HTTPie는 POST를 수행합니다. [그림 3-6]은 HTTPie 명령어와 함께 "99999"를 가진 커피가 정상적으로 생성됐다는 응답 결과를 보여줍니다.

```
mheckler-a01 :: ~/dev » http :8080/coffees < coffee.json
HTTP/1.1 200
Connection: keep-alive
Content-Type: application/json
Date: Thu, 19 Nov 2020 00:10:48 GMT
Keep-Alive: timeout=60
Transfer-Encoding: chunked

{
    "id": "99999",
    "name": "Kaldi's Coffee"
}
```

그림 3-6 POST로 리스트에 '새로운' 커피 생성하기

앞서 말했듯이 PUT은 기존 리소스를 업데이트하거나 기존 리소스가 없는 경우 새 리소스를 추가합니다. [그림 3-7]은 방금 추가한 커피(id)의 URI(/99999)에 커피 이름을 바꾼 JSON 파일을 입력합니다. 그 결과 id가 "99999"인 커피명(name)이 "Kaldi's Coffee"에서 "Caribou Coffee"로 변경됩니다. HTTP 상태 코드도 예상대로 200(OK)입니다.

```
mheckler-a01 :: ~/dev » http PUT :8080/coffees/99999 < coffee2.json
HTTP/1.1 200
Connection: keep-alive
Content-Type: application/json
Date: Thu, 19 Nov 2020 00:12:13 GMT
Keep-Alive: timeout=60
Transfer-Encoding: chunked

{
    "id": "99999",
    "name": "Caribou Coffee"
}
```

그림 3-7 PUT으로 '기존' 커피 업데이트하기

[그림 3-8]은 위와 같이 PUT을 요청하지만, 이번에는 URI에 존재하지 않는 id("88888")를 넣어 PUT을 요청합니다. 애플리케이션은 IETF에서 지정된 대로 데이터를 추가하고 HTTP 상태 코드 201(Created)를 반환합니다.

```
mheckler-a01 :: ~/dev » http PUT :8080/coffees/88888 < coffee3.json
HTTP/1.1 201
Connection: keep-alive
Content-Type: application/json
Date: Thu, 19 Nov 2020 00:13:35 GMT
Keep-Alive: timeout=60
Transfer-Encoding: chunked

{
    "id": "88888",
    "name": "Mötor Oil Coffee"
}
```

그림 3-8 PUT으로 '새로운' 커피 만들기

HTTPie로 하는 DELETE 요청은 PUT 요청과 매우 유사합니다. HTTP 메서드를 지정해야 하며 리소스의 URI가 있어야 합니다. [그림 3-9]는 결과를 보여줍니다. HTTP 상태 코드 200 (OK)는 리소스가 완전히 삭제되어 더 이상 존재하지 않기 때문에 표시할 값이 없음을 보여줍니다.

```
mheckler-a01 :: ~/dev » http DELETE :8080/coffees/99999
HTTP/1.1 200
Connection: keep-alive
Content-Length: 0
Date: Thu, 19 Nov 2020 00:14:47 GMT
Keep-Alive: timeout=60
```

그림 3-9 DELETE로 커피 삭제하기

마지막으로, 커피의 전체 목록을 다시 조회해 예상 결과를 확인합니다. [그림 3-10]에서 볼 수 있듯, 예상대로 목록에 없었던 id ("88888")의 "Mötor Oil Coffee"가 하나 추가됐습니다. API 유효성 검사가 성공했습니다.

```
mheckler-a01 :: ~/dev » http :8080/coffees
HTTP/1.1 200
Connection: keep-alive
Content-Type: application/json
Date: Thu, 19 Nov 2020 00:15:50 GMT
Keep-Alive: timeout=60
Transfer-Encoding: chunked

[
    {
        "id": "41ba3a26-b94c-4ab2-84ff-71a8ab63aad9",
        "name": "Café Cereza"
    },
    {
        "id": "686ed31a-0719-4907-b4ec-d79f41c8be2d",
        "name": "Café Ganador"
    },
    {
        "id": "f96da5f2-ede8-4862-aa81-ea4c3a5b626a",
        "name": "Café Lareño"
    },
    {
        "id": "11f1dcef-7808-4971-99fc-0cc1458baff2",
        "name": "Café Três Pontas"
    },
    {
        "id": "88888",
        "name": "Mötor Oil Coffee"
    }
]
```

그림 3-10 GET으로 '모든' 커피 조회하기

3.6 마치며

스프링 부트로 실제 작동하는 기본적인 애플리케이션을 개발했습니다. 대부분의 애플리케이션은 프론트엔드 UI를 통해 백엔드 클라우드 리소스를 사용자에게 보여줍니다. 여기서는 다양한 방식으로 유용하게 쓰이는 REST API를 만들고 발전시켜봤습니다. 거의 모든 시스템의 중심 기능인 리소스 생성, 읽기, 갱신, 삭제(CRUD)를 일관된 방식으로 할 수 있습니다.

`@RequestMapping` 어노테이션과 HTTP 메서드와 일치하는 다양하고 편리한 어노테이션을 살펴보았습니다.

- `@GetMapping`
- `@PostMapping`
- `@PutMapping`
- `@PatchMapping`
- `@DeleteMapping`

어노테이션을 사용한 메서드를 만든 후 코드를 리팩터링해 간소화했고, 필요한 경우에는 HTTP 상태 코드를 반환했습니다. HTTPie로 API를 테스트해 정상 동작을 확인했습니다.

다음 장에서는 스프링 부트 애플리케이션에 데이터베이스 액세스 부분을 추가해서 더 유용하게 프로덕션에 가깝게 만들어보겠습니다.

CHAPTER 4

데이터베이스 액세스

이전 장에서 언급한 대로 애플리케이션은 종종 여러 합당한 이유로 상태를 저장하지 않는 '무상태stateless' API를 사용합니다. 하지만 완전하게 무상태인 애플리케이션은 실제로 많지 않고 보통은 특정 상태를 저장합니다. 예를 들면, 온라인 상점 장바구니로 보내는 요청에 상태를 담아 전송할 수 있지만, 일단 주문이 접수되면 장바구니 상태가 담긴 주문 데이터를 저장합니다. 데이터를 저장하고 공유하거나 라우팅하는 방법은 여러 가지지만, 예외 없이 규모가 있는 거의 모든 시스템에서는 DB를 하나 이상 사용합니다.

이번 장에서는 앞 장에서 만든 스프링 부트 애플리케이션에 DB 액세스 기능을 추가합니다. 스프링 부트의 데이터 기능을 간략하게 다루고, 깊이 있는 내용은 다음 장에서 다루겠습니다. 이 장의 내용은 대부분의 애플리케이션 개발에 적용 가능하며, 해결책으로도 충분할 것입니다. 이제 같이 탐구해보겠습니다.

TIP_ 코드 사용하기

이 장에서 사용하는 코드는 깃허브(`chapter4begin` 브랜치)에서 확인할 수 있습니다.

- 역서 링크: *github.com/springboot-up-and-running/SpringBootUpAndRunning-Spring-Boot-3*
- 원서 링크: *github.com/mkheck/SpringBootUpAndRunning*

4.1 DB 액세스를 위한 자동 설정 프라이밍[26]

앞에서 설명했듯, 스프링 부트는 개발자가 계속해서 반복적으로 수행하는 코드와 사용 패턴의 80~90%를 최대한 단순화하는 것을 목표로 합니다. 사용 패턴을 식별하면, 적절한 기본 구성을 사용해 필요한 빈bean을 자동으로 초기화합니다. 간단한 사용자 맞춤 기능으로는 사용 패턴에 따라 여러 속성값을 제공하거나 하나 이상의 맞춤형 빈을 제공하는 기능 등이 있습니다. 만약 자동 설정autoconfig이 기존에 식별된 것이 아닌 새로운 변경 사항을 감지하면, 개발자의 지시에 따라 이후 과정을 처리합니다. DB 액세스는 자동 설정 프라이밍의 완벽한 예입니다.

4.2 앞으로 얻게 될 것

이전 장의 예제에서는 ArrayList로 커피 목록을 저장하고 관리했습니다. 이 접근방식은 간단하며 단일 애플리케이션 개발용으로는 충분하지만 단점이 있습니다.

첫째, 회복탄력성resilient이 떨어집니다. 애플리케이션 또는 애플리케이션이 실행 중인 플랫폼에 장애가 발생하면 애플리케이션이 실행되는 동안 수행된 변경 내용(몇 초 내지는 몇 달에 걸쳐 실행된 내용)이 모두 사라집니다.

둘째, 애플리케이션 규모를 확장scale하기 어렵습니다. 사용자가 많아져서 애플리케이션을 확장하기 위해 추가로 인스턴스를 만들어 사용하면, 새로 생긴 인스턴스는 해당 인스턴스만의 고유한 커피 목록을 가지게 됩니다. 인스턴스 간에 데이터가 공유되지 않으므로, 새로운 커피 생성, 수정, 삭제 등의 변경 사항을 다른 인스턴스에 접속하는 사용자는 확인하지 못합니다.

이렇게 복잡한 방식으로는 애플리케이션을 제대로 운영할 수 없습니다.

다음 장에서는 이러한 현실적인 문제를 완전히 해결해줄 여러 방법을 다룹니다. 하지만 그 전에 해결 방법을 시도하기 위한 기초 공사를 해봅시다.

---

26 옮긴이_ 프라이밍(priming)이란 자극에 노출됨으로써 의식적인 지침이나 의도 없이 후속 자극의 반응에 영향을 미치는 현상입니다. – 위키백과 참조. https://ko.wikipedia.org/wiki/점화_(심리학)

4.2.1 DB 의존성 추가하기

스프링 부트 애플리케이션에서 DB에 액세스하려면 다음 사항이 필요합니다.

- 실행 중인 DB – 접속 가능한 DB이거나 개발하는 애플리케이션의 내장 DB
- 프로그램상에서 DB 액세스를 가능하게 해주는 DB 드라이버 – 보통은 DB 공급/관리 업체vendor가 제공
- 원하는 DB에 액세스하기 위한 '스프링 데이터' 모듈

특정 '스프링 데이터' 모듈에는 단일 의존성을 가진 DB 드라이버가 포함되는데, 이는 '스프링 이니셜라이저'에서 선택하면 됩니다. 스프링이 'JPA–호환 데이터 스토어' 액세스를 위해 JPAJava Persistence API를 사용하는 경우, 스프링 데이터 JPA 의존성과 사용하는 DB(예: PostgreSQL) 드라이버 의존성을 선택해야 합니다.

데이터를 메모리 형태로만 저장하는 애플리케이션에서 '영속성 DBpersistence database'로 나아가는 첫 단계로 프로젝트 빌드 파일에 의존성과 기능을 추가하겠습니다.

H2는 자바로 작성된 실행 속도가 빠른 DB로, 흥미롭고 유용한 기능이 있습니다. 우선 JPA 기술 명세를 준수하므로 마이크로소프트 SQL, MySQL, Oracle, PostgreSQL 같은 JPA를 사용할 수 있는 DB와 동일한 방식으로 애플리케이션을 연결합니다. H2는 인메모리in-memory 모드와 디스크 기반 모드도 있습니다. 인메모리 `ArrayList`에서 인메모리 DB로 전환하면, 몇 가지 유용한 옵션을 사용할 수 있습니다. H2를 디스크 기반 영속성 DB로 변경하거나, 여기서는 JPA DB를 사용하므로 JPA DB로 변경하는 것이 가능합니다. 두 방법은 모두 매우 간단합니다.

애플리케이션이 H2 DB와 상호작용하도록 프로젝트 *pom.xml*의 `<dependencies>` 위치에 다음 두 개의 의존성을 추가하겠습니다.

```
<dependency>
    <groupId>org.springframework.boot</groupId>
    <artifactId>spring-boot-starter-data-jpa</artifactId>
</dependency>
<dependency>
    <groupId>com.h2database</groupId>
    <artifactId>h2</artifactId>
    <scope>runtime</scope>
</dependency>
```

> **NOTE_** H2 DB 드라이버 의존성의 스코프를 런타임으로 설정(`<scope>runtime</scope>`)하면 H2가 런타임과 테스트 클래스 경로에 존재하지만 컴파일 클래스 경로에는 존재하지 않게 됩니다. 컴파일 시 필요 없는 라이브러리에는 스코프를 `runtime`으로 설정하는 것이 좋습니다.

업데이트된 *pom.xml*을 저장하고 필요한 경우 메이븐을 리로딩하면, 추가된 의존성 내에 포함된 기능에 사용할 수 있습니다. 이제 H2를 사용하기 위해 코드를 작성해보겠습니다.

4.2.2 코드 추가하기

앞 장에서 커피를 관리하기 위한 코드를 작성했기 때문에, 새로운 DB 기능을 추가하기 위해 약간의 리팩터링만 하면 됩니다. 현 상황에서 리팩터링을 시작하기 가장 좋은 곳은 도메인 클래스이며, 이 예제의 경우에는 `Coffee`입니다.

@Entity 사용하기

H2가 JPA-호환 DB이므로 JPA 어노테이션을 추가해 사용해보겠습니다. 커피는 영속 가능 엔티티Persistable Entity이므로 `Coffee` 클래스에 `javax.persistence`의 `@Entity` 어노테이션을 추가합니다. 또 기존 `id` 멤버 변수를 DB 테이블의 ID 필드로 표시하기 위해 `@Id` 어노테이션(`javax.persistence`)을 추가합니다.

> **NOTE_** 클래스 이름(이 경우엔 `Coffee`)이 원하는 DB 테이블 이름과 일치하지 않으면, `@Entity` 어노테이션은 다음과 같이 name 매개변수(`name = "<테이블 이름>"`)로 엔티티와 테이블을 매핑합니다.

일부 IDE에서는 `Coffee` 클래스에 '무언가가 여전히 부족하다'는 팝업 창이 보입니다. 예를 들어, 인텔리제이에서는 클래스 이름에 빨간색 밑줄이 그어지고 [그림 4-1]처럼 마우스를 빨간색 밑줄에 가져다 대면 팝업 창이 나와 유용한 정보를 줍니다.

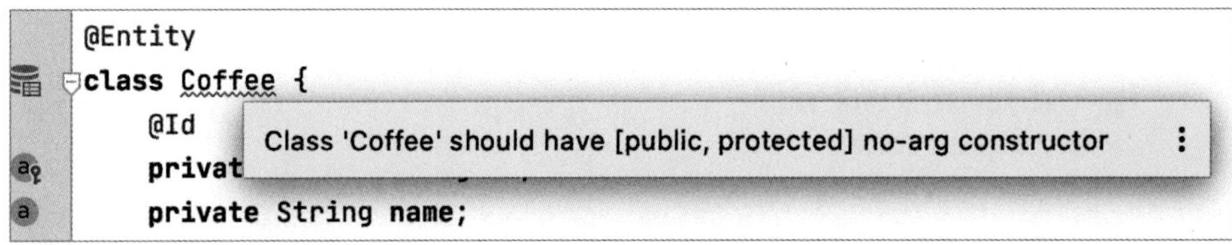

그림 4-1 JPA Coffee 클래스에 생성자 없음

JPA를 사용해 DB에 데이터를 생성할 때는 기본 생성자no-argument가 필요합니다. 기본 생성자를 추가하면 [그림 4-2]처럼 IDE에서 경고가 발생합니다. 기본 생성자를 사용하려면 모든 멤버 변수를 final이 아닌 변경 가능mutable으로 만들어야 합니다.

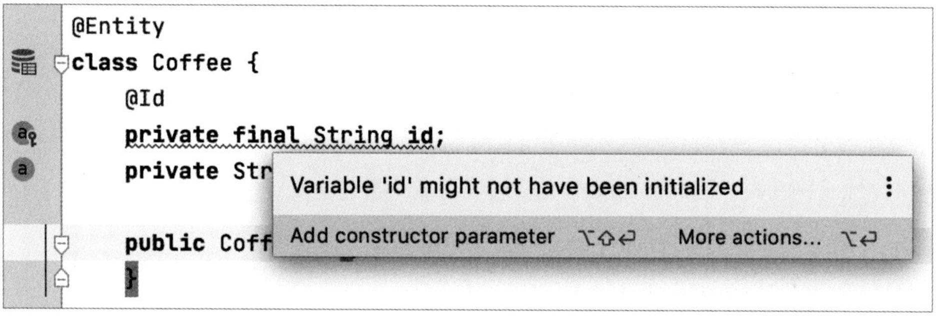

```
@Entity
class Coffee {
    @Id
    private final String id;
    private Str  Variable 'id' might not have been initialized
                 Add constructor parameter ⌥⇧↩   More actions... ⌥↩
    public Coff
    }
```

그림 4-2 no-argument 생성자는 멤버 변수 id로 final 불가

id 멤버 변수 선언에서 final 키워드를 제거하면 해결됩니다. JPA가 id에 값을 할당하려면 id에 대한 변경자mutator 메서드가 있어야 하므로 [그림 4-3]과 같이 setId() 메서드를 추가합니다.

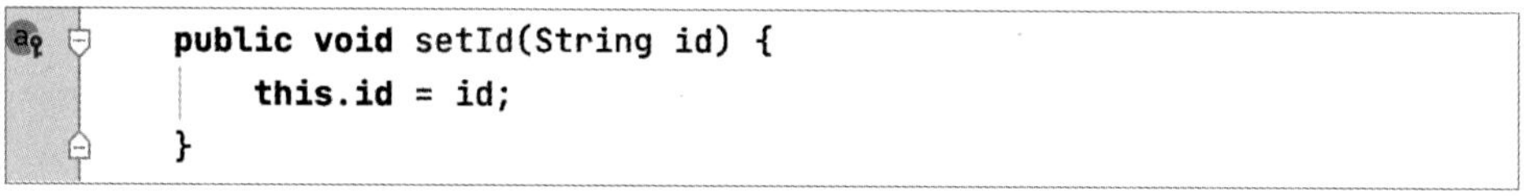

```
    public void setId(String id) {
        this.id = id;
    }
```

그림 4-3 setId() 메서드 만들기

저장소 만들기

Coffee가 저장, 조회할 수 있는 유효한 JPA 엔티티로 정의됐으니 이제 DB에 연결할 때입니다.

DB 연결은 간단한 개념이지만, 자바 생태계에서 DB 연결을 구성하고 설정하기는 다소 번거롭습니다. 1장에서 이야기했듯, 자바 애플리케이션 실행을 위해 단순히 서버를 준비하는 경우에도 지루한 여러 단계를 수행해야 했습니다. DB와 상호작용하거나 자바 유틸리티나 클라이언트 애플리케이션에서 직접 데이터 스토어에 액세스하는 경우, DB 열기와 닫기 등의 작업을 수행할 PersistenceUnit, EntityManagerFactory, EntityManager API(데이터 소스)와 관련된 추가 단계를 수행해야 합니다. 개발자의 업무에는 반복되는 일이 많습니다. 수많은 작업을 반복해야 합니다. 자바 애플리케이션 실행을 위해 언제나 같은 작업을 되풀이해야 합니다.

이런 반복 작업을 해결하기 위해 스프링 데이터는 저장소Repository 개념을 도입합니다. Repository는 스프링 데이터에 정의됐으며, 다양한 DB를 위한 추상화 인터페이스입니다. 뒷장에서 설명할 스프링 데이터는 여러 방식으로 DB에 액세스합니다. 이런 접근방식 중 유용한 여러 기능을 제공하는 Repository가 가장 많이 쓰입니다.

Repository 자체는 다음 타입의 단순한 플레이스홀더입니다.

- DB에 저장된 객체
- 객체의 고유 ID와 기본키primary key 필드

6장에서 저장소의 많은 내용을 다루므로, 여기서는 예제와 관련된 CrudRepository와 JpaRepository에 초점을 맞추겠습니다.

앞 예제에서 모든 커피 목록을 가져올 때, 최상위 인터페이스 작성을 선호했던 걸 떠올려 봅시다. JpaRepository가 몇 인터페이스를 상속해서 더 광범위한 기능을 포함하지만, CrudRepository는 모든 주요 CRUD 기능을 다루므로 지금 만들고 있는 간단한 애플리케이션에는 충분합니다.

애플리케이션에서 저장소를 사용하려면, 먼저 스프링 데이터 Repository 인터페이스를 상속할 인터페이스(예: .interface CoffeRepository)를 정의합니다.

```
interface CoffeeRepository extends CrudRepository<Coffee, String> {}
```

NOTE_ 정의된 두 가지 타입은 저장할 객체 타입인 Coffee와 고유 ID를 담을 String 타입입니다.

위 표현식expression은 스프링 부트 애플리케이션 내의 간단한 표현식 중 하나입니다. 저장소에 쿼리 정의가 가능하며 매우 유용합니다. 자세한 내용은 뒷장에서 알아보겠습니다. 지금은 먼저 스프링 데이터의 '마법'을 살펴보겠습니다. 스프링 부트의 자동 설정은 클래스 경로(이 경우

H2)의 DB 드라이버, 애플리케이션에 정의된 저장소 인터페이스, JPA 엔티티인 `Coffee` 클래스 정의를 고려해 사용자를 대신해서 DB 프록시 빈proxy bean을 생성합니다. 패턴이 명확하고 일관성이 있으면, 애플리케이션의 보일러플레이트boilerplate 코드를 작성할 필요가 없기 때문에 개발자가 비즈니스 로직에 집중하게 됩니다.

Spring JPA Data Repository 기능 알아보기

이제 저장소 작업을 수행해봅시다. 이전 장처럼 먼저 기능을 소개하고 점점 덧붙이며 단계별로 접근하겠습니다.

[그림 4-4]처럼 `RestApiDemoController`에 `CoffeeRepository`를 autowire/주입해서 외부 API로 요청이 들어오면 컨트롤러가 저장소에 접근하게 합니다.

먼저 다음처럼 멤버 변수를 선언합니다.

```
private final CoffeeRepository coffeeRepository;
```

다음으로 생성자에 `CoffeeRepository` 매개변수를 추가합니다.

```
public RestApiDemoController(CoffeeRepository coffeeRepository){}
```

NOTE_ 스프링 프레임워크 4.3 이전 버전에서는 매개변수가 autowire/주입될 스프링 빈일 때는 언제나 해당 메서드에 `@Autowired` 어노테이션을 표시했습니다. 4.3 이후 버전부터 단일 생성자single constructor 클래스는 autowire되는 매개변수를 나타내기 위한 어노테이션이 필요 없습니다. 그만큼 시간이 절약됩니다.

```
@RestController
@RequestMapping("/coffees")
class RestApiDemoController {
    private final CoffeeRepository coffeeRepository;

    private List<Coffee> coffees = new ArrayList<>();

    public RestApiDemoController(CoffeeRepository coffeeRepository) {
        this.coffeeRepository = coffeeRepository;

        this.coffeeRepository.saveAll(List.of(
                new Coffee( name: "Café Cereza"),
                new Coffee( name: "Café Ganador"),
                new Coffee( name: "Café Lareño"),
                new Coffee( name: "Café Três Pontas")
        ));

        coffees.addAll(List.of(
                new Coffee( name: "Café Cereza"),
                new Coffee( name: "Café Ganador"),
                new Coffee( name: "Café Lareño"),
                new Coffee( name: "Café Três Pontas")
        ));
    }
```

그림 4-4 RestApiDemoController에 저장소 autowire하기

[그림 4-4]처럼 저장소를 추가하고 멤버 변수 List<Coffee>를 삭제합니다. 또 생성자 안에 있는 커피 데이터(리스트) 생성 방식을 '멤버 변수 coffees에 커피 추가(addAll)' 대신 repository 방식인 'coffeRepository.saveAll'로 바꿉니다.

coffees 변수를 [그림 4-5]처럼 제거하면 변수 참조 오류가 발생합니다. 적절한 저장소 메서드로 coffee 변수를 대체합니다.

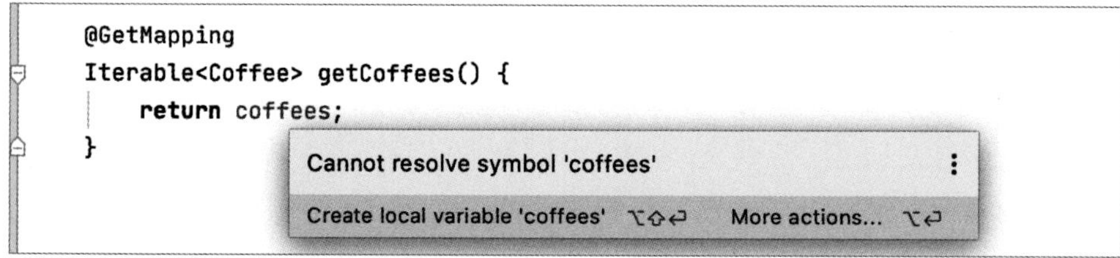

그림 4-5 제거된 coffee 멤버 변수 대체하기

매개변수 없이도 모든 커피를 간단하게 조회하는 getCoffee() 메서드를 만들어보겠습니다.

CrudRepository에 내장된 findAll() 메서드는 Iterable 타입을 반환하므로 getCoffee()의 반환 타입을 변경할 필요가 없습니다. coffeeRepository.findAll()을 호출하면 모든 커피 항목이 반환됩니다.

```
@GetMapping
Iterable<Coffee> getCoffees() {
    return coffeeRepository.findAll();
}
```

getCoffeeById() 메서드를 리팩터링하면, 저장소가 제공하는 기능 덕분에 얼마나 코드가 단순해지는지 알게 됩니다. 이제 일치하는 커피 id를 찾기 위해 수동으로 커피 목록을 조회할 필요가 없습니다. 다음 코드 스니펫처럼 CrudRepository의 findById() 메서드가 원하는 id를 찾아줍니다. 그리고 findById()가 Optional 타입을 반환하기 때문에 메서드 시그니처method signature를 변경하지 않아도 됩니다.

```
@GetMapping("/{id}")
Optional<Coffee> getCoffeeById(@PathVariable String id) {
    return coffeeRepository.findById(id);
}
```

다음 코드처럼 저장소를 사용한 postCoffee() 메서드 변경도 매우 간단합니다.

```
@PostMapping
Coffee postCoffee(@RequestBody Coffee coffee) {
    return coffeeRepository.save(coffee);
}
```

putCoffee() 메서드에서도 CrudRepository 기능이 시간과 코드를 줄여줍니다. 다음 코드처럼 저장소에 내장된 existsById() 메서드로 새로운 커피 데이터인지, 저장된 커피 데이터인지 확인하고, 저장된 커피 데이터와 적절한 HTTP 상태 코드를 반환합니다.

```
@PutMapping("/{id}")
ResponseEntity<Coffee> putCoffee(@PathVariable String id,
                                 @RequestBody Coffee coffee) {
```

```
        return (!coffeeRepository.existsById(id))
                ? new ResponseEntity<>(coffeeRepository.save(coffee),
                      HttpStatus.CREATED)
                : new ResponseEntity<>(coffeeRepository.save(coffee),
                      HttpStatus.OK);
    }
```

마지막으로, CrudRepository의 내장 deleteCoffee() 메서드를 deleteById() 메서드로 변경합니다.

```
    @DeleteMapping("/{id}")
    void deleteCoffee(@PathVariable String id) {
        coffeeRepository.deleteById(id);
    }
```

아래 완성된 코드에서 보듯, CrudRepository의 유연한 API에서 생성된 repository 빈을 활용하면, RestApiDemoController 코드의 가독성이 좋아지고 이해하기도 훨씬 쉬워집니다.

```
@RestController
@RequestMapping("/coffees")
class RestApiDemoController {
    private final CoffeeRepository coffeeRepository;

    public RestApiDemoController(CoffeeRepository coffeeRepository) {
        this.coffeeRepository = coffeeRepository;
        this.coffeeRepository.saveAll(List.of(
                new Coffee("Café Cereza"),
                new Coffee("Café Ganador"),
                new Coffee("Café Lareño"),
                new Coffee("Café Três Pontas")
        ));
    }

    @GetMapping
    Iterable<Coffee> getCoffees() {
        return coffeeRepository.findAll();
    }

    @GetMapping("/{id}")
    Optional<Coffee> getCoffeeById(@PathVariable String id) {
        return coffeeRepository.findById(id);
    }
```

```
    @PostMapping
    Coffee postCoffee(@RequestBody Coffee coffee) {
        return coffeeRepository.save(coffee);
    }

    @PutMapping("/{id}")
    ResponseEntity<Coffee> putCoffee(@PathVariable String id,
                                     @RequestBody Coffee coffee) {

        return (!coffeeRepository.existsById(id))
                ? new ResponseEntity<>(coffeeRepository.save(coffee),
                      HttpStatus.CREATED)
                : new ResponseEntity<>(coffeeRepository.save(coffee),
                      HttpStatus.OK);
    }

    @DeleteMapping("/{id}")
    void deleteCoffee(@PathVariable String id) {
        coffeeRepository.deleteById(id);
    }
}
```

애플리케이션이 예상대로 작동하니, 동작 결과가 코드 리팩터링 전과 같은지 검증하겠습니다.

> **NOTE_** 또 다른 테스트 방식은 TDD[Test Driven Development](테스트 주도 개발)로 단위 테스트를 먼저 만드는 것입니다. 실제 소프트웨어 개발에서는 TDD를 강력히 권장하지만, 여기서는 각 소프트웨어 개념의 개별적 설명과 시연을 목표로 하므로 간단하게 나타냈습니다. 주요 개념에 집중한 설명이 부차적인 부분까지 포괄한 설명보다 훨씬 더 효과적으로 내용을 전달하리라 생각합니다. 테스트는 이 책의 뒷부분에서 다루겠습니다.

4.3 데이터 저장과 조회

HTTPie 명령 줄로 API를 호출해봅시다. [그림 4-6]을 보면 커피 엔드포인트(`/coffees`)에 쿼리 시, repository 코드로 바꾸기 전의 결과처럼 H2 DB에 저장된 커피 데이터 4개를 반환합니다.

```
mheckler-a01 :: ~ » http :8080/coffees
HTTP/1.1 200
Connection: keep-alive
Content-Type: application/json
Date: Wed, 25 Nov 2020 21:08:48 GMT
Keep-Alive: timeout=60
Transfer-Encoding: chunked

[
    {
        "id": "ff3d96e0-236e-4157-8b45-9e9699276d6d",
        "name": "Café Cereza"
    },
    {
        "id": "d7a0f2a1-38f7-46ef-a884-8beb43e655cf",
        "name": "Café Ganador"
    },
    {
        "id": "d5458c8c-f480-47dc-9926-42fcb1f4051d",
        "name": "Café Lareño"
    },
    {
        "id": "1726fcdf-94f9-4f7b-9e60-e6e1b453f56f",
        "name": "Café Três Pontas"
    }
]
```

그림 4-6 GET으로 모든 커피 요청하기

반환된 커피 데이터 중 id 하나를 복사해 특정 id 값을 조회하는 엔드포인트(coffee/{id})에 GET 요청을 하면 [그림 4-7] 같이 특정 id를 가진 커피 데이터를 반환합니다.

```
mheckler-a01 :: ~ » http :8080/coffees/ff3d96e0-236e-4157-8b45-9e9699276d6d
HTTP/1.1 200
Connection: keep-alive
Content-Type: application/json
Date: Wed, 25 Nov 2020 21:20:18 GMT
Keep-Alive: timeout=60
Transfer-Encoding: chunked

{
    "id": "ff3d96e0-236e-4157-8b45-9e9699276d6d",
    "name": "Café Cereza"
}
```

그림 4-7 GET으로 특정 커피 요청하기

[그림 4-8]에서는 새로운 커피 데이터를 POST로 요청합니다.

```
mheckler-a01 :: ~/dev » http :8080/coffees < coffee.json
HTTP/1.1 200
Connection: keep-alive
Content-Type: application/json
Date: Wed, 25 Nov 2020 21:22:17 GMT
Keep-Alive: timeout=60
Transfer-Encoding: chunked

{
    "id": "99999",
    "name": "Kaldi's Coffee"
}
```

그림 4-8 POST로 새로운 커피 데이터 요청하기

이전 장에서 이야기한 대로 PUT 요청은 기존 리소스를 업데이트하거나, 요청한 리소스가 없을 때는 새로운 리소스를 추가합니다. [그림 4-9]에서는 [그림 4-8]에서 추가한 커피 `id`와 같은 '`coffee/{id}`'('coffee/99999') 형태로 요청 URI를 변경하고, 다른 커피 이름("Caribou Coffee")을 JSON 객체에 담아 PUT 요청을 합니다.[27] PUT 요청 후 `id`가 99999인 커피가 'Kaldi's Coffee'에서 'Caribou Coffee'로 이름이 바뀌었습니다. 그리고 예상한 대로 200 (OK) 상태 코드가 반환됐습니다.

```
mheckler-a01 :: ~/dev » http PUT :8080/coffees/99999 < coffee2.json
HTTP/1.1 200
Connection: keep-alive
Content-Type: application/json
Date: Wed, 25 Nov 2020 21:24:04 GMT
Keep-Alive: timeout=60
Transfer-Encoding: chunked

{
    "id": "99999",
    "name": "Caribou Coffee"
}
```

그림 4-9 PUT으로 기존 커피 리소스 업데이트하기

이번에는 존재하지 않는 `id`로 PUT을 요청합니다. [그림 4-10]처럼 DB에 새로운 커피 데이터('Mötor Oil Coffee')를 추가하고 IETF 규약에 따라 HTTP 상태 코드 `201 (Created)`를 반환합니다.

---

27 옮긴이_ `coffee2.json`에는 `"name": "Caribou Coffee"`가 적혀 있습니다.

```
mheckler-a01 :: ~/dev » http PUT :8080/coffees/88888 < coffee3.json
HTTP/1.1 201
Connection: keep-alive
Content-Type: application/json
Date: Wed, 25 Nov 2020 21:25:28 GMT
Keep-Alive: timeout=60
Transfer-Encoding: chunked

{
    "id": "88888",
    "name": "Mötor Oil Coffee"
}
```

그림 4-10 PUT으로 새로운 커피 요청하기

마지막은 특정 커피 데이터를 삭제하는 DELETE 요청입니다. 이 동작은 리소스가 성공적으로 삭제됐다는 의미로 HTTP 상태 코드 200(OK)만을 반환합니다. [그림 4-11]처럼 지워진 리소스는 더 이상 존재하지 않습니다.

```
mheckler-a01 :: ~/dev » http DELETE :8080/coffees/99999
HTTP/1.1 200
Connection: keep-alive
Content-Length: 0
Date: Wed, 25 Nov 2020 21:26:55 GMT
Keep-Alive: timeout=60
```

그림 4-11 DELETE로 특정 커피 삭제하기

마지막 상태를 체크하기 위해 다시 한번 [그림 4-12]처럼 전체 커피 데이터 목록을 조회합니다.

```
mheckler-a01 :: ~/dev » http :8080/coffees
HTTP/1.1 200
Connection: keep-alive
Content-Type: application/json
Date: Wed, 25 Nov 2020 21:28:20 GMT
Keep-Alive: timeout=60
Transfer-Encoding: chunked

[
    {
        "id": "ff3d96e0-236e-4157-8b45-9e9699276d6d",
        "name": "Café Cereza"
    },
    {
        "id": "d7a0f2a1-38f7-46ef-a884-8beb43e655cf",
        "name": "Café Ganador"
    },
    {
        "id": "d5458c8c-f480-47dc-9926-42fcb1f4051d",
        "name": "Café Lareño"
    },
    {
        "id": "1726fcdf-94f9-4f7b-9e60-e6e1b453f56f",
        "name": "Café Três Pontas"
    },
    {
        "id": "88888",
        "name": "Mötor Oil Coffee"
    }
]
```

그림 4-12 GET으로 리스트에 있는 모든 커피 요청하기

저장소에 없었던 커피인 "Mötor Oil Coffee" 하나만 추가됐습니다.

4.4 추가적으로 다듬기

보충 내용을 많이 다루면 좋겠지만, 여기서는 두 가지에 집중하겠습니다. 샘플용 커피 데이터를 자동 생성하는 부분을 별도 컴포넌트로 분리합니다. 또 코드가 명확해지도록 몇 가지 조건문을 리팩터링합니다.

이전 장에서는 RestApiDemoController 클래스에서 샘플로 사용할 초기 커피 데이터를 List 형태로 만들어 저장했습니다. 앞에 예제에서도 저장소 접근을 DB 형식으로 RestApiDemoController에 초기 샘플 데이터를 생성하는 구조를 유지했습니다. 이보다 더 나은 구조는 초기 데이터 생성 기능을 별도의 컴포넌트로 분리해서 언제든지 쉽게 활성화 또는 비활성화할 수 있게 하는 것입니다.

샘플 커피 데이터를 생성하고 저장하기 위해 애플리케이션 실행 시 자동으로 코드를 실행해야 합니다. 애플리케이션 실행 시 자동 코드 실행은 CommandLineRunner와 ApplicationRunner를 사용하거나, 람다를 사용하는 등 여러 가지 방법을 사용할 수 있습니다. 여기서는 아래와 같은 이유 때문에 @Component 클래스와 @PostConstruct 메서드를 사용하는 편이 좋습니다.

- CommandLineRunner와 ApplicationRunner가 repository 빈을 autowire하면, repository 빈을 Mock 객체로 대체하기가 어려우므로 일부 단위 테스트가 제대로 동작하지 않습니다.
- 만약 테스트 내에서 repository 빈을 Mock 객체로 대체해 사용하거나 샘플 데이터를 생성하지 않고 애플리케이션을 실행하면, @Component 어노테이션을 주석 처리해서 데이터를 추가하는 빈을 손쉽게 비활성화합니다.

이제 DataLoader 클래스의 loadData() 메서드로 샘플 데이터 생성 로직을 분리하고 @PostContruct 어노테이션을 추가합니다. 원래 RestApiDemoController는 API를 제공한다는 단 하나의 목적만 있습니다. 지금까지는 RestApiDemoController에서 API 제공만이 아니라 데이터 생성까지 담당했지만, 이제는 DataLoader가 데이터 생성을 담당합니다.

```
@Component
class DataLoader {
    private final CoffeeRepository coffeeRepository;
    public DataLoader(CoffeeRepository coffeeRepository) {
        this.coffeeRepository = coffeeRepository;
    }

    @PostConstruct
    private void loadData() {
        coffeeRepository.saveAll(List.of(
                new Coffee("Café Cereza"),
                new Coffee("Café Ganador"),
                new Coffee("Café Lareño"),
                new Coffee("Café Três Pontas")
        ));
```

```
    }
}
```

손볼 만한 또 다른 부분은 putCoffee() 메서드의 삼항 연산자 불 조건입니다. repository를 사용하도록 메서드를 리팩터링한 후에는 부정 조건을 먼저 평가할 이유가 없습니다. 조건에서 NOT(!) 논리 연산자를 제거해 코드 가독성을 높입니다. 그러고 나서 원래 결과를 유지하기 위해 다음 코드처럼 삼항 연산자의 참과 거짓 값을 바꿔줍니다.

```
@PutMapping("/{id}")
ResponseEntity<Coffee> putCoffee(@PathVariable String id,
                                 @RequestBody Coffee coffee) {

    return (coffeeRepository.existsById(id))
            ? new ResponseEntity<>(coffeeRepository.save(coffee),
                  HttpStatus.OK)
            : new ResponseEntity<>(coffeeRepository.save(coffee),
                  HttpStatus.CREATED);
}
```

TIP_ 코드 사용하기

완성된 코드는 깃허브(chapter4end 브랜치)에서 확인할 수 있습니다.

4.5 마치며

앞 장에서 만든 스프링 부트 애플리케이션에 DB 액세스를 추가하는 방법을 다루었습니다. 그리고 스프링 부트의 데이터 기능 개요와 함께 다음 내용도 간략하게 소개했습니다.

- 자바에서 DB 액세스
- JPA
- H2 DB
- 스프링 데이터 JPA
- 스프링 데이터 repository
- repository로 샘플 데이터를 만드는 원리와 방법

다음 장에서는 스프링 부트 DB 액세스를 더 깊고 자세하게 설명합니다. 하지만 이 장에서 다룬 기본 원리가 애플리케이션 빌드의 탄탄한 기초가 되므로 많은 경우 여기서 다룬 내용으로도 충분합니다. 또한, 애플리케이션이 예상한 대로 동작하지 않거나, 제대로 동작하는지 검증할 때 통찰력을 가져다줄 유용한 스프링 부트 도구에 대해 알아보겠습니다.

CHAPTER 5

애플리케이션 설정과 검사

애플리케이션은 오류가 일어나기 마련이고 대부분은 간단한 방법으로 해결됩니다. 그러나 운 좋게 해결된 경우를 제외하고, 문제를 정확히 해결하려면 근본원인을 파악해야 합니다.

자바나 코틀린 애플리케이션(또는 기타 애플리케이션) 디버깅은 개발자로 입문할 때부터 배워서 개발자로 일하는 동안 개선하고 확장해야 할 기본 기량입니다. 만약 선택한 프로그래밍 언어와 도구의 디버깅 기능을 아직 숙달하지 못했다면, 디버깅하는 여러 방법을 가능한 한 빨리 찾아보세요. 디버깅은 개발에서 매우 중요하며 시간을 엄청나게 절약하게 해줍니다.

이와 같이 중요함에도, 코드 디버깅은 애플리케이션 내 동작을 구축, 식별, 분리하는 한 단계에 불과합니다. 동적이고 분산된 애플리케이션이 많아지면 종종 다음 작업을 수행해야 합니다.

- 애플리케이션의 동적 설정과 재설정
- 현재 설정과 출처의 확인과 결정
- 애플리케이션 환경과 헬스 지표health indicators의 검사와 모니터링
- 실행 중인 애플리케이션의 로깅 수준을 일시적으로 조정해 오류 원인 식별

이 장에서는 스프링 부트에 내장된 설정 기능, 자동 설정 리포트와 함께 스프링 부트 액추에이터Spring Boot Actuator로 애플리케이션 환경 설정을 유연하게 동적으로 생성, 식별, 수정하는 방법을 다룹니다.

TIP_ 코드 사용하기

이 장에서 사용하는 코드는 깃허브(chapter5begin 브랜치)에서 확인할 수 있습니다.

5.1 애플리케이션 설정

그 어떤 애플리케이션도 홀로 기능하지 못합니다.

대개의 경우, 다른 애플리케이션/서비스와 상호작용 없이 애플리케이션이 단독으로 모든 기능을 제공하지는 못합니다. 달리 말하면, 그 어떤 애플리케이션도 주변 환경과 상호작용하지 않는다면 유용하지 않습니다. 설정할 수 없는 정적인 애플리케이션은 유연하지 못해 경직되고 제약됩니다.

스프링 부트는 애플리케이션의 동적 설정과 재설정을 가능케 하는 다양하고 강력한 메커니즘을 제공합니다. 심지어 애플리케이션 실행 중에도 설정과 재설정이 가능합니다. 이 메커니즘은 스프링 Environment를 활용해 다음과 같은 모든 소스의 설정 요소를 관리합니다.

- Spring Boot Developer Tools(devtools) 활성 시 *$HOME/.config/spring-boot* 디렉터리 내 전역 환경 설정
- 테스트의 @TestPropertySource 어노테이션
- 애플리케이션 슬라이스 테스트를 위해 테스트에서 사용되는 @SpringBootTest와 다양한 테스트 어노테이션의 설정 속성properties attribute
- 명령 줄 인수Command line arguments
- SPRING_APPLICATION_JSON 속성(환경 변수 또는 시스템 속성에 포함된 인라인inline)
- ServletConfig 초기 매개변수
- ServletContext 초기 매개변수
- *java:comp/env*의 JNDI 속성
- 자바 시스템 속성(System.getProperties())
- OS 환경 변수
- random.* 내에서만 속성을 가지는 RandomValuePropertySource
- 패키징된 애플리케이션 jar 밖에 있는 프로필별 애플리케이션 속성(*application-{profile}.properties* 파일 또는 YAML 파일)

- 패키징된 애플리케이션 jar 안에 있는 프로필별 애플리케이션 속성(*application-{profile}.properties* 파일 또는 YAML 파일)
- 패키징된 애플리케이션 jar 밖에 있는 애플리케이션 속성(*application.properties* 파일 또는 YAML 파일)
- 패키징된 애플리케이션 jar 안에 있는 애플리케이션 속성(*application.properties* 파일 또는 YAML 파일)
- `@Configuration` 클래스의 `@PropertySource` 어노테이션 – 주의: 이 속성은 애플리케이션 컨텍스트가 새로고침될 때까지 실행 환경에 반영되지 않습니다. `logging.*`와 `spring.main.*` 등에서는 새로고침한 후에야 속성이 반영되므로 애플리케이션 실행 후에 설정하기에는 너무 늦습니다.
- *SpringApplication.setDefaultProperties*로 설정되는 기본 속성

NOTE_ 위에 적힌 'PropertySources(설정 소스)' 목록은 우선순위가 높은 순서대로 나열됐습니다. 속성이 겹친다면, 이 목록에서 상위에 나열된 항목의 속성값이 하위에 나열된 속성값을 대체합니다. 스프링 부트 공식 문서 – 외부 설정Externalized Configuration의 PropertySources 우선순위(*https://oreil.ly/OrderPredSB*)를 참고하세요.[26]

모든 설정이 유용하나, 이 장에서는 몇 가지 시나리오만 살펴보겠습니다.

- 명령 줄 인수
- OS 환경 변수
- 패키징된 애플리케이션 jar 안에 있는 애플리케이션 속성(*application.properties*와 YAML 파일)

'애플리케이션의 *application.properties* 파일에 정의된 속성'으로 시작해 적용 우선순위가 높은 속성 순으로 올라가겠습니다.

5.1.1 @Value

`@Value` 어노테이션은 아마도 설정configuration을 코드에 녹이는 가장 간단한 접근방식일 겁니다. 패턴 매칭과 SpELSpring Expression Language(스프링 표현 언어)을 기반으로 구축되어 간단하고 강력합니다.

---

28 옮긴이_ 공식 문서에는 이 책의 속성 우선순위 리스트가 역순으로 나열됩니다. 즉, 공식 문서에서는 아래로 갈수록 우선순위가 높고, 리스트 아래에 적힌 속성이 리스트 위에 적힌 속성값을 오버라이딩합니다.

먼저 [그림 5-1]과 같이 애플리케이션의 *application.properties* 파일에 속성 하나를 정의합니다.

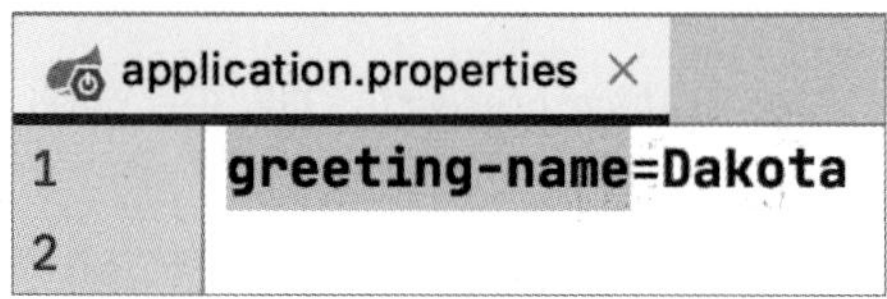

그림 5-1 *application.properties*에 greeting-name 정의

[그림 5-2]는 이 속성을 사용하는 방법을 보여주기 위해 *greeting* 애플리케이션에 사용자 관련 작업을 처리하는 @RestController를 추가로 만듭니다.

```
@RestController
@RequestMapping("/greeting")
class GreetingController {
    @Value("${greeting-name: Mirage}")
    private String name;

    @GetMapping
    String getGreeting() {
        return name;
    }
}
```

그림 5-2 Greeting @RestController 클래스

@Value 어노테이션이 멤버 변수 name에 적용되고, 어노테이션에 문자열 타입을 단일 매개변수로 하여 속성값을 적은 것에 주목합시다. 속성값은 SpEL 형식으로 정의합니다. 표현식은 구분자 '$ {'와 '}' 사이에 적습니다. 또 애플리케이션 환경에서 속성값이 정의되지 않은 경우, 예제의 "Mirage"처럼 사용할 기본값을 콜론(:) 뒤에 SpEL 형식으로 적습니다.

애플리케이션을 실행하고 /greeting을 쿼리하면, [그림 5-3]처럼 예상대로 "Dakota"로 응답값을 반환합니다.

```
mheckler-a01 :: ~/dev » http :8080/greeting
HTTP/1.1 200
Connection: keep-alive
Content-Length: 6
Content-Type: text/plain;charset=UTF-8
Date: Fri, 27 Nov 2020 15:24:32 GMT
Keep-Alive: timeout=60

Dakota
```

그림 5-3 속성 파일에서 정의한 greeting-name 속성값의 응답

속성 기본값을 사용하는지 검증하기 위해, *application.properties*에 속성 정의를 #으로 주석 처리하고 애플리케이션을 재실행합니다.

```
#greeting-name=Dakota
```

이제 /greeting을 쿼리하면 결과는 [그림 5-4]와 같습니다. greeting-name은 더 이상 애플리케이션 환경 설정에 정의되지 않으므로 기본값 "Mirage"를 반환합니다.

```
mheckler-a01 :: ~/dev » http :8080/greeting
HTTP/1.1 200
Connection: keep-alive
Content-Length: 7
Content-Type: text/plain;charset=UTF-8
Date: Fri, 27 Nov 2020 15:28:28 GMT
Keep-Alive: timeout=60

Mirage
```

그림 5-4 @Value에 적은 기본값으로 응답

맞춤설정 속성roll-your-own properties과 @Value를 함께 사용하면, 또 다른 유용한 기능을 사용할 수 있습니다. 즉 한 속성값을 다른 속성값으로 파생하거나 설정할 수 있습니다. 속성 중첩property nesting이 작동하는 법을 시연하려면 최소 두 개의 속성이 필요합니다. [그림 5-5]와 같이 *application.properties*에 두 번째 속성 greeting-coffee를 만듭니다.

```
application.properties
greeting-name=Dakota
greeting-coffee=${greeting-name} is drinking Café Cereza
```

그림 5-5 greeting-coffee 속성에 다른 속성값(greeting-name) 대입하기

다음으로는 GreetingController에 coffee/greeting 관련 필드와 엔드포인트로 coffee 데이터를 조회하는 코드를 추가합니다. [그림 5-6]처럼 coffee의 @Value 매개변수에 기본값을 명시했음을 주목해주세요.

```java
@RestController
@RequestMapping("/greeting")
class GreetingController {
    @Value("${greeting-name: Mirage}")
    private String name;

    @Value("${greeting-coffee: ${greeting-name} is drinking Café Ganador}")
    private String coffee;

    @GetMapping
    String getGreeting() {
        return name;
    }

    @GetMapping("/coffee")
    String getNameAndCoffee() {
        return coffee;
    }
}
```

그림 5-6 GreetingController에 coffee greeting 관련 코드 추가하기

결과를 확인하기 위해 애플리케이션을 재실행하고 새로운 엔드포인트인 /greeting/coffee에 쿼리합니다. 쿼리 결과는 [그림 5-7]과 같습니다. @Value의 두 속성은 모두 *application.properties*에 정의됐기 때문에, 쿼리 결과와 *application.properties*에 정의한 속성값이 일치합니다.

```
mheckler-a01 :: ~/dev » http :8080/greeting/coffee
HTTP/1.1 200
Connection: keep-alive
Content-Length: 30
Content-Type: text/plain;charset=UTF-8
Date: Fri, 27 Nov 2020 15:36:51 GMT
Keep-Alive: timeout=60

Dakota is drinking Cafe Cereza
```

그림 5-7 /greeting/coffee 엔드포인트 쿼리하기

인생과 개발의 모든 일이 그렇듯이, @Value 사용에도 제한이 있습니다. greeting-coffee에는 기본값이 있어서 *application.properties*에서 해당 속성을 어노테이션 처리한다고 해도, GreetingController 내 @Value 어노테이션은 coffee 멤버 변수를 사용해 해당 속성값을 기본값으로 적절하게 처리합니다. 하지만 속성 파일에서 greeting-name과 greeting-coffee를 모두 어노테이션 처리하면, 속성값을 정의하는 환경 소스가 없게 됩니다. 더 나아가 GreetingController 빈을 초기화할 때 가져오는 greeting-coffee 속성 안에는 어노테이션 처리를 하기 때문에 정의되지 않은 greeting-name이 있으므로 다음 오류가 발생합니다.

```
org.springframework.beans.factory.BeanCreationException:
    Error creating bean with name 'greetingController':
        Injection of autowired dependencies failed; nested exception is
        java.lang.IllegalArgumentException:
            Could not resolve placeholder 'greeting-name' in value
            "greeting-coffee: ${greeting-name} is drinking Cafe Ganador"
```

NOTE_ 오류를 간결하고 명확히 보여주기 위해 관련 있는 오류 로그만 남겼습니다.

*application.properties*에 정의되고 @Value 하나만 사용하는 속성에는 또 다른 제한이 있습니다. IDE는 해당 속성을 애플리케이션이 사용한다고 인식하지 못합니다. 속성값이 (따옴표로 구분된) 문자열 형태로 참조돼서 코드에 직접적으로 연결되지 않기 때문입니다. 물론 속성명의 정확한 철자와 사용 구조를 눈으로도 확인하지만, 완전히 수동으로 해야 하므로 오류가 발생하기 쉽습니다.

속성을 사용하고 정의할 때는 타입 세이프type-safe와 도구로 검증 가능한 메커니즘을 선택하는 편이 좋습니다.

5.1.2 @ConfigurationProperties

`@Value`가 유연하지만 단점이 있기 때문에, 스프링 개발팀에서는 `@ConfigurationProperties`를 만들었습니다. `@ConfigurationProperties`로 속성을 정의하고 관련 속성을 그룹화해서, 도구로 검증 가능하고 타입 세이프한 방식으로 속성을 참조하고 사용합니다.

예를 들어 코드에서 사용하지 않는 속성이 앱의 *application.properties* 파일에 정의됐다면, IDE에서 속성 이름에 하이라이트가 표시됩니다. 이는 사용되지 않는 속성으로 IDE가 확인했다는 표시입니다. 마찬가지로 속성이 문자열로 정의됐지만 다른 타입의 멤버 변수와 연결된 경우, IDE는 타입 불일치를 알립니다. 단순하지만 자주 발생하는 실수를 잡아내는 데 큰 도움이 됩니다.

`@ConfigurationProperties`가 작동하는 방법을 보여주기 위해 원하는 관련 속성을 캡슐화하는 POJO를 정의하는 코드로 시작하겠습니다(이 경우엔 이전에 참조한 `greeting-name`과 `greeting-coffee`). 다음 코드에서 보듯, 두 가지 모두를 포함하는 `greeting` 클래스를 만듭니다.

```
class Greeting {
    private String name;
    private String coffee;

    public String getName() {
        return name;
    }

    public void setName(String name) {
        this.name = name;
    }

    public String getCoffee() {
        return coffee;
    }
```

```
    public void setCoffee(String coffee) {
        this.coffee = coffee;
    }
}
```

설정 속성을 관리하는 greeting을 등록하기 위해서는 [그림 5-8]과 같은 @ConfigurationProperties 어노테이션을 추가하고 모든 greeting 속성에 사용할 prefix(앞자리 부호)를 지정합니다. 이 어노테이션은 설정 속성에서만 사용하도록 클래스를 설정합니다. 또 @ConfigurationProperties로 설정한 속성을 애플리케이션 환경에 포함하기 위해 @ConfigurationProperties 어노테이션이 달린 클래스를 애플리케이션이 처리하도록 추가 설정을 해야 합니다. 다음과 같은 유용한 오류 메시지가 표시된다는 점을 참고합니다.

```
@ConfigurationProperties(prefix = "greeting")
class Greetin  Not registered via @EnableConfigurationProperties, marked as Spring component, or
    private S  scanned via @ConfigurationPropertiesScan
    private S
               org.springframework.boot.context.properties
    public St  @Target({ElementType.TYPE,ElementType.METHOD})
        retur  @Retention(RetentionPolicy.RUNTIME)
               @Documented
    }          public interface ConfigurationProperties
               extends annotation.Annotation
    public vo  Maven: org.springframework.boot:spring-boot:2.4.0
        this.
    }

    public String getCoffee() {
        return coffee;
    }

    public void setCoffee(String coffee) {
        this.coffee = coffee;
    }
}
```

그림 5-8 어노테이션과 오류 메시지

애플리케이션이 @ConfigurationProperties 클래스를 처리하고 그 클래스의 속성을 앱 환경에 추가하도록 하는 명령은 대개 @ConfigurationPropertiesScan 어노테이션을 기본 애플리케이션 클래스에 추가함으로써 가장 잘 수행됩니다.

```
@SpringBootApplication
@ConfigurationPropertiesScan
public class SburRestDemoApplication {

    public static void main(String[] args) {
        SpringApplication.run(SburRestDemoApplication.class, args);
    }
}
```

NOTE_ 스프링 부트에서 **@ConfigurationProperties** 클래스를 스캔하지 않는 예외는 특정 **@ConfigurationProperties** 클래스가 조건부로 작동하거나 자동 설정을 직접 만든 경우입니다. 그 외의 경우에는 스프링 부트의 컴포넌트 스캐닝 메커니즘과 같은 방식으로 **@ConfigurationPropertiesScan**으로 **@ConfigurationProperties** 클래스를 스캔하고 작동시킵니다.

그다음 '어노테이션 프로세서annotation processor'로 메타데이터를 생성하기 위해서는 IDE가 @ConfigurationProperties 클래스와 *application.properties* 파일에 정의된 관련 속성을 연결하도록 프로젝트의 *pom.xml* 빌드 파일에 다음 의존성을 추가합니다.

```
<dependency>
    <groupId>org.springframework.boot</groupId>
    <artifactId>spring-boot-configuration-processor</artifactId>
    <optional>true</optional>
</dependency>
```

NOTE_ 이 의존성은 프로젝트 생성 시 스프링 이니셜라이저에서 자동으로 선택하고 추가할 수 있습니다.

설정 프로세서 의존성을 빌드 파일에 추가하면, 의존성을 새로고침/재임포트하고 이를 활용하기 위해 프로젝트를 다시 빌드합니다. 의존성을 재임포트하기 위해 인텔리제이에서 [Maven] 메뉴를 열고 [그림 5-9]와 같이 왼쪽 상단에 있는 [Reimport] 버튼을 클릭합니다.

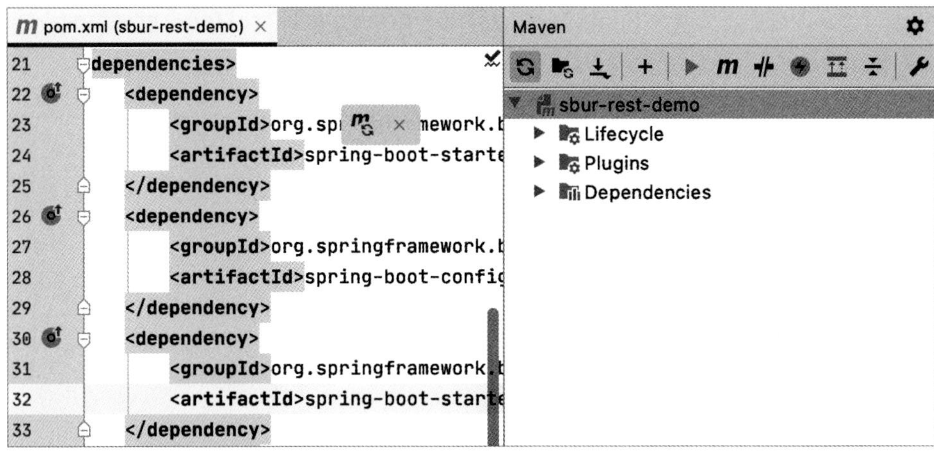

그림 5-9 프로젝트 의존성 재임포트

> **NOTE_** 옵션이 비활성화되지 않았다면, 인텔리제이에서는 [Maven] 메뉴를 열 필요 없이 빠르게 재임포트하도록 변경된 *pom.xml* 위에 작은 버튼도 제공합니다. 오버레이overlay된 [reimport] 버튼(왼쪽 하단에 원형 화살표가 있는 작은 m)이 [그림 5-9]처럼 첫 번째 의존성의 `<groupId>` 위로 hover(마우스 오버 효과)됩니다. 그리고 재임포트가 완료되면 사라집니다.

의존성이 업데이트되면, 설정 프로세서를 포함하기 위해 IDE에서 프로젝트를 다시 빌드합니다. 이제 속성에 몇 가지 값을 정의합니다. *application.properties*로 돌아가 `'greeting'`을 입력하면, [그림 5-10]과 같이 일치하는 속성 이름을 보여줍니다.

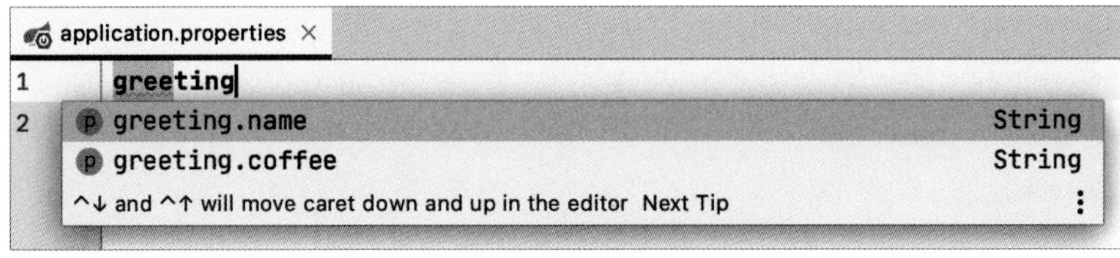

그림 5-10 `@ConfigurationProperties` 사용 시 IDE에서 지원하는 속성 항목의 자동 완성

이전에 사용하던 속성 대신 여기서 정의한 속성을 사용하려면 약간의 리팩터링이 필요합니다.

`GreetingController`의 자체 멤버 변수 `name`, `coffee`와 `@Value` 어노테이션을 사용하지 않고, 대신 `greeting.name`과 `greeting.coffee` 속성을 관리하는 `greeting` 빈에 대한 멤버 변

수를 생성하고 다음 코드와 같이 생성자 주입을 거쳐 GreetingController에 greeting 빈을 주입합니다.

```
@RestController
@RequestMapping("/greeting")
class GreetingController {
    private final Greeting greeting;

    public GreetingController(Greeting greeting) {
        this.greeting = greeting;
    }

    @GetMapping
    String getGreeting() {
        return greeting.getName();
    }

    @GetMapping("/coffee")
    String getNameAndCoffee() {
        return greeting.getCoffee();
    }
}
```

애플리케이션을 실행하고 greeting과 greeting/coffee 엔드포인트를 각각 쿼리하면, [그림 5-11]의 결과를 보게 됩니다.

```
mheckler-a01 :: ~/dev » http :8080/greeting
HTTP/1.1 200
Connection: keep-alive
Content-Length: 6
Content-Type: text/plain;charset=UTF-8
Date: Fri, 27 Nov 2020 16:37:52 GMT
Keep-Alive: timeout=60

Dakota

mheckler-a01 :: ~/dev » http :8080/greeting/coffee
HTTP/1.1 200
Connection: keep-alive
Content-Length: 30
Content-Type: text/plain;charset=UTF-8
Date: Fri, 27 Nov 2020 16:37:57 GMT
Keep-Alive: timeout=60

Dakota is drinking Cafe Cereza
```

그림 5-11 Greeting 속성 조회하기

@ConfigurationProperties 빈이 관리하는 속성은 여전히 환경과 환경 속성에 사용될 수도 있는 잠재적 소스에서 속성값을 얻습니다. @Value 기반 속성과 유일하게 다른 점 하나는 어노테이션이 달린 멤버 변수에 기본값을 지정할 수 없다는 것입니다. 애플리케이션의 *application.properties* 파일이 보통 애플리케이션 기본값을 정의하는 데 사용되므로, 기본값 지정 기능이 없어도 생각외로 유용합니다. 다양한 배포 환경에서 환경마다 다른 속성값이 필요한 경우, 속성값은 다른 소스(예: 환경 변수 또는 명령 줄 매개변수)를 통해 애플리케이션 환경에 적용됩니다. 간단히 말해, @ConfigurationProperties는 기본 속성값을 적용하기에 더 나은 방법입니다.

5.1.3 잠재적 서드 파티 옵션

앞서 언급한 @ConfigurationProperties의 인상 깊은 기능 외에 유용한 기능이 또 있습니다. 바로 서드 파티third-party 컴포넌트를 감싸고 해당 속성을 애플리케이션 환경에 통합하는 기능입니다. 서드 파티 시뮬레이션용 시연을 위해 POJO를 만들어 애플리케이션에 담을 컴포넌트를 생성합니다. 참고로, 이 기능은 여기서 다루는 예제처럼 직접 컴포넌트를 생성하는 대신 프로젝트에 외부 의존성을 추가하고, 컴포넌트 문서를 참조해 스프링 빈을 생성할 때 가장 유용합니다. 다음 코드에서 두 개의 속성(id와 description)과 속성의 접근자, 변경자 메서드로 'Droid'라는 시뮬레이션용 컴포넌트를 생성합니다.

```
class Droid {
    private String id, description;

    public String getId() {
        return id;
    }

    public void setId(String id) {
        this.id = id;
    }

    public String getDescription() {
        return description;
    }

    public void setDescription(String description) {
```

```
        this.description = description;
    }
}
```

다음 단계는 실제 서드 파티 컴포넌트와 동일한 방식으로 진행됩니다. 바로 컴포넌트를 스프링 빈으로 인스턴스화하는 것입니다. 정의된 POJO로부터 스프링 빈을 생성하는 방법은 여러 가지지만, 이 특정 사례에서는 `@Configuration` 어노테이션이 달린 클래스 내에서 직접 또는 메타 어노테이션을 통해 `@Bean` 어노테이션이 달린 메서드를 생성하는 방법이 가장 적합합니다.

여러 메타 어노테이션 중에서 `@Configuration`을 포함하는 메타 어노테이션이 바로 `@SpringBootApplication`입니다. 때문에 주로 빈 생성 메서드(`@SpringBootApplication`이 달려 있는)를 메인 클래스에 작성합니다.

> **NOTE_** 인텔리제이 등 대부분의 IDE와 스프링을 지원하는 고급 텍스트 편집기에서 스프링 메타 어노테이션 내부를 들여다볼 수 있습니다. 인텔리제이에서 [Cmd]+왼쪽 마우스 버튼(MacOS의 경우)을 클릭하면 어노테이션 내부로 들어갑니다. `@SpringBootApplication`은 `@SpringBootConfiguration`을 포함하며, `@SpringBootConfiguration`은 `@Configuration`을 포함합니다.

다음 코드에서는 빈 생성 방법과 요구되는 `@ConfigurationProperties` 어노테이션과 `prefix` 매개변수를 보여줍니다. 즉 `Droid` 속성은 최상위 속성 그룹인 droid(prefix) 아래 환경에 포함됩니다.

```
@SpringBootApplication
@ConfigurationPropertiesScan
public class SburRestDemoApplication {

    public static void main(String[] args) {
        SpringApplication.run(SburRestDemoApplication.class, args);
    }

    @Bean
    @ConfigurationProperties(prefix = "droid")
    Droid createDroid() {
        return new Droid();
    }
}
```

이전과 마찬가지로 설정 프로세서configuration processor가 새로운 설정 속성을 감지하려면 프로젝트를 다시 빌드해야 합니다. 빌드 후 *application.properties*로 돌아가서, 두 droid 속성이 [그림 5-12]처럼 타입type 정보와 함께 표시된 모습을 볼 수 있습니다.

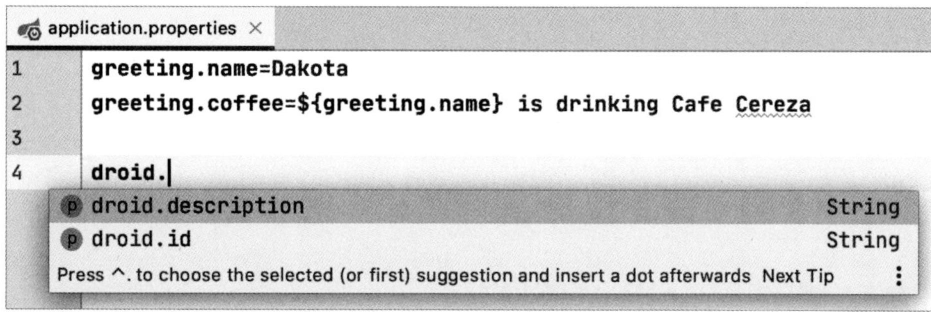

그림 5-12 *application.properties*에 표시된 *droid* 속성과 타입 정보

기본값을 사용하기 위해 [그림 5-13]과 같이 droid.id와 droid.description에 기본값을 할당합니다. 이 방식을 습관화해 제3자로부터 얻은 속성만이 아니라 모든 환경 속성 처리 시 사용하면 좋습니다.

```
greeting.name=Dakota
greeting.coffee=${greeting.name} is drinking Cafe Cereza

droid.id=BB-8
droid.description=Small, rolling android. Probably doesn't drink coffee.
```

그림 5-13 *application.properties*에 기본값이 할당된 *droid* 속성

예상한 대로 Droids 속성을 사용해 작동하는지 확인하기 위해 다음 코드에 작성된 대로 @GetMapping 메서드가 하나 있는 간단한 @RestController를 만듭니다.

```
@RestController
@RequestMapping("/droid")
class DroidController {
    private final Droid droid;

    public DroidController(Droid droid) {
```

```
            this.droid = droid;
        }

        @GetMapping
        Droid getDroid() {
            return droid;
        }
    }
```

프로젝트를 빌드하고 실행한 후, [그림 5-14]에 나타난 대로 새로운 /droid 엔드포인트에 쿼리하고 적절한 응답을 확인합니다.

```
mheckler-a01 :: ~/dev » http :8080/droid
HTTP/1.1 200
Connection: keep-alive
Content-Type: application/json
Date: Fri, 27 Nov 2020 17:29:29 GMT
Keep-Alive: timeout=60
Transfer-Encoding: chunked

{
    "description": "Small, rolling android. Probably doesn't drink coffee.",
    "id": "BB-8"
}
```

그림 5-14 *Droid*로부터 속성을 조회하기 위해 /droid 엔드포인트 쿼리하기

5.2 자동 설정 리포트

앞에서 언급했듯, 스프링 부트는 자동 설정을 통해 많은 작업에서 개발자를 대행합니다. 즉, 선택한 기능, 의존성 또는 코드의 일부 기능을 수행하는 데 필요한 빈을 사용해 애플리케이션을 설정합니다. 또 사용 용도에 따라 기능 구현에 필요한 자동 구성을 오버라이딩합니다. 그러나 어떤 빈이 생성되거나 생성되지 않았으며, 또 어떤 조건으로 빈 생성 여부가 결정되는지 알 수 있을까요?

JVM의 유연성 덕분에 여러 방법 중 하나인 디버그 플래그로 자동 설정 리포트Autoconfiguration Report를 간단히 생성합니다.

- --debug 옵션으로 애플리케이션의 jar 파일 실행: `java -jar bootapplication.jar --debug`
- JVM 매개변수로 애플리케이션의 jar 파일 실행: `java -Ddebug=true -jar bootapplication.jar`
- 애플리케이션의 *application.properties* 파일에 `debug=true` 추가
- 셸(리눅스 또는 Mac)에서 `export DEBUG=true`를 실행하거나 윈도우 환경에서 `export DEBUG=true`를 추가한 다음 `java -jar bootapplication.jar` 실행

NOTE_ 앞서 설명한 바와 같이, 애플리케이션의 `Environment` 디버그 설정이 참(`true`)이면 똑같은 결과가 나옵니다. 조금 전에 언급한 옵션이 더 자주 사용됩니다.

포지티브 매치Positive match 항목을 나열하는 자동 설정 리포트('참'으로 평가되어 행동을 취하는 조건)는 'Positive matches'라는 제목으로 나열됩니다. 포지티브 매치와 그에 따른 자동 설정 동작의 한 예, 해당 위치의 헤더를 여기에 복사해 넣었습니다.

```
============================
CONDITIONS EVALUATION REPORT
============================

Positive matches:
-----------------
   DataSourceAutoConfiguration matched:
      - @ConditionalOnClass found required classes 'javax.sql.DataSource',
      'org.springframework.jdbc.datasource.embedded.EmbeddedDatabaseType'
      (OnClassCondition)
```

매치가 예상한 결과를 보여주지만, 항상 다음 사항을 확인하는 것이 좋습니다.

- 애플리케이션 의존성을 가진 JPA와 H2
- SQL 데이터 소스와 함께 작동하는 JPA
- 내장 데이터베이스 H2
- 임베디드Embedded SQL 데이터 소스를 지원하는 클래스

그 결과, `DataSourceAutoConfiguration`이 인보크invoke[29]됩니다.

29 옮긴이_ 자바 공식 튜토리얼 문서 'Invoking Methods'를 참고하세요. https://docs.oracle.com/javase/tutorial/reflect/member/methodInvocation.html

유사하게, 네거티브 매치Negative match는 다음과 같이 스프링 부트의 자동 설정이 수행하지 않은 동작과 그 이유를 보여줍니다.

```
Negative matches:
-----------------
    ActiveMQAutoConfiguration:
       Did not match:
          - @ConditionalOnClass did not find required class
           'javax.jms.ConnectionFactory' (OnClassCondition)
```

이 코드는 실행 시 JMS ConnectionFactory 클래스를 찾지 못했기 때문에 ActiveMQAutoConfiguration이 실행되지 않았습니다.

또 조건을 충족하지 않고도 생성되는 'Unconditional classes'를 나열하는 부분은 유용한 정보가 됩니다. 이전에 다룬 내용에서 특별히 중요한 부분은 다음 코드입니다.

```
Unconditional classes:
----------------------
    org.springframework.boot.autoconfigure.context
     .ConfigurationPropertiesAutoConfiguration
```

보다시피, ConfigurationPropertiesAutoConfiguration은 스프링 부트 애플리케이션 내에서 생성되고 참조되는 모든 ConfigurationProperties를 관리하기 위해 항상 인스턴스화됩니다. 이는 모든 스프링 부트 앱에 필수입니다.

5.3 액추에이터

액추에이터actuator는 명사로 작동시키는 것, 엄밀히 말하면 무언가를 움직이게 하거나 제어하는 기계 장치를 의미합니다.

스프링 부트 액추에이터의 원래 버전은 2014년에 GAGeneral Availability가 됐으며, 프로덕션용 부트 애플리케이션에 대한 값진 식견을 제공해 환영받았습니다. 액추에이터는 HTTP 엔드포인트나 JMXJava Management Extensions로 실행 중인 앱의 모니터링과 관리 기능을 제공하며 스프링 부트의 실제 제품 단계 수준production-ready 기능을 모두 포함하고 보여줍니다.

스프링 부트 2.0으로 완전히 새로워진 액추에이터는 수많은 주요 모니터링 시스템의 일관된 퍼사드façade (외관)로 메트릭스metrics를 제공하기 위해 마이크로미터 인스트루먼테이션Micrometer instrumentation 라이브러리를 활용하는데, 이 방식은 SLF4J의 다양한 로깅 메커니즘과 유사합니다. 이는 주어진 스프링 부트 애플리케이션 내 액추에이터를 통해 통합, 모니터링과 노출 범위를 극적으로 확장합니다.

액추에이터를 실행하기 위해, 현재 프로젝트의 *pom.xml* 의존성 부분에 다른 의존성을 추가합니다. 다음 코드 스니펫에서 보듯 `spring-boot-starter-actuator` 의존성이 필요한 기능을 제공합니다. 이를 위해 액추에이터 자체와 마이크로미터, 그리고 스프링 부트 애플리케이션과의 통합에 필요한 자동 설정 기능도 함께 제공합니다.

```
<dependencies>
    ... (other dependencies omitted for brevity)
    <dependency>
        <groupId>org.springframework.boot</groupId>
        <artifactId>spring-boot-starter-actuator</artifactId>
    </dependency>
</dependencies>
```

의존성을 다시 한번 새로고침/재임포트한 후 애플리케이션을 다시 실행합니다. 애플리케이션이 실행되면 기본 엔드포인트에 접속해 액추에이터가 노출한 기본값 정보가 나타납니다. [그림 5-15]처럼 이번에도 HTTPie를 사용해 이를 수행합니다.

```
mheckler-a01 :: ~/dev » http :8080/actuator
HTTP/1.1 200
Connection: keep-alive
Content-Type: application/vnd.spring-boot.actuator.v3+json
Date: Fri, 27 Nov 2020 17:34:29 GMT
Keep-Alive: timeout=60
Transfer-Encoding: chunked

{
    "_links": {
        "health": {
            "href": "http://localhost:8080/actuator/health",
            "templated": false
        },
        "health-path": {
            "href": "http://localhost:8080/actuator/health/{*path}",
            "templated": true
        },
        "info": {
            "href": "http://localhost:8080/actuator/info",
            "templated": false
        },
        "self": {
            "href": "http://localhost:8080/actuator",
            "templated": false
        }
    }
}
```

그림 5-15 액추에이터 엔드포인트 접근, 기본 설정

> **NOTE_** 모든 액추에이터 정보는 기본적으로 애플리케이션의 `/actuator` 엔드포인트 아래에 그룹화되지만, 이 역시 설정 가능합니다.

의도적으로 간결하게 추렸기 때문에, 생각보다 정보가 적을 수 있습니다.

액추에이터는 실행 중인 애플리케이션의 정보에 접근하고 이를 노출합니다. 이 정보는 개발자와 운영자만이 아니라 애플리케이션 보안을 위협하는 악의적인 사람에게도 활용 가치가 매우 높습니다. '기본적으로 안전하게'라는 스프링 시큐리티의 목표에 따라 액추에이터의 자동 설정은 매우 제한된 health 및 info 응답을 노출합니다. 사실, info는 애플리케이션 heartbeat와 그 밖의 OOTB[out-of-the-box] (설정 없이도 즉시 사용 가능한 기본값)를 제공하는 빈 세트[empty set]가 기본값으로 설정됩니다.

대부분의 스프링과 마찬가지로, 데이터를 제공하는 다양한 액추에이터에 접근을 제어하기 위해 매우 정교한 메커니즘을 생성하는 방법이 있지만, 빠르고 일관되며 충돌 확률이 낮은 옵션도 있습니다. 이제부터는 옵션을 살펴보겠습니다.

포함된 엔드포인트 세트나 배제된 엔드포인트 세트가 있는 속성으로 액추에이터를 쉽게 설정할 수 있습니다. 단순화를 위해 포함된 엔드포인트를 선택하고, 다음 항목을 *application.properties*에 추가합니다.

```
management.endpoints.web.exposure.include=env, info, health
```

이 예제에서는 앱(그리고 액추에이터)이 /actuator/env, /actuator/info, /actuator/health 엔드포인트(그리고 모든 하위 엔드포인트)만 노출하도록 명령합니다.

애플리케이션을 다시 실행하고 /actuator 엔드포인트를 쿼리하면, 예상하듯 [그림 5-16]의 결과를 확인하게 됩니다.

액추에이터의 OOTB 기능을 완전히 보여주기 위해, 시범 삼아 한 단계 더 나아가서 앞에 언급한 *application.properties* 설정과 함께 와일드카드 문자만 사용해 보안을 완전히 비활성화합니다.

```
management.endpoints.web.exposure.include=*
```

WARNING_ 이 점은 아무리 강조해도 부족할 만큼 중요합니다. 민감한 데이터의 보안 메커니즘은 시연이나 검증용으로만 비활성화해야 합니다. 프로덕션 애플리케이션의 보안은 비활성화하면 안 됩니다.

```
mheckler-a01 :: ~/dev » http :8080/actuator
HTTP/1.1 200
Connection: keep-alive
Content-Type: application/vnd.spring-boot.actuator.v3+json
Date: Fri, 27 Nov 2020 17:38:30 GMT
Keep-Alive: timeout=60
Transfer-Encoding: chunked

{
    "_links": {
        "env": {
            "href": "http://localhost:8080/actuator/env",
            "templated": false
        },
        "env-toMatch": {
            "href": "http://localhost:8080/actuator/env/{toMatch}",
            "templated": true
        },
        "health": {
            "href": "http://localhost:8080/actuator/health",
            "templated": false
        },
        "health-path": {
            "href": "http://localhost:8080/actuator/health/{*path}",
            "templated": true
        },
        "info": {
            "href": "http://localhost:8080/actuator/info",
            "templated": false
        },
        "self": {
            "href": "http://localhost:8080/actuator",
            "templated": false
        }
    }
}
```

그림 5-16 포함할 엔드포인트를 지정한 후 /actuator에 액세스하기

애플리케이션 실행 시 확인을 위해, 액추에이터는 현재 노출한 엔드포인트 개수와 이에 도달하는 루트 경로(이 경우, 기본값은 /actuator)를 다음 예제처럼 실행 시 리포트에서 충실하게 보고합니다. 이 보고는 애플리케이션을 특정 배포로 전개하기 전에 원하는 것보다 엔드포인트가 더 많이 노출되고 있지 않음을 재빠르게 눈으로 확인하게 해주는 유용한 알림이자 경고입니다.

```
INFO 22115 --- [ main] o.s.b.a.e.web.EndpointLinksResolver :
    Exposing 13 endpoint(s) beneath base path '/actuator'
```

현재 액추에이터를 통해 접근할 수 있는 모든 매핑을 검사하기 위해, 제공된 액추에이터 루트 경로를 쿼리해 전체 목록을 조회합니다.

```
mheckler-a01 :: ~/dev » http :8080/actuator
HTTP/1.1 200
Connection: keep-alive
Content-Type: application/vnd.spring-boot.actuator.v3+json
Date: Fri, 27 Nov 2020 17:43:27 GMT
Keep-Alive: timeout=60
Transfer-Encoding: chunked

{
    "_links": {
        "beans": {
            "href": "http://localhost:8080/actuator/beans",
            "templated": false
        },
        "caches": {
            "href": "http://localhost:8080/actuator/caches",
            "templated": false
        },
        "caches-cache": {
            "href": "http://localhost:8080/actuator/caches/{cache}",
            "templated": true
        },
        "conditions": {
            "href": "http://localhost:8080/actuator/conditions",
            "templated": false
        },
        "configprops": {
            "href": "http://localhost:8080/actuator/configprops",
            "templated": false
        },
        "env": {
            "href": "http://localhost:8080/actuator/env",
            "templated": false
        },
        "env-toMatch": {
            "href": "http://localhost:8080/actuator/env/{toMatch}",
            "templated": true
        },
        "health": {
            "href": "http://localhost:8080/actuator/health",
```

```
        "templated": false
    },
    "health-path": {
        "href": "http://localhost:8080/actuator/health/{*path}",
        "templated": true
    },
    "heapdump": {
        "href": "http://localhost:8080/actuator/heapdump",
        "templated": false
    },
    "info": {
        "href": "http://localhost:8080/actuator/info",
        "templated": false
    },
    "loggers": {
        "href": "http://localhost:8080/actuator/loggers",
        "templated": false
    },
    "loggers-name": {
        "href": "http://localhost:8080/actuator/loggers/{name}",
        "templated": true
    },
    "mappings": {
        "href": "http://localhost:8080/actuator/mappings",
        "templated": false
    },
    "metrics": {
        "href": "http://localhost:8080/actuator/metrics",
        "templated": false
    },
    "metrics-requiredMetricName": {
        "href": "http://localhost:8080/actuator/metrics/{requiredMetricName}",
        "templated": true
    },
    "scheduledtasks": {
        "href": "http://localhost:8080/actuator/scheduledtasks",
        "templated": false
    },
    "self": {
        "href": "http://localhost:8080/actuator",
        "templated": false
    },
    "threaddump": {
        "href": "http://localhost:8080/actuator/threaddump",
```

```
            "templated": false
        }
    }
}
```

개발자는 액추에이터 엔드포인트의 목록을 보고 검사에서 캡처된 정보와 노출된 정보의 범위를 통찰하게 되지만, 그들에게 특히 유용한 것은 다음입니다.

/actuator/beans

애플리케이션에서 생성한 모든 스프링 빈

/actuator/conditions

앞서 논의한 'Conditions Evaluation Report'(5.2절 참고)와 유사하게, 스프링 빈의 생성 조건이 충족됐는지 여부

/actuator/configprops

애플리케이션에서 액세스할 수 있는 모든 `Environment` 속성

/actuator/env

애플리케이션이 작동하는 환경의 무수한 측면 확인, 개별 `configprop` 값의 출처 확인에 특히 유용

/actuator/health

`health` 정보(설정에 따라 기본 또는 확장)

/actuator/heapdump

트러블 슈팅과 분석을 위해 힙 덤프heap dump 시작

/actuator/loggers

모든 컴포넌트의 로깅 수준

/actuator/mappings

모든 엔드포인트 매핑과 세부 지원 정보

/actuator/metrics

애플리케이션에서 현재 캡처 중인 메트릭스

/actuator/threaddump

트러블 슈팅과 분석을 위해 스레드 덤프thread dump 시작

나열된 엔드포인트와 나머지 사전 설정된 모든 액추에이터 엔드포인트는 필요 시 유용하고 검사 시 접근하기가 쉽습니다. 이 엔드포인트는 애플리케이션 환경에 지속적으로 집중적 기여를 하며, 동종 도구 중 단연 최고입니다.

5.3.1 액추에이터 열기

언급했듯 액추에이터의 기본 보안 상태는 의도적으로 매우 제한된 `health`와 `info` 응답만 노출합니다. 실제로 `/actuator/health` 엔드포인트는 상당히 실용적인 "UP" 또는 "DOWN" 애플리케이션 상태 OOTB를 제공합니다.

그러나 대부분의 애플리케이션에는 액추에이터가 `health` 정보를 추적하는 의존성이 있습니다. 권한이 부여되지 않는 한 해당 추가 정보를 간단히 노출하지 않습니다. 사전 설정된 의존성의 확장된 `health` 정보를 보여주기 위해 다음 속성을 *application.properties*에 추가합니다.

```
management.endpoint.health.show-details=always
```

NOTE_ `health` 지표의 세부 속성은 `Never`(기본값), `when_authorized`, `always` 등 세 가지로 표시합니다. 위 예제에서는 가능한 값을 간단히 보여주기 위해 `always`를 선택했지만, 모든 프로덕션용 애플리케이션에서는 애플리케이션의 확장된 `health` 정보를 눈으로 볼 수 있는 정도를 제한하기 위해 `never` 또는 `when_authorized`를 선택합니다.

애플리케이션을 다시 실행하고 /actuator/health 엔드포인트에 접속합니다. 그러면 [그림 5-17]과 같이 전체 애플리케이션의 요약된 health 정보에 애플리케이션 기본 설정 요소의 health 정보가 추가됩니다.

```
mheckler-a01 :: ~/dev » http :8080/actuator/health
HTTP/1.1 200
Connection: keep-alive
Content-Type: application/vnd.spring-boot.actuator.v3+json
Date: Fri, 27 Nov 2020 17:47:32 GMT
Keep-Alive: timeout=60
Transfer-Encoding: chunked

{
    "components": {
        "db": {
            "details": {
                "database": "H2",
                "validationQuery": "isValid()"
            },
            "status": "UP"
        },
        "diskSpace": {
            "details": {
                "exists": true,
                "free": 133346631680,
                "threshold": 10485760,
                "total": 499963174912
            },
            "status": "UP"
        },
        "ping": {
            "status": "UP"
        }
    },
    "status": "UP"
}
```

그림 5-17 확장된 health 정보

5.3.2 액추에이터를 사용해 소프트웨어 환경 인지하기

회사는 물론이고 개발자를 괴롭히는 문제는 행동이 기대와 일치하지 않는데 현재 애플리케이션 환경이나 상태를 완벽하게 알고 있다고 가정하는 것입니다. 이런 문제는 종종 일어나며, 특히 개발자가 일반적이지 않은 코드를 직접 작성했다면 어느 정도 예상되기도 합니다. 이때 비교적 빠르고 매우 유용한 첫 대응은 모든 가정을 확인하는 일입니다. 가정하고 있는 것이 무엇인지 아나요? 정말 알고 있다고 확신하나요?

그리고 확인했나요?

특히 입력이 결과를 좌우하는 코드에서는 가정을 확인하는 일이 반드시 출발점이 되어야 합니다. 액추에이터는 이 일을 손쉽게 하도록 도와줍니다. 애플리케이션에 /actuator/env 엔드포인트를 쿼리하면 모든 환경 정보를 반환합니다. 다음은 현재까지 애플리케이션에 설정된 속성만 보여주는 결과 일부입니다.

```
{
    "name": "Config resource 'classpath:/application.properties' via location
     'optional:classpath:/'",
    "properties": {
        "droid.description": {
            "origin": "class path resource [application.properties] - 5:19",
            "value": "Small, rolling android. Probably doesn't drink coffee."
        },
        "droid.id": {
            "origin": "class path resource [application.properties] - 4:10",
            "value": "BB-8"
        },
        "greeting.coffee": {
            "origin": "class path resource [application.properties] - 2:17",
            "value": "Dakota is drinking Cafe Cereza"
        },
        "greeting.name": {
            "origin": "class path resource [application.properties] - 1:15",
            "value": "Dakota"
        },
        "management.endpoint.health.show-details": {
            "origin": "class path resource [application.properties] - 8:41",
            "value": "always"
        },
        "management.endpoints.web.exposure.include": {
            "origin": "class path resource [application.properties] - 7:43",
            "value": "*"
        }
    }
}
```

액추에이터는 정의된 각 속성의 현재 값만이 아니라 해당 값이 정의된 행과 열 번호에 이르기까지 그 소스도 보여줍니다. 그러나 애플리케이션을 실행할 때 외부 환경 변수나 명령 줄 인수 등의 소스가 이러한 값을 하나 이상 오버라이딩하면 어떻게 될까요?

일반적인 프로덕션용 애플리케이션의 시나리오를 보여주기 위해 애플리케이션 디렉터리에서 `mvn clean package`를 실행한 후 다음 명령어를 다시 실행합니다.

```
java -jar target/sbur-rest-demo-0.0.1-SNAPSHOT.jar --greeting.name=Sertanejo
```

`/actuator/env`를 다시 한번 쿼리하면, `greeting.name`에 대한 단일 입력이 있는 명령 줄 인수에 새로운 부분이 있음을 보게 됩니다.

```
{
    "name": "commandLineArgs",
    "properties": {
        "greeting.name": {
            "value": "Sertanejo"
        }
    }
}
```

이전에 참조된 환경 입력의 우선순위에 따라 명령 줄 인수는 *application.properties* 내에서 설정된 값을 오버라이딩해야 합니다. `/greeting` 엔드포인트를 쿼리하면 예상대로 `"Sertanejo"`가 반환됩니다. 마찬가지로 다음과 같이 `/greeting/coffee`를 쿼리하면 SpEL 표현식을 통해 해당 응답에 오버라이딩된 값이 통합됩니다. `Sertanejo is drinking Cafe Cereza`(Sertanejo는 Cafe Cereza를 마시고 있습니다).

스프링 부트 액추에이터 덕분에 데이터 기반으로 오류를 잡아내기가 훨씬 간단해졌습니다.

5.3.3 액추에이터로 로깅 볼륨(수준) 높이기

소프트웨어를 개발하고 배포할 때와 마찬가지로, 프로덕션용 애플리케이션 로깅 수준을 선택할 때도 기회비용tradeoff이 생깁니다. 더 많은 로깅을 선택하면 더 많은 시스템 수준 작업과 저장 용량이 소모되고, 필요한 데이터만이 아니라 불필요한 데이터까지 모두 캡처됩니다. 그렇지 않아도 찾기 힘든 문제인데, 이로 인해 식별하기가 더 어려워지기도 합니다.

액추에이터는 스프링 부트의 프로덕션용 단계 수준의 기능을 제공한다는 미션하에 이 문제까지 해결합니다. 개발자가 거의 모든 설정 요소에 "INFO" 같은 일반적인 로깅 수준을 설정하고, 중요한 문제 발생 시 스프링 부트 애플리케이션에서 실시간으로 해당 로깅 수준을 일시적으로 변경하게 해줍니다. 또 해당 엔드포인트에 대한 간단한 POST로 로깅 수준을 설정/재설정하게 해줍니다. 예를 들어 [그림 5-18]은 *org.springframework.data.web*의 기본값으로 설정된 로깅 수준을 보여줍니다.

```
mheckler-a01 :: ~/dev » http :8080/actuator/loggers/org.springframework.data.web

HTTP/1.1 200
Connection: keep-alive
Content-Disposition: inline;filename=f.txt
Content-Type: application/vnd.spring-boot.actuator.v3+json
Date: Fri, 27 Nov 2020 18:01:15 GMT
Keep-Alive: timeout=60
Transfer-Encoding: chunked

{
    "configuredLevel": null,
    "effectiveLevel": "INFO"
}
```

그림 5-18 org.springframework.data.web의 기본 로깅 수준

특히 주목할 점은 이 설정 요소의 로깅 수준이 설정되지 않았기 때문에 "INFO"의 효과적인 수준을 사용한다는 점입니다. 다시 말해, 스프링 부트는 세부 사항이 제공되지 않을 때 합리적인 기본값을 제공합니다.

실행 중인 애플리케이션의 문제를 알림받고 이를 진단하고 해결하는 데 도움되도록 로깅을 늘리고 싶은 경우, 해당 설정 요소의 configuredLevel에 대한 새로운 JSON 형식 값을 해당 /actuator/loggers 엔드포인트에 다음과 같이 POST합니다.

```
echo '{"configuredLevel": "TRACE"}'
  | http :8080/actuator/loggers/org.springframework.data.web
```

로깅 수준을 다시 쿼리하면, org.springframework.data.web의 로거가 이제 "TRACE"로 설정됐다는 확인과, [그림 5-19]와 같이 애플리케이션에 집중적인 진단 로깅을 제공합니다.

WARNING_ "TRACE"는 파악하기 어려운 문제를 찾아내는 데 필수이기도 하지만, "DEBUG"보다 정보를 더 세분화해 캡처하는 다소 무거운 수준의 로깅입니다. 프로덕션 애플리케이션에서 사용하면 필수 정보를 제공하지만, 그에 따른 기회비용을 고려해야 합니다.

```
mheckler-a01 :: ~/dev » http :8080/actuator/loggers/org.springframework.data.web

HTTP/1.1 200
Connection: keep-alive
Content-Disposition: inline;filename=f.txt
Content-Type: application/vnd.spring-boot.actuator.v3+json
Date: Fri, 27 Nov 2020 18:05:34 GMT
Keep-Alive: timeout=60
Transfer-Encoding: chunked

{
    "configuredLevel": "TRACE",
    "effectiveLevel": "TRACE"
}
```

그림 5-19 org.springframework.data.web의 새로운 "TRACE" 로깅 수준

TIP_ 코드 사용하기
완성된 코드는 깃허브(chapter5end 브랜치)에서 확인할 수 있습니다.

5.4 마치며

개발자는 프로덕션 애플리케이션에서 나타나는 동작을 설정, 식별, 분리해주는 유용한 도구가 필요합니다. 분산된 동적 애플리케이션이 많을수록 종종 다음 작업을 수행해야 합니다.

- 애플리케이션을 동적으로 설정 및 재설정
- 현재 설정과 해당 출처를 결정/확인
- 애플리케이션 환경과 health 지표 검사, 모니터링
- 실시간으로 애플리케이션의 로깅 수준을 일시적으로 조정해 근본원인 식별

이 장에서는 스프링 부트의 내장된 설정 기능, 자동 설정 리포트, 스프링 부트 액추에이터를 사용해 애플리케이션 환경 설정을 유연하고 동적으로 생성, 식별, 수정하는 방법을 보였습니다.

다음 장에서는 데이터를 자세히 다룹니다. 다양한 산업 표준과 주요 데이터베이스 엔진을 사용해 데이터 저장과 조회를 정의하는 방법과 가장 합리적이고 강력한 방법으로 데이터를 사용하는 스프링 데이터 프로젝트와 기능에 대해 다룹니다.

CHAPTER 6

데이터 파고들기

데이터는 고려할 게 매우 많은 복잡한 주제입니다. 가령 데이터 구조, 다른 데이터와의 관계, 데이터 처리, 저장storage과 조회retrieval 옵션, 데이터에 적용 가능한 다양한 기준, 데이터베이스 제공업체, 메커니즘 등을 고려해야 합니다. 또 데이터는 개발자가 경력을 쌓는 초기와 새로운 도구모음toolchain을 배울 때 접하는 가장 복잡한 개발 측면이기도 합니다.

왜냐하면 어떤 형태로든 데이터가 없으면 거의 모든 애플리케이션이 무의미하기 때문입니다. 데이터를 저장하지 않고, 조회하지 않으며, 데이터를 서로 연결하지 않는 애플리케이션은 별 가치가 없습니다.

거의 모든 애플리케이션 가치는 '데이터'에서 나오며, 이 덕분에 데이터는 데이터베이스 제공업체 및 플랫폼 공급업체로부터 많은 혁신을 이끌어냈습니다. 그러나 많은 경우에 데이터의 복잡성이 여전하니 결국 데이터는 매우 깊고 광범위한 주제인 셈입니다.

스프링 데이터spring Data를 소개합니다. 스프링 데이터(`https://spring.io/projects/spring-data`)의 미션은 "기본적인 데이터 저장의 특수한 속성을 유지하면서 데이터에 액세스하는 친숙하고 일관된 스프링 기반 프로그래밍 모델을 제공하는 것"이라고 합니다. 어떤 데이터베이스 엔진이나 플랫폼을 사용하든 간에 스프링 데이터의 목표는 개발자가 가능한 한 간단하고 강력하게 데이터에 액세스하게 하는 것입니다.

이 장에서는 다양한 산업 표준과 주요 데이터베이스 엔진을 사용해 데이터 저장과 조회를 정의하는 방법, 스프링 부트를 이용해 가장 간결하고 강력한 방법으로 데이터베이스 엔진을 사용하는 스프링 데이터 프로젝트와 기능에 대해 설명합니다.

6.1 엔티티 정의

어떤 형태로든 데이터를 다루는 거의 모든 경우, 도메인 엔티티가 존재합니다. 그 데이터가 인보이스(송장), 자동차나 그 밖의 무엇이든 간에, 데이터를 관계없는 속성의 모음으로 다루는 일은 거의 없습니다. 여러분이 생각하듯, 유용한 데이터란 여러 요소가 긴밀하게 결합돼 의미 있는 전체를 구성하는 풀입니다. 데이터상으로나 실생활에서나 자동차는 고유하고 완전한 속성이 부여될 때만 유용합니다.

스프링 데이터는 다양한 복잡성(추상성) 수준에서 스프링 부트 애플리케이션이 사용할 수 있는 다양한 메커니즘과 데이터 액세스 옵션을 제공합니다. 개발자가 특정한 사용 사례에서 어느 수준의 복잡성을 사용하기로 정하든 간에, 어떤 형태로든 첫 단계는 적용 가능한 데이터를 처리하는 데 사용할 도메인 클래스를 정의하는 일입니다.

DDD[Domain-Driven Design](도메인 주도 설계) 전체를 살펴보는 일은 이 책의 범위를 벗어나지만, DDD를 토대로 해서 이어지는 예제 애플리케이션에 적용할 도메인 클래스를 정의해보겠습니다. DDD 전부를 살펴볼 독자는 에릭 에반스[Eric Evans]의 명저『도메인 주도 설계: 소프트웨어의 복잡성을 다루는 지혜』(위키북스, 2011)를 참고하세요.

대략적으로 설명하자면, '도메인 클래스'는 그 연관성과 중요성이 다른 데이터와 독립적인 기본 도메인 엔티티입니다. 도메인 클래스가 다른 도메인 엔티티와 관련이 없다는 뜻이 아닙니다. 도메인 클래스는 다른 엔티티와 연결되지 않은 때에도 단독으로 존재하고 그 자체로 의미 있다는 뜻입니다.

스프링에서 자바를 사용해 도메인 클래스를 생성하기 위해 멤버 변수, 생성자, 접근자, 변경자, `equals()/hashCode()/toString()` 메서드 등이 있는 클래스를 생성할 수 있습니다. 자바와 함께 롬복을 사용하거나 코틀린의 데이터 클래스를 사용해 데이터를 표현하고, 저장하고, 검색하는 도메인 클래스를 생성할 수도 있습니다. 이 장에서는 이 모든 작업을 수행하고 스프링 부트와 스프링 데이터를 사용하면 도메인 작업이 얼마나 쉬워지는지 살펴보겠습니다. 다양한 옵션이 있어서 좋습니다.

우선 도메인 클래스를 하나 정의한 후에 데이터 사용 범위, 클라이언트가 사용하는 외부 API, DB 종류를 고려해 데이터베이스와 추상화 수준을 정합니다. 스프링 생태계에서 이러한 작업을 할 때는 보통 두 가지 옵션, 즉 템플릿과 repository 중 하나를 사용합니다.

6.2 템플릿 지원

'충분히 높은 수준의' 일관된 추상화를 제공하기 위해, 스프링 데이터는 대부분의 다양한 데이터 소스에 Operations 타입의 인터페이스를 정의합니다. Operations 타입의 인터페이스(예: MongoOperations, RedisOperations, CassandraOperations)는 최선의 유연성을 위해 바로 사용하거나 더 높은 수준의 추상화를 설정할 수 있는 기본적인 오퍼레이션이 정의됐습니다. Template 클래스에 Operations 인터페이스가 구현됐습니다.

템플릿은 일종의 SPI^Service Provider Interface^(서비스 제공 인터페이스)입니다. 바로 사용할 수 있고 매우 유용하지만, 일반적으로는 매번 반복되는 단계를 거쳐야 합니다.

일반적인 패턴의 데이터 액세스에서는 repository가 더 좋은 옵션이 됩니다. 무엇보다 repository가 템플릿을 기반으로 하기 때문에 추상화를 더 높이더라도 잃을 게 없습니다.

6.3 저장소 지원

스프링 데이터가 Repository 인터페이스를 정의하고, 이 인터페이스로부터 그 외 모든 유형의 스프링 데이터 repository(저장소) 인터페이스가 파생됩니다. 예를 들어, JPARepository에서 몽고DB 기능을 더 사용할 수 있는 MongoRepository가 파생되고, CrudRepository에서 용도가 더 다양한 ReactiveCrudRepository, PagingAndSortingRepository 등이 파생됩니다. 다양한 repository 인터페이스는 findAll(), findById(), count(), delete(), deleteAll() 등과 같은 유용한 상위 수준 함수를 지정합니다.

repository에는 블로킹과 논블로킹 상호작용이 모두 정의됐습니다. 또 스프링 데이터의 repository는 1장에서 언급한 **'설정보다 관습'**을 사용한 쿼리뿐만 아니라 네이티브 쿼리도 지원합니다. 스프링 부트와 함께 스프링 데이터의 repository를 사용하면 복잡한 데이터베이스 상호작용을 쉽게 구축하게 됩니다.

지금까지 이야기한 기능을 하나씩 살펴보겠습니다. 이 장에서는 롬복, 코틀린 등 다양한 세부 구현 정보를 비롯해 수많은 데이터베이스 옵션의 핵심 요소를 다룹니다. 이로써 다음에 설명할 후속 장들의 기반을 폭넓고 안정적으로 다지겠습니다.

6.4 @Before

커피를 좋아해서 이전의 커피 예제를 더 활용하고 싶지만, 이후 장들에서 다루게 될 개념을 다각도로 탐색하려면 다양한 용도로 사용할 도메인이 필요합니다. 저는 소프트웨어 개발자인 동시에 항공기 파일럿입니다. 점점 더 복잡해지며 데이터를 기반으로 작동하는 항공계가 탐색하기에 충분히 흥미로운 시나리오(그리고 매력적인 데이터)를 제공하리라 생각해 스프링 부트 기능을 살펴보는 데 더없이 적합한 도메인이라 판단했습니다.

데이터를 처리하려면 데이터가 '존재'해야 합니다. 저는 로컬 환경에서 현재 항공기와 그 위치를 폴링하도록 API 게이트웨이 역할을 하는 'PlaneFinder'[30]라는 작은 스프링 부트 RESTful 웹 서비스를 개발했습니다. 이 장치는 일정 거리 내에 있는 항공기로부터 자동종속감시시설-방송Automatic Dependent Surveillance-Broadcast(ADS-B) 데이터를 수신해 이 데이터를 온라인 서비스 PlaneFinder.net(*https://planefinder.net*)에 공유합니다. 또 이 장치는 위의 게이트웨이 서비스를 사용하고, 단순화하며, 이 장에 실린 것과 같은 다운스트림 서비스에서 사용할 수 있는 HTTP API를 제공합니다.

이 장 전체에 걸쳐 그 자세한 내용을 설명하므로, 지금은 데이터베이스 연결 서비스를 만들어 보겠습니다.

6.5 레디스로 템플릿 기반 서비스 생성하기

레디스Redis는 일반적으로 서비스 내 인스턴스 간에 상태를 공유하고, 캐싱과 서비스 간 메시지를 중개brokering하기 위해 인메모리 repository로 사용하는 데이터베이스입니다. 다른 주요 데이터베이스처럼 레디스에서도 다양한 작업이 가능하지만, 이 장에서는 레디스를 사용해 앞서 언급한 PlaneFinder 서비스에서 얻은 항공기 정보를 저장하고 조회하는 일에 초점을 맞추겠습니다.[31]

30 옮긴이_ 이 책의 깃허브 코드 chapter6end 브랜치를 체크아웃하면 사용 가능합니다.

31 옮긴이_ 레디스가 설치되지 않았다면 레디스 공식 홈페이지(https://redis.io)를 방문해 설치합니다.

6.5.1 프로젝트 초기화하기

프로젝트를 시작하기 위해 스프링 이니셜라이저로 돌아가 다음 옵션을 선택합니다.

- Maven
- Java
- 스프링 부트 현재 버전
- Pakaging: Jar
- Java: 17

의존성은 다음과 같습니다.

- 스프링 리액티브 웹(`spring-boot-starter-webflux`)
- 스프링 데이터 레디스(액세스+드라이버)(`spring-boot-starter-data-redis`)
- 롬복(`lombok`)

> **프로젝트 옵션**
>
> Artifact ID는 위의 의존성 목록에서 이름 뒤의 괄호 안에 적혀 있습니다. 스프링 리액티브 웹과 스프링 데이터 레디스는 `org.springframework.boot`라는 공통 그룹 ID가 있으며, 롬복의 그룹 ID는 `org.projectlombok`입니다.
>
> 이 장에서 애플리케이션의 논블로킹, reactive 기능 구현까지 하지는 않습니다. 하지만 WebClient에 사용하기 위해 'Spring Web' 의존성 대신 'Spring Reactive Web' 의존성을 포함시켰습니다.
>
> 스프링 리액티브 웹은 스프링 부트 2.x 버전 이상에서 블로킹과 논블로킹 상호작용을 구현할 때 선호합니다. 웹 서비스를 구축하는 관점에서 보면, 'Spring Web'과 'Spring Reactive Web' 중 어느 의존성을 포함시키든 관계없이, 코드가 동일합니다. 즉, 이 장에서 살펴본 두 예제에서 사용한 코드, 어노테이션, 속성은 두 의존성 중 어느 것을 사용하든 완전히 똑같습니다. 이어지는 장들에서 달라지는 내용이 생기면 그 차이점을 살펴보겠습니다.

그다음 프로젝트를 생성해 로컬에 저장하고 압축을 해제한 후 IDE에서 엽니다.

6.5.2 레디스 서비스 개발하기

우선 도메인으로 시작해봅시다. 현재 `PlaneFinder` API 게이트웨이는 REST API 엔드포인트를 하나만 노출합니다.

```
http://localhost:7634/aircraft
```

모든 (로컬) 서비스는 이 엔드포인트로 쿼리하고 항공기 탐지기 범위 내에 있는 모든 항공기의 JSON 응답을 다음 형식으로 수신합니다.

```
[
    {
        "id": 108,
        "callsign": "AMF4263",
        "squawk": "4136",
        "reg": "N49UC",
        "flightno": "",
        "route": "LAN-DFW",
        "type": "B190",
        "category": "A1",
        "altitude": 20000,
        "heading": 235,
        "speed": 248,
        "lat": 38.865905,
        "lon": -90.429382,
        "barometer": 0,
        "vert_rate": 0,
        "selected_altitude": 0,
        "polar_distance": 12.99378,
        "polar_bearing": 345.393951,
        "is_adsb": true,
        "is_on_ground": false,
        "last_seen_time": "2020-11-11T21:44:04Z",
        "pos_update_time": "2020-11-11T21:44:03Z",
        "bds40_seen_time": null
    },
    {<another aircraft in range, same fields as above>},
    {<final aircraft currently in range, same fields as above>}
]
```

도메인 클래스 정의하기

위와 같은 항공기 정보를 수집하고 조작하기 위해 다음과 같은 Aircraft 클래스를 생성합니다.

```
package com.thehecklers.sburredis;

import com.fasterxml.jackson.annotation.JsonIgnoreProperties;
import com.fasterxml.jackson.annotation.JsonProperty;
import lombok.AllArgsConstructor;
import lombok.Data;
import lombok.NoArgsConstructor;
import org.springframework.data.annotation.Id;

import java.time.Instant;

@Data
@NoArgsConstructor
@AllArgsConstructor
@JsonIgnoreProperties(ignoreUnknown = true)
public class Aircraft {
    @Id
    private Long id;
    private String callsign, squawk, reg, flightno, route, type, category;
    private int altitude, heading, speed;
    @JsonProperty("vert_rate")
    private int vertRate;
    @JsonProperty("selected_altitude")
    private int selectedAltitude;
    private double lat, lon, barometer;
    @JsonProperty("polar_distance")
    private double polarDistance;
    @JsonProperty("polar_bearing")
    private double polarBearing;
    @JsonProperty("is_adsb")
    private boolean isADSB;
    @JsonProperty("is_on_ground")
    private boolean isOnGround;
    @JsonProperty("last_seen_time")
    private Instant lastSeenTime;
    @JsonProperty("pos_update_time")
    private Instant posUpdateTime;
    @JsonProperty("bds40_seen_time")
```

```
    private Instant bds40SeenTime;

    public String getLastSeenTime() {
        return lastSeenTime.toString();
    }

    public void setLastSeenTime(String lastSeenTime) {
        if (null != lastSeenTime) {
            this.lastSeenTime = Instant.parse(lastSeenTime);
        } else {
            this.lastSeenTime = Instant.ofEpochSecond(0);
        }
    }

    public String getPosUpdateTime() {
        return posUpdateTime.toString();
    }

    public void setPosUpdateTime(String posUpdateTime) {
        if (null != posUpdateTime) {
            this.posUpdateTime = Instant.parse(posUpdateTime);
        } else {
            this.posUpdateTime = Instant.ofEpochSecond(0);
        }
    }

    public String getBds40SeenTime() {
        return bds40SeenTime.toString();
    }

    public void setBds40SeenTime(String bds40SeenTime) {
        if (null != bds40SeenTime) {
            this.bds40SeenTime = Instant.parse(bds40SeenTime);
        } else {
            this.bds40SeenTime = Instant.ofEpochSecond(0);
        }
    }
}
```

이 도메인 클래스에는 필요한 코드를 간소화하고 유연성을 높이는 유용한 어노테이션이 몇 개 있습니다. 여기서 사용할 클래스 어노테이션은 다음과 같습니다.

`@Data`:: 롬복에서 게터, 세터, `equals()`, `hashCode()`, `toString()` 메서드를 생성해 데이터 클래스를 만듭니다.

`@NoArgsConstructor`:: 롬복에 매개변수가 없는 생성자를 만들도록 지시해 인수가 필요하지 않습니다.

`@AllArgsConstructor`:: 롬복에 각 멤버 변수의 매개변수가 있는 생성자를 만들도록 지시하고, 모든 멤버 변수에 인수를 제공합니다.

`@JsonIgnoreProperties(ignoreUnknown = true)`:: JSON 응답 필드 중에서 클래스에 상응하는 멤버 변수가 없는 경우, Jackson 역직렬화 메커니즘이 이를 무시하도록 합니다. 필요한 경우 필드 수준 어노테이션은 구체적인 지침을 제공합니다. 이 클래스에 사용된 `@JsonIgnoreProperties`와 `@Id` 어노테이션이 필드 수준 어노테이션에 해당합니다.

`@Id`:: 어노테이션이 달린 멤버 변수가 데이터베이스 항목/레코드의 고유 식별자identifier를 가지도록 지정합니다.

`@JsonProperty("vert_rate")`:: 한 멤버 변수를 다른 이름이 붙은 JSON 필드와 연결합니다.

`@Data` 어노테이션으로 모든 멤버 변수의 게터와 세터 메서드를 생성할 수 있다면, 여기서는 왜 굳이 `Instant` 타입의 세 멤버 변수에 명시적 접근자와 변경자를 생성했는지 궁금할 것입니다.

이 세 가지 경우, `Instant::parse` 메서드를 호출해 JSON 값을 파싱parsing하고 `String`에서 복잡한 데이터 타입으로 변환해야 합니다.

만약 해당 값이 전혀 없다면(null인 경우), 다른 로직을 수행해 `parse()`에 null 값을 전달하지 않고 세터를 통해 해당 멤버 변수에 의미 있는 대체 값을 할당해야 합니다.

또 `String`으로 변환하면 인스턴트 값을 가장 잘 직렬화하기 때문에 명시적 게터 메서드를 사용했습니다. 일단 도메인 클래스를 하나 정의하고 나면, 레디스 데이터베이스에 액세스하는 메커니즘을 생성하고 설정할 차례입니다.

템플릿 지원 추가하기

스프링 부트는 자동 설정으로 기본적인 RedisTemplate 기능을 제공하며, 만약 레디스로 String 값만 조작한다면 별도로 수행할 작업이나 코드가 거의 없습니다. 복잡한 도메인 객체를 처리하기 위해서는 약간의 설정이 필요하겠지만, 많지는 않습니다.

RedisTemplate 클래스는 RedisAccessor 클래스를 상속해 RedisOperations 인터페이스를 구현합니다. RedisOperations가 레디스와 상호작용하는 데 필요한 기능을 지정해주기 때문에 RedisOperations는 이 애플리케이션에서 특히 관심 가져야 할 부분입니다.

개발자는 구현체보다 인터페이스를 기준으로 코드를 작성해야 합니다. 그러면 코드/API 변경 또는 DRY[Don't Repeat Yourself](반복 코드 작성 안 하기) 원칙을 과도하고 불필요하게 어기는 일 없이 진행 중인 작업에 가장 적절하면서도 구체적으로 구현하게 됩니다. 인터페이스가 완전히 구현되는 한, 구체적인 모든 구현은 다른 방식의 구현과 다름없이 잘 작동합니다.

다음에 나와 있는 코드 목록에서 RedisOperations 타입인 빈을 생성하고, 구현체로는 RedisTemplate을 반환합니다. 인바운드[inbound](착륙/입국) 항공기를 수용하도록 이 빈을 적절하게 설정하기 위해 다음 단계를 수행합니다.

1. 객체와 JSON 레코드 간 변환 시 사용할 Serializer를 생성합니다. Jackson은 JSON 값의 마샬링/언마샬링(직렬화/역직렬화)에 사용합니다. 스프링 부트 웹 애플리케이션에 이미 Jackson이 있으므로 Aircraft 타입의 객체를 위해 Jackson2JsonRedisSerializer를 만듭니다.
2. String ID가 있는 인바운드 항공기를 수용하기 위해 String 타입 키와 Aircraft 타입의 값을 허용하는 RedisTemplate을 만듭니다. 이 빈 생성 메서드의 유일한 매개변수인 RedisConnectionFactory factory 객체에 자동 주입된 Redis ConnectionFactory 빈을 template 객체에 담아서 레디스 데이터베이스에 커넥션을 생성하고 조회할 수 있게 합니다.
3. 기본 serializer로 사용하기 위해 template 객체에 Jackson2JsonRedisSerializer<Aircraft> serializer를 제공합니다. RedisTemplate에는 특별히 serializer를 지정하지 않는 경우, 기본 serializer로 지정되는 여러 serializer가 있습니다.
4. 기본 serializer는 Aircraft 타입의 객체를 기대합니다. 그렇기 때문에 String 타입의 키를 변환하기 위해 다른 serializer를 지정합니다. Serializer에 StringRedisSerializer를 담아줍니다.
5. 마지막으로 애플리케이션 내에서 RedisOperations 빈의 구현체가 요청될 때 사용할 빈으로 RedisTemplate을 타입의 template 객체를 반환합니다.

```java
import org.Springframework.boot.SpringApplication;
import org.Springframework.boot.autoconfigure.SpringBootApplication;
import org.Springframework.context.annotation.Bean;
import org.Springframework.data.redis.connection.RedisConnectionFactory;
import org.Springframework.data.redis.core.RedisOperations;
import org.Springframework.data.redis.core.RedisTemplate;
import org.Springframework.data.redis.serializer.Jackson2JsonRedisSerializer;
import org.Springframework.data.redis.serializer.StringRedisSerializer;

@SpringBootApplication
public class SburRedisApplication {
    @Bean
    public RedisOperations<String, Aircraft>
    redisOperations(RedisConnectionFactory factory) {
        Jackson2JsonRedisSerializer<Aircraft> serializer =
                new Jackson2JsonRedisSerializer<>(Aircraft.class);

        RedisTemplate<String, Aircraft> template = new RedisTemplate<>();
        template.setConnectionFactory(factory);
        template.setDefaultSerializer(serializer);
        template.setKeySerializer(new StringRedisSerializer());

        return template;
    }

    public static void main(String[] args) {
        SpringApplication.run(SburRedisApplication.class, args);
    }
}
```

종합하기

하나의 템플릿으로 레디스 데이터베이스에 액세스하는 기본 작업이 끝났습니다. 이제 성과를 볼 차례입니다.

다음 코드에서는 `@Component` 클래스를 생성해 `PlaneFinder` 엔드포인트를 폴링해서 항공기 레코드를 수신하고, 레디스 템플릿 지원Redis template support을 사용해 수신한 `Aircraft` 레코드를 처리합니다.

`PlaneFinderPoller` 빈을 초기화하고 작동하도록 준비하기 위해, `WebClient` 객체를 생성한

후 이를 하나의 멤버 변수에 할당하고 외부 PlaneFinder 서비스에 의해 노출되는 객체의 엔드포인트를 가리키도록 합니다. PlaneFinder는 현재 로컬 컴퓨터에서 실행되고 있으며 포트 7634에서 수신을 대기합니다.

PlaneFinderPoller 빈이 임무를 수행하기 위해서는 두 개의 다른 빈, 즉 RedisConnectionFactory(레디스 의존성을 추가했으므로 스프링 부트의 '자동 설정'에 의해 제공됩니다)와 이전에 생성된 RedisTemplate인 RedisOperations의 구현체에 액세스해야 합니다. 이 두 개의 빈은 생성자 주입을 통해 정의된 멤버 변수에 할당됩니다.

```
import org.springframework.data.redis.connection.RedisConnectionFactory;
import org.springframework.data.redis.core.RedisOperations;
import org.springframework.scheduling.annotation.EnableScheduling;
import org.springframework.stereotype.Component;
import org.springframework.web.reactive.function.client.WebClient;

@EnableScheduling
@Component
class PlaneFinderPoller {
    private WebClient client =
            WebClient.create("http://localhost:7634/aircraft");

    private final RedisConnectionFactory connectionFactory;
    private final RedisOperations<String, Aircraft> redisOperations;

    PlaneFinderPoller(RedisConnectionFactory connectionFactory,
                    RedisOperations<String, Aircraft> redisOperations) {
        this.connectionFactory = connectionFactory;
        this.redisOperations = redisOperations;
    }
}
```

다음엔 실제 작업을 수행하는 메서드를 만듭니다. 메서드가 정해진 일정에 맞춰 폴링하도록, 앞서 클래스 수준에 배치한 @EnableScheduling 어노테이션을 활용하고 pollPlanes() 메서드에 @Scheduled 어노테이션을 달아 fixedDelay=1000 매개변수를 제공해서 폴링 빈도를 1,000ms당 한 번(초당 1회)으로 지정합니다. 메서드의 나머지 부분은 단 세 개의 선언형 문 declarative statements, 즉 이전에 저장된 항공기를 지우는 선언형 문, 현 위치를 조회하고 저장하는 선언형 문, 최신 캡처의 결과를 보고하는 선언형 문으로 설정됐습니다.

첫 번째 작업으로, 자동연결된 ConnectionFactory로 데이터베이스에 연결하고, 해당 연결로 서버 명령 flushDb()를 실행해 존재하는 모든 키를 지웁니다.

두 번째 구문statement은 WebClient를 사용해 PlaneFinder 서비스를 호출하고 일정 범위 내에 있는 항공기와 현 위치 정보를 함께 조회합니다. 응답 body는 Aircraft 객체의 Flux로 변환되며, 등록번호가 없는 Aircraft를 제거하도록 필터링하고, Aircraft 스트림으로 변환된 후, 레디스 데이터베이스에 저장됩니다. 데이터 값 조작에 맞게 조정된 레디스 연산을 사용해 Aircraft 등록번호와 Aircraft 객체 자체에 각각 키/값 쌍을 설정해 각각의 유효한 항공기에 저장합니다.

> **NOTE_** Flux는 다음 장에서 다룰 리액티브 타입이지만, 여기서는 블로킹blocking 없이 전달되는 객체 묶음으로 생각하면 됩니다.

pollPlanes()의 마지막 구문은statement 레디스에 정의된 작업 몇 가지를 활용(와일드카드 매개변수*를 통해)해 모든 키를 조회하고, 각각의 키로 해당 항공기 값을 조회한 다음 출력합니다. 다음은 완성된 형태의 poll Planes() 메서드입니다.

```
@Scheduled(fixedRate = 1000)
private void pollPlanes() {
    connectionFactory.getConnection().serverCommands().flushDb();

    client.get()
            .retrieve()
            .bodyToFlux(Aircraft.class)
            .filter(plane -> !plane.getReg().isEmpty())
            .toStream()
            .forEach(ac -> redisOperations.opsForValue().set(ac.getReg(), ac));

    redisOperations.opsForValue()
            .getOperations()
            .keys("*")
            .forEach(ac ->
                System.out.println(redisOperations.opsForValue().get(ac)));
}
```

다음은 현재까지 작업한 PlaneFinderPoller 클래스의 실제 코드입니다.

```java
import org.springframework.data.redis.connection.RedisConnectionFactory;
import org.springframework.data.redis.core.RedisOperations;
import org.springframework.scheduling.annotation.EnableScheduling;
import org.springframework.scheduling.annotation.Scheduled;
import org.springframework.stereotype.Component;
import org.springframework.web.reactive.function.client.WebClient;

@EnableScheduling
@Component
class PlaneFinderPoller {
    private WebClient client =
            WebClient.create("http://localhost:7634/aircraft");

    private final RedisConnectionFactory connectionFactory;
    private final RedisOperations<String, Aircraft> redisOperations;

    PlaneFinderPoller(RedisConnectionFactory connectionFactory,
                    RedisOperations<String, Aircraft> redisOperations) {
        this.connectionFactory = connectionFactory;
        this.redisOperations = redisOperations;
    }

    @Scheduled(fixedRate = 1000)
    private void pollPlanes() {
        connectionFactory.getConnection().serverCommands().flushDb();

        client.get()
                .retrieve()
                .bodyToFlux(Aircraft.class)
                .filter(plane -> !plane.getReg().isEmpty())
                .toStream()
                .forEach(ac ->
                    redisOperations.opsForValue().set(ac.getReg(), ac));

        redisOperations.opsForValue()
                .getOperations()
                .keys("*")
                .forEach(ac ->
                    System.out.println(redisOperations.opsForValue().get(ac)));
    }
}
```

폴링 메커니즘이 완전히 구현됐으니 애플리케이션을 실행하고 결과를 살펴봅시다.

결과

로컬 환경에서 PlaneFinder 서비스가 이미 실행되고 있는 상태에서 *sbur-redis* 애플리케이션을 실행해 레디스에서 획득, 저장, 조회하고 PlaneFinder의 각 폴링 결과를 표시합니다. 다음은 간결함과 가독성을 위해 편집한 결과입니다.

```
Aircraft(id=1, callsign=EDV5015, squawk=3656, reg=N324PQ, flightno=DL5015,
route=ATL-OMA-ATL, type=CRJ9, category=A3, altitude=35000, heading=168,
speed=485, vertRate=-64, selectedAltitude=0, lat=38.061808, lon=-90.280629,
barometer=0.0, polarDistance=53.679699, polarBearing=184.333345, isADSB=true,
isOnGround=false, lastSeenTime=2020-11-27T18:34:14Z,
posUpdateTime=2020-11-27T18:34:11Z, bds40SeenTime=1970-01-01T00:00:00Z)

Aircraft(id=4, callsign=AAL500, squawk=2666, reg=N839AW, flightno=AA500,
route=PHX-IND, type=A319, category=A3, altitude=36975, heading=82, speed=477,
vertRate=0, selectedAltitude=36992, lat=38.746399, lon=-90.277644,
barometer=1012.8, polarDistance=13.281347, polarBearing=200.308663, isADSB=true,
isOnGround=false, lastSeenTime=2020-11-27T18:34:50Z,
posUpdateTime=2020-11-27T18:34:50Z, bds40SeenTime=2020-11-27T18:34:50Z)

Aircraft(id=15, callsign=null, squawk=4166, reg=N404AN, flightno=AA685,
route=PHX-DCA, type=A21N, category=A3, altitude=39000, heading=86, speed=495,
vertRate=0, selectedAltitude=39008, lat=39.701611, lon=-90.479309,
barometer=1013.6, polarDistance=47.113195, polarBearing=341.51817, isADSB=true,
isOnGround=false, lastSeenTime=2020-11-27T18:34:50Z,
posUpdateTime=2020-11-27T18:34:50Z, bds40SeenTime=2020-11-27T18:34:50Z)
```

스프링 데이터의 템플릿 지원을 이용한 데이터베이스 작업은 뛰어난 유연성을 갖춘 하위 수준 API를 제공합니다. 그러나 마찰을 최소화하고 생산성을 최대화하면서 재사용성을 찾는다면 repository 지원이 더 좋은 선택입니다. 다음 절에서는 레디스와 상호작용 시 템플릿 사용에서 스프링 데이터 repository로 변환하는 방법을 알아봅니다. 선택권이 있다는 것은 항상 좋습니다.

6.6 템플릿에서 repository로 변환하기

repository를 사용하려면 우선 repository를 정의해야 합니다. 스프링 부트의 자동 설정은 repository를 정의하는 데 큰 도움이 됩니다. 스프링 데이터의 CrudRepository를 상속하고, 객체의 키와 함께 저장할 객체 유형을, 이 경우에는 Aircraft와 Long을 제공해 다음과 같은 repository 인터페이스를 생성합니다.

```
public interface AircraftRepository extends CrudRepository<Aircraft, Long> {}
```

4장에서 설명했듯, 스프링 부트는 애플리케이션 클래스 경로에 있는 레디스 데이터베이스 드라이버를 감지하고 스프링 데이터 repository 인터페이스를 상속하고 있음을 확인한 다음, 인스턴스화하는 데 필요한 추가 코드 없이도 데이터베이스 프록시를 자동으로 생성합니다. 덕분에 별다른 수고 없이 이 애플리케이션은 AircraftRepository 빈에 액세스합니다. 이제 AircraftRepository를 사용해보도록 합시다.

PlaneFinderPoller 클래스를 다시 보면서, 이제 하위 수준 참조를 교체하고 RedisOperations를 사용해 연산을 AircraftRepository로 교체합니다.

PlaneFinderPoller 클래스로 다시 돌아가 RedisOperations의 참조와 작업을 AircraftRepository로 교체합니다.

먼저 RedisOperations 멤버 변수를 제거합니다.

```
private final RedisOperations<String, Aircraft> redisOperations;
```

그런 다음 기존의 멤버 변수를 AircraftRepository 멤버 변수로 교체합니다.

```
private final AircraftRepository repository;
```

다음엔 생성자 주입을 통해 RedisOperations 빈을 AircraftRepository로 교체하고, 생성자 내 멤버 변수도 repository로 바꿔줍니다.

```
public PlaneFinderPoller(RedisConnectionFactory connectionFactory,
                  AircraftRepository repository) {
    this.connectionFactory = connectionFactory;
```

```
    this.repository = repository;
}
```

다음 단계에서는 템플릿 기반 작업을 repository 기반 작업으로 대체하도록 pollPlanes() 메서드를 리팩터링합니다.

첫 번째 '문statement'의 마지막 줄을 변경하기란 그리 어렵지 않습니다. 메서드 참조method reference 를 사용하면 더욱 단순해집니다.

```
client.get()
        .retrieve()
        .bodyToFlux(Aircraft.class)
        .filter(plane -> !plane.getReg().isEmpty())
        .toStream()
        .forEach(repository::save);
```

두 번째 문도 메서드 참조를 사용하면 훨씬 더 간단해집니다.

```
repository.findAll().forEach(System.out::println);
```

다음 코드는 repository로 새롭게 만들어진 PlaneFinderPoller입니다.

```
import org.springframework.data.redis.connection.RedisConnectionFactory;
import org.springframework.scheduling.annotation.EnableScheduling;
import org.springframework.scheduling.annotation.Scheduled;
import org.springframework.stereotype.Component;
import org.springframework.web.reactive.function.client.WebClient;

@EnableScheduling
@Component
class PlaneFinderPoller {
    private WebClient client =
            WebClient.create("http://localhost:7634/aircraft");

    private final RedisConnectionFactory connectionFactory;
    private final AircraftRepository repository;

    PlaneFinderPoller(RedisConnectionFactory connectionFactory,
                      AircraftRepository repository) {
```

```
        this.connectionFactory = connectionFactory;
        this.repository = repository;
    }

    @Scheduled(fixedRate = 1000)
    private void pollPlanes() {
        connectionFactory.getConnection().serverCommands().flushDb();

        client.get()
                .retrieve()
                .bodyToFlux(Aircraft.class)
                .filter(plane -> !plane.getReg().isEmpty())
                .toStream()
                .forEach(repository::save);
        repository.findAll().forEach(System.out::println);
    }
}
```

RedisOperations 인터페이스를 구현하는 빈이 더 이상 필요하지 않으므로, 다음 코드와 같이 기본 애플리케이션 클래스에서 SburRedisApplication을 남겨두고 @Bean 정의를 삭제합니다.

```
import org.springframework.boot.SpringApplication;
import org.springframework.boot.autoconfigure.SpringBootApplication;

@SpringBootApplication
public class SburRedisApplication {

    public static void main(String[] args) {
        SpringApplication.run(SburRedisApplication.class, args);
    }
}
```

이제 간단한 작업 하나와 코드를 잘 줄이기만 하면, 애플리케이션에서 레디스 repository 지원을 완전히 사용할 수 있습니다. Aircraft 엔티티에 @RedisHash 어노테이션을 추가해 Aircraft가 레디스 해시에 저장될 애그리거트 루트Aggregate Root임을 표시합니다. @RedisHas는 @Entity 어노테이션이 JPA 객체에 수행하는 기능과 유사한 기능을 수행합니다. 그다음에는 스프링 데이터의 repository 지원에 있는 변환기converters가 복잡한 타입 변환을 쉽게 처리하기 때문에, 이전에 Instant 타입 멤버 변수를 위해 필요했던 명시적 접근자와 변경자를 제거합니다. 이렇게 새롭게 간소화한 Aircraft 클래스는 이제 다음과 같은 형태가 됩니다.

```
import com.fasterxml.jackson.annotation.JsonIgnoreProperties;
import com.fasterxml.jackson.annotation.JsonProperty;
import lombok.AllArgsConstructor;
import lombok.Data;
import lombok.NoArgsConstructor;
import org.springframework.data.annotation.Id;
import org.springframework.data.redis.core.RedisHash;

import java.time.Instant;

@Data
@NoArgsConstructor
@AllArgsConstructor
@RedisHash
@JsonIgnoreProperties(ignoreUnknown = true)
public class Aircraft {
    @Id
    private Long id;
    private String callsign, squawk, reg, flightno, route, type, category;
    private int altitude, heading, speed;
    @JsonProperty("vert_rate")
    private int vertRate;
    @JsonProperty("selected_altitude")
    private int selectedAltitude;
    private double lat, lon, barometer;
    @JsonProperty("polar_distance")
    private double polarDistance;
    @JsonProperty("polar_bearing")
    private double polarBearing;
    @JsonProperty("is_adsb")
    private boolean isADSB;
    @JsonProperty("is_on_ground")
    private boolean isOnGround;
    @JsonProperty("last_seen_time")
    private Instant lastSeenTime;
    @JsonProperty("pos_update_time")
    private Instant posUpdateTime;
    @JsonProperty("bds40_seen_time")
    private Instant bds40SeenTime;
}
```

최종 변경 사항이 적용된 상태에서, 서비스를 다시 실행하면 출력은 템플릿 기반 접근방식과 큰 차이가 없으나 필요한 코드가 훨씬 적어집니다. 다음은 그 결과를 간결하게 편집해 가독성이 좋은 형태로 만든 예입니다.

```
Aircraft(id=59, callsign=KAP20, squawk=4615, reg=N678JG, flightno=,
route=STL-IRK, type=C402, category=A1, altitude=3825, heading=0, speed=143,
vertRate=768, selectedAltitude=0, lat=38.881034, lon=-90.261475, barometer=0.0,
polarDistance=5.915421, polarBearing=222.434158, isADSB=true, isOnGround=false,
lastSeenTime=2020-11-27T18:47:31Z, posUpdateTime=2020-11-27T18:47:31Z,
bds40SeenTime=1970-01-01T00:00:00Z)

Aircraft(id=60, callsign=SWA442, squawk=5657, reg=N928WN, flightno=WN442,
route=CMH-DCA-BNA-STL-PHX-BUR-OAK, type=B737, category=A3, altitude=8250,
heading=322, speed=266, vertRate=-1344, selectedAltitude=0, lat=38.604034,
lon=-90.357593, barometer=0.0, polarDistance=22.602864, polarBearing=201.283,
isADSB=true, isOnGround=false, lastSeenTime=2020-11-27T18:47:25Z,
posUpdateTime=2020-11-27T18:47:24Z, bds40SeenTime=1970-01-01T00:00:00Z)

Aircraft(id=61, callsign=null, squawk=null, reg=N702QS, flightno=,
route=SNA-RIC, type=CL35, category=, altitude=43000, heading=90, speed=500,
vertRate=0, selectedAltitude=0, lat=39.587997, lon=-90.921299, barometer=0.0,
polarDistance=51.544552, polarBearing=316.694343, isADSB=true, isOnGround=false,
lastSeenTime=2020-11-27T18:47:19Z, posUpdateTime=2020-11-27T18:47:19Z,
bds40SeenTime=1970-01-01T00:00:00Z)
```

만약 스프링 데이터 템플릿의 하위-수준low-level 기능에 직접 액세스할 필요가 있다면, 템플릿 기반 데이터베이스 지원은 필수입니다. 그러나 대부분의 경우, 스프링 데이터는 대상 데이터베이스에 repository를 기반으로 액세스하므로 repository를 기반으로 한 액세스로 시작하는 것이 가장 좋습니다.

6.7 JPA로 repository 기반 서비스 만들기

스프링 생태계의 강점 하나는 일관성입니다. 즉, 스프링 생태계에서는 일단 무언가를 제대로 하는 법을 익히고 나면, 다른 구성에서도 동일한 접근방식을 적용해 성공적인 결과를 얻습니다. 데이터베이스 액세스가 바로 그 예입니다.

스프링 부트와 스프링 데이터는 JPA-호환 데이터베이스, 다양한 유형의 많은 NoSQL 데이터 repository, 인메모리, 영구 repository 등 수많은 데이터베이스의 저장이 가능한 repository를 지원합니다. 스프링은 단일 애플리케이션이든 방대한 데이터베이스 시스템이든 상관없이 데이터베이스를 전환할 때 개발자가 겪는 고충을 덜어줍니다.

이제 데이터베이스가 연결된 스프링 부트 애플리케이션을 생성할 때 자유자재로 사용하는 몇 가지 유연한 옵션을 보여주겠습니다. 이를 위해, 다음 각 절에서 스프링 부트가 지원하는 접근 방식을 몇 가지 설명하고, 스프링 부트(와 스프링 데이터)를 사용해 비슷하면서도 다른 서비스의 데이터베이스 부분을 간소화하겠습니다. 그 첫째가 바로 JPA입니다. 이 예제에서는 롬복을 사용해 코드를 줄이고 가독성을 높여봅니다.

6.7.1 프로젝트 초기화하기

다시 한번 스프링 이니셜라이저로 돌아가서 이번에는 다음 옵션을 선택합니다.

- Maven
- Java
- 스프링 부트 현재 버전
- Packaging: Jar
- Java: 17

의존성은 다음과 같습니다.

- 스프링 리액티브 웹(`spring-boot-starter-webflux`)
- 스프링 데이터 JPA(`spring-boot-starter-data-jpa`)
- MySQL 드라이버(`mysql-connector-java`)
- 롬복(`lombok`)

다음엔 프로젝트를 생성해 로컬에 저장하고 압축을 해제한 후 IDE에서 엽니다.

> **NOTE_** 이전의 레디스 프로젝트와 이 장의 대부분의 예제들처럼 데이터 액세스가 가능한 각 서비스는 실행 중인 데이터베이스에 액세스할 수 있어야 합니다. 적절히 컨테이너화된 데이터베이스 엔진을 생성하고 실행하기 위해 이 책 코드 저장소의 도커 스크립트를 참조하세요.

6.7.2 JPA(MySQL) 서비스 개발하기

JPA와 H2 DB를 사용해 구축한 4장의 예제와 이전의 레디스 repository를 기반으로 한 예제를 모두 고려해볼 때, MariaDB/MySQL을 사용한 JPA 기반 서비스는 스프링의 일관성이 개발자의 생산성을 어떻게 크게 높이는지를 명확하게 보여줍니다.

도메인 클래스 정의하기

이 장의 모든 프로젝트에서 하던 대로, 기본(데이터)으로 사용할 `Aircraft` 도메인 클래스를 생성합니다. 각각의 프로젝트마다 주제가 공통되나, 세부 사항은 약간의 차이가 있습니다. 다음은 JPA 중심 `Aircraft` 도메인 클래스의 구조입니다.

```
import com.fasterxml.jackson.annotation.JsonProperty;
import lombok.AllArgsConstructor;
import lombok.Data;
import lombok.NoArgsConstructor;

import jakarta.persistence.Entity;
import jakarta.persistence.GeneratedValue;
import jakarta.persistence.Id;
import java.time.Instant;

@Entity
@Data
@NoArgsConstructor
@AllArgsConstructor
public class Aircraft {
    @Id
    @GeneratedValue
    private Long id;

    private String callsign, squawk, reg, flightno, route, type, category;

    private int altitude, heading, speed;
    @JsonProperty("vert_rate")
    private int vertRate;
    @JsonProperty("selected_altitude")
    private int selectedAltitude;

    private double lat, lon, barometer;
```

```
    @JsonProperty("polar_distance")
    private double polarDistance;
    @JsonProperty("polar_bearing")
    private double polarBearing;

    @JsonProperty("is_adsb")
    private boolean isADSB;
    @JsonProperty("is_on_ground")
    private boolean isOnGround;

    @JsonProperty("last_seen_time")
    private Instant lastSeenTime;
    @JsonProperty("pos_update_time")
    private Instant posUpdateTime;
    @JsonProperty("bds40_seen_time")
    private Instant bds40SeenTime;
}
```

현재 `Aircraft` 버전과 이전 버전, 앞으로 다룰 버전과 관련해 몇 가지 주의사항이 있습니다.

먼저 `@Entity`, `@Id`, `@GeneratedValue` 어노테이션은 모두 *jakarta.persistence* 패키지에서 임포트import됩니다. 레디스 버전(과 일부 다른 버전)은 *org.springframework.data.annotation*에서 `@Id`를 가져온다는 사실을 기억하세요.

클래스 수준Class-level 어노테이션은 `@RedisHash`를 JPA의 `@Entity` 어노테이션으로 대체합니다. 이는 레디스 repository 지원을 사용하는 예제에서 사용했던 클래스 수준 어노테이션과 매우 유사합니다. 제시됐던 다른(변경되지 않은) 어노테이션을 다시 보려면 앞서 언급한 이전 절을 참조하세요.

필드 수준Field-level 어노테이션도 유사하나 `@GeneratedValue`가 추가됐습니다. 이름이 암시하듯, `@GeneratedValue`는 식별자identifier가 기본 데이터베이스 엔진에 의해 생성될 것을 알려줍니다. 개발자는 원하거나 필요한 경우 키 생성의 추가 지침을 제공할 수 있지만, 어노테이션 자체만으로도 목적을 충분히 이룹니다.

레디스를 사용한 경우처럼 `Instant` 타입의 멤버 변수에 명시적 접근자/변경자가 필요하지 않으므로 다시 한번 매우 간소해진 `Aircraft` 도메인 클래스를 얻게 됩니다.

repository 인터페이스 만들기

다음엔 스프링 데이터의 `CrudRepository`를 상속하고 저장할 객체의 타입과 키(이 경우엔 `Aircraft` 및 `Long`)를 제공해 필요한 repository 인터페이스를 정의합니다.

```
public interface AircraftRepository extends CrudRepository<Aircraft, Long> {}
```

> **NOTE_** 레디스와 JPA 데이터베이스는 모두 `Long` 타입의 고유 키 값/식별자를 사용하므로 이전 레디스 예제에서 정의한 것과 동일합니다.

종합하기

이제 `PlaneFinder` 폴링 설정 요소를 만들고 데이터베이스 액세스에 맞게 설정합니다.

| PlaneFinder 폴링하기 |

현재 위치 데이터를 폴링하고 이 클래스가 수신하는 `Aircraft` 기록을 처리하기 위해 다시 한번 스프링 부트 `@Component` 클래스를 생성합니다.

앞서 본 예제와 마찬가지로, `WebClient` 객체를 만들어 멤버 변수에 할당하고 7634 포트에서 `PlaneFinder` 서비스의 노출된 엔드포인트를 가리키도록 합니다.

이 코드는 레디스 repository 최종 상태[endstate]와 매우 유사합니다. 이 예제의 접근방식에서 다른 점을 살펴보겠습니다.

직접 생성자를 생성해 `Aircraft`Repository 빈을 주입하는 대신, 롬복(롬복의 컴파일 타임 코드 생성자를 통해)으로 생성자에 필요한 멤버 변수를 제공합니다. 클래스에 `@RequiredArgsConstructor` 어노테이션과 초기화가 필요한 멤버 변수에 `@NonNull` 어노테이션을 추가하면, 롬복은 생성자 주입에 필요한 인수가 무엇인지 결정합니다. `AircraftRepository` 멤버 변수에 `@NonNull` 어노테이션을 추가하면, 롬복은 `AircraftRepository`를 매개변수로 갖는 생성자를 만듭니다. 그러고 난 후 스프링 부트는 이미 생성된 `repository` 빈을 `PlaneFinderPoller` 빈에 착실하게 주입합니다.

NOTE_ 폴링이 수행될 때마다 데이터베이스에 저장된 항목을 모두 삭제하는 방법은 요구사항, 폴링 빈도, 저장 메커니즘에 따라 크게 다릅니다. 예를 들어 매번 폴링하기 전에 인메모리 데이터베이스를 지우는 데 드는 비용은 클라우드 기반의 데이터베이스 테이블에 있는 기록을 모두 삭제하는 비용과 다릅니다. 폴링이 잦을수록 비용도 늘어납니다. 여러 대안이 있으니, 현명하게 선택하기 바랍니다.

세부적으로 PlaneFinderPoller의 나머지 코드를 보려면, 'Redis repository support'를 참고하세요. 스프링 데이터 JPA가 지원하는 기능을 최대한 활용하도록 리팩터링된 PlaneFinderPoller의 전체 코드는 아래와 같습니다.

```
import lombok.NonNull;
import lombok.RequiredArgsConstructor;
import org.springframework.scheduling.annotation.EnableScheduling;
import org.springframework.scheduling.annotation.Scheduled;
import org.springframework.stereotype.Component;
import org.springframework.web.reactive.function.client.WebClient;

@EnableScheduling
@Component
@RequiredArgsConstructor
class PlaneFinderPoller {
    @NonNull
    private final AircraftRepository repository;
    private WebClient client =
            WebClient.create("http://localhost:7634/aircraft");

    @Scheduled(fixedRate = 1000)
    private void pollPlanes() {
        repository.deleteAll();

        client.get()
                .retrieve()
                .bodyToFlux(Aircraft.class)
                .filter(plane -> !plane.getReg().isEmpty())
                .toStream()
                .forEach(repository::save);
        repository.findAll().forEach(System.out::println);

    }
}
```

| MariaDB/MySQL에 연결하기 |

스프링 부트는 런타임 시 사용 가능한 정보를 모두 사용해 애플리케이션 환경을 자동 설정합니다. 이는 타의 추종을 불허하는 유연성을 가능하게 만드는 핵심 요인입니다. 스프링 부트와 스프링 데이터에서 지원하는 JPA–호환 데이터베이스가 많으므로, 애플리케이션에서 사용하는 데이터베이스가 무엇인지 파악하려면 몇 가지 정보를 제공해야 합니다. 예제 서비스의 DB 속성 정보는 아래와 같습니다.

```
spring.datasource.platform=mysql
spring.datasource.url=jdbc:mysql://${MYSQL_HOST:localhost}:3306/mark
spring.datasource.username=mark
spring.datasource.password=sbux
```

NOTE_ 위에서는 데이터베이스 이름과 데이터베이스 사용자 계정까지 모두 표시했습니다. 사용 환경에 따라 데이터 소스, 사용자 계정, 비밀번호를 바꿔주세요.

결과

로컬 컴퓨터에서 `PlaneFinder` 서비스가 계속 실행 중인 상태에서 *sbur-jpa* 서비스를 실행(MariaDB)해 `PlaneFinder`의 각 폴링 결과를 얻고 저장, 검색하며 표시하도록 합니다. 다음은 그 결과를 간결하게 편집해 가독성이 좋은 형태로 만든 예입니다.

```
Aircraft(id=106, callsign=null, squawk=null, reg=N7816B, flightno=WN2117,
route=SJC-STL-BWI-FLL, type=B737, category=, altitude=4400, heading=87,
speed=233, vertRate=2048, selectedAltitude=15008, lat=0.0, lon=0.0,
barometer=1017.6, polarDistance=0.0, polarBearing=0.0, isADSB=false,
isOnGround=false, lastSeenTime=2020-11-27T18:59:10Z,
posUpdateTime=2020-11-27T18:59:17Z, bds40SeenTime=2020-11-27T18:59:10Z)

Aircraft(id=107, callsign=null, squawk=null, reg=N963WN, flightno=WN851,
route=LAS-DAL-STL-CMH, type=B737, category=, altitude=27200, heading=80,
speed=429, vertRate=2112, selectedAltitude=0, lat=0.0, lon=0.0, barometer=0.0,
polarDistance=0.0, polarBearing=0.0, isADSB=false, isOnGround=false,
lastSeenTime=2020-11-27T18:58:45Z, posUpdateTime=2020-11-27T18:59:17Z,
bds40SeenTime=2020-11-27T18:59:17Z)
```

```
Aircraft(id=108, callsign=null, squawk=null, reg=N8563Z, flightno=WN1386,
route=DEN-IAD, type=B738, category=, altitude=39000, heading=94, speed=500,
vertRate=0, selectedAltitude=39008, lat=0.0, lon=0.0, barometer=1013.6,
polarDistance=0.0, polarBearing=0.0, isADSB=false, isOnGround=false,
lastSeenTime=2020-11-27T18:59:10Z, posUpdateTime=2020-11-27T18:59:17Z,
bds40SeenTime=2020-11-27T18:59:10Z)
```

이 서비스는 예상대로 작동해 항공기 위치를 폴링하고, 캡처해 표시합니다.

6.7.3 데이터 로드하기

지금까지 데이터가 애플리케이션으로 들어올 때 어떻게 데이터베이스와 상호작용하는지에 초점을 맞췄습니다. 만약 영속persist해야 하는 데이터(샘플, 테스트, 실제 시드 데이터)가 존재한다면 어떻게 될까요?

스프링 부트에는 데이터베이스를 초기화하고 채우는 메커니즘이 있습니다. 여기에서는 그중 가장 유용한 두 가지 접근방식을 다뤄보겠습니다.

- DDL(데이터 정의 언어), DML(데이터 조작 언어) 스크립트를 사용해 초기화하고 채우기
- 하이버네이트를 통해 `@Entity` 클래스에서 테이블 구조를 자동으로 생성하도록 하고 repository 빈을 통해 채우기

데이터를 정의하고 채우는 각각의 접근방식에는 나름의 장단점이 있습니다.

API 또는 데이터베이스별 스크립트

스프링 부트는 다음의 명명 형식에 맞는 파일에서 일반적인 루트 클래스 경로 위치를 확인합니다.

- *schema.sql*
- *data.sql*
- *schema-${platform}.sql*
- *data-${platform}.sql*

마지막 두 파일명은 개발자가 지정한 애플리케이션 속성 `spring.datasource.platform`과 일치합니다. 유효한 값에는 `h2`, `mysql`, `postgresql`, 그 외 스프링 데이터 JPA 데이터베이스가 포함됩니다. 개발자가 `spring.datasource.platform` 속성 및 관련 `.sql` 파일을 조합해 사용하면 특정 데이터베이스에 해당하는 모든 고유 구문의 활용이 가능합니다.

| 스크립트 생성하고 채우기 |

스크립트를 활용해서 가장 간단한 방법으로 MariaDB/MySQL 데이터베이스를 생성하고 채우기 위해서는 `sbur-jpa` 프로젝트의 `resources` 디렉터리 하위에 *schema-mysql.sql*, *data-mysql.sql*이라는 두 개의 파일을 생성합니다.

`aircraft` 테이블 스키마를 생성하기 위해 다음 DDL을 *schema-mysql.sql*에 추가합니다.

```
DROP TABLE IF EXISTS aircraft;
CREATE TABLE aircraft (id BIGINT not null primary key, callsign VARCHAR(7),
squawk VARCHAR(4), reg VARCHAR(6), flightno VARCHAR(10), route VARCHAR(25),
type VARCHAR(4), category VARCHAR(2),
altitude INT, heading INT, speed INT, vert_rate INT, selected_altitude INT,
lat DOUBLE, lon DOUBLE, barometer DOUBLE,
polar_distance DOUBLE, polar_bearing DOUBLE,
isadsb BOOLEAN, is_on_ground BOOLEAN,
last_seen_time TIMESTAMP, pos_update_time TIMESTAMP, bds40seen_time TIMESTAMP);
```

`aircraft` 테이블을 단일 샘플 행으로 채우기 위해 다음 DML을 *data-mysql.sql*에 추가합니다.

```
INSERT INTO aircraft (id, callsign, squawk, reg, flightno, route, type,
category, altitude, heading, speed, vert_rate, selected_altitude, lat, lon,
barometer, polar_distance, polar_bearing, isadsb, is_on_ground,
last_seen_time, pos_update_time, bds40seen_time)
VALUES (81, 'AAL608', '1451', 'N754UW', 'AA608', 'IND-PHX', 'A319', 'A3', 36000,
255, 423, 0, 36000, 39.150284, -90.684795, 1012.8, 26.575562, 295.501994,
true, false, '2020-11-27 21:29:35', '2020-11-27 21:29:34',
'2020-11-27 21:29:27');
```

스프링 부트는 기본적으로 `@Entity`를 사용해 어노테이션이 있는 모든 클래스에서 테이블 구조를 자동으로 생성합니다. 애플리케이션의 *application.properties* 파일에서 테이블 자동 생성 동작의 속성 설정으로 간단하게 재정의합니다.

```
spring.datasource.initialization-mode=always
spring.jpa.hibernate.ddl-auto=none
```

`spring.datasource.initialization-mode`를 `"always"`로 설정하면 애플리케이션은 외부(내장되지 않은) 데이터베이스를 사용하리라 예상하고 애플리케이션이 실행될 때마다 데이터베이스를 초기화합니다. `spring.jpa.hibernate.ddl-auto`를 `"none"`으로 설정하면 `@Entity` 클래스에서 스프링 부트가 테이블을 자동으로 생성하는 기능을 비활성화합니다.

이전 스크립트가 `aircraft` 테이블을 생성하고 채우는 데 사용되는지 확인하기 위해 `PlaneFinderPoller` 클래스로 돌아가 다음을 수행합니다.

- *data-mysql.sql*을 통해 추가된 레코드를 삭제하지 않기 위해 `pollPlanes()`의 `repository.deleteAll()`을 주석 처리합니다.
- `pollPlanes()`에 `client.get()...` 구문을 주석 처리합니다. 더 간편한 검증을 위해 외부 `PlaneFinder` 서비스를 폴링해 추가 레코드를 검색하고 만듭니다.

이제 `sbur-jpa` 서비스를 다시 실행하면 다음과 같이 간결하게 편집해 가독성이 좋아진 출력(id 필드는 다를 수 있습니다)을 얻게 됩니다.

```
Aircraft(id=81, callsign=AAL608, squawk=1451, reg=N754UW, flightno=AA608,
route=IND-PHX, type=A319, category=A3, altitude=36000, heading=255, speed=423,
vertRate=0, selectedAltitude=36000, lat=39.150284, lon=-90.684795,
barometer=1012.8, polarDistance=26.575562, polarBearing=295.501994, isADSB=true,
isOnGround=false, lastSeenTime=2020-11-27T21:29:35Z,
posUpdateTime=2020-11-27T21:29:34Z, bds40SeenTime=2020-11-27T21:29:27Z)
```

NOTE_ 저장된 유일한 레코드는 *data-mysql.sql*에 명시된 레코드뿐입니다.

여느 접근방식과 마찬가지로, 테이블을 생성하고 채우는 방법에도 장단점이 있습니다. 장점은 다음과 같습니다.

- 기존 스크립트와 SQL 전문 지식을 활용해 DDL과 DML 모두의 SQL 스크립트를 직접 사용합니다.
- 선택한 데이터베이스의 특정한 SQL 구문에 액세스합니다.

특별히 심각하지는 않지만, 그래도 알고 있어야 할 단점입니다.

- SQL 파일의 사용은 분명히 SQL 지원 관계형 데이터베이스에만 해당됩니다.
- 스크립트는 특정 데이터베이스의 SQL 구문에 의존할 수 있으며 기본 데이터베이스 선택이 변경되는 경우 편집이 필요하기도 합니다.
- 기본 부팅 동작을 재정의하려면 일부(두 가지) 애플리케이션 속성을 설정해야 합니다.

애플리케이션의 repository를 사용해 데이터베이스 채우기

강력하고 유연한 또 다른 방법이 있습니다. 즉, 스프링 부트의 기본 동작을 사용해 (아직 테이블 구조가 없다면) 테이블 구조를 생성하고, 애플리케이션의 repository 지원을 사용해 샘플 데이터를 채우는 것입니다.

`Aircraft` JPA `@Entity` 클래스로부터 `aircraft` 테이블을 생성하는 스프링 부트의 기본 동작을 복원하기 위해 *application.properties*에 방금 추가한 두 속성을 주석을 달아 비활성화합니다.

```
#spring.datasource.initialization-mode=always
#spring.jpa.hibernate.ddl-auto=none
```

속성이 더 이상 정의되지 않으므로, 스프링 부트는 *data-mysql.sql* 또는 기타 데이터 초기화 스크립트를 검색해 실행하지 못합니다.

다음으로는 `DataLoader`와 같이 목적을 설명하는 이름을 붙인 클래스를 만듭니다. `@Component`(스프링이 `DataLoader` 빈을 생성합니다) 및 `@AllArgsConstructor`(롬복이 각 멤버 변수에 매개변수가 있는 생성자를 생성합니다)의 클래스 수준에 관한 어노테이션을 추가합니다. 그다음엔 스프링 부트가 생성자 주입을 통해 의존 주입할 빈인 `aircraftRepository` 멤버 변수를 추가합니다.

```
private final aircraftRepository repository;
```

그리고 `Aircraft` 테이블을 지우고 채우는 `loadData()` 메서드가 있습니다.

```
@PostConstruct
private void loadData() {
    repository.deleteAll();

    repository.save(new Aircraft(81L,
            "AAL608", "1451", "N754UW", "AA608", "IND-PHX", "A319", "A3",
            36000, 255, 423, 0, 36000,
            39.150284, -90.684795, 1012.8, 26.575562, 295.501994,
            true, false,
            Instant.parse("2020-11-27T21:29:35Z"),
            Instant.parse("2020-11-27T21:29:34Z"),
            Instant.parse("2020-11-27T21:29:27Z")));
}
```

이로써 `DataLoader`가 마무리됩니다. 이제 *sbur-jpa* 서비스를 다시 실행하면 다음과 같이 간결하게 편집해 가독성이 좋아진 출력(`id` 필드는 다를 수 있습니다)을 얻게 됩니다.

```
Aircraft(id=110, callsign=AAL608, squawk=1451, reg=N754UW, flightno=AA608,
route=IND-PHX, type=A319, category=A3, altitude=36000, heading=255, speed=423,
vertRate=0, selectedAltitude=36000, lat=39.150284, lon=-90.684795,
barometer=1012.8, polarDistance=26.575562, polarBearing=295.501994, isADSB=true,
isOnGround=false, lastSeenTime=2020-11-27T21:29:35Z,
posUpdateTime=2020-11-27T21:29:34Z, bds40SeenTime=2020-11-27T21:29:27Z)
```

NOTE_ 이전 `DataLoader` 클래스에 정의된 레코드만 유일하게 저장되는데, 작은 차이점이 하나 있습니다. id 필드는 데이터베이스(`Aircraft` 도메인 클래스 사양에 지정된 대로)에서 생성되기 때문에 기록이 저장될 때 제공된 `id` 값이 데이터베이스 엔진으로 대체됩니다.

이 접근방식의 장점은 중요합니다.

- 데이터베이스에 완전히 독립적입니다.
- 특정 데이터베이스와 관련된 코드/어노테이션은 모두 DB 액세스를 지원하기 위해 이미 애플리케이션 내에 있습니다.
- `DataLoader` 클래스에서 `@Component` 어노테이션을 주석 처리해 비활성화하기 쉽습니다.

기타 메커니즘

데이터베이스를 초기화하고 데이터를 채우는 옵션으로 강력하며 널리 사용하는 것은 두 가지이지만, 그외에도 여러 옵션이 있습니다. 가령 `import.sql` 파일을 하이버네이트로 사용하기(앞서 소개한 JPA 접근방식과 유사합니다), 외부 파일 임포트import하기, FlywayDB 사용하기입니다. 수많은 옵션을 살펴보려면 이 책의 주제를 벗어나므로 원한다면 독자가 선택해 연습하기 바랍니다.

6.8 NoSQL 도큐먼트 데이터베이스를 사용해 repository 기반 서비스 만들기

앞서 언급했듯, 스프링 부트로 애플리케이션을 생성할 때 개발자의 생산성을 더욱 향상할 방법이 몇 가지 있습니다. 그중 한 방법은 코틀린을 애플리케이션의 기본 언어로 사용해 코드의 간결성을 높이는 것입니다.

코틀린 언어를 꼼꼼하게 살펴보는 일은 이 책의 범위를 멀리 넘어서며, 그 역할을 하는 책이 많습니다. 다행스럽게도 코틀린은 중요한 여러 가지 면에서 자바와 확연히 다르면서도, '자바 방식'과 다를 경우 몇 가지 설명만으로 큰 무리 없이 자바의 관용구에 적응할 만큼 자바와 매우 유사합니다. 앞으로 진행하면서 이 같은 설명을 곁들이겠습니다. 그 밖의 지식은 코틀린과 관련된 책을 참조하길 바랍니다.

이 예제에서는 몽고DB를 사용합니다. 도큐먼트document 형식의 repository로 가장 잘 알려져 있는 몽고DB가 널리 사용되고 인기 있는 데는 그만한 이유가 있습니다. 몽고DB는 잘 작동하고 일반적으로 개발자가 다양한 (때로는 지저분한) 형태의 데이터를 저장, 조작, 검색하기 쉽게 만들어줍니다. 또한 몽고DB 팀은 기능 세트, 보안, API를 개선하기 위해 지속적으로 노력합니다. 몽고DB는 리액티브 데이터베이스 드라이버를 제공하는 최초의 데이터베이스였으며 업계에서 데이터베이스 수준까지 논블로킹nonblocking 액세스를 제공하는 데 앞장섰습니다.

6.8.1 프로젝트 초기화하기

여러분이 예상하듯, 프로젝트를 시작하기 위해 스프링 이니셜라이저를 실행하고 다음 옵션을 선택합니다([그림 6-1] 참조).

- Gradle
- Kotlin
- 스프링 부트 현재 버전
- Packaging: Jar
- Java: 17

의존성은 다음과 같습니다.

- 스프링 리액티브 웹(`spring-boot-starter-webflux`)
- 스프링 데이터 몽고DB(`spring-boot-starter-data-mongodb`)
- 내장된 몽고DB 데이터베이스(`de.flapdoodle.embed.mongo`)

다음으로 프로젝트를 생성해 로컬에 저장하고 압축을 해제한 후 IDE에서 엽니다.

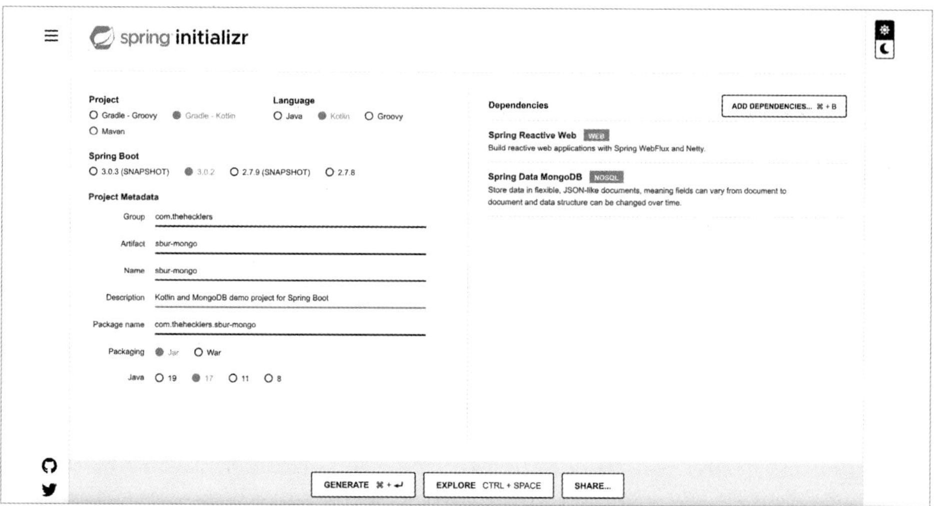

그림 6-1 스프링 부트 이니셜라이저로 코틀린 애플리케이션 생성하기

이 옵션은 이전에 본 것과 다소 차이가 있습니다. 선택한 옵션과 관련해 특별히 참고할 사항은 다음과 같습니다.

첫째, 이 프로젝트의 빌드 시스템으로 그레이들을 선택한 데는 그럴 만한 이유가 있습니다. 스프링 부트 프로젝트에서 코틀린과 함께 그레이들을 사용하면 코틀린 DSL을 사용하는 그레이들 빌드 파일이 생성되는데, 이는 Groovy DSL과 동등한 위치에서 그레이들 팀의 지원을 받습니다. 그 결과로 생성된 빌드 파일은 여러분이 흔히 보는 Groovy 기반 `build.gradle` 파일이 아니라 `build.gradle.kts`(.kts 확장자는 그 파일이 코틀린 스크립트임을 나타냄)임을 주목하기 바랍니다. 메이븐은 스프링 부트 + 코틀린 애플리케이션을 위한 빌드 시스템으로도 완벽하지만, XML을 기반으로 하는 선언적 빌드 시스템이므로 코틀린이나 그 외 언어를 직접 사용하지는 않습니다.

둘째, 이 애플리케이션을 위해 내장된 몽고DB 데이터베이스를 사용할 수 있는 스프링 부트 스타터가 있다는 점을 활용했습니다. 내장형 몽고DB 인스턴스는 테스트 전용이므로 프로덕션 환경에서 사용하지 않는 편이 좋습니다. 즉, 내장된 몽고DB 인스턴스는 스프링 부트와 스프링 데이터가 몽고DB와 함께 어떻게 작동하는지를 보여주는 훌륭한 옵션입니다. 또 개발자 관점에서 보면 내장된 몽고DB 인스턴스는 추가로 몽고DB의 컨테이너화된 인스턴스를 설치 및/또는 실행하는 단계를 거치지 않고서도 로컬에 배포된 데이터베이스 기능과 일치합니다. (비테스트) 코드에서 내장된 데이터베이스를 사용하기 위해 유일하게 조정할 것은 `build.gradle.kts`의 다음 한 줄을 추가하는 것입니다.[32]

```
implementation("de.flapdoodle.embed:de.flapdoodle.embed.mongo:4.5.1")
```

이것으로 서비스를 만들 준비가 다 됐습니다.[33]

6.8.2 몽고DB 서비스 개발하기

이전 예제와 마찬가지로, 몽고DB 기반 서비스는 자바 대신 코틀린을 언어 기반으로 사용하는

32 옮긴이_ 메이븐 저장소에서 추가합니다. https://mvnrepository.com/artifact/de.flapdoodle.embed/de.flapdoodle.embed.mongo

33 옮긴이_ 몽고DB가 설치되지 않은 독자들은 몽고DB 공식 홈페이지에서 파일을 다운로드해 설치하면 됩니다. https://www.mongodb.com/

경우에도 매우 일관된 접근방식과 경험을 제공합니다.

도메인 클래스 정의하기

이 프로젝트에서 기본 (데이터) 역할을 할 코틀린 Aircraft 도메인 클래스를 만듭니다. 다음은 주목할 사항이 있는 새로운 Aircraft 도메인 클래스 구조입니다.

```
import com.fasterxml.jackson.annotation.JsonIgnoreProperties
import com.fasterxml.jackson.annotation.JsonProperty
import org.springframework.data.annotation.Id
import org.springframework.data.mongodb.core.mapping.Document
import java.time.Instant

@Document
@JsonIgnoreProperties(ignoreUnknown = true)
data class Aircraft(
    @Id val id: String,
    val callsign: String? = "",
    val squawk: String? = "",
    val reg: String? = "",
    val flightno: String? = "",
    val route: String? = "",
    val type: String? = "",
    val category: String? = "",
    val altitude: Int? = 0,
    val heading: Int? = 0,
    val speed: Int? = 0,
    @JsonProperty("vert_rate") val vertRate: Int? = 0,
    @JsonProperty("selected_altitude")
    val selectedAltitude: Int? = 0,
    val lat: Double? = 0.0,
    val lon: Double? = 0.0,
    val barometer: Double? = 0.0,
    @JsonProperty("polar_distance")
    val polarDistance: Double? = 0.0,
    @JsonProperty("polar_bearing")
    val polarBearing: Double? = 0.0,
    @JsonProperty("is_adsb")
    val isADSB: Boolean? = false,
    @JsonProperty("is_on_ground")
    val isOnGround: Boolean? = false,
    @JsonProperty("last_seen_time")
```

```
        val lastSeenTime: Instant? = Instant.ofEpochSecond(0),
        @JsonProperty("pos_update_time")
        val posUpdateTime: Instant? = Instant.ofEpochSecond(0),
        @JsonProperty("bds40_seen_time")
        val bds40SeenTime: Instant? = Instant.ofEpochSecond(0)
)
```

첫째로 주목해야 할 점은 중괄호({})가 표시되지 않는다는 것입니다. 간단히 말하면, 이 클래스에는 바디body가 없습니다. 코틀린에 익숙하지 않다면 바디가 없어서 다소 이상하게 보일 수 있으나, 클래스 (또는 인터페이스) 바디에 배치할 것이 없는 경우에는 중괄호가 필요 없습니다. 따라서 코틀린에는 중괄호가 필요하지 않습니다.

둘째로 흥미로운 점은 클래스 이름 바로 뒤의 괄호 사이에 많은 인수들이 표시된 것입니다. 이 인수들은 어떤 기능을 할까요?

코틀린 클래스의 기본 생성자는 종종 다음과 같이 클래스 이름 바로 다음에 있는 클래스 헤더에 표시됩니다. 다음은 전체 형식을 보여주는 예입니다.

```
class Aircraft constructor(<parameter1>,<parameter2>,...,<parametern>)
```

코틀린에서 흔히 그렇듯, 한 패턴이 명확하게 식별 가능하고 일관되게 반복되면, 그 패턴은 압축됩니다. 매개변수 목록 앞에 있는 constructor 키워드를 제거해도 다른 언어 설정과 혼동하지 않으므로 constructor 키워드 제거는 선택 사항이 됩니다.

생성자 내에는 매개변수가 있습니다. 각 매개변수 앞에 var(변경 가능한 변수의 경우) 또는 val(자바의 final 변수와 동일한 단일 할당값의 경우)를 배치하면, 매개변수가 멤버 변수가 되기도 합니다. 코틀린 속성은 기능 면에서 자바의 멤버 변수, 그 변수의 접근자와 변경자(var로 선언된 경우)를 결합한 것과 거의 동일합니다.

물음표(?)가 포함된 타입의 값(예: Double?)은 생성자 매개변수를 생략할 수 있음을 나타냅니다. 그럴 경우, 해당 매개변수에는 등호(=) 뒤에 표시된 기본값이 지정됩니다.

코틀린 메서드(생성자 포함)의 매개변수와 속성에는 자바와 마찬가지로 어노테이션도 포함할 수 있습니다. @Id 및 @JsonProperty는 이전 자바 예제에서와 동일한 기능을 수행합니다.

클래스 수준 어노테이션과 관련해 @Document는 Aircraft 타입의 객체가 데이터베이스 내에

도큐먼트로 저장됨을 몽고DB에 알립니다. 이전과 마찬가지로 `@JsonIgnoreProperties(ignoreUnknown = true)`는 *sbur-mongo* 서비스에 유연성을 제공합니다. 어떤 시점에 업스트림 `PlaneFinder` 서비스에서 생성된 데이터 피드에 필드가 추가되더라도 무시되고, *sbur_mongo*는 문제 없이 계속 실행됩니다.

마지막으로 주목해야 할 점은 클래스 정의 앞에 오는 `data` 단어입니다. 프로세스 간에 전달되는 데이터를 담는 도메인 클래스를 만드는 것이 일반적인 패턴입니다. 소위 '데이터' 클래스를 생성하는 방식이 여러 가지 있는데, 롬복의 `@Data` 어노테이션이 바로 이 기능을 수행하는 한 예입니다.

코틀린은 이 기능을 언어 자체에 적용하고 `data` 키워드를 추가해 데이터 클래스가 클래스의 기본 생성자에 선언된 모든 속성에 다음 함수를 자동으로 생성하도록 합니다.

- `equals()` 및 `hashCode()` 함수(자바에는 메서드가 있고 코틀린에는 함수가 있음)
- `toString()`
- 선언된 순서대로 각 속성에 하나씩 존재하는 `component()` 함수
- `copy()` 함수

코틀린 데이터 클래스에는 특정한 요구사항과 제한사항이 있으나, 이 사항은 합리적인 최소한의 사항입니다. 자세한 내용을 알고 싶다면 코틀린 설명서에서 데이터 클래스 관련 내용을 참조하세요(*https://kotlinlang.org/docs/data-classes.html*).

> **NOTE_** 주의할 점은 각 항공기 위치의 `id` 필드/속성 타입입니다. 레디스와 JPA에서는 `Long`이었습니다. 그러나 몽고DB는 고유한 도큐먼트 식별자로 `String`을 사용합니다.

repository 인터페이스 만들기

다음으로, 앞서 언급했듯 스프링 데이터의 `CrudRepository`를 상속하고 저장할 객체의 타입과 그 타입의 고유 식별자인 `Aircraft` 및 `String`을 제공해 필요한 repository 인터페이스를 정의합니다.

```
interface AircraftRepository: CrudRepository<Aircraft, String>
```

간결한 이 인터페이스 정의에는 흥미로운 점이 두 가지 있습니다.

1. 실제 인터페이스에 바디body가 없으면, 코틀린에서 중괄호가 필요하지 않습니다. 이 인터페이스를 생성할 때 IDE에서 중괄호를 자동으로 추가했다면 안전하게 제거됩니다.
2. 코틀린은 컨텍스트에서 콜론(:)을 사용해 `val` 또는 `var` 타입을 나타내거나, 이 경우 클래스 또는 인터페이스가 다른 타입을 상속하거나 구현함을 표시합니다. 이 특정 인스턴스에서 `AircraftRepository` 인터페이스를 정의하고 `CrudRepository` 인터페이스를 상속합니다.

> **NOTE_** 여기처럼 `CrudRepository` 대신 `PagingAndSortingRepository`(`CrudRepository`를 상속함)와 `QueryByExampleExecutor`를 모두 상속하는 `MongoRepository` 인터페이스가 있습니다. 그러나 추가 기능이 필요한 경우가 아니라면 이미 모든 요구사항을 충족하는 최상위 인터페이스를 사용하는 편이 좋습니다. 지금 사용하는 최상위 인터페이스인 `CrudRepository`는 요구사항을 만족합니다.

종합하기

다음 단계에선 주기적으로 `PlaneFinder` 서비스를 폴링하는 컴포넌트를 만듭니다.

| PlaneFinder 폴링하기 |

이전 예제와 유사하게, 다음과 같이 `PlaneFinderPoller` 클래스를 스프링 부트 컴포넌트로 생성해 현재 위치 데이터를 폴링하고 수신된 `Aircraft` 레코드를 처리합니다.

```
import org.springframework.scheduling.annotation.EnableScheduling
import org.springframework.scheduling.annotation.Scheduled
import org.springframework.stereotype.Component
import org.springframework.web.reactive.function.client.WebClient
import org.springframework.web.reactive.function.client.bodyToFlux

@Component
@EnableScheduling
class PlaneFinderPoller(private val repository: AircraftRepository) {
    private val client =
        WebClient.create("http://localhost:7634/aircraft")

    @Scheduled(fixedRate = 1000)
    private fun pollPlanes() {
        repository.deleteAll()

        client.get()
```

```
                .retrieve()
                .bodyToFlux<Aircraft>()
                .filter { !it.reg.isNullOrEmpty() }
                .toStream()
                .forEach { repository.save(it) }

            println("--- All aircraft ---")
            repository.findAll().forEach { println(it) }
        }
    }
```

AircraftRepository 매개변수를 사용해 헤더에 기본 생성자를 만듭니다. 스프링 부트는 기존 AircraftRepository 빈을 사용하기 위해 PlaneFinderPoller 컴포넌트에 의존성 주입을 합니다. 그리고 다음 사항을 보장하기 위해 AircraftRepository를 private val로 표시합니다.

- 나중에 재할당 방지
- repository는 이미 애플리케이션 전체에서 접근할 수 있으므로, PlaneFinderPoller 빈의 속성으로서 외부 노출 방지

다음으로 WebClient 객체를 만들어 멤버 변수에 할당하고 포트 7634에서 PlaneFinder 서비스에 의해 노출된 객체의 엔드포인트를 가리키도록 합니다.

@Component로 이 클래스에 어노테이션을 달아 스프링 부트가 애플리케이션 실행 시 빈을 생성하도록 하고, 어노테이션을 단 함수를 통해 주기적으로 폴링하도록 @EnableScheduling을 추가합니다.

마지막으로, 모든 기존 항공기 데이터를 삭제하고, WebClient 클라이언트 속성을 통해 PlaneFinder 엔드포인트를 폴링하고, 조회된 항공기 위치를 변환한 후 몽고DB에 저장하고, 그 위치를 표시하는 함수를 만듭니다. @Scheduled(fixedRate = 1000)는 폴링 함수가 1,000ms마다 한 번씩(초당 1회) 실행되도록 합니다.

pollPlanes() 함수에는 좀 더 흥미로운 점이 세 가지 있는데, 두 가지는 코틀린의 람다와 관련됩니다.

첫째, 만약 람다가 함수의 마지막 매개변수라면, 괄호가 명확성이나 의미를 추가하는 게 아니므로 생략해도 됩니다. 함수에 람다의 매개변수가 하나만 있어도 괄호를 생략할 수 있습니다.

이렇게 하면 코드량이 적어집니다.

둘째, 람다 자체에 단일 매개변수가 있는 경우 개발자가 여전히 이를 명시적으로 지정할 수 있지만, 그렇게 할 필요는 없습니다. 코틀린은 `forEach()`의 람다 매개변수에서 알 수 있듯 단일 매개변수를 "it"으로 표현합니다.

```
forEach { repository.save(it) }
```

마지막으로 `CharSequence`의 `isNullOrEmpty()` 함수는 String 자료형에 매우 편한 일체형 기능을 제공합니다. 이 함수는 null 검사(우선)를 모두 수행한 다음, 측정 결과 값이 null이 아닌 게 확인되면 값의 길이가 0인지, 즉 비어 있는지 확인합니다. 개발자는 속성에 실제값이 포함됐을 때만 처리할 수 있는 경우가 많은데, 이때 이 하나의 함수로 두 가지 유효성 검사를 한 번에 수행합니다. 만약 `Aircraft`의 등록 속성인 `reg`에 값이 존재하면 항공기 위치 보고가 전달됩니다. `reg` 값이 없는 항공기 위치 보고는 필터링되어 걸러집니다.

나머지 모든 위치 보고는 repository로 저장됩니다. 그런 다음 repository에서 저장된 도큐먼트를 조회한 후 결과를 표시합니다.

결과

로컬 컴퓨터에서 `PlaneFinder` 서비스가 실행 중일 때 *sbur-mongo* 서비스를 실행해서 `PlaneFinder`의 각 폴링 결과를 획득, 저장, 조회, 표시합니다(내장된 몽고DB 인스턴스에). 다음은 그 결과를 간결하게 편집해 가독성이 좋은 형태로 만든 예입니다.

```
Aircraft(id=95, callsign=N88846, squawk=4710, reg=N88846, flightno=, route=,
type=P46T, category=A1, altitude=18000, heading=234, speed=238, vertRate=-64,
selectedAltitude=0, lat=39.157288, lon=-90.844992, barometer=0.0,
polarDistance=33.5716, polarBearing=290.454061, isADSB=true, isOnGround=false,
lastSeenTime=2020-11-27T20:16:57Z, posUpdateTime=2020-11-27T20:16:57Z,
bds40SeenTime=1970-01-01T00:00:00Z)

Aircraft(id=96, callsign=MVJ710, squawk=1750, reg=N710MV, flightno=,
route=IAD-TEX, type=GLF4, category=A2, altitude=18050, heading=66, speed=362,
vertRate=2432, selectedAltitude=23008, lat=38.627655, lon=-90.008897,
barometer=0.0, polarDistance=20.976944, polarBearing=158.35465, isADSB=true,
isOnGround=false, lastSeenTime=2020-11-27T20:16:57Z,
```

```
posUpdateTime=2020-11-27T20:16:57Z, bds40SeenTime=2020-11-27T20:16:56Z)

Aircraft(id=97, callsign=SWA1121, squawk=6225, reg=N8654B, flightno=WN1121,
route=MDW-DAL-PHX, type=B738, category=A3, altitude=40000, heading=236,
speed=398, vertRate=0, selectedAltitude=40000, lat=39.58548, lon=-90.049259,
barometer=1013.6, polarDistance=38.411587, polarBearing=8.70042, isADSB=true,
isOnGround=false, lastSeenTime=2020-11-27T20:16:57Z,
posUpdateTime=2020-11-27T20:16:55Z, bds40SeenTime=2020-11-27T20:16:54Z)
```

예상한 대로, 이 서비스는 스프링 부트, 코틀린, 몽고DB를 사용해 문제 없이 상당히 쉽게 항공기 위치를 폴링해 캡처하고 표시합니다.

6.9 NoSQL 그래프 데이터베이스를 사용해 repository 기반 서비스 만들기

그래프 데이터베이스는 데이터, 특히 데이터가 어떻게 상호 연관되는지를 또 다른 접근방식으로 보여줍니다. 몇 가지 그래프 데이터베이스가 시장에 나와 있지만, 모든 의도와 목적을 고려할 때 그래프 데이터의 으뜸은 단연 Neo4j입니다.

그래프 이론과 그래프 데이터베이스 설계는 이 책의 범위를 벗어납니다. 하지만 스프링 부트와 스프링 데이터를 사용해 그래프 데이터베이스로 작업하는 최선의 방법은 이 책의 범위에 속합니다. 이 절에서 스프링 부트 애플리케이션에서 스프링 데이터 Neo4j를 사용해 데이터에 쉽게 연결하고 작업하는 방법을 보겠습니다.

6.9.1 프로젝트 초기화하기

다시 한번 스프링 이니셜라이저를 실행하고 다음 옵션을 선택합니다.

- Gradle
- Java
- 스프링 부트 현재 버전
- Packaging: Jar
- Java: 17

의존성은 다음과 같습니다.

- 스프링 리액티브 웹(`spring-boot-starter-webflux`)
- 스프링 데이터 Neo4j(`spring-boot-starter-data-neo4j`)

다음으로, 프로젝트를 생성해 로컬에 저장하고 압축을 해제한 후 IDE에서 엽니다.

그레이들을 사용해 스프링 부트 자바 애플리케이션을 생성할 때 생성된 ***build.gradle*** 파일이 Groovy DSL을 사용한다는 사실을 보여주기 위해 이 프로젝트의 빌드 시스템으로 그레이들을 선택했지만, 메이븐도 유효한 옵션입니다.

> **NOTE_** 이 장에 있는 대부분의 예제와 마찬가지로, 이 애플리케이션이 사용할 수 있는 Neo4j 데이터베이스 인스턴스가 있습니다.

이로써 서비스를 만들 준비가 끝났습니다.[34]

6.9.2 Neo4j 서비스 개발하기

이전의 예제처럼, 스프링 부트와 스프링 데이터를 사용하면 앞서 사용한 데이터 repository와 유사하게 Neo4j 데이터베이스로 작업할 수 있습니다. 그래프 데이터 repository의 모든 기능을 사용하고 스프링 부트 애플리케이션에서 쉽게 액세스하는 동시에 새 기능을 사용하기 위해 새롭게 익혀야 하는 부분이 줄어듭니다.

도메인 클래스 정의하기

다시 한번, `Aircraft` 도메인을 정의하는 일로 시작합니다. 롬복을 사용하지 않고, 생성자, 접근자, 변경자, 지원 메서드를 사용해 `Aircraft` 도메인을 만듭니다.

```
import com.fasterxml.jackson.annotation.JsonIgnoreProperties;
import com.fasterxml.jackson.annotation.JsonProperty;
import org.springframework.data.neo4j.core.schema.GeneratedValue;
import org.springframework.data.neo4j.core.schema.Id;
import org.springframework.data.neo4j.core.schema.Node;
```

34 Neo4j가 설치되지 않았다면 Neo4j 공식 홈페이지를 방문해 설치하면 됩니다. `https://neo4j.com/`

```java
@Node
@JsonIgnoreProperties(ignoreUnknown = true)
public class Aircraft {
    @Id
    @GeneratedValue
    private Long neoId;

    private Long id;
    private String callsign, squawk, reg, flightno, route, type, category;

    private int altitude, heading, speed;
    @JsonProperty("vert_rate")
    private int vertRate;
    @JsonProperty("selected_altitude")
    private int selectedAltitude;

    private double lat, lon, barometer;
    @JsonProperty("polar_distance")
    private double polarDistance;
    @JsonProperty("polar_bearing")
    private double polarBearing;

    @JsonProperty("is_adsb")
    private boolean isADSB;
    @JsonProperty("is_on_ground")
    private boolean isOnGround;

    @JsonProperty("last_seen_time")
    private Instant lastSeenTime;
    @JsonProperty("pos_update_time")
    private Instant posUpdateTime;
    @JsonProperty("bds40_seen_time")
    private Instant bds40SeenTime;

    public Aircraft() {
    }
    public Aircraft(Long id,
                    String callsign, String squawk, String reg, String flightno,
                    String route, String type, String category,
                    int altitude, int heading, int speed,
                    int vertRate, int selectedAltitude,
                    double lat, double lon, double barometer,
                    double polarDistance, double polarBearing,
```

```
                    boolean isADSB, boolean isOnGround,
                    Instant lastSeenTime,
                    Instant posUpdateTime,
                    Instant bds40SeenTime) {
        this.id = id;
        this.callsign = callsign;
        this.squawk = squawk;
        this.reg = reg;
        this.flightno = flightno;
        this.route = route;
        this.type = type;
        this.category = category;
        this.altitude = altitude;
        this.heading = heading;
        this.speed = speed;
        this.vertRate = vertRate;
        this.selectedAltitude = selectedAltitude;
        this.lat = lat;
        this.lon = lon;
        this.barometer = barometer;
        this.polarDistance = polarDistance;
        this.polarBearing = polarBearing;
        this.isADSB = isADSB;
        this.isOnGround = isOnGround;
        this.lastSeenTime = lastSeenTime;
        this.posUpdateTime = posUpdateTime;
        this.bds40SeenTime = bds40SeenTime;
    }

    public Long getNeoId() {
        return neoId;
    }
    public void setNeoId(Long neoId) {
        this.neoId = neoId;
    }
    public Long getId() {
        return id;
    }
    public void setId(Long id) {
        this.id = id;
    }
    public String getCallsign() {
        return callsign;
    }
```

```
public void setCallsign(String callsign) {
    this.callsign = callsign;
}
public String getSquawk() {
    return squawk;
}
public void setSquawk(String squawk) {
    this.squawk = squawk;
}
public String getReg() {
    return reg;
}
public void setReg(String reg) {
    this.reg = reg;
}
public String getFlightno() {
    return flightno;
}
public void setFlightno(String flightno) {
    this.flightno = flightno;
}
public String getRoute() {
    return route;
}
public void setRoute(String route) {
    this.route = route;
}
public String getType() {
    return type;
}
public void setType(String type) {
    this.type = type;
}
public String getCategory() {
    return category;
}
public void setCategory(String category) {
    this.category = category;
}
public int getAltitude() {
    return altitude;
}
public void setAltitude(int altitude) {
    this.altitude = altitude;
```

```
    }
    public int getHeading() {
        return heading;
    }
    public void setHeading(int heading) {
        this.heading = heading;
    }
    public int getSpeed() {
        return speed;
    }
    public void setSpeed(int speed) {
        this.speed = speed;
    }
    public int getVertRate() {
        return vertRate;
    }
    public void setVertRate(int vertRate) {
        this.vertRate = vertRate;
    }
    public int getSelectedAltitude() {
        return selectedAltitude;
    }
    public void setSelectedAltitude(int selectedAltitude) {
        this.selectedAltitude = selectedAltitude;
    }
    public double getLat() {
        return lat;
    }
    public void setLat(double lat) {
        this.lat = lat;
    }
    public double getLon() {
        return lon;
    }
    public void setLon(double lon) {
        this.lon = lon;
    }
    public double getBarometer() {
        return barometer;
    }
    public void setBarometer(double barometer) {
        this.barometer = barometer;
    }
    public double getPolarDistance() {
```

```
        return polarDistance;
    }
    public void setPolarDistance(double polarDistance) {
        this.polarDistance = polarDistance;
    }
    public double getPolarBearing() {
        return polarBearing;
    }
    public void setPolarBearing(double polarBearing) {
        this.polarBearing = polarBearing;
    }
    public boolean isADSB() {
        return isADSB;
    }
    public void setADSB(boolean ADSB) {
        isADSB = ADSB;
    }
    public boolean isOnGround() {
        return isOnGround;
    }
    public void setOnGround(boolean onGround) {
        isOnGround = onGround;
    }
    public Instant getLastSeenTime() {
        return lastSeenTime;
    }
    public void setLastSeenTime(Instant lastSeenTime) {
        this.lastSeenTime = lastSeenTime;
    }
    public Instant getPosUpdateTime() {
        return posUpdateTime;
    }
    public void setPosUpdateTime(Instant posUpdateTime) {
        this.posUpdateTime = posUpdateTime;
    }
    public Instant getBds40SeenTime() {
        return bds40SeenTime;
    }
    public void setBds40SeenTime(Instant bds40SeenTime) {
        this.bds40SeenTime = bds40SeenTime;
    }

    @Override
    public boolean equals(Object o) {
```

```
        if (this == o) return true;
        if (o == null || getClass() != o.getClass()) return false;
        Aircraft aircraft = (Aircraft) o;
        return altitude == aircraft.altitude &&
                heading == aircraft.heading &&
                speed == aircraft.speed &&
                vertRate == aircraft.vertRate &&
                selectedAltitude == aircraft.selectedAltitude &&
                Double.compare(aircraft.lat, lat) == 0 &&
                Double.compare(aircraft.lon, lon) == 0 &&
                Double.compare(aircraft.barometer, barometer) == 0 &&
                Double.compare(aircraft.polarDistance, polarDistance) == 0 &&
                Double.compare(aircraft.polarBearing, polarBearing) == 0 &&
                isADSB == aircraft.isADSB &&
                isOnGround == aircraft.isOnGround &&
                Objects.equals(neoId, aircraft.neoId) &&
                Objects.equals(id, aircraft.id) &&
                Objects.equals(callsign, aircraft.callsign) &&
                Objects.equals(squawk, aircraft.squawk) &&
                Objects.equals(reg, aircraft.reg) &&
                Objects.equals(flightno, aircraft.flightno) &&
                Objects.equals(route, aircraft.route) &&
                Objects.equals(type, aircraft.type) &&
                Objects.equals(category, aircraft.category) &&
                Objects.equals(lastSeenTime, aircraft.lastSeenTime) &&
                Objects.equals(posUpdateTime, aircraft.posUpdateTime) &&
                Objects.equals(bds40SeenTime, aircraft.bds40SeenTime);
    }

    @Override
    public int hashCode() {
        return Objects.hash(neoId, id, callsign, squawk, reg, flightno, route,
                type, category, altitude, heading, speed, vertRate,
                selectedAltitude, lat, lon, barometer, polarDistance,
                polarBearing, isADSB, isOnGround, lastSeenTime, posUpdateTime,
                bds40SeenTime);
    }

    @Override
    public String toString() {
        return "Aircraft{" +
                "neoId=" + neoId +
                ", id=" + id +
                ", callsign='" + callsign + '\'' +
                ", squawk='" + squawk + '\'' +
```

```
                ", reg='" + reg + '\'' +
                ", flightno='" + flightno + '\'' +
                ", route='" + route + '\'' +
                ", type='" + type + '\'' +
                ", category='" + category + '\'' +
                ", altitude=" + altitude +
                ", heading=" + heading +
                ", speed=" + speed +
                ", vertRate=" + vertRate +
                ", selectedAltitude=" + selectedAltitude +
                ", lat=" + lat +
                ", lon=" + lon +
                ", barometer=" + barometer +
                ", polarDistance=" + polarDistance +
                ", polarBearing=" + polarBearing +
                ", isADSB=" + isADSB +
                ", isOnGround=" + isOnGround +
                ", lastSeenTime=" + lastSeenTime +
                ", posUpdateTime=" + posUpdateTime +
                ", bds40SeenTime=" + bds40SeenTime +
                '}';
    }
}
```

자바 코드는 실제로 양이 많을 수 있으나, 도메인 클래스 같은 경우에는 이 점이 큰 문제가 되지 않습니다. 접근자와 변경자가 상당히 많은 공간을 차지하지만, IDE에서 생성할 수 있고 일반적으로 유지보수가 많이 필요하지 않기 때문입니다. 이런 점을 감안하더라도 자바는 보일러플레이트 코드boilerplate code가 많기 때문에, 많은 개발자가 코틀린이나 롬복 같은 솔루션을 사용합니다.

> **NOTE_** Neo는 저장된 엔티티에 이미 고유 식별자가 들어 있더라도 데이터베이스에서 생성된 고유 식별자가 필요합니다. 이 요구사항을 충족하기 위해 `neoId` 매개변수/멤버 변수를 추가하고 `@Id`와 `GeneratedValue`로 주석을 달아 `Neo4j`가 이 멤버 변수를 내부적으로 생성하는 값과 일치하게 합니다.

다음으로, 클래스 수준 어노테이션을 두 개 추가합니다.

하나는 이 레코드의 각 인스턴스를 Neo4j 노드 `Aircraft` 인스턴스로 지정하기 위한 `@Node::`입니다. 또 다른 하나는 `PlaneFinder` 서비스 엔드포인트에서 피드에 추가될 수 있는 새 필드를 무시하기 위한 `@JsonIgnoreProperties(ignoreUnknown = true)::`입니다.

`@Id`와 `@GeneratedValue`처럼, `@Node` 어노테이션은 스프링 데이터 Neo4j 기반 애플리케이션을 위한 *org.springframework.data.neo4j.core.schema* 패키지에서 가져옵니다.

이로써 서비스의 도메인 정의가 완료됩니다.

repository 인터페이스 만들기

이 애플리케이션을 위해, 필요한 repository 인터페이스를 다시 정의해 스프링 데이터의 `CrudRepository`를 상속하고 저장할 객체의 타입과 그 객체의 키(이 경우엔 `Aircraft`와 `Long`)를 제공합니다.

```
public interface AircraftRepository extends CrudRepository<Aircraft, Long> {}
```

NOTE_ 이전의 몽고DB 기반 프로젝트와 유사하게, `CrudRepository` 대신 사용할 수 있는 `PagingAndSortingRepository`(`CrudRepository`를 상속)를 상속하는 `Neo4jRepository` 인터페이스가 있습니다. 그러나 `CrudRepository`는 모든 요구사항을 충족하는 최상위 인터페이스이므로 `AircraftRepository`의 기반으로 사용합니다.

종합하기

이제 `PlaneFinder`를 폴링할 설정 요소를 만들고 Neo4j 데이터베이스에 액세스하도록 설정합니다.

| PlaneFinder 폴링하기 |

다시 한번 스프링 부트 `@Component` 클래스를 생성해 항공기 현 위치를 폴링하고 수신한 항공기 레코드를 처리합니다.

이 장에서 다룬 자바 기반 프로젝트와 마찬가지로, `WebClient` 객체를 만들어 멤버 변수에 할당하고 7634 포트에서 `PlaneFinder` 서비스에 의해 노출된 객체의 엔드포인트를 가리키도록 합니다.

롬복을 사용하지 않고, `AircraftRepository` 빈을 주입할 생성자를 만듭니다.

PlaneFinderPoller 클래스 전체에서 보듯, pollPlanes() 메서드가 지금까지 진행한 예제의 모습과 거의 비슷합니다. repository가 제공하는 추상화 덕분입니다. PlaneFinderPoller의 나머지 코드를 세부적으로 보려면 이전 절에서 작성한 해당 코드를 참조하세요.

```
import org.springframework.scheduling.annotation.EnableScheduling;
import org.springframework.scheduling.annotation.Scheduled;
import org.springframework.stereotype.Component;
import org.springframework.web.reactive.function.client.WebClient;

@EnableScheduling
@Component
public class PlaneFinderPoller {
    private WebClient client =
            WebClient.create("http://localhost:7634/aircraft");
    private final AircraftRepository repository;

    public PlaneFinderPoller(AircraftRepository repository) {
        this.repository = repository;
    }

    @Scheduled(fixedRate = 1000)
    private void pollPlanes() {
        repository.deleteAll();

        client.get()
                .retrieve()
                .bodyToFlux(Aircraft.class)
                .filter(plane -> !plane.getReg().isEmpty())
                .toStream()
                .forEach(repository::save);
        System.out.println("--- All aircraft ---");
        repository.findAll().forEach(System.out::println);
    }
}
```

| Neo4j에 연결하기 |

앞서 본 MariaDB/MySQL 예제와 마찬가지로, 스프링 부트가 Neo4j 데이터베이스에 매끄럽게 연결되려면 주요 정보 몇 가지를 제공할 필요가 있습니다. 현재 환경에서 실행되고 있는 서비스의 경우, 다음 속성을 제공해야 합니다.

```
spring.neo4j.authentication.username=neo4j
spring.neo4j.authentication.password=mkheck
```

NOTE_ 사용자 이름(예: neo4j)과 비밀번호(예: mkheck)는 사용자 환경에 맞는 값으로 변경합니다.

결과

로컬 컴퓨터에서 `PlaneFinder` 서비스가 실행 중일 때, Neo4j를 데이터 repository로 사용하는 *sbur-neo* 서비스를 실행해 `PlaneFinder`의 각 폴링 결과를 획득, 저장, 조회, 표시합니다. 다음은 그 결과를 간결하게 편집하고 가독성 좋게 만든 예입니다.

```
Aircraft(neoId=64, id=223, callsign='GJS4401', squawk='1355', reg='N542GJ',
flightno='UA4401', route='LIT-ORD', type='CRJ7', category='A2', altitude=37000,
heading=24, speed=476, vertRate=128, selectedAltitude=36992, lat=39.463961,
lon=-90.549927, barometer=1012.8, polarDistance=35.299257,
polarBearing=329.354686, isADSB=true, isOnGround=false,
lastSeenTime=2020-11-27T20:42:54Z, posUpdateTime=2020-11-27T20:42:53Z,
bds40SeenTime=2020-11-27T20:42:51Z)

Aircraft(neoId=65, id=224, callsign='N8680B', squawk='1200', reg='N8680B',
flightno='', route='', type='C172', category='A1', altitude=3100, heading=114,
speed=97, vertRate=64, selectedAltitude=0, lat=38.923955, lon=-90.195618,
barometer=0.0, polarDistance=1.986086, polarBearing=208.977102, isADSB=true,
isOnGround=false, lastSeenTime=2020-11-27T20:42:54Z,
posUpdateTime=2020-11-27T20:42:54Z, bds40SeenTime=null)

Aircraft(neoId=66, id=225, callsign='AAL1087', squawk='1712', reg='N181UW',
flightno='AA1087', route='CLT-STL-CLT', type='A321', category='A3',
altitude=7850, heading=278, speed=278, vertRate=-320, selectedAltitude=4992,
lat=38.801559, lon=-90.226474, barometer=0.0, polarDistance=9.385111,
polarBearing=194.034005, isADSB=true, isOnGround=false,
lastSeenTime=2020-11-27T20:42:54Z, posUpdateTime=2020-11-27T20:42:53Z,
bds40SeenTime=2020-11-27T20:42:53Z)
```

이 서비스는 스프링 부트와 Neo4j를 사용해 보고되는 항공기 위치를 조회, 저장, 표시하므로 빠르고 효율적입니다.

TIP_ 코드 사용하기

완성된 코드는 깃허브(chapter6end 브랜치)에서 확인할 수 있습니다.

6.10 마치며

데이터는 데이터 구조, 다른 데이터와의 관계, 적용 가능한 표준, 데이터베이스 종류와 메커니즘 등을 비롯해 변수와 제약 조건이 많은 복잡한 주제입니다. 그러나 어떤 형태로든 데이터가 없으면, 대부분의 애플리케이션은 별 가치가 없습니다. 그러므로 거의 모든 애플리케이션 가치의 토대가 되는 '데이터'로 데이터베이스 제공업체와 플랫폼 공급업체는 많은 혁신을 이룩했습니다. 그러나 많은 경우에 데이터의 복잡성은 여전하며, 개발자들은 이 복잡성을 잘 길들이고 구슬려서 그 가치의 비밀을 알아내야 합니다.

스프링 데이터(*https://spring.io/projects/spring-data*)의 미션은 "기본적인 데이터 저장이 지니는 특수한 속성을 유지하면서 데이터에 액세스하는 친숙하고 일관된 스프링 기반 프로그래밍 모델을 제공하는 것"입니다. 어떤 데이터베이스 엔진이나 플랫폼을 사용하든 관계없이 스프링 데이터의 목표는 개발자가 가능한 한 간단하고 강력하게 데이터에 액세스하게 하는 것입니다.

이 장에서는 스프링 부트를 이용해 가능한 가장 강력한 방법으로 사용할 수 있는 다양한 데이터베이스 옵션, 스프링 데이터 프로젝트와 기능을 사용해 데이터 저장과 조회를 간소화하는 방법을 설명했습니다.

다음 장에서는 스프링 MVC의 REST 상호작용, 메시징 플랫폼, 기타 통신 메커니즘을 사용해 명령형 애플리케이션을 만드는 방법을 알아보고 템플릿 언어 지원을 소개합니다. 6장에서 애플리케이션의 데이터 액세스를 다루었다면, 7장에서는 외부 통신을 살펴보겠습니다.

CHAPTER 7

스프링 MVC로 만드는 애플리케이션

이 장에서는 REST 상호작용, 메시지 플랫폼, 기타 통신 방법과 함께 스프링 MVC를 사용해 스프링 부트 애플리케이션을 만드는 방법을 설명하고, 템플릿 언어 지원templating language support을 소개합니다. 데이터 처리를 위한 스프링 부트의 다양한 옵션상의 서비스 간 상호작용은 지난 장에서 소개했습니다. 이 장에서는 애플리케이션 자체에서 외부 세계, 즉 다른 애플리케이션이나 서비스와 최종 사용자 간의 상호작용에 주된 초점을 맞추겠습니다.

TIP_ 코드 사용하기
이 장에서 사용하는 코드는 깃허브(`chapter7begin` 브랜치)에서 확인할 수 있습니다.

7.1 스프링 MVC는 무엇을 의미할까요?

기술 용어가 그렇듯, **스프링 MVC**라는 용어도 다소 어렵게 들립니다.

누군가가 스프링 MVC를 언급한다면 다음 의미 중 하나일 겁니다.

- 스프링 애플리케이션에서 모델-뷰-컨트롤러 패턴의 구현
- `Model` 인터페이스, `@Controller` 클래스, 뷰 기술처럼 스프링 MVC 컴포넌트 개념을 사용한 애플리케이션의 생성
- 스프링을 사용한 블로킹/논-리액티브 애플리케이션의 개발

맥락에 따라, 스프링 MVC는 접근방식과 구현방식 둘 모두가 되기도 합니다. 스프링 MVC는 스프링 부트와 함께 사용할 수도 있고, 단독으로 사용할 수도 있습니다. 하지만 스프링 부트를 사용하지 않고 스프링과 스프링 MVC를 사용한 MVC 패턴의 일반적인 적용은 이 책의 범위를 벗어납니다.

여기서는 이전에 스프링 부트를 이용해 구현한 두 가지 개념에 중점을 두겠습니다.

7.2 템플릿 엔진으로 사용자와 상호작용하기

스프링 부트 애플리케이션은 백엔드에서 무거운 작업까지 처리할 뿐만 아니라, 사용자와 직접적인 상호작용도 지원합니다. 비록 JSP와 같이 오래된 표준이 레거시 애플리케이션용 부트를 위해 여전히 지원되지만, 최근 애플리케이션의 대부분은 더 강력해진 뷰 기술을 활용한 템플릿 엔진을 사용하거나, 아니면 프론트엔드를 HTML과 자바스크립트의 조합으로 구현합니다. 물론 두 옵션을 섞어 사용해 각 장점을 활용하기도 합니다.

스프링 부트는 HTML 및 자바스크립트 프론트엔드와 잘 작동하는데, 이 내용은 이 장의 뒷부분에서 설명할 예정입니다. 지금은 템플릿 엔진을 자세히 살펴보기로 합시다.

템플릿 엔진은 사용자의 브라우저에서 실행되고 표시될 최종 페이지를 생성하는, 이른바 서버 사이드 애플리케이션을 위한 방법을 제공합니다. 뷰 기술은 기술마다 접근방식이 다르지만, 일반적으로 다음을 제공합니다.

- 예상 결과를 생성하기 위해 템플릿 엔진이 사용할 입력을 정의하는 템플릿 언어 및/또는 태그 모음
- 요청된 리소스를 수행할 뷰/템플릿을 결정하는 뷰 리졸버

덜 사용되는 옵션으로, 스프링 부트는 다음과 같은 뷰 기술을 지원합니다.

- Thymeleaf(*https://www.thymeleaf.org*)
- FreeMarker(*https://freemarker.apache.org*)
- Groovy Markup(*http://groovy-lang.org/templating.html*)
- Mustache(*https://mustache.github.io*)

Thymeleaf는 여러 가지 이유로 템플릿 엔진 중에서 가장 널리 사용되며, 스프링 MVC와 스

프링 웹플럭스 애플리케이션을 모두 지원합니다.

Thymeleaf는 일반적인 템플릿을 사용하고, 파일에는 코드 요소code element가 통합됐으며, 표준 웹 브라우저에서도 직접 코드를 볼 수 있습니다. 템플릿 파일을 HTML로 볼 수 있기 때문에, 개발자나 디자이너는 실행 중인 서버 없이도 Thymeleaf 템플릿을 만들고 작업할 수 있습니다. 해당 서버 사이드 요소를 포함해 합쳐진 코드에는 Thymeleaf 전용 태그가 붙어 있으며, Thymeleaf 전용 태그가 붙어 있는 코드만 화면에 표시됩니다.

이전 코드에 덧붙여, 스프링 부트, 스프링 MVC, Thymeleaf를 이용해 간단한 웹 애플리케이션을 만들어보겠습니다. 항공기 현 위치를 사용자가 `PlaneFinder` 애플리케이션에 쿼리하고 해당 결과를 화면에 보여주는 인터페이스를 만들어봅니다. 여기서 만드는 것은 기본 개념이며 다음 장에서 심도 있게 다룰 예정입니다.

7.2.1 프로젝트 초기화하기

먼저 스프링 이니셜라이저로 돌아가 아래 옵션을 선택합니다.

- Maven
- Java
- 스프링 부트 현재 버전
- Packging: Jar
- Java: 17

의존성은 다음과 같습니다.

- 스프링 웹(`spring-boot-starter-web`)
- 스프링 리액티브 웹(`spring-boot-starter-webflux`)
- Thymeleaf(`spring-boot-starter-thymeleaf`)
- 스프링 데이터 JPA(`spring-boot-starter-data-jpa`)
- H2 데이터베이스(`h2`)
- 롬복(`lombok`)

이제 프로젝트를 생성해 로컬 컴퓨터에 저장하고 압축 해제한 후 IDE에 띄웁니다.

7.2.2 Aircraft Positions 애플리케이션 개발하기

이 애플리케이션은 오직 요청이 이루어진 시점과 그 순간의 항공기 위치인 현재 상태 정보만을 확인하므로, 인메모리 DB가 합리적인 선택으로 보입니다. 물론, 인메모리 DB 대신 `Iterable`의 한 종류를 사용할 수도 있지만, 스프링 데이터 리포지터리와 H2 데이터베이스에 대한 스프링 부트의 지원은 현재 사용 사례를 충족하고, 애플리케이션의 향후 확장성도 지원합니다.

도메인 클래스 정의하기

다음은 `PlaneFinder` 앱의 `Aircraft` 도메인 클래스 구조입니다. `PlaneFinder` 앱과 상호작용하는 다른 프로젝트와 마찬가지로, 주요한 데이터를 중심으로 기능하는 `Aircraft` 도메인 클래스를 만듭니다.

```
@Entity
@Data
@NoArgsConstructor
@AllArgsConstructor
public class Aircraft {
    @Id
    private Long id;
    private String callsign, squawk, reg, flightno, route, type, category;

    private int altitude, heading, speed;
    @JsonProperty("vert_rate")
    private int vertRate;
    @JsonProperty("selected_altitude")
    private int selectedAltitude;

    private double lat, lon, barometer;
    @JsonProperty("polar_distance")
    private double polarDistance;
    @JsonProperty("polar_bearing")
    private double polarBearing;

    @JsonProperty("is_adsb")
    private boolean isADSB;
    @JsonProperty("is_on_ground")
    private boolean isOnGround;

    @JsonProperty("last_seen_time")
```

```
    private Instant lastSeenTime;
    @JsonProperty("pos_update_time")
    private Instant posUpdateTime;
    @JsonProperty("bds40_seen_time")
    private Instant bds40SeenTime;
}
```

이 도메인 클래스는 기본 JPA-호환 데이터베이스로 H2와 함께 JPA를 사용합니다. 롬복을 사용해 인자가 없는 생성자와, 모든 멤버 변수를 인자로 가지는 생성자가 있는 데이터 클래스를 생성합니다.

리포지터리 인터페이스 생성하기

이번에는 필요한 리포지터리 인터페이스를 정의해 스프링 데이터의 `CrudRepository`를 상속하고 저장할 객체 타입과 해당 키(이 경우엔 `Aircraft`와 `Long`)를 제공합니다.

```
public interface AircraftRepository extends CrudRepository<Aircraft, Long> {}
```

모델 및 컨트롤러 작업하기

`Aircraft` 도메인 클래스를 사용해 모델의 데이터를 정의했습니다. 이제 `Model`에 통합해 컨트롤러를 통해 데이터를 노출합니다.

3장에서 논의한 바와 같이, `@RestController`는 `@Controller`와 `@ResponseBody`가 합쳐진 어노테이션으로, 응답을 JSON이나 기타 데이터 지향 형식data-oriented format으로 반환하는 편리한 표기법입니다. 그 결과, 웹 요청의 응답으로 모델의 일부 데이터를 반환하는 대신, Object/Iterable의 결과를 응답 바디 전체의 형태로 반환합니다. `@RestController`를 사용해 API를 만듭니다. 이는 일반적으로 사용하는 API 형태이기도 하죠.

우리 목표는 사용자 인터페이스가 있는 애플리케이션을 만드는 것이니, `@Controller`를 사용하겠습니다. `@Controller` 클래스 내에서 `@RequestMapping` 또는 `@GetMapping` 같이 특수한 별칭으로 어노테이션이 달린 메서드는 확장자를 제외한 템플릿 파일명을 문자열 값으로 반환합니다.

예를 들면 Thymeleaf 파일에는 `.html` 확장자가 있으므로, `@Controller` 클래스의 `@GetMapping` 문자열이 `"myfavoritepage"`를 반환하면, Thymeleaf 템플릿 엔진은 사용자의 브라우저에 생성된 페이지를 만들고 반환하기 위해 `myfavoritepage.html` 템플릿을 사용합니다.

NOTE_ 뷰 기술 템플릿은 기본적으로 프로젝트의 *src/main/resources/templates* 디렉터리 아래에 배치됩니다. 템플릿 엔진은 애플리케이션 속성이나 프로그래밍 방식으로 재정의되지 않는 한 여기서 해당 템플릿을 찾습니다.

컨트롤러로 돌아가서 아래처럼 `PositionController` 클래스를 만듭니다.

```
@RequiredArgsConstructor
@Controller
public class PositionController {
    @NonNull
    private final AircraftRepository repository;
    private WebClient client =
            WebClient.create("http://localhost:7634/aircraft");

    @GetMapping("/aircraft")
    public String getCurrentAircraftPositions(Model model) {
        repository.deleteAll();

        client.get()
                .retrieve()
                .bodyToFlux(Aircraft.class)
                .filter(plane -> !plane.getReg().isEmpty())
                .toStream()
                .forEach(repository::save);

        model.addAttribute("currentPositions", repository.findAll());
        return "positions";
    }
}
```

이 컨트롤러는 이전 버전과 매우 유사하지만 중요한 차이점이 있습니다. 물론 첫째 차이점은 `@RestController` 대신, 이전에 언급한 `@Controller` 어노테이션을 사용한 점입니다. 둘째로, `getCurrentAircraftPositions()` 메서드에 자동으로 주입된 매개변수인 `Model` 타입

`model`이 있습니다. 이 매개변수는 템플릿 엔진에 의해 활용되는 `Model` 빈입니다. 애플리케이션의 구성 요소에 `Model`을 속성으로 추가하면, 템플릿 엔진은 애플리케이션의 구성 요소(데이터와 오퍼레이션)에 액세스하게 해줍니다. 셋째로, 메서드 반환 타입이 문자열이며, 템플릿명을 `.html` 확장자 없이 반환합니다.

NOTE_ 복잡한 도메인/애플리케이션에서는 별개의 `@Service`와 `@Controller` 클래스를 만들어 관심 사항[concerns]을 분리하기를 선호합니다. 이 예에서는 단일 리포지터리에 액세스하는 단일 메서드가 있으므로, 기본 데이터와 `Model`을 채우기 위한 기능을 배치하고, 컨트롤러 내의 적절한 `View`로 건네줍니다.

필수 뷰/보기 파일 생성하기

이 장과 다음 장의 토대를 마련하는 작업으로, 일반 HTML 파일 하나와 템플릿 파일 하나를 만듭니다. 모든 방문자에게 일반 HTML 페이지를 보여주고자 하는데 이 페이지에는 템플릿 지원이 불필요하므로, *index.html*을 프로젝트의 *src/main/resources/static* 경로에 배치합니다.

```
<!DOCTYPE html>
<html lang="en">
<head>
    <meta charset="UTF-8">
    <title>Retrieve Aircraft Position Report</title>
</head>
<body>
    <p><a href="/aircraft">Click here</a>
        to retrieve current aircraft positions in range of receiver.</p>
</body>
</html>
```

Index.html

기본적으로, 스프링 부트 애플리케이션은 정적[static] 디렉터리와 퍼블릭[public] 디렉터리의 하위 클래스 경로에서 정적 페이지를 찾습니다. 애플리케이션이 빌드하는 동안 정적 페이지를 찾을 수 있게 프로젝트 내 *src/main/resources* 아래의 두 디렉터리(정적 및 퍼블릭 디렉터리) 중 하나에 배치합니다.

이 애플리케이션에서 특히 흥미로운 점은 하이퍼링크(href) "/aircraft"입니다. 이 링크는 PositionController의 getCurrentAircraftPositions() 메서드의 @GetMapping 어노테이션과 일치하고, 'href' 링크를 통해 노출된 엔드포인트를 가리킵니다. 이는 스프링 부트로 애플리케이션의 다양한 구성 요소를 통합할 수 있음을 보여주는 또 다른 예입니다.

실행 중인 애플리케이션 페이지에서 'Click here'를 클릭하면, "positions"를 반환하게 되는 getCurrentAircraftPositions()가 실행됩니다. 이때 ViewResolver가 *positions.html* 템플릿을 기반으로 페이지를 만들고 사용자에게 반환합니다.

마지막으로, 검색된 클래스 경로 디렉터리 중 *index.html* 파일이 있으면, 사용자가 브라우저나 다른 '사용자 에이전트user agent'를 통해 애플리케이션의 루트 경로에 접근할 때 스프링 부트는 개발자가 별도로 설정하지 않아도 사용자를 위해 자동으로 해당 파일을 로딩합니다.

동적 콘텐츠의 경우, 템플릿 파일을 만들고 일반 HTML 파일에 Thymeleaf 태그용 XML 네임스페이스를 추가합니다. 그리고 네임스페이스 태그를 아래 *positions.html* 파일처럼 Thymeleaf 템플릿 엔진에서 콘텐츠를 삽입하기 위한 가이드로 사용합니다.

템플릿 엔진에서 처리하기 위해 템플릿 파일을 *src/main/resources/templates* 디렉터리에 배치합니다.

```
<!DOCTYPE HTML>
<html lang="en" xmlns:th="http://www.thymeleaf.org">
<head>
    <title>Position Report</title>
    <meta http-equiv="Content-Type" content="text/html; charset=UTF-8"/>
</head>
<body>
<div class="positionlist" th:unless="${#lists.isEmpty(currentPositions)}">

    <h2>Current Aircraft Positions</h2>

    <table>
        <thead>
        <tr>
            <th>Call Sign</th>
            <th>Squawk</th>
            <th>AC Reg</th>
```

```
            <th>Flight #</th>
            <th>Route</th>
            <th>AC Type</th>
            <th>Altitude</th>
            <th>Heading</th>
            <th>Speed</th>
            <th>Vert Rate</th>
            <th>Latitude</th>
            <th>Longitude</th>
            <th>Last Seen</th>
            <th></th>
        </tr>
        </thead>
        <tbody>
        <tr th:each="ac : ${currentPositions}">
            <td th:text="${ac.callsign}"></td>
            <td th:text="${ac.squawk}"></td>
            <td th:text="${ac.reg}"></td>
            <td th:text="${ac.flightno}"></td>
            <td th:text="${ac.route}"></td>
            <td th:text="${ac.type}"></td>
            <td th:text="${ac.altitude}"></td>
            <td th:text="${ac.heading}"></td>
            <td th:text="${ac.speed}"></td>
            <td th:text="${ac.vertRate}"></td>
            <td th:text="${ac.lat}"></td>
            <td th:text="${ac.lon}"></td>
            <td th:text="${ac.lastSeenTime}"></td>
        </tr>
        </tbody>
    </table>
</div>
</body>
</html>
```

항공기 위치 리포트 페이지에서는 중요하고 관심 있는 몇 가지 정보만 선별해 표시합니다. Thymeleaf 템플릿인 *positions.html*에 있는 주의 사항은 이렇습니다.

첫째, 앞서 언급했듯이 `'th'` 접두사를 사용해 Thymeleaf 태그를 XML 네임스페이스에 추가합니다.

```
<html lang="en" xmlns:th="http://www.thymeleaf.org">
```

항공기 현 위치를 표시할 div를 정의할 때 데이터가 있는 경우에만 positionList(div class="positionlist")를 표시하도록 합니다. Model 내의 currentPositions 요소가 빈 값이면 전체 div를 생략합니다.

```
<div class="positionlist" th:unless="${#lists.isEmpty(currentPositions)}">
```

마지막으로, 표준 HTML 테이블 태그를 사용해 테이블, 헤더 행, 테이블 헤더 내용을 정의합니다. 테이블 바디에서 Thymeleaf의 "each" 구문을 사용해 currentPositions를 반복합니다. 그리고 Thymeleaf의 "text" 태그를 사용해 각 열의 행값을 채우고, "${object.property}" 변수 표현 구문을 통해 각 position의 객체 속성(object.property)을 참조해 채웁니다.

예를 들면, <tr th:each="ac : ${currentPositions}">의 each 구문을 통해서 "currentPositions" 내의 td 열에 해당하는 데이터를 채웁니다. 이 데이터는 반복문을 돌면서 각 td의 객체 속성("{object.property}")을 참조합니다. <td th:text="${ac.callsign}"></td> 구문이라면 "${ac.callsign}"은 ac 객체의 속성인 callsign을 참조하게 됩니다. 이것으로 애플리케이션을 테스트할 준비가 됐습니다.

결과

PlaneFinder 앱이 실행 중인 상태에서, IDE에서 Aircraft Positions 앱을 실행합니다. 일단 성공적으로 애플리케이션이 실행되면, 브라우저 탭의 주소 표시줄에 localhost:8080을 입력하고 [엔터키]를 누릅니다.

그림 7-1 Aircraft Positions 앱의 간단한 랜딩 페이지

여기서 'Click here'를 클릭하면 [그림 7-1]과 같이 Aircraft Positions 리포트 페이지로 이동합니다.

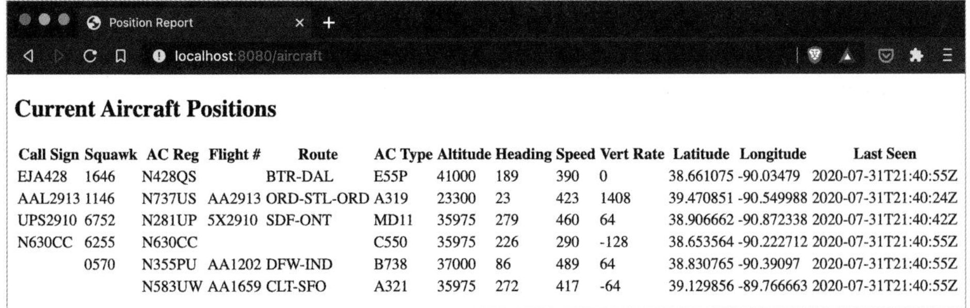

Current Aircraft Positions

Call Sign	Squawk	AC Reg	Flight #	Route	AC Type	Altitude	Heading	Speed	Vert Rate	Latitude	Longitude	Last Seen
EJA428	1646	N428QS		BTR-DAL	E55P	41000	189	390	0	38.661075	-90.03479	2020-07-31T21:40:55Z
AAL2913	1146	N737US	AA2913	ORD-STL-ORD	A319	23300	23	423	1408	39.470851	-90.549988	2020-07-31T21:40:24Z
UPS2910	6752	N281UP	5X2910	SDF-ONT	MD11	35975	279	460	64	38.906662	-90.872338	2020-07-31T21:40:42Z
N630CC	6255	N630CC			C550	35975	226	290	-128	38.653564	-90.222712	2020-07-31T21:40:55Z
	0570	N355PU	AA1202	DFW-IND	B738	37000	86	489	64	38.830765	-90.39097	2020-07-31T21:40:55Z
		N583UW	AA1659	CLT-SFO	A321	35975	272	417	-64	39.129856	-89.766663	2020-07-31T21:40:55Z

그림 7-2 Aircraft Positions 앱의 리포트 페이지

페이지를 새로고침하면, `PlaneFinder` 앱이 다시 쿼리한 후 현재 데이터로 보고서가 업데이트됩니다.

새로고침 방식 개선하기

항공기의 정확한 위치와 현재 그 지역에 있는 항공기 목록을 요청하는 기능은 유용합니다. 그러나 페이지를 수동으로 새로고침하는 일은 지루하고, 그 일을 하는 동안 데이터가 사라진다면 중요한 데이터가 누락됩니다. `Aircraft Positions` 리포트 템플릿에 자동 새로고침 기능을 추가하려면, 페이지 새로고침 빈도를 밀리초 단위로 지정해서 다음처럼 자바스크립트 함수를 페이지의 body에 간단히 추가합니다.

```
<script type="text/javascript">
    window.onload = setupRefresh;

    function setupRefresh() {
        setTimeout("refreshPage();", 5000); // 새로고침 빈도-밀리 초
    }

    function refreshPage() {
        window.location = location.href;
    }
</script>
```

Thymeleaf 템플릿 엔진은 위 코드를 생성된 페이지에 그대로 전달하고, 사용자 브라우저는 지정된 새로고침 빈도에 따라 스크립트를 실행합니다. 가장 명쾌한 해결책은 아니지만, 간단한 사용 사례에서는 요구사항을 충족합니다.

7.3 메시지 전달

사용 사례가 이보다 더 까다롭다면, 훨씬 정교한 해결책이 필요합니다.

앞의 코드는 사용 가능한 최신 위치 데이터를 반영하는 동적 업데이트를 제공합니다. 하지만 잠재적인 문제가 있습니다. 업데이트된 데이터를 주기적으로 요청한다면 데이터가 여러 번 오가면서 요청과 응답이 다소 빈번해집니다. 만약 여러 클라이언트가 지속적으로 업데이트를 요구하고 수신한다면, 네트워크 트래픽이 상당량 증가할 겁니다.

네트워크 요구사항과 복잡한 사용 사례를 동시에 충족하려면, 풀pull 모델에서 푸시push 모델로, 아니면 이 둘의 조합으로 관점을 전환하는 게 도움이 됩니다.

NOTE_ 이 절과 다음 절에서는 push 모델을 두 가지 다른 방식으로 단계적으로 탐색해 PlaneFinder 앱의 push 기반 모델을 완성합니다. 사용 사례들의 조건에 따라 위의 접근방식이 더 선호되기도 하고, 아니면 전혀 다른 접근방식이 선호되기도 합니다. 뒷장에서 계속해서 추가 대안을 탐색하고 시연하므로, 계속 지켜봐주세요.

메시징 플랫폼은 애플리케이션 간 메시지를 효율적으로 수락, 라우팅, 전달하기 위해 만들었습니다. 예를 들면 RabbitMQ(*https://www.rabbitmq.com*), 아파치 카프카(*https://kaa.apache.org*), 오픈 소스와 상용 제품 등 수많은 제품이 있습니다. 스프링 부트와 스프링 생태계에는 메시지 파이프라인을 활용하기 위한 옵션이 몇 개 있는데, 저는 그중에서 스프링 클라우드 스트림Spring Cloud Stream을 가장 즐겨 씁니다.

스프링 클라우드 스트림을 사용해 추상화 수준을 향상시키고, 애플리케이션의 속성, 빈, 직접 설정 구성하기를 이용해 스프링 클라우드 스트림에서 지원하는 플랫폼의 고유 속성에 액세스합니다. 또 바인더Binder가 스트리밍 플랫폼 드라이버와 스프링 클라우드 스트림을 연결해주므로 개발자는 메시지 전송, 라우팅, 수신 등의 주요 작업에만 집중하게 됩니다.

7.3.1 PlaneFinder 작동시키기

첫째로 할 일은 스프링 클라우드 스트림으로 `Aircraft Positions` 앱(또는 다른 앱)에서 소비consume하도록 메시지를 게시publish하기 위해 `PlaneFinder` 앱을 리팩터링하는 것입니다.

필수 의존성

PlaneFinder의 *pom.xml* 메이븐 파일에 다음과 같이 의존성을 추가합니다.

```
<dependency>
    <groupId>org.springframework.boot</groupId>
    <artifactId>spring-boot-starter-amqp</artifactId>
</dependency>
<dependency>
    <groupId>org.springframework.cloud</groupId>
    <artifactId>spring-cloud-stream</artifactId>
</dependency>
<dependency>
    <groupId>org.springframework.cloud</groupId>
    <artifactId>spring-cloud-stream-binder-kafka</artifactId>
</dependency>
<dependency>
    <groupId>org.springframework.cloud</groupId>
    <artifactId>spring-cloud-stream-binder-rabbit</artifactId>
</dependency>
<dependency>
    <groupId>org.springframework.kafka</groupId>
    <artifactId>spring-kafka</artifactId>
</dependency>
```

가장 먼저 주목할 것은 둘째 줄에 추가한 `spring-cloud-stream` 의존성입니다. 스프링 클라우드 스트림에 대한 코드 의존성이지만, 단독으로는 작업을 수행하지 못합니다. 앞서 언급했듯, 스프링 클라우드 스트림은 바인더를 사용한 강력한 추상화로 다양한 스트리밍 플랫폼의 드라이버와 원활하게 작동합니다. 스프링 이니셜라이저의 스프링 클라우드 스트림 항목 밑에는 아래와 같은 부연 설명이 적혀 있습니다.

> **공유 메시징 시스템과 연결된, 확장성이 높은 이벤트 기반 마이크로서비스 구축을 위한 프레임워크(예를 들면, 바인더가 필요한 아파치 카프카, RabbitMQ, Solace PubSub+)**[35]

스프링 클라우드 스트림이 메시징 플랫폼과 작동하려면, 메시징 플랫폼 드라이버와 함께 작동하는 바인더가 필요합니다. 위 예제에는 RabbitMQ와, 아파치 카프카용 바인더+드라이버 조합이 포함됐습니다.

---

35 옮긴이_ 의존성 파일 예에는 'spring-cloud-stream-binder-rabbit' 등 'spring-cloud-stream-binder-[프레임워크명]' 형식으로 적혀 있습니다.

TIP_ 예를 들어 RabbitMQ처럼 바인더+드라이버 조합 하나만 포함된 경우, 스프링 부트의 자동 설정은 RabbitMQ 인스턴스, 관련된 메시지 교환exchanges과 큐queues와의 통신을 지원하고, 추가 작업 없이도 적절한 보조 빈을 생성합니다. 둘 이상의 바인더+드라이버 세트를 포함하려면 사용할 바인더를 지정해야 합니다. 하지만 스프링 부트의 자동 설정은 테스트와 배포된 애플리케이션의 변경 없이, 런타임 시 포함된 모든 플랫폼들 사이를 동적으로 전환하게 해줍니다. 매우 강력하고 유용한 기능입니다.

pom.xml 파일에 항목 두 개를 더 추가해야 합니다.

첫째 항목은 다음 줄을 추가해 사용할 스프링 클라우드의 프로젝트 버전을 나타냅니다.

```
<spring-cloud.version>2022.0.0-M5</spring-cloud.version>
```

둘째 항목은 스프링 클라우드 BOM의 가이드라인을 제공합니다. 이 가이드를 이용해 빌드 시스템은 프로젝트에서 사용되는 스프링 클라우드 구성 요소(이 경우엔 스프링 클라우드 스트림)의 버전을 결정합니다.

```
<dependencyManagement>
    <dependencies>
        <dependency>
            <groupId>org.springframework.cloud</groupId>
            <artifactId>spring-cloud-dependencies</artifactId>
            <version>${spring-cloud.version}</version>
            <type>pom</type>
            <scope>import</scope>
        </dependency>
    </dependencies>
</dependencyManagement>
```

NOTE_ 스프링 구성 요소의 프로젝트 버전은 자주 업데이트됩니다. 현재 버전 스프링 부트로 테스트되고 정확히 동기화된 버전을 확인하는 가장 쉬운 방법은 스프링 이니셜라이저입니다. 원하는 의존성을 선택하고, [Explore] 버튼(CTRL+SPACE)을 클릭하면, 적절한 요소와 버전이 포함된 빌드 파일이 표시됩니다.

프로젝트의 의존성을 새로고침하면, 코드에 적용됩니다.

항공기 위치 제공

PlaneFinder 앱의 기존 구조와 스프링 클라우드 스트림의 접근방식이 명확하고 기능적이므로, 탐지된 항공기 현 위치를 다른 애플리케이션에서도 소비consume하도록 RabbitMQ에 게시하는 데 작은 클래스 하나만 있으면 됩니다.

```
@AllArgsConstructor
@Configuration
public class PositionReporter {
    private final PlaneFinderService pfService;

    @Bean
    Supplier<Iterable<Aircraft>> reportPositions() {
        return () -> {
            try {
                return pfService.getAircraft();
            } catch (IOException e) {
                e.printStackTrace();
            }
            return List.of();
        };
    }
}
```

애플리케이션 설계에 대한 몇 가지 생각

첫째, 엄밀히 말하면 전체 PositionReporter 클래스가 아닌 reportPositions() 빈 생성 메서드만 있으면 됩니다. 메인 애플리케이션 클래스에는 @Configuration을 포함하는 메타 어노테이션인 @SpringBootApplication이 달려 있어서 메인 애플리케이션 클래스인 PlanefinderApplication 내에 reportPositions()를 간단히 배치합니다.

저는 관련 @Configuration 클래스 내에 @Bean 메서드를 배치하는 방식을 주로 사용하는데, 특히 수많은 빈들이 생성될 경우 더욱 선호합니다.

둘째, 스프링 클라우드 스트림의 어노테이션-기반 레거시 API가 여전히 완벽하게 지원되지만, 이 책에서는 새로운 함수형 API에만 초점을 맞추려고 합니다. 스프링 클라우드 스트림은 Supplier<T>, Function<T, R>, Consumer<T> 등의 표준 자바 개념과 인터페이스로 구축된 스프링 클라우드 함수를 토대로 만들었습니다. 이로써 스프링 클라우드 스트림에서 Spring

Integration 개념의 불완전한 추상화를 제거하고 핵심 언어 구조로 대체합니다. 그 결과 몇 가지 새로운 기능을 사용하게 됩니다.

간단하게 말해, 애플리케이션은 `Supplier<T>`를 사용해 메시지를 제공하거나, `Function<T>`를 사용해 메시지를 다른 종류로 변환하거나, 아니면 `Consumer<T>`를 사용해 메시지를 소비합니다. 지원되는 모든 스트리밍 플랫폼은 연결된 파이프라인을 제공합니다.

다음은 현재 스프링 클라우드 스트림이 지원하는 플랫폼입니다.[34]

- RabbitMQ
- Apache Kafka
- Kafka Streams
- Amazon Kinesis
- Google Pub/Sub (파트너 유지)
- Solace PubSub+ (파트너 유지)
- Azure Event Hubs (파트너 유지)
- Apache RocketMQ (파트너 유지)

업스트림 무선 장치의 `PlaneFinder` 앱으로 각 폴링은 일정 범위 내에 있는 항공기의 현 위치 목록을 생성합니다. `PlaneFinder` 앱은 `PlaneFinderService getAircraft()` 메서드를 호출해 하나 이상의 항공기 데이터를 `Iterable<Aircraft>` 타입으로 구성해 메시지를 생성합니다. 필수적인 애플리케이션 속성이나 선택한 애플리케이션 속성과 기본 설정(기본적으로 `Supplier`가 초당 1회 호출함. 이 설정은 애플리케이션 속성으로 오버라이드할 수 있음)은 스프링 부트의 자동 설정에 포함됩니다.

애플리케이션 속성

물론 여러 속성이 유용하지만, 여기서는 하나의 속성만 필요합니다. 업데이트된 `PlaneFinder` 앱의 *application.properties* 파일 내용은 다음과 같습니다.

---

36 옮긴이_ 공식 문서를 참조하세요. https://docs.spring.io/spring-cloud-stream/docs/3.0.10.RELEASE/reference/html/binders.html

```
server.port=7634

spring.cloud.stream.bindings.reportPositions-out-0.destination=aircraftpositions
spring.cloud.stream.bindings.reportPositions-out-0.binder=rabbit
```

Server.port는 첫 번째 버전과 똑같으며, 애플리케이션이 7634 포트에서 수신을 대기해야 한다는 뜻입니다.

스프링 클라우드 스트림 API는 최소한의 필수적인 속성 설정property configuration만으로도 활성화됩니다. Supplier는 메시지만 생성하므로 출력 채널만 있습니다. Consumer는 메시지만 소비하므로 입력 채널만 있습니다. Function은 입력과 출력 채널이 모두 있으며, 한 값을 다른 값으로 변환하는 데 사용하므로 필수입니다.

각 바인딩은 in 또는 out에 따라, 0~7 범위의 채널 번호에 따라, 채널 이름에 해당하는 인터페이스 빈 메서드(Supplier, Fucntion, Consumer)의 이름을 사용합니다. 일단 <method>-<input>-n 형식으로 합치면, 채널에 대한 바인딩 속성을 정의할 수 있습니다.

이 사용 사례에 필요한 유일한 속성은 'destination'인데, 이조차도 편의상 필요할 뿐입니다. 이 예제에서는 'destination' 이름을 지정해 RabbitMQ가 Aircraftpositions라는 이름의 교환을 생성하도록 합니다.

프로젝트 의존성에 RabbitMQ와 카프카 모두에 바인더와 드라이버를 포함했기 때문에, 애플리케이션이 어떤 바인더를 사용할지 지정해야만 합니다. 이 예제에서는 RabbitMQ를 사용합니다.

필요한 애플리케이션 속성을 모두 정의하면, 원하는 애플리케이션에서 PlaneFinder 앱을 사용하도록 항공기 현 위치를 매 초 RabbitMQ에 게시할 준비가 됩니다.

7.3.2 Aircraft Positions 애플리케이션 확장하기

스프링 클라우드 스트림을 사용해 RabbitMQ 파이프라인에서 메시지를 소비하도록 Aircraft Positions 앱을 변환하는 작업도 간단합니다. 백그라운드에서 동작 중인 몇 가지만 변경하면 빈번한 HTTP 요청이 메시지-기반 구조message-driven architecture로 바뀝니다.

필수 의존성

PlaneFinder 앱과 마찬가지로, Aircraft Positions 앱의 *pom.xml*에 다음 의존성을 추가합니다.

```
<dependency>
    <groupId>org.springframework.boot</groupId>
    <artifactId>spring-boot-starter-amqp</artifactId>
</dependency>
<dependency>
    <groupId>org.springframework.cloud</groupId>
    <artifactId>spring-cloud-stream</artifactId>
</dependency>
<dependency>
    <groupId>org.springframework.cloud</groupId>
    <artifactId>spring-cloud-stream-binder-kafka</artifactId>
</dependency>
<dependency>
    <groupId>org.springframework.cloud</groupId>
    <artifactId>spring-cloud-stream-binder-rabbit</artifactId>
</dependency>
<dependency>
    <groupId>org.springframework.kafka</groupId>
    <artifactId>spring-kafka</artifactId>
</dependency>
```

> **NOTE_** 앞서 언급했듯, 향후 목적을 위해 RabbitMQ와 카프카의 바인더와 드라이버를 포함하지만, 지금 상황에서는 RabbitMQ 세트(`spring-boot-starter-amqp, spring-cloud stream-binder-rabbit`)만 있어도 스프링 클라우드 스트림에서 RabbitMQ를 사용할 수 있습니다.

pom.xml 파일에 두 가지 필수 항목을 추가해야 합니다. 첫째, `<properties>`와 `</properties>` 사이에 아래 항목을 `java.version`과 함께 추가합니다.[37]

```
<spring-cloud.version>2022.0.0-M5</spring-cloud.version>
```

둘째는 스프링 클라우드 BOM 정보입니다.

37 옮긴이_ `java.version`은 책 예제 깃허브 코드를 참고하세요.

```xml
<dependencyManagement>
    <dependencies>
        <dependency>
            <groupId>org.springframework.cloud</groupId>
            <artifactId>spring-cloud-dependencies</artifactId>
            <version>${spring-cloud.version}</version>
            <type>pom</type>
            <scope>import</scope>
        </dependency>
    </dependencies>
</dependencyManagement>
```

프로젝트의 의존성을 빠르게 새로고침한 후, 다음 단계로 넘어가겠습니다.

항공기 위치 소비하기

항공기 현 위치를 나열하는 메시지를 조회하고 저장하기 위해 작은 클래스 하나를 추가합니다.

```java
@AllArgsConstructor
@Configuration
public class PositionRetriever {
    private final AircraftRepository repo;

    @Bean
    Consumer<List<Aircraft>> retrieveAircraftPositions() {
        return acList -> {
            repo.deleteAll();
            repo.saveAll(acList);
            repo.findAll().forEach(System.out::println);
        };
    }
}
```

PlaneFinder 앱의 PositionReporter 클래스처럼, PositionRetriever 클래스는 스프링 클라우드 스트림과 함께 사용할 빈을 정의하는 @Configuration 클래스입니다. 이 경우엔 하나 이상의 항공기 목록으로 구성된 Consumer 타입의 메시지입니다.

메시지가 수신될 때마다, Consumer 빈은 인메모리 데이터 저장소에 저장된 위치값을 모두 삭제한 후, 수신된 항공기 위치를 모두 저장합니다. 그리고 나서 데이터 검증을 위해 저장한 모든 위치 데이터를 콘솔에 출력합니다. 콘솔에 수신된 모든 위치를 출력하는 마지막 명령문은 선택 사항으로, 저는 애플리케이션을 개발할 때 단지 확인용으로만 사용합니다.

애플리케이션 속성

수신된 메시지 스트림 연결에 필요한 나머지 정보를 애플리케이션에 알려주기 위해 다음 항목을 *application.properties* 파일에 추가합니다.

```
spring.cloud.stream.bindings.retrieveAircraftPositions-in-0.destination=
    aircraftpositions
spring.cloud.stream.bindings.retrieveAircraftPositions-in-0.group=
    aircraftpositions
spring.cloud.stream.bindings.retrieveAircraftPositions-in-0.binder=
    rabbit
```

`PlaneFinder` 앱과 마찬가지로, 채널은 다음 항목을 하이픈(-)으로 구분해 정의합니다.

- 빈 이름. 여기서는 Consumer〈T〉 빈
- 컨슈머는 소비만 하므로 입력만 있기 때문에, 'in'으로 표기. 위에서는 하이픈in하이픈 '-in-'으로 표기
- 0과 7 사이의 숫자로 최대 8개 입력을 지원. 위에서는 숫자 0인 '-0-'이라고 표기

`Aircraft Positions` 앱의 `destination`과 `binder` 속성은 `PlaneFinder` 앱의 값과 일치해야 합니다. `PlaneFinder` 앱의 출력값을 `Aircraft Positions` 앱의 입력값으로 사용하기 위해서는 둘의 `destination` 값과 `binder` 값(이 경우엔 RabbitMQ)이 같아야 합니다. 그러나 `group` 속성은 새로 추가된 값입니다.

어떤 종류이든 `Consumer`(`Function <T, R>`의 수신 부분을 포함)에 그룹을 지정해도 되지만, 필수는 아닙니다. 실제로, `group` 속성을 포함하거나 생략하게 되면 특정한 경로 패턴routing pattern을 시작점으로 삼습니다.

만약 메시지-컨슈밍message-consuming 애플리케이션이 그룹을 지정하지 않으면, RabbitMQ 바인더는 무작위로 고유한 이름을 만들어 지정하고, 컨슈머를 RabbitMQ 인스턴스나 클러스터 내의 '자동 삭제 큐auto delete queue'에 할당합니다. 그 결과, 생성된 각각의 큐는 단 하나의 컨슈머에 의해 서비스됩니다. 왜 이 점이 중요할까요?

메시지가 RabbitMQ 교환기exchange에 도착할 때마다, 복사본은 기본적으로 해당 교환기에 할당된 모든 큐로 자동으로 경로가 지정routing됩니다. 교환기에 여러 큐가 있는 경우, 모든 큐에 동일한 메시지가 전송됩니다. 이를 팬아웃 패턴fan-out pattern이라고 합니다. 이 패턴은 다양한 요구사항을 충족하기 위해 각 메시지를 수많은 목적지로 전달할 때 유용합니다.

만약 애플리케이션이 속한 컨슈머 그룹을 지정하는 경우, 해당 그룹 이름은 RabbitMQ 내에서 기본적인 큐 이름으로 사용합니다. 여러 애플리케이션이 동일한 `group` 속성을 지정해 동일한 큐에 연결하면, 해당 큐에 도착하는 각 메시지를 한 컨슈머만이 처리하는 경쟁 컨슈머 패턴competing consumer pattern도 충족합니다. 이런 식으로 컨슈머의 개수를 조정해 다양한 양의 메시지를 수용합니다.

> **NOTE_** 필요하다면, 세분화되고 유연한 경로 지정 옵션을 위해 파티셔닝과 라우팅 키를 사용할 수도 있습니다.

수신하는 메시지 흐름(양)에 보조를 맞추기 위해 여러 인스턴스가 필요하다면, 애플리케이션에 `group` 속성을 지정해 확장합니다.

컨트롤러와 연결하기

`Consumer` 빈은 자동으로 메시지를 확인하고 처리하므로, `PositionController` 클래스와 클래스 내의 `getCurrentAircraftPositions()` 메서드가 매우 간소해집니다.

항공기 현 위치 목록의 데이터는 리포지터리 내 현재 데이터 내용만 조회해도 가져올 수 있습니다. 따라서 이전에 있던 `WebClient`의 모든 참조 부분을 제거해도 됩니다. 간소화된 클래스는 다음과 같습니다.

```
@RequiredArgsConstructor
@Controller
public class PositionController {
    @NonNull
    private final AircraftRepository repository;

    @GetMapping("/aircraft")
    public String getCurrentAircraftPositions(Model model) {
        model.addAttribute("currentPositions", repository.findAll());
```

```
        return "positions";
    }
}
```

이와 같이 메시지-생성자message-producer(`PlaneFinder` 앱)와 메시지-소비자message-consumer(`Aircraft Positions` 앱)의 변경을 모두 완료했습니다.

> **NOTE_** 외부 메시징 플랫폼을 사용하려면, 해당 플랫폼이 실행 중이고 애플리케이션에서 접근 가능해야 합니다. 저는 도커를 사용해 RabbitMQ의 로컬 인스턴스를 실행하는데, 이 책의 깃허브 저장소에서는 도커로 RabbitMQ의 로컬 인스턴스를 생성하고 시작, 종료하는 스크립트를 제공합니다.

결과

RabbitMQ 접근 여부를 검증한 후, 애플리케이션을 실행해서 예상한 대로 동작하는지 확인하겠습니다.

메시지가 도착할 때까지 대기하도록 메시지 소비 애플리케이션message-consuming application을 먼저 실행하는 편이 좋습니다. 이 경우엔 IDE에서 `Aircraft Positions` 앱을 실행하면 됩니다.

다음으로, 업그레이드된 새 `PlaneFinder` 앱을 실행합니다. 그러면 `Aircraft Positions` 앱 콘솔에 표시된 대로 `Aircraft Positions` 앱으로 메시지를 전송합니다. 이것만으로도 만족스럽지만, 우리는 최종 사용자에게도 다음 방식처럼 메시지를 보낼 수 있습니다.

브라우저로 돌아가서 `localhost:8080`에 액세스(접근)하면, 랜딩 페이지가 다시 표시되고, 'Click here'를 클릭하면, 'Positions Report' 페이지로 이동합니다. 이전처럼, 'Positions Report'가 자동으로 새로고침되고 항공기 현 위치가 표시됩니다. 하지만 이제 `PlaneFinder`는 HTTP 요청을 먼저 수신한 후 항공기 위치를 푸시하는 게 아니라, 독립적으로 `Aircraft Positions` 앱을 푸시합니다. 따라서 완전한 이벤트 기반 시스템에 더 가까운 구조가 됩니다.

7.4 웹소켓으로 대화(conversation) 생성하기

이 장에서 항공기 현 위치를 쿼리하고 표시하기 위해 첫 번째로 만든 분산 시스템은 완전히 풀 기반이었습니다. 최종 사용자[38]와 브라우저에서 항공기 최신 위치를 요청(새로고침)하면, 그 요청을 Aircraft Positions 앱으로 전달하고, 다시 PlaneFinder 앱으로 전달합니다. 그런 다음 응답은 PlaneFinder에서 Aircraft Positions로, Aircraft Positions에서 최종 사용자와 브라우저로 반환됐습니다. 마지막 작업으로는 분산 시스템의 중간부를 이벤트-기반 구조로 대체했습니다. 이제 PlaneFinder가 업스트림 무선 장치에서 항공기 위치를 조회할 때마다, 해당 위치를 스트리밍 플랫폼 파이프라인으로 푸시하고 Aircraft Positions가 푸시값을 소비합니다. 그러나 마지막 단계는 여전히 풀-기반이며, 최종 사용자와 브라우저가 수동이나 자동으로 새로고침을 해야만 업데이트됩니다.

표준 요청-응답 의미 체계standard request-response semantics는 수많은 사용 사례에서 훌륭하게 작동하지만, 응답 서버가 요청 서버로부터 요청을 받지 않고 자체적으로 전송을 시작하기엔 역부족입니다. 이를 해결하는 다양한 방법이 있고 각 방법은 장단점이 있습니다. 바로 이어서 옵션의 하나인 웹소켓을 설명하겠습니다.

7.4.1 웹소켓은 무엇일까요?

간단히 말해 웹소켓WebSocket은 단일 TCP 연결single TCP connection을 통해 두 시스템을 연결하는 양방향 통신 프로토콜full-duplex communications protocol입니다. 일단 웹소켓을 연결해 설정하면, 어느 쪽이든 상대방에게 전송할 수 있고 지정된 서버 애플리케이션은 많은 클라이언트 연결을 유지할 수 있어서 오버헤드(간접비용)가 낮은 브로드캐스트low-overhead broadcast와 채팅 타입의 시스템이 가능해집니다. 웹소켓 연결은 HTTP 업그레이드 헤더upgrade header를 사용해 표준 HTTP 연결을 만들고, 일단 핸드셰이크가 완료되면 연결에 사용되는 프로토콜이 HTTP에서 웹소켓으로 이동합니다.

웹소켓은 2011년 IETF에서 표준화됐으며, 현재는 주요 브라우저와 프로그래밍 언어에서 지원됩니다. HTTP 요청, 응답과 비교할 때, 웹소켓은 오버헤드가 매우 낮습니다. 전송 시 자신과 각 전송의 통신 조건을 식별할 필요가 없으므로, 웹소켓 프레임을 몇 바이트로 줄입니다. 양방향 전송 기능, 다른 옵션이 지원하는 여러 오픈 연결의 수를 처리하는 서버의 능력, 오버헤드가 낮다는 점에서 웹소켓은 개발자에게 유용한 도구입니다.

---

38 옮긴이_ 브라우저를 통한 요청 외에 API 등을 통한 데이터 요청을 최종 사용자로 표기했습니다.

7.4.2 Aircraft Positions 애플리케이션 리팩터링

여기서는 Aircraft Positions 앱을 단일 단위로 언급하지만, 실제로 Aircraft Positions 프로젝트는 스프링 부트+자바 애플리케이션 백엔드와 HTML+JavaScript 프론트엔드로 구성됐습니다. 개발할 때는 보통 두 파트가 모두 단일한 로컬 환경에서 실행됩니다. 프로덕션 설정에서도 단일 단위로 빌드, 테스트, 배포되지만, 프로덕션 설정 시 실행은 다음처럼 나뉩니다.

- 최종 사용자에게 전달될 웹페이지를 생성하는 템플릿 엔진(해당하는 경우)을 포함해 백엔드인 스프링+자바 코드는 클라우드에서 실행
- 프론트엔드인 HTML+JavaScript(정적 콘텐츠와 생성된 콘텐츠)는 브라우저에 표시되고 실행

이 절에서는 기존 기능을 그대로 두고, 실시간 피드를 통해 항공기 위치를 자동으로 표시하는 기능을 시스템에 추가합니다. 프론트엔드와 백엔드 애플리케이션 사이에 웹소켓 연결이 돼있으면, 백엔드 애플리케이션은 페이지를 새로고침할 필요 없이 브라우저에 자유롭게 업데이트를 푸시하고 화면에 자동으로 정보를 업데이트합니다.

의존성 추가하기

*pom.xml*에 의존성 하나만 추가하면 Aircraft Positions 앱에 웹소켓 기능이 추가됩니다.

```
<dependency>
        <groupId>org.springframework.boot</groupId>
        <artifactId>spring-boot-starter-websocket</artifactId>
</dependency>
```

바뀐 의존성을 적용하기 위해 프로젝트를 새로고침하고, 다음 단계로 넘어갑니다.

웹소켓 연결 및 메시지 처리하기

스프링에는 웹소켓을 구성하고 사용하기 위한 접근방식이 몇 가지 있지만, WebSocketHandler 인터페이스를 기반으로 직접 구현된 깔끔한 코드를 권장합니다. 텍스트 기반, 즉 논바이너리 정보의 교환 요구가 잦은 까닭에 TextWebSocketHandler 클래스도 있습니다. TextWebSocketHandler 클래스를 상속해 다음 코드를 구현합니다.

```java
@RequiredArgsConstructor
@Component
public class WebSocketHandler extends TextWebSocketHandler {
    private final List<WebSocketSession> sessionList = new ArrayList<>();
    @NonNull
    private final AircraftRepository repository;

    public List<WebSocketSession> getSessionList() {
        return sessionList;
    }

    @Override
    public void afterConnectionEstablished(WebSocketSession session)
            throws Exception {
        sessionList.add(session);
        System.out.println("Connection established from " + session.toString() +
            " @ " + Instant.now().toString());
    }

    @Override
    protected void handleTextMessage(WebSocketSession session,
            TextMessage message) throws Exception {
        try {
            System.out.println("Message received: '" +
                message + "', from " + session.toString());

            for (WebSocketSession sessionInList : sessionList) {
                if (sessionInList != session) {
                    sessionInList.sendMessage(message);
                    System.out.println("--> Sending message '"
                        + message + "' to " + sessionInList.toString());
                }
            }
        } catch (Exception e) {
                System.out.println("Exception handling message: " +
            e.getLocalizedMessage());
        }
    }

    @Override
    public void afterConnectionClosed(WebSocketSession session,
            CloseStatus status) throws Exception {
        sessionList.remove(session);
```

```
        System.out.println("Connection closed by " + session.toString() +
            " @ " + Instant.now().toString());
    }
}
```

이 코드는 활성화된 List로 된 WebSocketSession을 유지하고, connections(연결)와 disconnections(연결 해제)를 로깅하기 위한 WebSocketHandler 인터페이스의 두 메서드 afterConnectionEstablished와 afterConnectionClosed를 구현합니다. 또 handleTextMessage를 구현해 수신된 메시지를 다른 모든 활성 세션에 브로드캐스팅합니다. 이 단일 클래스는 백엔드에 웹소켓 기능을 제공해서, RabbitMQ를 통해 항공기 위치가 PlaneFinder 앱으로부터 수신될 때 활성화할 준비를 합니다.

웹소켓에 연결해 항공기 위치 브로드캐스팅하기

앞선 코드 변경에서, PositionRetriever 클래스는 RabbitMQ 메시지를 통해 수신된 항공기 위치 목록을 소비consume하고, 인메모리 H2 데이터베이스에 저장했습니다.

이제 로깅 확인용 System.out::println 호출을 대체하겠습니다. 새로 추가된 @Autowired WebSocketHandler 빈을 사용해 웹소켓에 연결된 모든 클라이언트에 항공기 위치의 최신 목록을 보내는, 새로운 sendPositions() 메서드의 호출로 대체합니다.

```
@AllArgsConstructor
@Configuration
public class PositionRetriever {
    private final AircraftRepository repository;
    private final WebSocketHandler handler;

    @Bean
    Consumer<List<Aircraft>> retrieveAircraftPositions() {
        return acList -> {
            repository.deleteAll();
            repository.saveAll(acList);
            sendPositions();
        };
    }

    private void sendPositions() {
        if (repository.count() > 0) {
```

```
            for (WebSocketSession sessionInList : handler.getSessionList()) {
                try {
                    sessionInList.sendMessage(
                        new TextMessage(repository.findAll().toString())
                    );
                } catch (IOException e) {
                    e.printStackTrace();
                }
            }
        }
    }
}
```

이제는 웹소켓이 올바르게 구성됐습니다. 새로운 위치 목록이 수신되는 즉시 백엔드에서 항공기 위치를 연결된 웹소켓 클라이언트에 브로드캐스트합니다. 다음 단계에서는 백엔드 애플리케이션이 연결 요청을 수신하고 수락할 수 있게 코드를 수정합니다.

위에서 언급한 연결 요청을 수신하고 수락하기 위해, `WebSocketConfigurer` 인터페이스를 통해 앞서 생성한 `WebSocketHandler`를 등록합니다. 애플리케이션이 웹소켓 요청을 처리하도록 지시하기 위해, 새롭게 생성한 `@Configuration` 클래스에 `@EnableWebSocket` 어노테이션도 함께 추가합니다.

```
@Configuration
@EnableWebSocket
public class WebSocketConfig implements WebSocketConfigurer {
    private final WebSocketHandler handler;

    WebSocketConfig(WebSocketHandler handler) {
        this.handler = handler;
    }

    @Override
    public void registerWebSocketHandlers(WebSocketHandlerRegistry registry) {
        registry.addHandler(handler, "/ws");
    }
}
```

이 애플리케이션은 웹소켓 업그레이드 헤더upgrade headers가 있는 HTTP 요청을 이 엔드포인트에서 수신하고, 요청을 받으면 작동합니다.

registerWebSocketHandlers(WebSocketHandlerRegistry registry) 메서드에서 앞서 생성된 WebSocketHandler 빈을 ws://**<호스트명:호스트 포트번호>**/ws 엔드포인트에 연결합니다. 애플리케이션은 이 엔드포인트에서 웹소켓 업그레이드 헤더가 포함된 HTTP 요청을 수신하고, HTTP 요청을 수신했을 때 작동합니다.

> **NOTE_** 애플리케이션에서 HTTPS를 이용하면, ws:// 대신 wss:// (WebSocketSecure)을 사용합니다.

뒷부분의 웹소켓, 앞부분의 웹소켓

백엔드 작업이 완료되면, 프론트엔드 기능에서 결과를 볼 차례입니다. 웹소켓을 사용해 백엔드 앱이 최종 사용자와 브라우저에 자발적인 업데이트를 푸시하는 방법을 보여주는 간단한 예제를 만들겠습니다. 이를 위해 단일 HTML division, label, JavaScript 몇 줄을 추가한 다음 파일을 생성하고, 기존의 *index.html*과 함께 프로젝트의 *src/main/resources/static* 디렉터리에 배치합니다.

```
<!DOCTYPE html>
<html lang="en">
<head>
    <meta charset="UTF-8">
    <title>Aircraft Position Report (Live Updates)</title>
    <script>
        var socket = new WebSocket('ws://' + window.location.host + '/ws');

        socket.onopen = function () {
            console.log(
              'WebSocket connection is open for business, bienvenidos!');
        };

        socket.onmessage = function (message) {
            var text = "";
            var arrAC = message.data.split("Aircraft");
            var ac = "";

            for (i = 1; i < arrAC.length; i++) {
                ac = (arrAC[i].endsWith(", "))
                    ? arrAC[i].substring(0, arrAC[i].length - 2)
```

```
                    : arrAC[i]

                text += "Aircraft" + ac + "\n\n";
            }

            document.getElementById("positions").innerText = text;
        };

        socket.onclose = function () {
            console.log('WebSocket connection closed, hasta la próxima!');
        };
    </script>
</head>
<body>

<h1>Current Aircraft Positions</h1>
<div style="border-style: solid; border-width: 2px; margin-top: 15px;
        margin-bottom: 15px; margin-left: 15px; margin-right: 15px;">
    <label id="positions"></label>
</div>
</body>
</html>
```

코드를 더 짧게 줄일 수도 있습니다.

`socket.onopen`과 `socket.onclose`는 생략 가능한 로깅 함수이고, `socket.onmessage`는 자바스크립트를 잘 다룬다면 더 짧게 리팩터링될 함수입니다. 다음이 이 코드의 핵심입니다.

- 하단의 HTML에서 정의된 division과 label
- 웹소켓 연결을 설정하고 참조하는 소켓 변수
- 항공기 위치 목록을 파싱하고 다시 포맷된 출력을 HTML "positions" label의 `innerText`에 할당하는 `socket.onmessage` 함수

프로젝트를 다시 빌드rebuild하고 실행하면, 물론 브라우저에서 직접 *wspositions.html* 페이지에 간단히 액세스하는 것이 가능합니다.

그러나 이 방법은 실제 사용자들이 애플리케이션을 만들 때 사용하기엔 좋지 않습니다. 페이지 위치를 알고 주소 표시줄에 수동으로 입력하지 않는 한, 페이지와 그 기능에 액세스하는 방법을 제공하지는 않습니다. 또 다음 장에서 이 예제를 확장하는 데도 별 도움이 되지 않습니다.

당분간 단순하게 유지하기 위해, 기존의 *index.html*에 다음 코드를 추가해서 사용자가 기존 페이지 외에 웹소켓 기반 페이지 *wspositions.html*로 이동할 수 있게 합니다.

```
<!DOCTYPE html>
<html lang="en">
<head>
    <meta charset="UTF-8">
    <title>Retrieve Aircraft Position Report</title>
</head>
<body>
    <p><a href="/aircraft">Click here</a> to retrieve current aircraft positions
        in range of receiver.</p>
    <p><a href="/wspositions.html">Click here</a> to retrieve a livestream of
        current aircraft positions in range of receiver.</p>
</body>
</html>
```

프론트엔드 작업이 완료됐으니, 이제 웹소켓을 테스트할 시간입니다.

결과

IDE에서 `Aircraft Positions` 앱과 `PlaneFinder` 앱을 실행합니다. 브라우저 창을 열면, [그림 7-3]과 같이 `localhost:8080` 주소를 입력해 프론트엔드 애플리케이션에 액세스합니다.

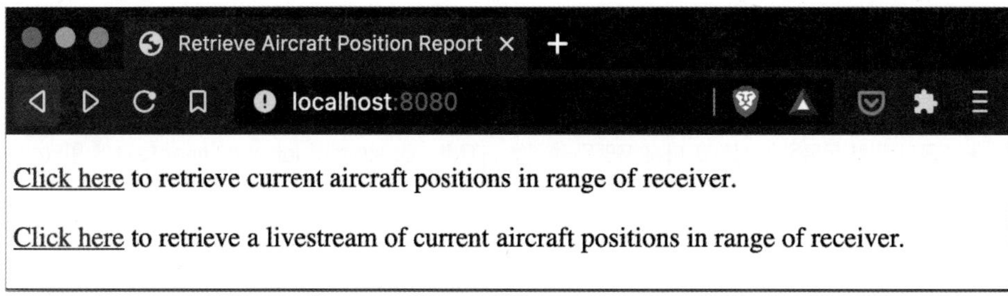

그림 7-3 두 옵션이 있는 `Aircraft Positions` 앱 랜딩 페이지

랜딩 페이지에서 두 번째 옵션(수신기 범위 내에 있는 항공기 현 위치의 실시간 스트림을 조회하려면 'Click here'를 클릭)을 선택하면 *wspositions.html* 페이지가 생성되고, [그림 7-4]와 유사한 결과가 나타납니다.

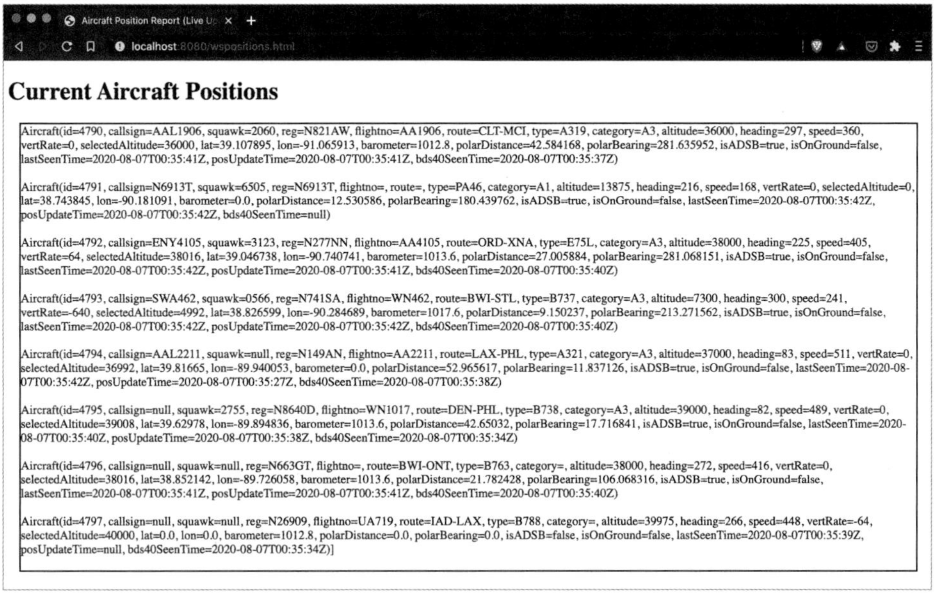

Current Aircraft Positions

Aircraft(id=4790, callsign=AAL1906, squawk=2060, reg=N821AW, flightno=AA1906, route=CLT-MCI, type=A319, category=A3, altitude=36000, heading=297, speed=360, vertRate=0, selectedAltitude=36000, lat=39.107895, lon=-91.065913, barometer=1012.8, polarDistance=42.584168, polarBearing=281.635952, isADSB=true, isOnGround=false, lastSeenTime=2020-08-07T00:35:41Z, posUpdateTime=2020-08-07T00:35:41Z, bds40SeenTime=2020-08-07T00:35:37Z)

Aircraft(id=4791, callsign=N6913T, squawk=6505, reg=N6913T, flightno=, route=, type=PA46, category=A1, altitude=13875, heading=216, speed=168, vertRate=0, selectedAltitude=0, lat=38.743845, lon=-90.181091, barometer=0.0, polarDistance=12.530586, polarBearing=180.439762, isADSB=true, isOnGround=false, lastSeenTime=2020-08-07T00:35:42Z, posUpdateTime=2020-08-07T00:35:42Z, bds40SeenTime=null)

Aircraft(id=4792, callsign=ENY4105, squawk=3123, reg=N277NN, flightno=AA4105, route=ORD-XNA, type=E75L, category=A3, altitude=38000, heading=225, speed=405, vertRate=64, selectedAltitude=38016, lat=39.046738, lon=-90.740741, barometer=1013.6, polarDistance=27.005884, polarBearing=281.068151, isADSB=true, isOnGround=false, lastSeenTime=2020-08-07T00:35:42Z, posUpdateTime=2020-08-07T00:35:41Z, bds40SeenTime=2020-08-07T00:35:40Z)

Aircraft(id=4793, callsign=SWA462, squawk=0566, reg=N741SA, flightno=WN462, route=BWI-STL, type=B737, category=A3, altitude=7300, heading=300, speed=241, vertRate=-640, selectedAltitude=4992, lat=38.826599, lon=-90.284689, barometer=1017.6, polarDistance=9.150237, polarBearing=213.271562, isADSB=true, isOnGround=false, lastSeenTime=2020-08-07T00:35:42Z, posUpdateTime=2020-08-07T00:35:42Z, bds40SeenTime=2020-08-07T00:35:40Z)

Aircraft(id=4794, callsign=AAL2211, squawk=null, reg=N149AN, flightno=AA2211, route=LAX-PHL, type=A321, category=A3, altitude=37000, heading=83, speed=511, vertRate=0, selectedAltitude=36992, lat=39.81665, lon=-89.940053, barometer=0.0, polarDistance=52.965617, polarBearing=11.837126, isADSB=true, isOnGround=false, lastSeenTime=2020-08-07T00:35:42Z, posUpdateTime=2020-08-07T00:35:27Z, bds40SeenTime=2020-08-07T00:35:38Z)

Aircraft(id=4795, callsign=null, squawk=2755, reg=N8640D, flightno=WN1017, route=DEN-PHL, type=B738, category=A3, altitude=39000, heading=82, speed=489, vertRate=0, selectedAltitude=39008, lat=39.62978, lon=-89.894836, barometer=1013.6, polarDistance=42.65032, polarBearing=17.716841, isADSB=true, isOnGround=false, lastSeenTime=2020-08-07T00:35:40Z, posUpdateTime=2020-08-07T00:35:38Z, bds40SeenTime=2020-08-07T00:35:34Z)

Aircraft(id=4796, callsign=null, squawk=null, reg=N663GT, flightno=, route=BWI-ONT, type=B763, category=, altitude=38000, heading=272, speed=416, vertRate=0, selectedAltitude=38016, lat=38.852142, lon=-89.726058, barometer=1013.6, polarDistance=21.782428, polarBearing=106.068316, isADSB=true, isOnGround=false, lastSeenTime=2020-08-07T00:35:41Z, posUpdateTime=2020-08-07T00:35:41Z, bds40SeenTime=2020-08-07T00:35:40Z)

Aircraft(id=4797, callsign=null, squawk=null, reg=N26909, flightno=UA719, route=IAD-LAX, type=B788, category=, altitude=39975, heading=266, speed=448, vertRate=-64, selectedAltitude=40000, lat=0.0, lon=0.0, barometer=1012.8, polarDistance=0.0, polarBearing=0.0, isADSB=false, isOnGround=false, lastSeenTime=2020-08-07T00:35:39Z, posUpdateTime=null, bds40SeenTime=2020-08-07T00:35:34Z)]

그림 7-4 웹소켓을 통해 실시간 업데이트되는 항공기 위치 리포트

JSON으로 표시된 데이터베이스 레코드 포맷을 변환하기는 간단한데, 웹소켓을 통해 백엔드 애플리케이션에서 실시간으로 수신한 결과를 동적으로 테이블에 저장하기는 조금 더 번거롭습니다. 예제는 이 책의 깃허브를 참조하세요.

> **TIP_** `PlaneFinder` 앱과 `Aircraft Positions` 앱을 명령 줄에서 빌드하고 실행해도 됩니다. 저도 가끔 명령 줄에서 실행하지만, 대부분 빌드와 앱 실행을 IDE에서 합니다.

7.5 마치며

거의 모든 애플리케이션이 실제로 효용의 가치가 있으려면 어떤 방식으로든 최종 사용자나 다른 애플리케이션과 상호작용해야만 하고, 애플리케이션 간 상호작용을 하려면 유용하고 효율적인 수단이 필요합니다.

이 장에서는 뷰 기술(Thymeleaf 같은 템플릿 언어/태그와 이를 처리하는 엔진)과 스프링 부트가 뷰 기술을 활용해 사용자 브라우저에 페이지를 생성하고 보여주는 방법을 소개했습니다. 또 스프링 부트가 템플릿 엔진 처리 없이 표준 HTML과 자바스크립트를 사용해 정적 콘텐츠를 처리하는 방법도 소개했습니다. 이 장의 첫 예제에서는 Thymeleaf와 완전한 풀 기반 모델을 사용해 요청 시 일정 범위 내에 있는 항공기 위치를 조회하고 표시하는 애플리케이션을 선보였습니다.

그다음 예제에서는 스프링 클라우드 스트림과 RabbitMQ를 사용해 스프링 부트에서 메시징 플랫폼의 강점을 활용하는 법을 살펴보았습니다. `PlaneFinder` 앱은 업스트림 무선 장치에서 조회될 때마다 항공기 현 위치 목록을 푸시하도록 리팩터링되고, `Aircraft Positions` 앱은 RabbitMQ 파이프라인을 통해 전송된 항공기 최신 위치 목록을 수용하도록 수정됐습니다. 이렇게 수정해서 두 애플리케이션 간의 풀-기반 모델을 푸시-기반 모델push-based one/model로 대체해 `Aircraft Positions` 앱의 백엔드 기능을 이벤트 기반으로 만들었습니다. 그러나 프론트엔드 기능은 사용자에게 표시되는 결과를 업데이트하기 위해 여전히 새로고침(수동 또는 하드코딩)이 필요했습니다.

마지막으로 `Aircraft Positions` 앱의 백엔드와 프론트엔드에서 웹소켓 연결과 핸들러 코드를 구현했습니다. 이로써 `PlaneFinder` 앱은 업데이트된 항공기 위치를 RabbitMQ 파이프라인을 통해 `Aircraft Positions` 앱에 전송하고, `Aircraft Positions` 앱은 수신한 항공기 위치를 다시 최종 사용자/브라우저로 푸시합니다. 업데이트된 위치는 간단한 HTML+JavaScript 페이지에 실시간으로 표시되며, 최종 사용자 또는 최종 사용자/브라우저에서 업데이트 요청을 발행할 필요가 없습니다. 또 웹소켓의 양방향 특성, HTTP 통신 시 필요한 요청-응답 패턴(또는 해결 방법)이 없어도 되며, 통신 오버헤드가 낮다는 사실도 보았습니다.

TIP_ 코드 사용하기

완성된 코드는 깃허브(`chapter7end` 브랜치)에서 확인할 수 있습니다.

다음 장에서는 리액티브 프로그래밍을 소개합니다. 또 스프링이 수많은 사용 사례상의 문제를 해결할 최상의 방법을 찾기 위해 많은 도구와 기술의 개발과 발전을 어떻게 주도하고 있는지 설명합니다. 구체적으로 이야기하면, 스프링 부트와 프로젝트 리액터를 사용해 데이터베이스를 액세스하고, 리액티브 타입을 Thymeleaf 같은 뷰 기술과 통합하며, 프로세스 간 통신을 새로운 차원으로 끌어올리는 방법을 시연하고자 합니다.

CHAPTER 8

프로젝트 리액터와 스프링 웹플럭스를 사용한 리액티브 프로그래밍

이 장에서는 리액티브 프로그래밍을 소개하고, 그 기원과 사용 이유를 논의하며, 스프링이 수많은 사용 사례의 문제를 해결하는 최고의 방책이 되도록 수많은 도구와 기술의 개발과 발전을 어떻게 이끌고 있는지 보여줍니다. 구체적으로 말하면, 스프링 부트와 프로젝트 리액터Project Reactor를 활용해 SQL과 NoSQL 데이터베이스를 사용한 데이터베이스 액세스를 구동하며, 반응 유형을 Thymeleaf 같은 뷰view 기술과 통합하고, RSocket을 사용해 프로세스 간 통신을 한 차원 높은 수준으로 제고하는 방법 등입니다.

TIP_ 코드 사용하기

이 장에서 사용하는 코드는 깃허브(`chapter8begin` 브랜치)에서 확인할 수 있습니다.

8.1 리액티브 프로그래밍

리액티브 프로그래밍을 설명하려면 책 한 권으로도 부족하겠지만, 리액티브 프로그래밍이 왜 그렇게 중요한 개념인지는 이해하고 넘어가야 합니다.

일반적인 서비스에서는 처리할 각 요청에 각 스레드가 생성됩니다. 각 스레드에는 리소스가 필요하므로 애플리케이션이 관리하게 될 스레드 수가 제한됩니다. 단순한 예로, 앱이 200개 스레드를 서비스할 수 있는 경우에 해당 애플리케이션은 한 번에 최대 200개의 개별 클라이언트로부터 요청을 처리할 수 있지만 그 이상은 가능하지 않습니다. 그 후에 서비스에 연결하려는 그 어떤 시도도 스레드가 사용 가능해질 때까지 기다려야 합니다.

연결된 200개 클라이언트의 성능은 여러 요인에 따라 만족스럽기도 하고 그렇지 않기도 합니다. 확실한 사실은 201번째 동시 요청부터는 클라이언트 앱이 사용 가능한 스레드를 기다리는 동안 서버의 블로킹blocking으로 응답 시간이 크게 악화될 여지가 있다는 점입니다. 확장성scalability 면에서 하드 스톱hard stop은 '아무 이상 없음'에서 경고도 없이 바로 위기로 이어질 우려가 있으며, 해결책도 간단하지 않습니다. 이런 문제의 전통적인 해결 방법은 더 많은 인스턴스instance 제공이지만, 이 해결책은 스레드 압박을 해소하는 동시에 또 다른 문제를 야기합니다. 리액티브 프로그래밍은 이런 확장성 문제를 해결하기 위해 만들어졌습니다.

리액티브 매니페스토(*https://www.reactivemanifesto.org*)에 명시된 리액티브 시스템의 특징입니다.

- 응답성Responsive
- 회복력Resilient
- 탄력성Elastic
- 메시지 기반Message driven

간단히 말해, 리액티브 시스템은 위에 열거한 네 가지 특징이 결합해 (거시적 수준에서) 가용성, 확장성, 성능을 극대화함으로써 최소한의 자원으로 작업의 효율을 높입니다.

시스템 수준에서 보면, 즉 다양한 사용 사례를 충족하기 위해 함께 작동하는 여러 애플리케이션/서비스에서 발생하는 대부분의 문제가 애플리케이션 간의 통신과 관련됩니다. 가령 앱이 다른 앱에 응답하고, 요청이 도착할 때의 앱/서비스 가용성, 수요에 따라 확장하거나 축소하는 서비스 기능, 업데이트/사용 가능한 정보 등을 관련된 다른 서비스에 알리는 일입니다.

통신 문제가 가장 심각한 잠재적 원인이고 궁극적으로 문제를 해결할 가장 좋은 기회라는 인식은 곧바로 리액티브 스트림 구상Reactive Streams initiative으로 이어졌습니다. 리액티브 스트림(RS) 구상은 서비스 간의 상호작용에 초점을 맞추고, 다음 네 가지 요소가 핵심입니다.

- APIApplication Programming Interface
- 사양Specification
- 구현 예제
- 기술 호환성 키트Technology Compatibility Kit(이하 TCK)

API는 네 개의 인터페이스로 구성됩니다.

- Publisher(게시자): 사물의 생성자
- Subscriber(구독자): 사물의 구독자
- Subscription(구독): 게시자와 구독자 간 계약
- Processor(처리자): 사물의 수신, 변형, 전송을 위한 게시자와 구독자의 통합

API는 구현체가 아니라 인터페이스로만 구성되기 때문에 간결함이 가장 중요합니다. 간결함과 API의 인터페이스 특성 덕분에 다양한 플랫폼, 언어, 프로그래밍 모델에서 상호 운용 가능한 다양한 구현이 가능해집니다.

텍스트 사양은 API 구현에서 기대된 동작 및/또는 필수 동작을 자세히 설명합니다.

```
Publisher가 실패하면 onError 신호를 보내야 합니다.
(원문) If a Publisher fails it MUST signal an onError.
```

구현 예제는 특정 리액티브 스트림 구현체를 만들 때 사용할 참조 코드를 제공하는 유용한 도구입니다.

아마도 가장 중요한 부분은 TCK일 겁니다. TCK는 개발자 자신이 구현하거나 다른 개발자가 구현한 리액티브 스트림의 호환성 수준과 결함을 검사하고 입증합니다. 지식은 힘입니다. 사양을 완전히 준수하지 않는 어떤 것이든 식별하게 되면, 결함을 해결하기까지 현재 라이브러리 사용자에게 경고하는 동시에 결함을 조속히 해결합니다.

리액티브 스트림, 비동기성, 백프레셔

리액티브 스트림은 리액티브 스트림 정보 사이트(*www.reactive-streams.org*) 강령의 첫 단락 설명에 뚜렷하게 명시됐듯 비동기식 통신과 처리를 기반으로 구축됐습니다.

> **리액티브 스트림은 논블로킹 백프레셔로 비동기식 스트림을 처리할 표준을 제공하기 위해 구상됐습니다. 네트워크 프로토콜만이 아니라 런타임 환경(JVM과 자바스크립트)을 대상으로 하는 노력도 포함됩니다.**

쉽게 이해하기 위해, 리액티브 스트림을 구성하는 다양한 개념과 요소를 다음과 같이 매우 단순화해 생각해보겠습니다.

비동기성은 애플리케이션이 한 가지 일을 처리하는 동안 다른 작업을 멈추지 않을 때 성취됩니다. 예를 들어 서비스 A가 서비스 B에 정보를 요청하면 A는 B의 응답을 기다리는 동안 후속 명령 처리를 연기하지 않고, 응답이 도착했다는 알림을 받을 때까지 다른 작업을 계속합니다. 덕분에 귀중한 컴퓨팅 리소스를 낭비하지 않습니다.

동기식 처리는 작업이 순차적으로 실행되어 이전 작업이 완료된 후에만 시작됩니다. 이와 달리 비동기식 처리는 작업을 시작한 다음 원래 작업이 백그라운드에서 수행되지 못할 때, 다른 작업으로 건너뛰거나(또는 준비/완료 알림을 대기함) 아니면 동시에 작업을 수행합니다. 그러면 유휴idle 상태나 그와 비슷한 정도로 낭비됐을 CPU 시간이 실제 처리에 소모돼 리소스를 최대한 이용하게 됩니다. 때로는 성능을 향상시키기도 합니다.

어떤 비동기 모델을 채택하든, 성능이 늘 똑같이 향상하지는 않습니다. 두 서비스 간에만 직접 상호작용하며 한 번에 한 번씩 서로 주고받는 블로킹, 동기식 통신과 처리 모델의 성능을 능가하기란 사실상 불가능합니다. 이는 쉽게 설명할 수 있습니다. 단 하나의 서비스 A 클라이언트가 서비스 B에 있고 한 번에 하나만 요청하며, 그 외 활동을 모두 차단하고, 모든 리소스를 B의 응답을 기다리는 데 사용한다고 합시다. 이 경우, 그 외 상황이 모두 동일하다면 두 애플리케이션의 상호작용은 최고의 성능을 냅니다. 매우 드물지만, 이런 류의 시나리오가 가능합니다.

비동기식 처리는 서비스가 보류 중인 요청의 응답을 '수신listen'하는 이벤트 루프 같은 구현 메커니즘으로 인해 최소한의 오버헤드(비용)가 발생합니다. 그로 인해 애플리케이션 간 연결이 매우 적은 시나리오에서는 동기식 통신과 처리보다 성능이 약간 떨어지기도 합니다. 그러나 이런 현상은 애플리케이션 간 연결이 증가하고 스레드가 고갈되면서 빠르게 반전됩니다. 리소스는 동기식 처리와 달리 비동기식 처리로 단순히 의무화되지 않으며 유휴 상태가 되지도 않습니다. 용도 변경된 리소스가 사용되므로 리소스 활용도와 애플리케이션 확장성이 모두 향상됩니다.

리액티브 스트림은 논블로킹 백프레셔를 추가해 비동기식 처리를 추월합니다. 이로써 애플리케이션 간 통신에 흐름 제어flow control와 견고성이 부여됩니다.

백프레셔Backpressure가 없으면, 서비스 A는 서비스 B가 응답하는 엄청난 양을 보호할 수단이 없는 상태로 정보를 요청하게 됩니다. 예를 들어 B가 백만 개의 객체/레코드를 반환하는 경우, A는 의무적으로 모든 객체/레코드를 입수하려고 합니다. A에게 엄청난 양의 정보 유입을 처리하기에 충분한 컴퓨팅 리소스와 네트워크 리소스가 없다면 애플리케이션이 제대로 동작하지 못합니다. 이 시점에서는 비동기성이 문제가 아닙니다. 애플리케이션 리소스가 정보의 폭주를 따라잡는(하지만 실패) 데 온전히 사용되기 때문입니다. 이때 백프레셔의 진가가 드러납니다.

> 논블로킹 백프레셔란 서비스 A의 응답 처리 능력을 서비스 B에게 알린다는 단순한 개념입니다. A는 단순히 "모든 걸 줘"라고 말하는 게 아니라, B에게 여러 객체를 요청한 후에 처리하고, 그다음 응답 객체를 처리할 준비가 됐을 때 B에게 객체를 더 요청합니다.
>
> 원래 유체 역학 분야에서 사용된 백프레셔(배압)라는 용어는 도관이나 파이프를 관통해 흐르는 유체의 흐름을 제어하기 위해 유체의 발생지점 방향으로 압력을 가하는 방법입니다. 한마디로 유체의 흐름 속도를 제어합니다. 리액티브 스트림에서 백프레셔는 서비스 A에 들어오는 응답 속도를 관리하고 상황이 변할 경우 실시간으로 설정, 조정하는 방법입니다.
>
> 논리액티브 시스템 내에서 백프레셔를 구현하는 방법은 다양합니다(복잡성, 범위, 성공 정도). 그중 리액티브 스트림을 선호하는 선언형 프로그래밍 모델은 비동기성과 백프레셔를 매끄럽고 원활하게 통합해줍니다.

8.2 프로젝트 리액터

JVM에 사용 가능한 리액티브 스트림 구현체가 몇 가지 있는데, 그중 프로젝트 리액터Project Reactor는 가장 활발하고 고도화됐으며 성능이 뛰어납니다. 또 소규모 조직과 글로벌 테크 기업들이 개발, 배포한 라이브러리, API와 애플리케이션을 비롯해 전 세계적으로 수많은 주요 프로젝트에 채택됐으며, 필수 기반을 제공합니다.

게다가 리액터는 스프링 웹플럭스 리액티브 웹 기능, 여러 오픈 소스와 상용 데이터베이스에 대한 스프링 데이터의 리액티브 데이터베이스 액세스, 애플리케이션 간 통신 같은 기반을 제공해 스택의 맨 윗단부터 아랫단까지 종단간end-to-end 리액티브 파이프라인을 생성합니다. 그야말로 완벽한 솔루션입니다.

이게 왜 중요할까요?

스택의 맨 윗단에서 맨 아랫단으로, 즉 최종 사용자부터 가장 낮은 계층의 컴퓨팅 리소스에 이르기까지, 계층마다 상호작용에 잠재적 고착 지점sticking point이 있습니다. 만약 사용자 브라우저와 백엔드 애플리케이션 간 상호작용이 논블로킹이지만, 애플리케이션이 데이터베이스와의 상호작용을 기다려야 한다면, 이는 결국 블로킹 시스템입니다. 애플리케이션 간 통신도 마찬가지입니다. 또 사용자 브라우저가 백엔드 서비스 A와 통신하지만, 내부적으로는 서비스 A가 서비스 B와 상호작용해야 하는 경우가 있다고 가정합시다. 만약 A가 블로킹 방식으로 B에게서 아무 응답도 받지 못한다면, 사용자가 이와 같은 리액티브 서비스에서 얻는 이점이 무엇일까요? 아마도 매우 적거나 전혀 없겠죠.

보통 개발사는 자신의 시스템을 리액티브 스트림으로 전환할 때 얻게 될 막대한 잠재력을 알고 있습니다. 단, 잠재력의 대가로 사고방식의 변화를 요합니다. 단기적으로는 상대적으로 새로운 리액티브 프로그래밍(명령형 프로그래밍과 대비) 구성과 도구에 적응하기 위해 개발자에게 더 많은 노력이 요구됩니다. 그럼에도 전체 시스템에 적용되는 리액티브 스트림이 가져오는 이득과 확장성을 고려하면, 노력을 들여 전환하는 편이 훨씬 유리합니다. 시스템 애플리케이션 전반에 리액티브 파이프라인이 있다면, 두 가지 측면은 모두 이득이 있습니다.

프로젝트 리액터의 리액티브 스트림 구현은 명확하고 간단하며 자바와 스프링 개발자가 이미 잘 알고 있는 개념을 기반으로 합니다. 자바 8+의 스트림 API와 유사한 리액터는 종종 람다와 함께 선언형이고 연산자 체인chained operator으로 사용됩니다. 처음에는 절차적이고 명령적인 코드imperative code와 다소 다르게 느껴지지만, 나중에는 상당히 우아하게 느껴집니다. 스트림에 익숙해지면 적응이 빨라지죠.

리액터는 리액티브 스트림 퍼블리셔Reactive Streams Publisher의 개념을 가져와 프로세스process에서 명령형 자바와 유사한 구성을 제공합니다. 리액티브 스트림(즉시 제공되는 동적 `Iterable`처럼)이 필요한 모든 것에 공통 퍼블리셔를 사용하는 대신, 프로젝트 리액터는 두 유형의 퍼블리셔를 정의합니다.

`Mono` : : 0 또는 1개 요소를 방출emit
`Flux` : : 0에서 n개 혹은 정의된 수의 요소를 방출

이것은 명령형 구성과도 훌륭하게 일치합니다. 예를 들어, 표준 자바에서 메서드는 T 또는 `Iterable<T>` 타입의 객체를 반환합니다. 프로젝트 리액터를 사용하면, 동일한 메서드가 `Mono<T>` 또는 `Flux<T>`(한 객체 또는 여러 객체. 리액티브 코드의 경우엔 해당 객체의 퍼블리셔)를 반환합니다.

리액터는 스프링의 방향성과도 매우 자연스럽게 일치합니다. 어떤 경우 블로킹 코드에서 논블로킹 코드로 변환하려면 프로젝트 의존성과 몇 가지 메서드 반환값만 변경하면 됩니다. 이 장

에서는 단일 리액티브 애플리케이션에서 리액티브 시스템으로 확장하는 방법과 리액티브 데이터베이스 액세스를 포함해 리액티브로 얻는 이득을 극대화하기 위해 정확하게 수행하는 방법을 보여줍니다.

8.3 톰캣 vs. 네티

명령형 세계의 스프링 부트에서는 웹 애플리케이션에 사용되는 기본 서블릿 엔진이 톰캣Tomcat이지만, 이를 Jetty와 Undertow로 교체할 수도 있습니다. 톰캣은 이미 기반이 잘 구축됐고 성능이 우수하며, 스프링 팀 개발자가 톰캣의 코드베이스를 개선하고 발전시키는 데 기여하고 있기 때문에 스프링 부트의 기본 설정으로 사용됩니다. 스프링 부트 애플리케이션을 위한 뛰어난 서블릿 엔진입니다.

그럼에도, 서블릿 사양의 수많은 이터레이션iteration은 본질적으로 동기적이었고 비동기 기능이 없었습니다. 서블릿Servlet 3.0은 비동기식 요청 처리로 이 문제를 해결하기 시작했지만, 여전히 전통적인 블로킹 I/O만 지원했습니다. 버전 3.1은 논블로킹 I/O가 추가되어 비동기와 리액티브 애플리케이션에 적합합니다.

일반적으로 스프링 웹플럭스는 단순히 스프링 MVC라고 하는 스프링 WebMVC(패키지명)에 대응하는 스프링의 리액티브 이름입니다. 스프링 MVC가 톰캣을 사용해 요청을 수신하고 서비스하듯, 스프링 웹플럭스는 리액터를 기반으로 하며 네티Netty를 기본 네트워크 엔진으로 사용합니다. 네티는 성능이 입증된 비동기식 엔진으로, 스프링 팀 개발자도 네티에 기여해 리액터를 긴밀하게 통합하고 네티의 기능과 성능을 최신으로 유지합니다.

톰캣과 마찬가지로, 대체 옵션이 있습니다. 임무나 조직에 따라 필요한 경우, 호환 가능한 모든 서블릿 3.1 엔진을 스프링 웹플럭스 애플리케이션과 함께 사용할 수 있습니다. 그러나 네티가 논블로킹 I/O 엔진의 선두인 이유가 있으며 대부분의 경우 네티가 최선의 선택입니다.

8.4 리액티브 데이터 액세스

앞서 언급했듯 궁극적인 확장성과 최적의 시스템 처리량을 위한 종국의 목표는 완전한 종단간end-to-end 리액티브 구현입니다. 이 목표의 달성 여부는 데이터베이스 액세스에 달렸습니다.

개발자들은 수년간 시스템 성능 저하와 경합[39]을 최소화하는 데이터베이스를 설계하기 위해 노력해왔습니다. 인상 깊은 이런 작업에도 불구하고 많은 데이터베이스 엔진, 드라이버와 관련해 여전히 미결된 과제가 있습니다. 바로 요청하는 애플리케이션과 정교한 흐름 제어/백프레셔 메커니즘을 블로킹하지 않고 작업을 수행하는 일입니다.

페이징Paging 구성은 제약 조건을 해결하는 데 사용됐지만 불완전한 솔루션입니다. 페이징과 함께 명령형 모델을 사용하려면 일반적으로 다른 범위 및/또는 제약 조건으로 각 페이지에 쿼리를 실행해야 합니다. 그러면 Flux로 가능한 연속성 대신 매번 새로운 요청과 새로운 응답이 필요합니다. 비유하자면 명령형적 접근은 대야에서 물을 한 번에 한 컵씩 퍼내는 일이고, Flux는 컵을 다시 채우기 위해 단순히 수도꼭지를 트는 일입니다. 리액티브 시나리오에서 물은 명령형처럼 '가서, 다시 가져오기' 방식이 아니라 수도꼭지를 틀어서 흘러내리기만 하면 됩니다.

8.4.1 R2DBC와 H2를 함께 사용하기

PlaneFinder 앱의 기존 버전에서는 JPA와 H2 데이터베이스를 사용해 일정 범위 내 항공기를 모니터링하는 로컬 환경에서 조회된 항공기 위치를 H2의 인메모리 인스턴스에 저장했습니다. JPA는 명령형 사양을 기반으로 구축됐으므로 본질적으로 블로킹입니다. SQL 데이터베이스와 상호작용하는 논블로킹 리액티브 방식의 필요를 깨달은 여러 업계 리더와 전문가들이 힘을 합쳐 R2DBCReactive Relational Database Connectivity 프로젝트를 기획하고 발전시켰습니다.

JPA와 마찬가지로 R2DBC는 공급업체나 기타 이해당사자가 다운스트림 개발자를 위한 관계형 데이터베이스와 클라이언트 라이브러리용 드라이버를 생성하기 위해 제공하는 SPIService Provider Interface와 함께 사용하는 개방형 사양open specification입니다. 그러나 JPA와 달리 R2DBC는 프로젝트 리액터의 리액티브 스트림 구현을 기반으로 하며 완전히 리액티브하고 논블로킹입니다.

---

39 옮긴이_ 데드락, 레이스 컨디션을 의미합니다.

PlaneFinder 앱 기능 업데이트하기

현재는 대부분의 복잡한 시스템과 같이 전체 분산 시스템의 모든 측면과 노드를 제어하지 않습니다. 또 대부분의 복잡한 시스템과 마찬가지로 리액티브와 같은 패러다임을 더 완벽하게 수용할수록 더 많은 이점을 얻습니다. '리액티브를 향한 여정journey to reactive'을, 요청을 주고받는 곳의 시작점인 `PlaneFinder` 서비스 측면에서 살펴보겠습니다.

`Mono`와 `Flux` 같은 리액티브 스트림 `Publisher` 타입을 사용하는 것이 `PlaneFinder` 리팩터링의 첫 단계입니다. 기존 H2 데이터베이스는 계속 사용하지만, JPA 프로젝트 의존성은 제거하고 R2DBC 라이브러리로 교체합니다. `PlaneFinder` 앱의 메이븐 빌드 파일인 *pom.xml*을 다음과 같이 업데이트합니다.

```
<!-- 주석 처리 혹은 삭제하시면 됩니다 -->
<!--<dependency>-->
<!--    <groupId>org.springframework.boot</groupId>-->
<!--  <artifactId>spring-boot-starter-data-jpa</artifactId>-->
<!--</dependency>-->

<!-- 아래 의존성 추가                    -->
<dependency>
    <groupId>org.springframework.boot</groupId>
    <artifactId>spring-boot-starter-data-r2dbc</artifactId>
</dependency>

<!-- 아래 의존성 추가                    -->
<dependency>
    <groupId>io.r2dbc</groupId>
    <artifactId>r2dbc-h2</artifactId>
    <scope>runtime</scope>
</dependency>
```

`PlaneRepository` 인터페이스는 `CrudRepository` 대신 `ReactiveCrudRepository` 인터페이스를 상속하도록 업데이트합니다. 코드는 다음과 같습니다.

```
public interface PlaneRepository
    extends ReactiveCrudRepository<Aircraft, String> {}
```

PlaneRepository의 변경 사항은 자연스럽게 PlaneFinderService 클래스로 이어집니다. 여기서 getAircraft() 메서드는 항공기가 발견되면 PlaneRepository::saveAll의 결과를 반환하고, 그렇지 않으면 saveSamplePositions() 메서드의 결과를 반환합니다. getAircraft()와 saveSamplePositions() 메서드의 반환값이 제대로 반환되도록 블로킹의 Iterable<Aircraft>를 Flux<Aircraft>로 변경합니다.

```
public Flux<Aircraft> getAircraft() {
    ...
}
private Flux<Aircraft> saveSamplePositions() {
    ...
}
```

PlaneController 클래스의 getCurrentAircraft() 메서드는 PlaneFinderService::getAircraft를 호출하고 Flux<Aircraft>를 반환합니다.

다음과 같이 PlaneController::getCurrentAircraft의 시그니처도 변경이 필요합니다.

```
public Flux<Aircraft> getCurrentAircraft() throws IOException {
    ...
}
```

H2를 JPA와 함께 사용하는 방식은 상당히 전통적입니다. 관련 사양, API, 라이브러리가 대략 10년 넘게 개발돼왔습니다. 상대적으로 R2DBC 방식은 최근에 개발되어 지원을 통해 빠르게 확장되고 있지만, 스프링 데이터 JPA의 H2 지원 중 일부 기능이 아직 구현되지 않았습니다. 이 점은 두 방식의 사용 여부를 선택할 때 중요하지는 않지만 알아두어야 할 사항입니다. 관계형 데이터베이스(이 경우엔 H2)를 리액티브로 사용하기로 선택한다면 이 점을 명심하세요.

현재 H2를 R2DBC와 함께 사용하려면, 애플리케이션에서 사용할 Connectionfactory initializer 빈을 생성하고 구성해야 합니다. 설정 시 실제로 두 단계만 필요합니다.

- Connection factory를 ConnectionFactory 빈으로 인자로 주입(자동 설정으로 구현)
- 원할 때 또는 필요에 따라 데이터베이스를 초기화하거나 재초기화하기 위해 하나 이상의 스크립트를 실행하도록 데이터베이스 구성

스프링 데이터 JPA를 H2와 함께 사용할 때 @Entity 클래스가 H2 데이터베이스에 테이블을 생성한다는 사실을 기억할 겁니다. H2를 R2DBC와 함께 사용할 때는 표준 SQL DDL(데이터 정의문) 스크립트를 사용해 테이블을 수동으로 생성합니다.

```
DROP TABLE IF EXISTS aircraft;

CREATE TABLE aircraft (id BIGINT auto_increment primary key,
callsign VARCHAR(7), squawk VARCHAR(4), reg VARCHAR(8), flightno VARCHAR(10),
route VARCHAR(30), type VARCHAR(4), category VARCHAR(2),
altitude INT, heading INT, speed INT, vert_rate INT, selected_altitude INT,
lat DOUBLE, lon DOUBLE, barometer DOUBLE, polar_distance DOUBLE,
polar_bearing DOUBLE, is_adsb BOOLEAN, is_on_ground BOOLEAN,
last_seen_time TIMESTAMP, pos_update_time TIMESTAMP, bds40_seen_time TIMESTAMP);
```

NOTE_ 위의 단계는 추가적인 부분이지만 처음 선보인 것은 아닙니다. 많은 SQL 데이터베이스는 스프링 데이터 JPA와 함께 쓸 때 DDL 사용을 요구합니다. H2가 DDL을 필요로 하지 않았던 것입니다.

다음 코드는 DbConxInit(데이터베이스 연결 초기화) 클래스입니다. 첫 번째 메서드인 initializer() 빈 생성 메서드는 ConnectionFactoryInitializer 빈을 생성합니다. 두 번째 메서드는 클래스가 설정되면 실행되는 CommandLineRunner 빈을 생성합니다. CommandLineRunner는 추상 메서드인 run()이 있는 함수형 인터페이스입니다. 따라서 인터페이스를 람다로 구현하며, PlaneRepository를 단일 항공기로 채웁니다. 현재 init() 메서드의 @Bean 어노테이션이 주석 처리되어 CommandLineRunner 빈이 생성되지 않기 때문에 샘플 레코드가 저장되지 않습니다.

```
import io.r2dbc.spi.ConnectionFactory;
import org.springframework.beans.factory.annotation.Qualifier;
import org.springframework.boot.CommandLineRunner;
import org.springframework.context.annotation.Bean;
import org.springframework.context.annotation.Configuration;
import org.springframework.core.io.ClassPathResource;
import org.springframework.r2dbc.connection.init.ConnectionFactoryInitializer;
import org.springframework.r2dbc.connection.init.ResourceDatabasePopulator;

@Configuration
public class DbConxInit {
```

```
    @Bean
    public ConnectionFactoryInitializer
            initializer(@Qualifier("connectionFactory")
            ConnectionFactory connectionFactory) {
        ConnectionFactoryInitializer initializer =
            new ConnectionFactoryInitializer();
        initializer.setConnectionFactory(connectionFactory);
        initializer.setDatabasePopulator(
            new ResourceDatabasePopulator(new ClassPathResource("schema.sql"))
        );
        return initializer;
    }

//    @Bean // 샘플 데이터를 추가하기 위해 @Bean 어노테이션의 주석 처리를 취소합니다.
    public CommandLineRunner init(PlaneRepository repo) {
        return args -> {
            repo.save(new Aircraft("SAL001", "N12345", "SAL001", "LJ",
                    30000, 30, 300,
                    38.7209228, -90.4107416))
                .thenMany(repo.findAll())
                    .subscribe(System.out::println);
        };
    }
}
```

CommandLineRunner 람다를 간단히 살펴보겠습니다.

구조 자체는 `x -> { <실행할 코드> }`로 전형적인 람다지만, 그 안에 담긴 코드는 리액티브 스트림과 관련된 흥미로운 기능이 몇 가지 있습니다.

첫 번째 작업은 제공된 콘텐츠, 이 경우엔 새 `Aircraft` 객체를 저장하고 `Mono<Aircraft>`를 반환하는 `repo::save`입니다. 이 결과를 간단히 `subscribe()`하고 확인하기 위해 로깅하거나 출력합니다. 그러나 이보다 더 좋은 습관은 원하는 샘플 데이터를 모두 저장한 다음 repository를 쿼리해서 모든 레코드를 조회하는 일입니다. 그러면 해당 시점에서 테이블의 최종 상태를 완전히 확인하고, 보여줘야 할 모든 레코드를 반환하게 됩니다.

그러나 리액티브 코드가 블로킹되지 않는데, 다음 단계를 진행하기 전에 이전의 작업이 모두 완료됐는지를 어떻게 확신할까요? 이 경우엔 모든 레코드를 조회하기 전에 모든 레코드가 저장됐는지를 어떻게 확인할까요?

프로젝트 리액터 내에는 완료 신호를 기다린[await] 후 체인의 다음 함수를 진행하는 연산자가 있습니다. `then()` 연산자는 모노가 입력될 때까지 기다린[await] 후, 다음으로 작업할 다른 모노를 수락합니다. 이전 예제에 표시된 `thenMany()` 연산자는 업스트림 `publisher`의 완료를 기다리고[await], 다음으로 새로운 `Flux`를 진행합니다. `CommandLineRunner` 빈을 생성하는 `init` 메서드에서 `repo.findAll()`은 예상대로 `Flux<Aircraft>`를 생성합니다.

마지막으로, `repo.findAll()`에서 `Flux<Aircraft>`를 subscribe(구독)한 후 콘솔에 결과를 출력합니다. 결과를 굳이 출력할 필요는 없으며, 실제로 일반 `subscribe()` 메서드는 데이터 흐름을 시작하기 위한 요구사항을 다분히 충족합니다. 그런데 subscribe은 왜 필요할까요?

몇 가지 예외를 제외하고, 리액티브 스트림 `publisher`(퍼블리셔)는 콜드 퍼블리셔입니다. 즉, subscriber(구독자)가 없는 경우 작업을 수행하지도 않고 리소스도 소비하지 않습니다. 이 점은 효율성과 확장성을 최대화하므로 효율성과 확장성 관점에서는 합리적이지만, 리액티브 프로그래밍을 처음 접하는 사람들에게는 낯선 개념입니다. subscribe(구독)에 대한 호출 코드에 `publisher`(게시자)를 반환하지 않고 사용하는 경우, `publisher`(게시자) 또는 체인 연산을 활성화하기 위해 호출 코드에 `subscribe()` 메서드를 추가해야 합니다.

선언형 프로그래밍으로 나아가기

제가 논리액티브[non-reactive] 코드를 블로킹이라고 언급한 이유는 대부분의 경우 코드가 순차적으로 실행되기 때문입니다(물론 몇 가지 예외가 있음). 이전 코드가 완료된 후 다음 행의 코드가 시작됩니다. 그러나 리액티브 코드는 블로킹 코드를 호출하지 않는 한 블록하지 않으며, 결과적으로 순차적인 코드는 코드행 간 명령어 사이에 어떠한 설명도 제공하지 않습니다. 이 점은 특히 순차 코드 실행에 익숙한 개발자에게 약간 거슬릴 수 있습니다.

대부분의 블로킹 코드는 명령형 코드로, 작업을 어떻게 수행할지 그 방법을 지정합니다. for 반복문을 예제로 한번 설명해보겠습니다.

- 변수를 선언하고 초깃값을 할당합니다.
- `for` 문의 조건을 확인합니다.
- 주어진 명령을 수행합니다.
- 변숫값을 지정합니다.
- 조건문을 확인하며 루프를 반복합니다.

블로킹 코드에도 매우 유용한 선언형 프로그래밍 구성이 있습니다(가장 잘 알려지고 사랑받는 것은 자바 스트림 API일 겁니다). 하지만 선언형 프로그래밍은 코드에 풍미를 더해도, 블로킹 코드에서 큰 비중을 차지하지는 못합니다. 그러나 반응형 프로그래밍에서는 그렇지 않습니다.

혹자는 리액티브 스트림이라는 이름을 보고 자바 스트림과의 연관성을 떠올리기도 합니다. 이 두 개는 아무 관계가 없지만 `java.util.Stream`에 사용된 선언형 접근방식은 리액티브 스트림에도 완벽하게 적용됩니다. 출력 결과를 하나의 연산에서 다음 연산으로 불변immutable 결과로 전달해 작동하는 체인 함수를 통해 결과를 선언합니다. 그래서 코드가 시각적이며 논리적으로 구조화됩니다.

마지막으로, JPA와 R2DBC의 차이, 그리고 H2에 대한 지원의 차이로 `Aircraft` 도메인 클래스 일부를 변경해야 합니다. JPA에서 사용하는 `@Entity` 표기법은 더 이상 필요하지 않으며, 마찬가지로 기본키인 멤버 변수 `id`에 대한 `@GeneratedValue` 어노테이션도 불필요합니다. H2를 사용한 `PlaneFinder` 앱을 JPA에서 R2DBC로 마이그레이션할 때는 `@Entity`와 `@GeneratedValue`, 임포트한 관련 패키지를 삭제합니다.

이전에 표시된 `CommandLineRunner` 빈(샘플 데이터가 필요한 경우)과 커스텀 생성자 호출을 수용하기 위해 `Aircraft`에 추가 생성자를 만듭니다. 추가 생성자는 롬복의 `@AllArgsConstructor` 어노테이션이 필요로 하는 매개변수를 모두 제공하지 않고, 필요한 인수만 전달해 `Aircraft` 객체를 생성할 때만 필요합니다. 이 커스텀 생성자에서 모든 매개변수 생성자를 호출한다는 점에 유의하세요.

```
public Aircraft(String callsign, String reg, String flightno, String type,
                int altitude, int heading, int speed,
                double lat, double lon) {

    this(null, callsign, "sqwk", reg, flightno, "route", type, "ct",
            altitude, heading, speed, 0, 0,
            lat, lon, 0D, 0D, 0D,
            false, true,
            Instant.now(), Instant.now(), Instant.now());
}
```

이제 코드를 확인해보겠습니다.

IDE에서 `PlaneFinder` 앱을 실행한 후 터미널 창에서 HTTPie로 돌아가서 업데이트된 코드를 테스트합니다.

```
mheckler-a01 :: OReilly/code » http -b :7634/aircraft
[
    {
        "altitude": 37000,
        "barometer": 0.0,
        "bds40_seen_time": null,
        "callsign": "EDV5123",
        "category": "A3",
        "flightno": "DL5123",
        "heading": 131,
        "id": 1,
        "is_adsb": true,
        "is_on_ground": false,
        "last_seen_time": "2020-09-19T21:40:56Z",
        "lat": 38.461505,
        "lon": -89.896606,
        "polar_bearing": 156.187542,
        "polar_distance": 32.208164,
        "pos_update_time": "2020-09-19T21:40:56Z",
        "reg": "N582CA",
        "route": "DSM-ATL",
        "selected_altitude": 0,
        "speed": 474,
        "squawk": "3644",
        "type": "CRJ9",
        "vert_rate": -64
    },
    {
        "altitude": 38000,
        "barometer": 0.0,
        "bds40_seen_time": null,
        "callsign": null,
        "category": "A4",
        "flightno": "FX3711",
        "heading": 260,
        "id": 2,
        "is_adsb": true,
        "is_on_ground": false,
        "last_seen_time": "2020-09-19T21:40:57Z",
        "lat": 39.348558,
```

```
        "lon": -90.330383,
        "polar_bearing": 342.006425,
        "polar_distance": 24.839372,
        "pos_update_time": "2020-09-19T21:39:50Z",
        "reg": "N924FD",
        "route": "IND-PHX",
        "selected_altitude": 0,
        "speed": 424,
        "squawk": null,
        "type": "B752",
        "vert_rate": 0
    },
    {
        "altitude": 35000,
        "barometer": 1012.8,
        "bds40_seen_time": "2020-09-19T21:41:11Z",
        "callsign": "JIA5304",
        "category": "A3",
        "flightno": "AA5304",
        "heading": 112,
        "id": 3,
        "is_adsb": true,
        "is_on_ground": false,
        "last_seen_time": "2020-09-19T21:41:12Z",
        "lat": 38.759811,
        "lon": -90.173632,
        "polar_bearing": 179.833023,
        "polar_distance": 11.568717,
        "pos_update_time": "2020-09-19T21:41:11Z",
        "reg": "N563NN",
        "route": "CLT-RAP-CLT",
        "selected_altitude": 35008,
        "speed": 521,
        "squawk": "6506",
        "type": "CRJ9",
        "vert_rate": 0
    }
]
```

리팩터링된 리액티브 PlaneFinder 앱이 제대로 작동하는지 확인한 후, 이제 Aircraft Positions 애플리케이션을 작업하러 갑니다.

Aircraft Positions 애플리케이션 업데이트

현재 `Aircraft Positions` 프로젝트는 `PlaneFinder` 앱이 블로킹 애플리케이션에서 사용한 스프링 데이터 JPA와 H2를 사용합니다. 현재 `PlaneFinder` 앱처럼, R2DBC와 H2를 사용하도록 항공기 위치를 리팩터링해도 되지만, `Aircraft Positions` 프로젝트는 또 다른 리액티브 데이터베이스 솔루션을 탐색할 완벽한 기회입니다.

몽고DB는 종종 데이터베이스 혁신의 최전선에 서곤 합니다. 실제로 데이터베이스와 함께 사용하기 위해 자신의 이름을 딴, 리액티브 드라이버를 개발한 최초의 데이터베이스 제공업체 중 하나입니다. 스프링 데이터와 몽고DB를 사용한 애플리케이션 개발은 마찰이 거의 없는데, 이 점은 리액티브 스트림 지원에 대한 몽고DB의 성숙도를 반영합니다. `Aircraft Positions`의 리액티브 리팩터링을 위한 몽고DB의 선택은 자연스러운 결정입니다.

변경 사항 몇 가지가 순서대로 빌드 파일(이 경우엔 *pom.xml*)에 적용됩니다. 먼저 스프링 MVC, 스프링 데이터 JPA, H2 의존성을 제거합니다.

- `spring-boot-starter-web`
- `spring-boot-starter-data-jpa`
- `h2`

그다음, 리액티브 버전의 의존성을 추가합니다.

- `spring-boot-starter-data-mongodb-reactive`
- `de.flapdoodle.embed.mongo`
- `reactor-test`

> **NOTE_** `spring-boot-starter-webflux`는 `WebClient`를 사용하기 위해 이전에 의존성을 추가했으니, 여기서는 추가할 필요가 없습니다.

6장에서와 마찬가지로, 이 예제에서도 내장 몽고DB를 사용하겠습니다. 내장 몽고DB는 일반적으로 테스트용으로만 사용되므로 보통 'test' scope을 포함합니다. 하지만 우리는 실제 애플리케이션 실행 중에 몽고DB를 사용할 계획이므로 빌드 파일에서 'test' scope을 생략하거나 제거합니다. 업데이트된 메이븐 *pom.xml* 의존성은 다음과 같습니다.

```
<code>
<dependencies>
    <dependency>
        <groupId>org.springframework.boot</groupId>
        <artifactId>spring-boot-starter-thymeleaf</artifactId>
    </dependency>
    <dependency>
        <groupId>org.springframework.boot</groupId>
        <artifactId>spring-boot-starter-data-mongodb-reactive</artifactId>
    </dependency>
    <dependency>
        <groupId>org.springframework.boot</groupId>
        <artifactId>spring-boot-starter-webflux</artifactId>
    </dependency>

    <dependency>
        <groupId>org.projectlombok</groupId>
        <artifactId>lombok</artifactId>
        <optional>true</optional>
    </dependency>
    <dependency>
        <groupId>org.springframework.boot</groupId>
        <artifactId>spring-boot-starter-test</artifactId>
        <scope>test</scope>
        <exclusions>
            <exclusion>
                <groupId>org.junit.vintage</groupId>
                <artifactId>junit-vintage-engine</artifactId>
            </exclusion>
        </exclusions>
    </dependency>
    <dependency>
        <groupId>de.flapdoodle.embed</groupId>
        <artifactId>de.flapdoodle.embed.mongo</artifactId>
        <version>4.5.1</version>
    </dependency>
    <dependency>
        <groupId>io.projectreactor</groupId>
        <artifactId>reactor-test</artifactId>
        <scope>test</scope>
    </dependency>
</dependencies>
```

명령 줄 또는 IDE를 통해 의존성을 빠르게 새로고침하면 리팩터링할 준비가 됩니다. AircraftRepository 인터페이스에 블로킹인 CrudRepository 대신 ReactiveCrudRepository를 상속하도록 변경합니다.

```
public interface AircraftRepository extends ReactiveCrudRepository<Aircraft, Long> {}
```

이미 WebClient가 리액티브 스트림 Publisher 타입을 사용해 데이터를 주고받기 때문에 PositionController 클래스의 업데이트는 간단합니다. 지역 변수 Flux<Aircraft> AircraftFlux를 정의한 다음, 요구되는 선언형 작업declarative operations을 연결해 이전에 조회된 Aircraft Positions 항공기 위치의 repository를 지웁니다. 위치를 새로 조회한 다음, Aircraft 클래스의 인스턴스로 변환한 후 항공기의 등록번호가 없는 위치는 필터링합니다. 그러고 나서 내장 몽고DB repository에 저장합니다. 그다음 사용자가 볼 웹 UI에서 사용하기 위해 AircraftFlux 변수를 Model에 추가하고, 렌더링을 위해 Thymeleaf 템플릿의 이름을 반환합니다.

```
@RequiredArgsConstructor
@Controller
public class PositionController {
    @NonNull
    private final AircraftRepository repository;
    private WebClient client
        = WebClient.create("http://localhost:7634/aircraft");

    @GetMapping("/aircraft")
    public String getCurrentAircraftPositions(Model model) {
        Flux<Aircraft> aircraftFlux = repository.deleteAll()
                .thenMany(client.get()
                        .retrieve()
                        .bodyToFlux(Aircraft.class)
                        .filter(plane -> !plane.getReg().isEmpty())
                        .flatMap(repository::save));

        model.addAttribute("currentPositions", aircraftFlux);
        return "positions";
    }
}
```

마지막으로, `Aircraft` 도메인 클래스 자체에 몇 가지 작은 변경을 해야 합니다. 클래스 수준 `@Entity` 어노테이션은 JPA에만 사용합니다. 몽고DB에서는 `@Document` 어노테이션을 사용하는데, 이는 클래스의 인스턴스가 데이터베이스 내에서 도큐먼트document로 저장됨을 나타냅니다. 또 JPA 의존성이 없으므로 이전에 *jakarta.persistence*.`Id`를 참조한 `@Id` 어노테이션은 `org.springframe work.data.annotation.Id`를 참조하도록 교체합니다. 이렇게 하며 몽고DB와 함께 사용할 테이블 식별자 컨텍스트를 유지합니다. 임포트하고 있는 참조를 보여주기 위해 전체 클래스 파일을 표시했습니다.

```
import com.fasterxml.jackson.annotation.JsonProperty;
import lombok.AllArgsConstructor;
import lombok.Data;
import lombok.NoArgsConstructor;
import org.springframework.data.annotation.Id;
import org.springframework.data.mongodb.core.mapping.Document;

import java.time.Instant;

@Document
@Data
@NoArgsConstructor
@AllArgsConstructor
public class Aircraft {
    @Id
    private Long id;
    private String callsign, squawk, reg, flightno, route, type, category;

    private int altitude, heading, speed;
    @JsonProperty("vert_rate")
    private int vertRate;
    @JsonProperty("selected_altitude")
    private int selectedAltitude;

    private double lat, lon, barometer;
    @JsonProperty("polar_distance")
    private double polarDistance;
    @JsonProperty("polar_bearing")
    private double polarBearing;

    @JsonProperty("is_adsb")
    private boolean isADSB;
```

```
    @JsonProperty("is_on_ground")
    private boolean isOnGround;

    @JsonProperty("last_seen_time")
    private Instant lastSeenTime;
    @JsonProperty("pos_update_time")
    private Instant posUpdateTime;
    @JsonProperty("bds40_seen_time")
    private Instant bds40SeenTime;
}
```

PlaneFinder와 Aircraft Positions 앱을 모두 실행하고 브라우저 탭으로 돌아가 주소창에 *http://localhost:8080*을 입력하면 [그림 8-1] 같은 페이지가 나타납니다.

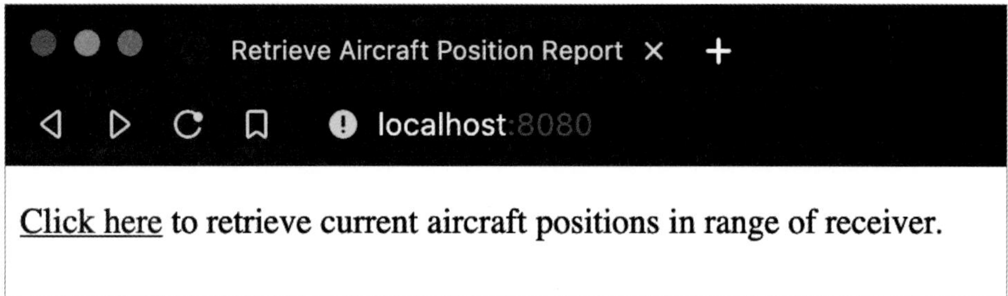

그림 8-1 Aircraft Positions 애플리케이션의 *index.html*

'Click here' 링크를 클릭하면, [그림 8-2]와 같이 항공기 위치 Aircraft Positions 리포트 페이지가 로드됩니다.

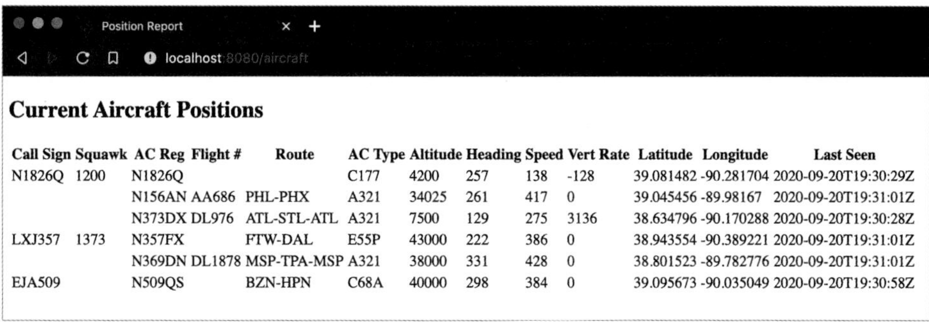

Current Aircraft Positions

Call Sign	Squawk	AC Reg	Flight #	Route	AC Type	Altitude	Heading	Speed	Vert Rate	Latitude	Longitude	Last Seen
N1826Q	1200	N1826Q			C177	4200	257	138	-128	39.081482	-90.281704	2020-09-20T19:30:29Z
		N156AN	AA686	PHL-PHX	A321	34025	261	417	0	39.045456	-89.98167	2020-09-20T19:31:01Z
		N373DX	DL976	ATL-STL-ATL	A321	7500	129	275	3136	38.634796	-90.170288	2020-09-20T19:30:28Z
LXJ357	1373	N357FX		FTW-DAL	E55P	43000	222	386	0	38.943554	-90.389221	2020-09-20T19:31:01Z
		N369DN	DL1878	MSP-TPA-MSP	A321	38000	331	428	0	38.801523	-89.782776	2020-09-20T19:31:01Z
EJA509		N509QS		BZN-HPN	C68A	40000	298	384	0	39.095673	-90.035049	2020-09-20T19:30:58Z

그림 8-2 Aircraft Positions 리포트 페이지

주기적으로 새로고침할 때마다 페이지는 `PlaneFinder` 앱을 다시 쿼리하고 이전과 같이 요청 시 현재 데이터로 리포트를 업데이트하지만, 매우 중요한 차이점이 하나 있습니다. 화면에 표시되는 *positions.html* Thymeleaf 템플릿에 제공된 항공기 위치는 완전한 블로킹 리스트(`List`)가 아니라 리액티브 스트림Publisher(게시자)인 `Flux` 타입입니다. 이 내용을 다음 절에서 자세히 설명하겠지만, 여기선 content negotiation이 개발자의 별도의 노력 없이도 발생한다는 사실을 알아야 합니다.

8.5 리액티브 Thymeleaf

7장에서 언급했듯 대다수의 프론트엔드 웹 애플리케이션은 HTML과 자바스크립트로 개발합니다. 그럼에도 여러 프로덕션 애플리케이션이 화면을 그리는 데 여전히 뷰 기술/템플릿을 사용합니다. 또 이런 기술이 간단하고도 효과적으로 다양한 요구사항을 계속 충족합니다. 이런 이유에서 템플릿 엔진과 언어도 리액티브 스트림에 적응하는 것이 중요합니다.

Thymeleaf는 세 가지 다른 수준에서 개발자가 자신의 요구사항에 가장 적합한 수준을 사용하도록 리액티브 스트림을 지원합니다. 앞서 언급했듯, 백엔드 처리를 변환해 리액티브 스트림을 활용하고 리액터가 `Object<T>`와 `Iterable<T>` 대신 퍼블리셔가 제공하는 Thymeleaf 값(예: `Mono` 또는 `Flux`)을 공급합니다. 이는 리액티브 프론트엔드로 이어지지 않습니다. 하지만 개발자가 리액티브 스트림을 사용해 서비스 간의 블로킹을 제거하고 흐름 제어를 구현하고 싶다면, 이 방법이 백엔드 로직에서 가장 적은 비용으로 리액티브로 전환하면서 프론트를 지원하는 방법입니다.

또 Thymeleaf는 스프링 웹플럭스를 지원하기 위해 청크chunk와 데이터 기반 모드를 지원하고, 둘 다 SSEServer Sent Events와 자바스크립트 코드 일부를 사용해 브라우저에 데이터를 제공합니다. SSE와 자바스크립트는 모두 전적으로 유효한 모드지만, 원하는 결과를 얻는 데 필요한 자바스크립트의 양이 증가하면 템플릿+HTML+자바스크립트보다 HTML+자바스크립트 프론트엔드 로직의 비중이 더 커집니다. 이 결정은 물론 요구사항에 따라 크게 달라지며, 해당 기능을 만드는 개발자에게 맡겨야 합니다.

이 절에서는 백엔드 기능을 리액티브 구성으로 마이그레이션하는 방법과 스프링 부트가 리액터+Thymeleaf를 사용해 프론트엔드에서 기능을 유지하는 방법을 알아보았습니다. 이 방법으로 마이그레이션 시간을 최소화하면서 블로킹 시스템을 갖춘 애플리케이션으로 쉽게 변환했습니다. 이는 현재 사용 사례를 만족시키기에 충분합니다. 프론트엔드 기능을 확장하기 전에 백엔드 기능을 추가로 개선하는 방법은 다음 장에서 검토하겠습니다.

8.6 완전한 리액티브 프로세스 간 통신을 위한 RSocket

이 장에서 서로 다른 애플리케이션 간에 리액티브 스트림을 사용해 프로세스 간 통신의 토대를 마련했습니다. 앞서 구현한 분산 시스템은 실제로 리액티브 구성을 사용하지만, 아직 잠재력을 완전히 발휘하지는 못했습니다. 네트워크 경계 간의 통신은 더 높은 수준의 HTTP 기반 전송을 함으로써 요청-응답 모델로 인해 제한이 발생하며, 웹소켓만 업그레이드해서는 모든 문제를 해결하지 못합니다. RSocket은 프로세스 간 통신의 취약점을 유연하고 강력하게 보완하기 위해 만들었습니다.

8.6.1 RSocket이란 무엇일까요?

여러 업계의 리더들과 첨단의 혁신가들이 협력해 만든 RSocket은 TCP, 웹소켓, Aeron 전송 메커니즘을 통해 사용할 수 있는 초고속 이진binary 프로토콜입니다. RSocket은 네 가지 비동기 상호작용 모델을 지원합니다.

- 요청-응답
- 요청-스트림
- 실행 후 무시Fire & Forget
- 요청 채널(양방향 스트림)

RSocket은 리액티브 스트림 패러다임과 프로젝트 리액터를 기반으로 하며, 유연성과 탄력성을 높이는 메커니즘을 제공하는 동시에 애플리케이션 시스템을 완전하게 상호 연결합니다. 두 앱 혹은 서비스 간의 연결이 이루어지면, 클라이언트와 서버의 구분이 사라집니다. 네 가지 상호작용 모델은 클라이언트이든 서버이든 관계없이 실행 가능하며, 아래의 사용 사례를 모두 수용합니다.

- 한쪽이 요청하고, 다른 쪽에서 응답을 받는 1:1 상호작용
- 한쪽이 요청하고, 상대방에게 일련의 응답을 받는 1:N 상호작용
- 한쪽이 요청하는 1:0 상호작용
- 양 당사자가 요청, 응답 또는 요청하지 않은 모든 종류의 데이터 스트림을 보내는 완전한 양방향 채널

RSocket은 매우 유연합니다. 성능에 중점을 둔 이진 프로토콜이므로 속도도 빠릅니다. 무엇보다도 탄력적resilient이어서 끊어진 연결을 다시 설정하고 중단된 지점에서 자동으로 통신을 재개합니다. 또 리액터에 구축됐으므로, RSocket을 사용하는 개발자는 네트워크 간 경계가 더 이상 흐름 제어에 제한이 되지 않기 때문에 서로 다른 애플리케이션을 완전히 통합된 시스템으로 간주하게 됩니다.

자동 설정 기능을 갖춘 스프링 부트는 틀림없이 자바와 코틀린 개발자에게 RSocket을 사용하는 가장 빠르고 친화적인 방법을 제공합니다.

8.6.2 RSocket 적용하기

현재 `PlaneFinder`와 `Aircraft Positions` 앱은 모두 HTTP를 기반으로 통신합니다. RSocket을 사용하도록 두 스프링 부트 앱을 변환해보겠습니다.

PlanFinder를 RSocket으로 마이그레이션

먼저 `PlaneFinder` 앱의 빌드 파일에 RSocket 의존성을 추가합니다.

```
<dependency>
    <groupId>org.springframework.boot</groupId>
    <artifactId>spring-boot-starter-rsocket</artifactId>
</dependency>
```

메이븐을 재임포트한 후 코드를 리팩터링합니다.

당분간 기존 `/aircraft`의 엔드포인트는 그대로 두고 `PlaneController`에 RSocket 엔드포인트를 추가하겠습니다. 그리고 REST 엔드포인트와 RSocket 엔드포인트를 같은 클래스에 배

치하기 위해 `@RestController` 어노테이션에 내장된 기능을 구성 요소인 `@Controller`와 `@ResponseBody`로 분리합니다.

클래스 수준의 `@RestController` 어노테이션을 `@Controller`로 교체하면, 객체를 JSON으로 직접 반환하려는 REST 엔드포인트의 메서드(예: `getCurrentAircraft()` 메서드와 연결된 기존 `/aircraft` 엔드포인트)에 `@ResponseBody`를 추가해야 합니다. 겉보기에는 손해로 보여도 RSocket 엔드포인트를 REST 엔드포인트와 동일한 `@Controller` 클래스에서 정의하게 되는 이득이 생깁니다. 따라서 `PlaneFinder` 앱의 송수신 지점을 한곳에 유지할 수 있습니다.

```
import org.springframework.messaging.handler.annotation.MessageMapping;
import org.springframework.stereotype.Controller;
import org.springframework.web.bind.annotation.GetMapping;
import org.springframework.web.bind.annotation.ResponseBody;
import reactor.core.publisher.Flux;

import java.io.IOException;
import java.time.Duration;

@Controller
public class PlaneController {
    private final PlaneFinderService pfService;

    public PlaneController(PlaneFinderService pfService) {
        this.pfService = pfService;
    }

    @ResponseBody
    @GetMapping("/aircraft")
    public Flux<Aircraft> getCurrentAircraft() throws IOException {
        return pfService.getAircraft();
    }

    @MessageMapping("acstream")
    public Flux<Aircraft> getCurrentACStream() throws IOException {
        return pfService.getAircraft().concatWith(
                Flux.interval(Duration.ofSeconds(1))
                        .flatMap(l -> pfService.getAircraft()));
    }
}
```

처음에 그리고 이후에는 1초 간격으로 전송되는 항공기 위치의 반복 스트림을 만들기 위해 getCurrentACStream() 메서드를 만들고 RSocket 엔드포인트를 @MessageMapping 어노테이션을 사용해 추가합니다. RSocket 매핑은 HTTP 주소/엔드포인트처럼 루트 경로를 기반으로 구축하지 않으므로 슬래시(/)로 매핑하지 않습니다.

엔드포인트와 서비스 메서드가 정의된 후의 단계는 RSocket이 연결 요청을 수신할 포트를 지정하는 것입니다. PlaneFinder 앱의 *application.properties* 파일에 기존 HTTP 기반의 server.port와 spring.rsocket.server.port의 속성값을 추가합니다.

```
server.port=7634
spring.rsocket.server.port=7635
```

이 단일 RSocket 서버 포트 할당은 스프링 부트가 포함된 애플리케이션을 RSocket 서버로 구성하고 필요한 모든 빈을 생성하고 모든 필수 설정을 수행하는 데 충분합니다. 앞서 말했듯 RSocket 연결에 관련된 두 애플리케이션 중 하나는 처음에 서버로 작동하겠지만, 일단 연결되면 클라이언트(연결을 시작하는 앱)와 서버(연결을 수신 대기하는 앱) 사이의 경계가 사라집니다.

몇 가지 변경만으로도 PlaneFinder 앱은 RSocket을 사용할 수 있습니다. 연결 요청을 위해 애플리케이션을 실행합니다.

Aircraft Positions를 RSocket으로 마이그레이션

RSocket을 추가하는 첫 단계로 RSocket 의존성을 빌드 파일에 추가합니다.

```
<dependency>
    <groupId>org.springframework.boot</groupId>
    <artifactId>spring-boot-starter-rsocket</artifactId>
</dependency>
```

더 진행하기 전에 메이븐을 먼저 재임포트합니다. 그리고 코드를 작성하는 단계로 넘어갑니다.

PlaneFinder 앱에서 수행했듯, PositionController 클래스를 리팩터링해 모든 송수신의 단일 지점을 생성합니다. 클래스 수준 @RestController 어노테이션을 @Controller로 바꾸면

position.html Thymeleaf 템플릿을 활성화하는 HTTP 기반(그러나 이 경우엔 템플릿 기반) 엔드포인트와 RSocket 엔드포인트를 함께 포함할 수 있습니다.

항공기 위치가 RSocket 클라이언트 역할을 하도록 `RSocketRequester.Builder` 빈을 생성자 주입해 `RSocketRequester`를 생성합니다. 프로젝트에 RSocket 의존성을 추가하면 `RSocketRequester.Builder` 빈은 스프링 부트에 의해 자동으로 생성됩니다. 생성자 내에서 빌더의 `tcp()` 메서드를 통해 `PlaneFinder` 앱의 RSocket 서버에 TCP 연결을 합니다.

> **NOTE_** 다른 객체(`RSocketRequester`)의 인스턴스를 생성하기 위해 사용되는 빈(`RSocketRequester.Builder`)을 주입해야 하므로 생성자를 생성합니다. 이제 생성자가 있으므로 클래스 수준 `@RequiredArgsConstructor`와 멤버 변수 수준 `@NonNull` 롬복 어노테이션을 제거하고, 생성자에 `AircraftRepository`를 추가합니다. 어떤 방법이든 스프링 부트는 빈을 주입하고, 그 빈을 저장소 멤버 변수에 할당합니다.

RSocket 연결이 제대로 작동하고 데이터가 전송되는지 확인하기 위해서 HTTP 기반의 `/acstream` 엔드포인트를 생성하고, 결과로 SSE^Server Sent Events 스트림을 반환하도록 지정하고, `@ResponseBody` 어노테이션을 사용해 응답을 JSON 형식으로 받게 합니다. 생성자에서 초기화된 `RSocketRequester` 멤버 변수를 사용해 `PlaneFinder`에 정의된 RSocket 엔드포인트와 일치하도록 경로를 지정하고, 일부 데이터를 보내(선택 사항, 이 요청에서 유용한 데이터를 보내지는 않음), `PlaneFinder`에서 반환된 `Aircraft`의 `Flux`를 조회합니다.

```
import org.springframework.http.MediaType;
import org.springframework.messaging.rsocket.RSocketRequester;
import org.springframework.stereotype.Controller;
import org.springframework.ui.Model;
import org.springframework.web.bind.annotation.GetMapping;
import org.springframework.web.bind.annotation.ResponseBody;
import org.springframework.web.reactive.function.client.WebClient;
import reactor.core.publisher.Flux;

@Controller
public class PositionController {
    private final AircraftRepository repository;
    private final RSocketRequester requester;
    private WebClient client =
            WebClient.create("http://localhost:7634/aircraft");
```

```
    public PositionController(AircraftRepository repository,
                              RSocketRequester.Builder builder) {
        this.repository = repository;
        this.requester = builder.tcp("localhost", 7635);
    }

    // HTTP 엔드포인트, HTTP 요청자(이전에 생성)
    @GetMapping("/aircraft")
    public String getCurrentAircraftPositions(Model model) {
        Flux<Aircraft> aircraftFlux = repository.deleteAll()
                .thenMany(client.get()
                        .retrieve()
                        .bodyToFlux(Aircraft.class)
                        .filter(plane -> !plane.getReg().isEmpty())
                        .flatMap(repository::save));

        model.addAttribute("currentPositions", aircraftFlux);
        return "positions";
    }

    // HTTP 엔드포인트, RSocket 클라이언트 엔드포인트
    @ResponseBody
    @GetMapping(value = "/acstream",
            produces = MediaType.TEXT_EVENT_STREAM_VALUE)
    public Flux<Aircraft> getCurrentACPositionsStream() {
        return requester.route("acstream")
                .data("Requesting aircraft positions")
                .retrieveFlux(Aircraft.class);
    }
}
```

RSocket 연결이 가능하고 `PlaneFinder`가 `Aircraft Positions` 앱에 데이터를 전송하는지 확인하기 위해, `Aircraft Positions`를 실행하고 터미널과 HTTPie로 돌아가 응답 바디가 완료되기를 기다리기보다는 도착하는 데이터를 스트림으로 처리하기 위해 명령에 `-S` 플래그를 추가합니다(`http -S :8080/acstream`). 결과는 다음과 같습니다(간결함을 위해 일부 내용만 표시함).

```
mheckler-a01 :: ~ » http -S :8080/acstream
HTTP/1.1 200 OK
Content-Type: text/event-stream;charset=UTF-8
transfer-encoding: chunked
```

```
data:{"id":1,"callsign":"RPA3427","squawk":"0526","reg":"N723YX","flightno":
"UA3427","route":"IAD-MCI","type":"E75L","category":"A3","altitude":36000,
"heading":290,"speed":403,"lat":39.183929,"lon":-90.72259,"barometer":0.0,
"vert_rate":64,"selected_altitude":0,"polar_distance":29.06486,
"polar_bearing":297.519943,"is_adsb":true,"is_on_ground":false,
"last_seen_time":"2020-09-20T23:58:51Z",
"pos_update_time":"2020-09-20T23:58:49Z","bds40_seen_time":null}

data:{"id":2,"callsign":"EDG76","squawk":"3354","reg":"N776RB","flightno":"",
"route":"TEB-VNY","type":"GLF5","category":"A3","altitude":43000,"heading":256,
"speed":419,"lat":38.884918,"lon":-90.363026,"barometer":0.0,"vert_rate":64,
"selected_altitude":0,"polar_distance":9.699159,"polar_bearing":244.237695,
"is_adsb":true,"is_on_ground":false,"last_seen_time":"2020-09-20T23:59:22Z",
"pos_update_time":"2020-09-20T23:59:14Z","bds40_seen_time":null}

data:{"id":3,"callsign":"EJM604","squawk":"3144","reg":"N604SD","flightno":"",
"route":"ENW-HOU","type":"C56X","category":"A2","altitude":38000,"heading":201,
"speed":387,"lat":38.627464,"lon":-90.01416,"barometer":0.0,"vert_rate":-64,
"selected_altitude":0,"polar_distance":20.898095,"polar_bearing":158.9935,
"is_adsb":true,"is_on_ground":false,"last_seen_time":"2020-09-20T23:59:19Z",
"pos_update_time":"2020-09-20T23:59:19Z","bds40_seen_time":null}
```


결과를 보면, 요청-스트림request-stream 모델을 사용하는 RSocket 연결 상태에서 리액티브 스트림에 의해 데이터가 PlaneFinder에서 Aircraft Positions 앱으로 전송되고 있습니다. 시스템이 제대로 작동합니다.

TIP_ 코드 사용하기
완성된 코드는 깃허브(chapter8end 브랜치)에서 확인할 수 있습니다.

8.7 마치며

리액티브 프로그래밍은 개발자에게 리소스를 더 잘 사용하는 방법을 제공합니다. 갈수록 분산과 상호 연결이 강화되는 시스템 세계에서 확장성은 애플리케이션 경계를 넘어 통신 채널로 확장성 메커니즘을 확대할 때 실현됩니다. 그리고 리액티브 스트림 이니셔티브, 특히 프로젝트 리액터는 시스템의 전반적인 확장성을 극대화하기 위해 강력하고 성능이 뛰어나며 유연한 토대를 마련합니다.

이 장에서는 리액티브 프로그래밍을 소개하고 스프링이 수많은 도구와 기술의 개발과 발전을 어떻게 주도하고 있는지 보였습니다. 블로킹과 논블로킹 통신, 이러한 기능을 제공하는 엔진(예: 톰캣, 네티)도 설명했습니다.

다음으로 스프링 웹플럭스/프로젝트 리액터를 사용하도록 `PlaneFinder` 앱과 `Aircraft Positions` 앱을 리팩터링해서 SQL과 NoSQL 데이터베이스에 리액티브 데이터베이스 액세스를 적용하는 법을 살펴보았습니다. R2DBCReactive Relational Database Connectivity는 JPAJava Persistence API의 리액티브 대안을 제공하고, 여러 SQL 데이터베이스와 함께 작동합니다. 몽고DB와 기타 NoSQL 데이터베이스는 스프링 데이터, 스프링 부트와 원활하게 작동하는 리액티브 드라이버를 제공합니다.

또 리액티브 타입의 프론트엔드 통합을 위한 옵션을 설명하고, 만약 애플리케이션이 여전히 뷰 기술을 사용하는 경우 제한적이지만 Thymeleaf로 마이그레이션하는 법도 알아보았습니다.

마지막으로, RSocket을 사용해 프로세스 간 통신을 새로운 차원으로 끌어올리는 방법을 제시했습니다. 스프링 부트의 RSocket 지원과 자동 설정은 성능, 확장성, 탄력성, 개발자 생산성을 향상시킵니다.

다음 장에서는 테스트를 자세히 들여다보겠습니다. 스프링 부트가 테스트를 더 좋고, 더 빠르고, 더 쉽게 하는 방법, 효과적인 단위 테스트를 만드는 방법, 빌드와 테스트 주기를 단축하기 위해 테스트를 연마하고 집중하는 방법을 살펴봅니다.

CHAPTER 9

프로덕션을 위한 애플리케이션 테스트

이 장에서는 스프링 부트 애플리케이션 테스트의 핵심 측면을 논의하고 시연합니다. 테스트의 다양한 측면 중 각 애플리케이션의 프로덕션 준비성을 극적으로 향상시키는 스프링 부트 애플리케이션 테스트의 기본 요소를 중심으로 진행합니다. 다룰 주제는 단위 테스트, `@SpringBootTest`를 사용한 애플리케이션 전체 테스트, JUnit을 사용한 효과적인 단위 테스트 방법, 스프링 부트 슬라이스 테스트를 적용해 주제를 분리함으로써 테스트를 간소화하는 방법입니다.

> **TIP_ 코드 사용하기**
> 이 장에서 사용하는 코드는 깃허브(`chapter9begin` 브랜치)에서 확인할 수 있습니다.

9.1 단위 테스트

단위 테스트가 애플리케이션 테스트에서 전구체 역할을 하는 데는 합당한 이유가 있습니다. 개발과 배포 주기에서 가장 빠른 시점에 버그를 찾아내 수정함으로써 결과적으로 버그 수정에 드는 비용이 가장 적기 때문입니다.

간단히 말해, **단위 테스트**는 코드 단위를 가능한 한 작게 분리하고 합리적으로 정의해 유효성을 검사하는 방법입니다. 테스트 결과의 개수는 코드 단위의 크기와 복잡성에 따라 기하급수적으로 늘어납니다. 단위 테스트 내 기능 수를 줄이면 단위 테스트 관리가 더 용이해집니다. 따라서 모든 경우의 가능성 혹은 가능성 있는 결과를 고려하게 될 확률이 높습니다.

단위 테스트를 성공적으로 충분히 구현한 후에는 통합 테스트, UI/UX 테스트 등을 추가해야 합니다. 다행히도 스프링 부트는 단위 테스트를 단순화하고 간소화하는 기능이 있으며, 스프링 이니셜라이저로 빌드된 모든 프로젝트에는 테스트 기능이 기본적으로 들어 있습니다. 따라서 쉽고 빠르게 테스트를 시작하고 '올바른 작업'을 수행하게 됩니다.

9.2 @SpringBootTest

지금까지는 메인 애플리케이션 클래스 등 스프링 이니셜라이저로 생성한 프로젝트의 *src/main/java* 경로에 있는 코드에 초점을 맞추었습니다. 그러나 이니셜라이저가 생성한 스프링 부트 애플리케이션에는 사전에 생성된 단일 테스트가 하나 있으나 내용이 텅 빈 디렉터리 *src/test/java*가 있습니다.

테스트 클래스는 기본적으로 애플리케이션 클래스와 이름이 일치하도록 지정해 구조에 일관성을 부여합니다. 예를 들어, 기본 앱 클래스의 이름이 `MyApplication`이면 기본 테스트 클래스는 `MyApplicationTest`가 됩니다. 이니셜라이저는 테스트 클래스 내에서 테스트와 빌드가 명확하게 시작되도록 빈 단일 테스트 메서드를 만듭니다. 여기에 더 많은 테스트 메서드를 추가하거나 애플리케이션의 다른 클래스를 테스트할 테스트 클래스를 추가로 작성하기도 하며, 테스트 클래스 내에 여러 테스트 메서드도 추가할 수 있습니다.

일반적으로는 테스트를 먼저 작성하고 그 테스트를 통과하도록 코드를 작성하는 테스트 주도 개발(TDD)을 권장합니다. 저는 스프링 부트가 어떻게 테스트를 처리하는지 알기 전에 반드시 스프링 부트의 주요 측면부터 이해해야 한다고 생각합니다. 따라서 스프링 부트의 기본적인 주제를 먼저 설명한 후, 본격적으로 이 장의 주된 내용을 다루겠습니다. 여러분에게 양해를 구합니다.

스프링 부트의 기본 주제부터 먼저 설명한다는 점을 염두에 두고 `Aircraft Positions` 앱으로 돌아가 몇 가지 테스트를 작성해보겠습니다.

테스트 범위

최소 수준부터 100% 테스트 범위coverage까지 매 수준마다 단위 테스트를 실시해야 한다고 많은 사람이 설득력 있게 주장합니다. 저는 제가 실용주의자라고 생각합니다. 너무 적은 것은 여전히 너무 적음을 인식하는 동시에 '어떤 것이 좋다면 더 많은 것이 더 좋아져야 한다'는 생각이 거짓임을 인정합니다.

일을 하려면 비용을 지불해야 합니다. 테스트가 너무 적으면, 그에 따른 비용은 프로젝트의 때이른 시점에 이미 명백해집니다. 오류나 에지 케이스가 프로덕션 단계로 넘어가면, 상당한 골칫거리와 재정적 손실의 불씨가 됩니다. 그러나 게터와 세터 또는 노출된 라이브러리/프레임워크 코드의 모든 요소에 테스트를 작성하기는 프로젝트에 부담이 됩니다. 게다가 때로는 모든 요소의 테스트로 얻는 이득이 전무하기도 합니다. 물론 접근자(게터)와 변경자(세터)는 변경 가능하며, 기본 코드에도 버그가 발생하기 마련입니다. 하지만 이런 일이 여러분의 프로젝트에서 얼마나 자주 일어나나요?

이 책에서도 그렇지만, 평소에도 저는 소위 '흥미로운 동작'에만 의도적으로 테스트를 작성하는 '충분한 테스트' 방식을 채택합니다. 따로 설명할 몇 가지 주목할 만한 예외를 제외하고, 일반적으로 도메인 클래스, 접근자(게터)와 변경자(세터), 잘 정립된 스프링 코드 등 이미 매우 안정적인 부분이나 오류가 발생할 일이 거의 없어 보이는 부분에는 테스트를 작성하지 않습니다. '흥미로운 동작'은 방금 전에 언급한 내용을 참조하세요. 또 소프트웨어가 제자리에 머물지 않고 발전을 거듭하기 때문에 '충분한 테스트' 방식은 실제 프로젝트에서 시험하고 재검증해야 합니다.

오직 여러분과 여러분의 조직만이 위험 정도를 결정할 당사자입니다.

스프링 부트의 가장 광범위한 테스트 기능을 가장 명확하고 간결하게 보여주기 위해 JPA 버전의 `Aircraft Positions` 앱을 '테스트'의 예제로 삼겠습니다. 이 프로젝트에서는 다루지 않으나 이 장에서 설명하는 테스트 개념을 보완하는 주제는 다음 장에서 설명하겠습니다.

9.2.1 Aircraft Positions 애플리케이션을 위한 단위 테스트

`Aircraft Positions` 앱에 '흥미로운 동작'으로 볼 만한 클래스가 있습니다. `PositionController`는 최종 사용자에게 직접 또는 웹 인터페이스를 통해 항공기 현 위치를 제공하는 API를 노출하고 해당 API에서 다음 작업을 수행합니다.

- PlaneFinder 앱에서 항공기 현 위치 가져오기
- 로컬 데이터베이스에 위치 저장하기
- 로컬 데이터베이스에서 위치 조회하기
- 항공기 현 위치를 직접 반환하거나, 웹페이지를 위한 도큐먼트 Model에 추가한 후 반환하기

이 기능은 외부 서비스와 상호작용할 뿐만 아니라, 사용자 인터페이스에서 데이터 저장과 조회에 이르기까지 애플리케이션 스택의 모든 계층에 영향을 미칩니다. 좋은 테스트 방법은 테스트의 응집도를 유지하면서 기능을 작은 단위로 분리시켜 작게 테스트하는 것입니다. 반복적iterative 테스트 접근방식은 아무것도 없는 현재 상태의 코드에서 테스트를 차근차근 하나하나씩 진행해 나갑니다. 궁극적으로 최적화된 애플리케이션 구조와 테스트를 향해 말입니다. 이러한 테스트 방식으로 통상적인 프로덕트 수준의 테스트를 하게 됩니다.

NOTE_ 사용 중인 애플리케이션이 완벽하게 실행되지 않듯, 테스트도 그렇습니다. 애플리케이션 코드가 발전하는 만큼 테스트도 검토해야 하며 테스트 유효성을 유지하기 위해 잠재적 수정, 제거, 추가를 고려해야 합니다.

먼저 PositionController 클래스의 테스트 클래스를 생성합니다. 테스트 클래스를 생성하는 메커니즘은 IDE마다 다르며, 물론 수동으로 생성하기도 합니다. 인텔리제이에서는 단축키(CMD+N)나 마우스 오른쪽 버튼을 클릭한 후 'Generate(생성)'을 클릭해 메뉴를 연 다음, 'Test(테스트)…' 옵션을 선택해 테스트 클래스를 만듭니다. 그러면 [그림 9-1] 같은 팝업이 뜹니다.

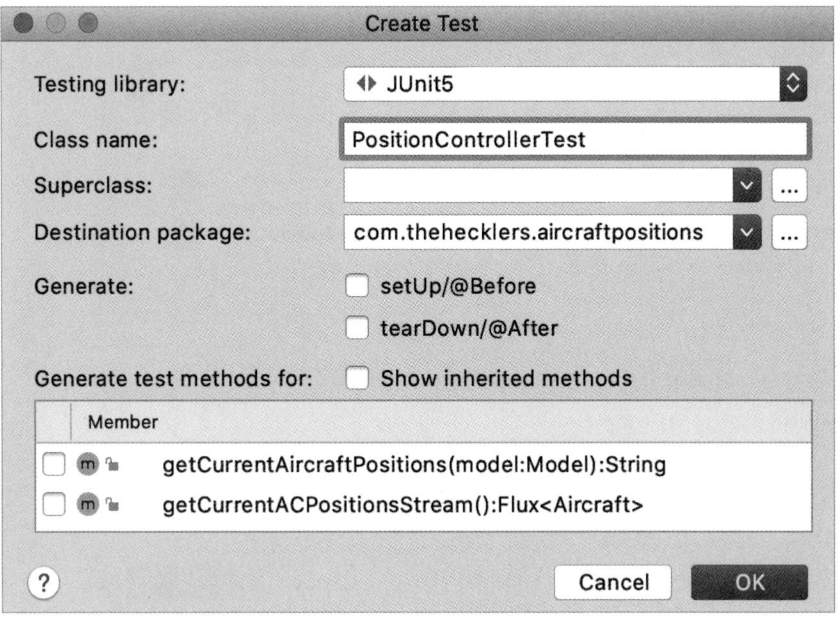

그림 9-1 PositionController 클래스에서 'Create Test(테스트 생성)' 팝업 창 생성하기

'Create Test(테스트 생성)' 창에서 JUnit 5의 기본 'Testing library(라이브러리 테스트)' 옵션 설정을 그대로 선택합니다. 스프링 부트 버전 2.2 GA가 릴리스된 이후 JUnit 버전 5가 스프링 부트 애플리케이션 단위 테스트의 기본값이 됐습니다. JUnit 3과 4, Spock, TestNG를 비롯해 다양한 옵션이 지원되나, 주피터 엔진이 포함된 JUnit 5는 다음과 같은 여러 기능을 제공하는 강력한 옵션입니다.

- 이전 버전에 비해 개선된 코틀린 코드 테스트
- `@BeforeAll`과 `@AfterAll` 어노테이션을 사용해 테스트 클래스의 모든 테스트에서 인스턴스화/설정/정리를 효율적으로 한 번에 실시
- JUnit 4가 의존성에서 특별히 제외되지 않는 한 JUnit 4와 5 테스트를 모두 지원

JUnit 5의 주피터 엔진이 기본값이며, JUnit 4 단위 테스트와의 하위 호환성을 위해 빈티지 엔진도 제공합니다.

인텔리제이가 제안하는 클래스 이름인 `PositionControllerTest`를 유지하고, `setup/@Before`와 `tearDown/@After` 메서드를 생성하기 위해 상자를 체크한 후, [그림 9-2]와 같이 `getCurrentAircraftPositions()` 메서드에 대한 테스트 메서드 생성 상자를 체크합니다.

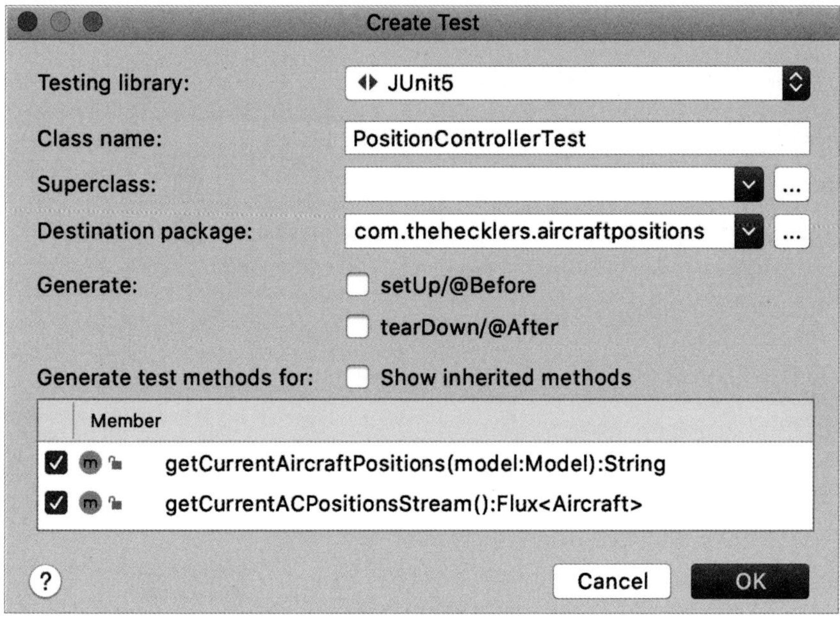

그림 9-2 'Create Test(테스트 생성)' 창에서 원하는 옵션 선택하기

[OK] 버튼을 클릭하면, 인텔리제이는 앞서 독자가 선택한 메서드를 PositionControllerTest 클래스와 함께 만들고 다음과 같이 IDE에서 엽니다.

```
import org.junit.jupiter.api.AfterEach;
import org.junit.jupiter.api.BeforeEach;
import org.junit.jupiter.api.Test;

class PositionControllerTest {

    @BeforeEach
    void setUp() {
    }

    @AfterEach
    void tearDown() {
    }

    @Test
    void getCurrentAircraftPositions() {
    }
}
```

테스트를 시작하기 위해, PositionController의 getCurrentAircraftPositions() 메서드를 스프링 부트의 ApplicationContext와 같은 컨텍스트 내에서 최대한 재연하려 합니다.

> **ApplicationContext**
>
> 스프링 부트 애플리케이션에는 필수 컨텍스트를 제공하는 환경, 애플리케이션 컴포넌트/빈, 메시지 전달 등 상호작용을 관리하는 ApplicationContext가 있습니다. 기본값으로, 애플리케이션에 필요한 특정 유형의 ApplicationContext는 스프링 부트가 자동 설정합니다.
>
> 테스트할 때 @SpringBootTest 클래스 수준의 어노테이션은 webEnvironment 매개변수를 지원하며, 다음 네 가지 옵션 중 하나를 선택합니다.
>
> - MOCK
> - RANDOM_PORT
> - DEFINED_PORT
> - NONE
>
> MOCK 옵션이 기본값입니다. MOCK은 웹 ApplicationContext를 로딩하고, 웹 환경이 애플리케이션의 클래스 경로에 있는 경우 내장 서버를 시작하는 대신 mock 웹 환경을 활용합니다. 그렇지 않으면 웹 기능이 없는 일반 ApplicationContext를 로딩합니다. @SpringBootTest(webEnvironment = SpringBootTest.WebEnvironment.MOCK) 또는 @SpringBootTest는 종종 @AutoConfigureMockMVC 또는 @AutoConfigureWebTestClient와 같이 사용됩니다. @AutoConfigureMockMVC 또는 @AutoConfigureWebTestClient의 메커니즘을 사용하면 웹 기반 API의 mock 기반 테스트 수행이 가능합니다.
>
> RANDOM_PORT 옵션은 웹 ApplicationContext를 로딩하고 내장 서버를 시작해서 사용 가능한 임의의 포트에 노출된 실제 웹 환경을 제공합니다. DEFINED_PORT는 이와 동일한 작업을 수행하는데 예외가 하나 있습니다. DEFINED_PORT 애플리케이션의 *application.properties* 또는 *application.yml/yaml* 파일에 정의된 포트를 사용한다는 점입니다. 해당 위치에 포트가 정의되지 않으면 기본 포트 8080을 사용합니다.
>
> NONE을 선택하면 모의 웹 환경이나 실제 웹 환경이 전혀 없는 ApplicationContext가 생성됩니다. 내장 서버도 시작되지 않습니다.

클래스 수준에서 @SpringBootTest 어노테이션을 추가하는 작업으로 시작합시다. 애플리케이션이 실행될 때 나타나는 동작을 가능한 한 가깝게 재연하는 것이 초기 목표이므로, 내장 서버를 시작하고 임의의 포트를 사용하도록 옵션을 지정합니다. 웹 API를 테스트하기 위해 애플리케이션에서 사용하는 WebClient와 비슷하지만 테스트용인 WebTestClient를 사용할 계획입니다.

```
@SpringBootTest(webEnvironment = SpringBootTest.WebEnvironment.RANDOM_PORT)
@AutoConfigureWebTestClient
```

아직 단위 테스트는 하나이며 @BeforeEach의 setup 메서드와 @AfterEach의 tearDown 메서드가 아직 필요하지 않으므로, getCurrentAircraftPositions()의 테스트 방법을 먼저 다루겠습니다.

```
@Test
void getCurrentAircraftPositions(@Autowired WebTestClient client) {
    assert client.get()
            .uri("/aircraft")
            .exchange()
            .expectStatus().isOk()
            .expectBody(Iterable.class)
            .returnResult()
            .getResponseBody()
            .iterator()
            .hasNext();
}
```

먼저 주목할 사항은 메서드 내에서 사용하기 위해 WebTestClient 빈을 @Autowire한다는 점입니다. 그러면 스프링 부트가 WebTestClient를 생성하고 자동 설정하도록 클래스 수준에서 작성한 @AutoConfigureWebTestClient 덕분에 ApplicationContext에 WebTestClient 빈이 주입됩니다.

@Test라고 적힌 메서드는 @Test 바로 뒤에 오는 표현식을 테스트하라는 명령문입니다. 이 테스트의 첫 번째 iteration에서는 자바의 assert를 사용해서 클라이언트에 대한 작업 체인의 최종 결과가 불boolean 참값인지 확인합니다. 테스트 결과는 통과입니다.

표현식expression 자체는 주입된 WebTestClient 빈을 사용해 PositionController의

getCurrentAircraftPositions() 메서드에 의해 응답하는 /Aircraft 로컬 엔드포인트에 GET을 요청합니다. request/response 교환이 발생하면, HTTP 상태 코드 "OK"(200) 응답을 확인하고 응답 바디body에 Iterable이 포함됐는지 확인한 후 response를 회수합니다. 응답이 Iterable로 구성됐으니 Iterable 내에 적어도 하나의 값이 들어 있는지 확인하기 위해 Iterator를 사용합니다. Iterable 내에 값이 최소 하나라도 있으면 테스트를 통과한 것입니다.

> **WARNING_** 이 테스트에는 최소한 몇 가지 작은 타협이 있습니다. 첫째, AircraftPositions에서 테스트 중인 코드가 모두 정확하게 옳더라도 항공기 위치를 제공하는 외부 서비스(PlaneFinder)를 사용하지 못하면 작성된 테스트는 실패합니다. 이는 테스트에서 대상 기능 외에 훨씬 더 많은 것을 테스트한다는 의미입니다. 둘째, Iterable이 최소 하나 이상의 요소와 함께 반환되는지 여부만 테스트하고, 요소 자체에 대한 검사를 수행하지 않기 때문에 테스트 범위가 다소 제한적입니다. 이는 Iterable에서 어떤 종류든 하나 이상의 요소를 반환하거나, 요소 내의 값이 유효하지 않아도 반환되는 요소 자체가 유용하면 테스트를 통과한다는 뜻입니다. 이런 취약점의 해결 방안은 이후에 순차적으로 다루겠습니다.

테스트를 실행하면, 테스트가 통과됐음을 알려주는 [그림 9-3]과 비슷한 결과를 보게 됩니다.

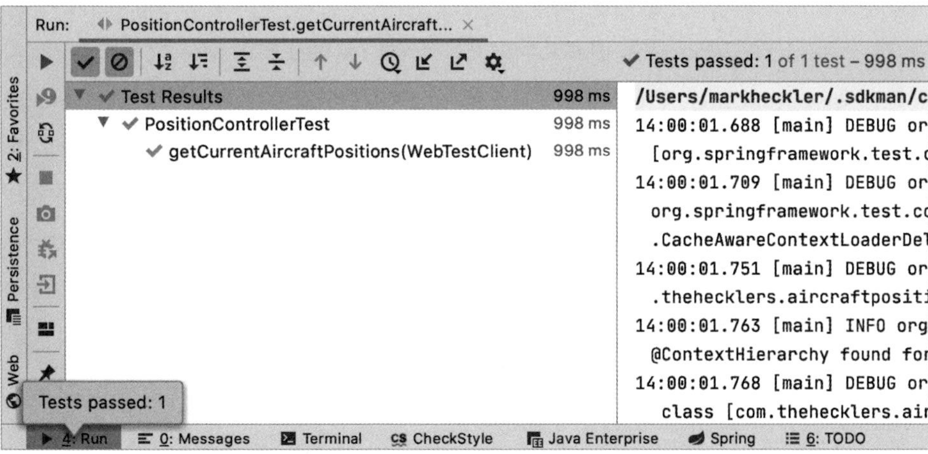

그림 9-3 첫 번째 테스트 통과

이 단일 테스트도 좋지만, 더 크게 향상시킬 수 있습니다. 단위 테스트 요구사항을 더 확장하기 전에 이 테스트를 한번 정리합시다.

9.2.2 더 나은 테스트를 위한 리팩터링

대다수의 경우, 몇 가지 테스트를 실행하기 위해 내장 서버와 함께 전체 ApplicationContext를 로딩하고 애플리케이션에 있는 모든 기능을 로딩하기는 지나칩니다. 앞서 언급했듯, 단위 테스트는 집중되어야 하고 가능하다면 독립적이어야 합니다. 표면적이 좁고 외부 의존성이 적을수록 테스트 대상에 초점을 더 집중하게 됩니다.

레이저처럼 한 지점에 초점을 집중하면, 시나리오를 간과하는 일이 줄고, 테스트를 더 엄격하고 구체적으로, 더 읽기 쉽고 이해하기 쉽게, 더 빠른 속도로 수행하게 됩니다.

상황에 따라 달라지지만, 앞서 가치가 없거나 낮은 테스트를 작성하는 일은 비생산적이라고 말했습니다. 개발자가 유용한 테스트 추가를 실행에 옮기지 못하는 이유는 테스트 스위트[40] 실행에 시간이 걸리기 때문입니다. 일단 특정 임계치에 도달하면, 이 역시 상황에 따라 달라지긴 하지만, 이미 깨끗한 빌드를 얻는 데 상당한 시간이 걸렸기 때문에 그 이상의 시간 소모를 주저합니다. 다행히도 스프링 부트에는 테스트 품질을 높이면서 실행 시간도 줄이는 여러 방법이 있습니다.

AircraftPosition의 API 요구사항을 충족하기 위해 WebClient 또는 WebTestClient를 사용하는 호출이 필요하지 않은 경우, 다음 논리적 단계는 클래스 수준의 @SpringBootTest 어노테이션 내 webEnvironment 매개변수의 제거입니다. 이렇게 하면 MOCK 웹 환경을 사용하는 PositionControllerTest 클래스의 테스트를 위해 기본 ApplicationContext가 로딩되며, 필요한 풋프린트[메모리]와 로딩 시간이 짧아집니다. WebClient는 API의 핵심이며, WebTestClient가 이를 테스트하는 가장 좋은 방법이기 때문에 클래스 수준의 @SpringBootTest와 @AutoConfigureWebTestClient 어노테이션을 @WebFluxTest로 대체해 ApplicationContext를 간소화하는 동시에 WebTestClient에의 접근을 자동 설정해 제공합니다.

```
@WebFluxTest({PositionController.class})
```

@WebFluxTest 어노테이션에서 주의할 또 다른 사항은 어노테이션이 달린 테스트 클래스에서 사용하기 위해 인스턴스화할 @Controller 빈 유형의 배열을 가리키는 컨트롤러의 매개변수를

40 옮긴이_ 여러 테스트의 묶음을 의미합니다.

받아들인다는 점입니다. 실제로 `controllers =` 부분을 위처럼 생략해 `@Controller` 클래스 배열만 남겨 둡니다. 이 경우엔 클래스 배열이 `PositionController` 하나뿐입니다.

동작 분리를 위한 코드 다시 보기

앞서 언급했듯, `PositionController` 코드는 여러 데이터베이스를 호출하고 `WebClient`를 사용해 외부 서비스에 직접 액세스하는 등 여러 가지 작업을 수행합니다. API를 기본 작업에서 더 분리하고 mock을 더 세분화해서 둘 다 더 쉽고 명확해지도록 `PositionController`를 리팩터링합니다. `WebClient`의 직접 정의와 사용을 제거하고 `getCurrentAircraftPositions()` 메서드의 전체 로직을 `PositionRetriever` 클래스로 이동시킵니다. 그렇게 한 후 `PositionRetriever` 클래스를 `PositionController`에 주입해 사용합니다.

```
import lombok.AllArgsConstructor;
import org.springframework.web.bind.annotation.GetMapping;
import org.springframework.web.bind.annotation.RestController;

@AllArgsConstructor
@RestController
public class PositionController {
    private final PositionRetriever retriever;

    @GetMapping("/aircraft")
    public Iterable<Aircraft> getCurrentAircraftPositions() {
        return retriever.retrieveAircraftPositions();
    }
}
```

mock 준비가 완료된 첫 번째 버전의 `PositionRetriever`는 주로 `PositionController`에 있던 코드로 구성됩니다. 이 단계의 주요 목표는 `retrieveAircraftPositions()` 메서드의 mock을 용이하게 하는 것입니다. `PositionController`의 `getCurrentAircraftPositions()` 메서드 내 `retrieveAircraftPositions()` 메서드를 제거하면 웹 API 대신 업스트림 호출upstream call[41]을 mock할 수 있으므로 `PositionController`의 테스트가 가능해집니다.

---

41 옮긴이_ HTTP 사양에서 정의된 upstream은 HTTP 요청과 응답 시 주고받는 메시지 흐름 방향의 하나입니다. 모든 메시지는 upstream에서 downstream으로 흐릅니다. 여기서는 API를 테스트하기 위해 애플리케이션의 웹 API를 실제로 호출하는 대신

```java
import lombok.AllArgsConstructor;
import org.springframework.stereotype.Component;
import org.springframework.web.reactive.function.client.WebClient;

@AllArgsConstructor
@Component
public class PositionRetriever {
    private final AircraftRepository repository;
    private final WebClient client =
            WebClient.create("http://localhost:7634");

    Iterable<Aircraft> retrieveAircraftPositions() {
        repository.deleteAll();

        client.get()
                .uri("/aircraft")
                .retrieve()
                .bodyToFlux(Aircraft.class)
                .filter(ac -&gt; !ac.getReg().isEmpty())
                .toStream()
                .forEach(repository::save);

        return repository.findAll();
    }
}
```

코드 변경으로, 기존 테스트를 수정해 `Aircraft Positions` 앱 기능을 외부 서비스와 분리하고 웹 API에서 접근하는 다른 컴포넌트와 기능을 mock함으로써, 웹 API에 초점을 맞춰 테스트 실행을 간소화하고 가속화합니다.

테스트 개선

웹 API 테스트에 초점을 맞추므로, 실제 웹 상호작용이 아니면서도 mock이 될 수 있는 로직이 많을수록 좋습니다. `PositionController::getCurrentAircraftPositions`는 이제 요청 시 항공기 현 위치를 제공하기 위해 `PositionRetriever`를 호출하므로 `PositionRetriever`

API 엔드포인트를 사용해 클라이언트가 요청을 보내는 것처럼(mock) 만드는 것을 의미합니다. HTTP 사양 관련 문서를 참조하세요. `https://datatracker.ietf.org/doc/html/rfc9110#section-3.7`과 `https://datatracker.ietf.org/doc/html/rfc9110#section-15.6.5`

가 mock해야 할 첫 번째 컴포넌트입니다. Mockito의 @MockBean 어노테이션은 애플리케이션 시작 시 생성될 PositionRetriever 빈을 mock 객체로 대체하고, mock 객체는 자동 주입됩니다. Mockito는 스프링 부트 테스트 의존성에 자동으로 포함됩니다.

```
@MockBean
private PositionRetriever retriever;
```

NOTE_ mock 빈은 각 테스트 메서드가 실행된 후 자동으로 재설정됩니다.

그런 다음 항공기 위치를 제공하는 메서드인 PositionRetriever::retrieveAircraftPositions에 주의를 기울입니다. 이제 실제 객체 대신 테스트를 위해 PositionRetriever mock 객체를 주입하므로, PositionController가 이를 호출할 때 예측 가능하고 테스트 가능한 방식으로 응답하도록 retrieveAircraftPositions() 메서드에 대한 구현체를 제공해야 합니다.

PositionControllerTest 클래스 내에서 테스트를 위한 샘플 데이터로 사용할 항공기 위치 몇 개를 생성한 후, 클래스 수준에서 Aircraft 변수를 선언하고 setUp() 메서드 내에서 샘플 값을 할당합니다.

```
private Aircraft ac1, ac2;

@BeforeEach
void setUp(ApplicationContext context) {
    // 스프링 항공기 001 STL(Saint Louis)에서 SFO(San Francisco)로 이동 중
    // 현재 Kansas City 상공 30000피트
    ac1 = new Aircraft(1L, "SAL001", "sqwk", "N12345", "SAL001",
            "STL-SFO", "LJ", "ct",
            30000, 280, 440, 0, 0,
            39.2979849, -94.71921, 0D, 0D, 0D,
            true, false,
            Instant.now(), Instant.now(), Instant.now());

    // 스프링 항공기 002 SFO(San Francisco)에서 STL(Saint Louis)로 이동 중
    // 현재 Kansas City 상공 40000피트
    ac2 = new Aircraft(2L, "SAL002", "sqwk", "N54321", "SAL002",
            "SFO-STL", "LJ", "ct",
```

```
            40000, 65, 440, 0, 0,
            39.8560963, -104.6759263, 0D, 0D, 0D,
            true, false,
            Instant.now(), Instant.now(), Instant.now());
}
```

> **NOTE_** 개발 중인 애플리케이션의 실제 작동에서 조회된 항공기 위치의 개수는 거의 매번 1개 이상이고 보통은 훨씬 더 많습니다. 이를 염두에 두고, 테스트에 사용된 샘플 데이터 세트는 최소한 2개의 위치를 반환해야 합니다. 후속 테스트에서는 0개, 1개 또는 무수히 많은 수의 위치 등 에지 케이스도 고려해야 합니다.

이제 `retrieveAircraftPositions()` 메서드로 돌아갑니다. Mockito의 `when...thenReturn` 조합은 지정된 조건이 충족될 때 지정된 응답을 반환합니다. 이제 샘플 데이터가 정의됐으니 `PositionRetriever::retrieveAircraftPositions`의 호출에 대한 반환 조건과 응답을 모두 제공할 수 있습니다.

```
@BeforeEach
void setUp(ApplicationContext context) {
    // 간결함을 위해 Aircraft 변수 지정 생략

    ...

    Mockito.when(retriever.retrieveAircraftPositions())
        .thenReturn(List.of(ac1, ac2));
}
```

관련 메서드를 mock했으면, `PositionControllerTest::getCurrentAircraftPositions`에 있는 단위 테스트로 주의를 돌립니다.

클래스 수준의 `@WebFluxTest(controllers = {PositionController.class})` 어노테이션을 사용해 `PositionController` 빈을 로딩하도록 테스트 인스턴스에 명령하고, `PositionRetriever`의 mock 빈을 만들고 동작을 정의합니다. 따라서 항공기 위치를 조회하는 테스트 부분이 어떤 데이터를 반환할지 확신하며 리팩터링을 수행할 수 있습니다.

```
@Test
void getCurrentAircraftPositions(@Autowired WebTestClient client) {
    final Iterable&lt;Aircraft&gt; acPositions = client.get()
```

```
            .uri("/aircraft")
            .exchange()
            .expectStatus().isOk()
            .expectBodyList(Aircraft.class)
            .returnResult()
            .getResponseBody();

    // Still need to compare with expected results
}
```

표시된 연산자의 체인은 ac1과 ac2로 구성된 List<Aircraft>를 조회합니다. 정확한 결과를 확인하려면, acPositions의 실제 결과를 예상 결과와 비교해야 합니다. 다음처럼 간단한 비교 방법을 사용하겠습니다.

```
assertEquals(List.of(ac1, ac2), acPositions)
```

이 비교구문은 올바르게 작동해 테스트를 통과할 것입니다. 실은 이 중간 단계에서 실제 결과를 AircraftRepository에 대한 mock 호출을 하여 얻은 결과와 비교해서 위 코드보다 조금 더 나아갈 수 있었습니다. 클래스, setUp() 메서드, getCurrentAircraftPositions() 테스트 메서드에 다음 코드를 추가해 유사한 테스트 결과를 생성(통과)합니다.

```
@MockBean
private AircraftRepository repository;

@BeforeEach
void setUp(ApplicationContext context) {
    // 간결함을 위해 기존 setUp 코드 생략

    ...

    Mockito.when(repository.findAll()).thenReturn(List.of(ac1, ac2));
}

@Test
void getCurrentAircraftPositions(@Autowired WebTestClient client) {
    // 간결함을 위해 client.get 체인 연산자 생략

    ...
```

```
        assertEquals(repository.findAll(), acPositions);
    }
```

> **NOTE_** 이런 형태의 테스트는 통과는 하지만, repository 테스트와 웹 API 테스트의 개념을 혼합하게 되므로 테스트 범위를 좁혀 초점을 집중한다는 테스트 원칙과 다소 모순됩니다. 실제로 `CrudRepository::findAll` 메서드를 사용하지 않고 단순히 mock하기 때문에 테스트에 그 이상의 가치를 부여하지는 못합니다. 하지만 언젠가는 이런 성격의 테스트를 접하게 될 테니 여기서 다룬 것입니다.

`PlaneControllerTest`의 현재 버전은 다음과 같습니다.

```
import org.junit.jupiter.api.BeforeEach;
import org.junit.jupiter.api.Test;
import org.mockito.Mockito;
import org.springframework.beans.factory.annotation.Autowired;
import org.springframework.boot.test.autoconfigure.web.reactive.WebFluxTest;
import org.springframework.boot.test.mock.mockito.MockBean;
import org.springframework.context.ApplicationContext;
import org.springframework.test.web.reactive.server.WebTestClient;

import java.time.Instant;
import java.util.List;

import static org.junit.jupiter.api.Assertions.assertEquals;

@WebFluxTest(controllers = {PositionController.class})
class PositionControllerTest {
    @MockBean
    private PositionRetriever retriever;

    private Aircraft ac1, ac2;

    @BeforeEach
    void setUp(ApplicationContext context) {
        // 스프링 항공기 001 STL(Saint Louis)에서 SFO(San Francisco)로 이동 중
        // 현재 Kansas City 상공 30000피트
        ac1 = new Aircraft(1L, "SAL001", "sqwk", "N12345", "SAL001",
                "STL-SFO", "LJ", "ct",
                30000, 280, 440, 0, 0,
                39.2979849, -94.71921, 0D, 0D, 0D,
                true, false,
```

```
                Instant.now(), Instant.now(), Instant.now());

        // 스프링 항공기 002 SFO(San Francisco)에서 STL(Saint Louis)로 이동 중
        // 현재 Kansas City 상공 40000피트
        ac2 = new Aircraft(2L, "SAL002", "sqwk", "N54321", "SAL002",
                "SFO-STL", "LJ", "ct",
                40000, 65, 440, 0, 0,
                39.8560963, -104.6759263, 0D, 0D, 0D,
                true, false,
                Instant.now(), Instant.now(), Instant.now());

        Mockito.when(retriever.retrieveAircraftPositions())
            .thenReturn(List.of(ac1, ac2));
    }

    @Test
    void getCurrentAircraftPositions(@Autowired WebTestClient client) {
        final Iterable&lt;Aircraft&gt; acPositions = client.get()
                .uri("/aircraft")
                .exchange()
                .expectStatus().isOk()
                .expectBodyList(Aircraft.class)
                .returnResult()
                .getResponseBody();

        assertEquals(List.of(ac1, ac2), acPositions);
    }
}
```

다시 한번 실행하면, [그림 9-4]와 유사한 결과와 함께 테스트가 통과됩니다.

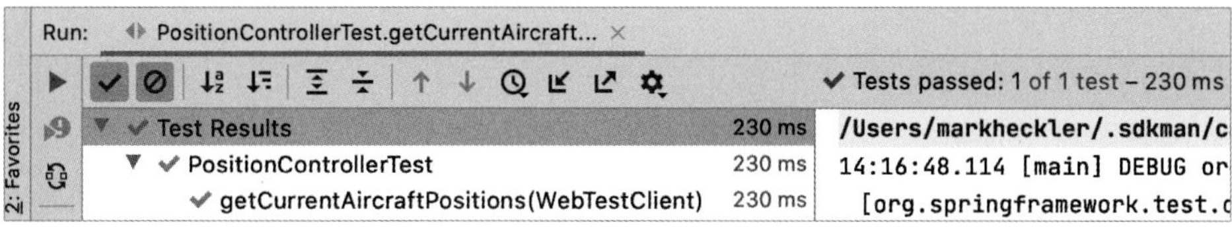

그림 9-4 AircraftRepository::GETCurrentAircraftPositions에 대한 향상된 새 테스트

애플리케이션/사용자 요구사항을 충족하기 위해 웹 API가 확장됨에 따라, 올바른 결과를 보장하려면 우선 단위 테스트부터 명시해야 합니다. 요구사항을 충족하는 실제 코드를 생성하기 전에 말입니다.

9.3 슬라이스 테스트

앞서 이미 테스트 범위를 좁힌 집중 테스트의 중요성을 몇 차례 언급했는데, 스프링에는 개발자가 고통 없이 빠르게 테스트에 집중하도록 돕는 메커니즘이 있습니다. 바로 테스트 슬라이스입니다.

스프링 부트의 `spring-boot-starter-test` 의존성에는 슬라이스를 자동으로 설정하는 기능이 있는 여러 어노테이션이 내장됐습니다. 모든 테스트 슬라이스 어노테이션은 `ApplicationContext`를 로딩하고 지정된 슬라이스에 적합한 컴포넌트를 선택하는 등 작동 방식이 유사합니다. 예는 다음과 같습니다.

- `@JsonTest`
- `@WebMvcTest`
- `@WebFluxText`(이전에 소개됨)
- `@DataJpaTest`
- `@JdbcTest`
- `@DataJdbcTest`
- `@JooqTest`
- `@DataMongoTest`
- `@DataNeo4jTest`
- `@DataRedisTest`
- `@DataLdapTest`
- `@RestClientTest`
- `@AutoConfigureRestDocs`
- `@WebServiceClientTest`

웹 API를 실행하고 검증하기 위해 `@WebFluxTest`를 활용한 이전 절에서 데이터 저장소 상호작용 테스트를 언급한 적이 있고, 이전 예제에서는 웹 상호작용 테스트에 중점을 두었기 때문에 데이터 저장소 테스트를 제외했습니다. 이제 데이터 테스트를 시연하고, 어떻게 슬라이스 테스트가 특정 기능 테스트에 유용한지 살펴보겠습니다.

현재 `Aircraft Positions` 앱은 JPA와 H2를 사용해 현 위치를 저장하고 조회하므로 `@DataJpaTest`가 제격입니다. 인텔리제이를 사용해 테스트를 위한 새 클래스를 만듭니다.

`AircraftRepository` 클래스를 열고 이전과 동일한 접근방식인 CMD+N, "Test..."를 사용합니다. 'Testing Library'는 JUnit5로 설정하고 기타 값은 기본값으로 둡니다. [그림 9-5]와 같이 `setUp/@Before`와 `tearDown/@After` 옵션을 선택합니다.

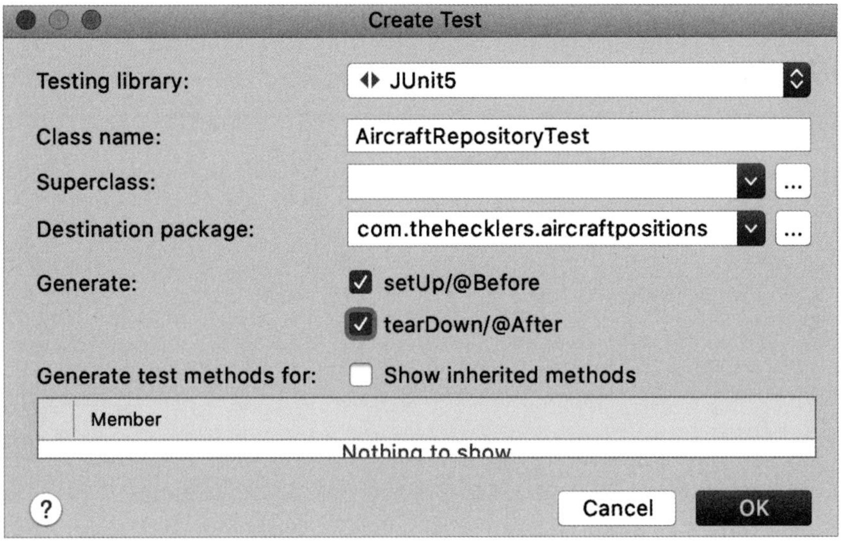

그림 9-5 `AircraftRepository`를 위한 'Create Test' 창

NOTE_ 스프링 데이터 **`Repository`** 빈이 자동 설정을 통해 스프링 부트 애플리케이션에 공통 메서드를 제공하므로 메서드는 표시되지 않습니다. 이를 실행할 테스트 메서드를 다음 예제로 추가할 것인데, 만약 사용자 정의 repository 메서드를 만든다면, 이 역시 테스트해야 합니다.

'OK' 버튼을 클릭하면 `AircraftRepositoryTest` 테스트 클래스가 생성됩니다.

```
import org.junit.jupiter.api.AfterEach;
import org.junit.jupiter.api.BeforeEach;

class AircraftRepositoryTest {

    @BeforeEach
    void setUp() {
    }
```

```
    @AfterEach
    void tearDown() {
    }
}
```

작업의 첫 순서로, 테스트 슬라이스 어노테이션인 `@DataJpaTest`를 `AircraftRepositoryTest` 클래스에 추가합니다.

```
@DataJpaTest
class AircraftRepositoryTest {

    ...

}
```

이 어노테이션을 추가해 코드 실행 시, 테스트는 `@Entity` 클래스를 스캔하고, `AircraftPositions` 앱, `Aircraft`, `AircraftRepository`에서 스프링 데이터 JPA 리포지터리를 각각 설정합니다. 내장 데이터베이스가 여기 H2처럼 클래스 경로에 있는 경우, 테스트 엔진이 내장 데이터베이스를 설정합니다. 일반적인 `@Component` 어노테이션이 있는 클래스는 빈 생성을 위해 스캔되지 않습니다.

실제 리포지터리 작업을 테스트하려면 리포지터리는 mock 객체를 생성해서는 안 됩니다. `@DataJpaTest` 어노테이션은 `AircraftRepository` 빈을 로딩하고 설정하기 때문에 리포지터리의 mock 객체를 생성할 필요가 없습니다. `@Autowire`를 사용해 리포지터리 빈을 주입하고 이전의 `PositionController` 테스트와 마찬가지로 테스트 데이터로 사용할 `Aircraft` 변수를 선언합니다.

```
@Autowired
private AircraftRepository repository;

private Aircraft ac1, ac2;
```

`AircraftRepositoryTest` 클래스 내에서 이루어질 테스트에 적절한 환경을 설정하기 위해 `Aircraft` 객체를 두 개 만들고 각각 선언된 멤버 변수에 할당한 다음, `Repository::saveAll`을 사용해 `setUp()` 메서드 내의 리포지터리에 저장합니다.

```java
@BeforeEach
void setUp() {
    // 스프링 항공기 001 STL(Saint Louis)에서 SFO(San Francisco)로 이동 중
    // 현재 Kansas City 상공 30000피트
    ac1 = new Aircraft(1L, "SAL001", "sqwk", "N12345", "SAL001",
            "STL-SFO", "LJ", "ct",
            30000, 280, 440, 0, 0,
            39.2979849, -94.71921, 0D, 0D, 0D,
            true, false,
            Instant.now(), Instant.now(), Instant.now());

    // 스프링 항공기 002 SFO(San Francisco)에서 STL(Saint Louis)로 이동 중
    // 현재 Kansas City 상공 40000피트
    ac2 = new Aircraft(2L, "SAL002", "sqwk", "N54321", "SAL002",
            "SFO-STL", "LJ", "ct",
            40000, 65, 440, 0, 0,
            39.8560963, -104.6759263, 0D, 0D, 0D,
            true, false,
            Instant.now(), Instant.now(), Instant.now());

    repository.saveAll(List.of(ac1, ac2));
}
```

다음으로, AircraftRepository 빈에서 findAll()을 실행한 결과로 반환된 값이 기댓값과 정확히 같은지 확인하는 테스트 메서드를 만듭니다. 기댓값은 테스트의 setUp() 메서드에 저장된 두 항공기 위치가 담긴 Iterable<Aircraft>입니다.

```java
@Test
void testFindAll() {
    assertEquals(List.of(ac1, ac2), repository.findAll());
}
```

NOTE_ List는 Collection을 상속하고, Collection은 Iterable을 상속합니다.

이 테스트를 실행하면, [그림 9-6] 같은 'pass(통과)' 결과가 나옵니다.

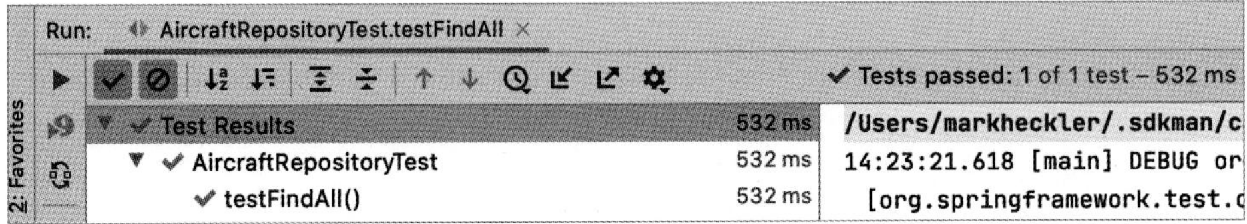

그림 9-6 테스트 결과를 위한 findAll()

ID 필드값으로 특정 데이터를 찾기 위한 AircraftRepository 메서드인 findById()의 테스트도 만듭니다. 테스트 클래스의 setUp()에서 호출된 Repository::saveAll 메서드로 인해 두 레코드가 저장됐으므로 둘 다 쿼리 명령어를 실행하고 예상값과 비교해 결과를 확인합니다.

```
@Test
void testFindById() {
    assertEquals(Optional.of(ac1), repository.findById(ac1.getId()));
    assertEquals(Optional.of(ac2), repository.findById(ac2.getId()));
}
```

testFindById() 테스트를 실행하면, [그림 9-7]처럼 테스트를 통과합니다.

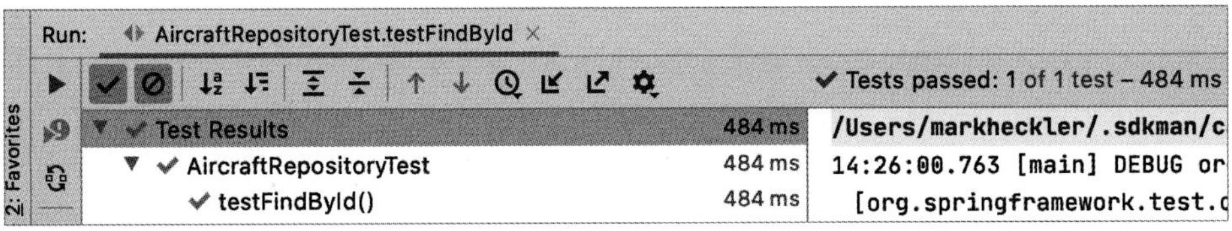

그림 9-7 findById()에 대한 테스트 결과

테스트를 테스트하기

테스트를 통과하면 대부분의 개발자는 코드를 검증했다고 가정합니다. 그러나 테스트 통과는 둘 중 하나를 나타낼 뿐입니다.

- 코드가 동작한다.
- 테스트가 잘못됐다.

따라서 테스트가 실제로 수행해야 하는 작업을 제대로 실행하는지 확인하기 위해 가능할 때마다 테스트에 오류를 일으켜보길 강력히 권합니다.

이게 무슨 말이냐고요?

가장 쉬운 오류의 예는 잘못된 예상 결과를 제공하는 것입니다. 테스트가 갑자기 중단되면, 실패를 검사해보세요. 예상대로 실패했다면, 기능을 바르게 복원하고 테스트가 다시 작동하는지 확인하세요. 다만, 실패 판정기준을 제시한 후에도 테스트를 통과한다면, 테스트를 수정하고 다시 검증합니다. 예상대로 중단되면, 올바른 예상 결과를 복원하고 한 번 더 실행해서 테스트가 올바른 방식으로 올바른 항목을 테스트하는지 확인하세요.

이런 일은 종종 일어납니다. 테스트에서 버그를 놓치면 문제가 프로덕션에서 불거집니다. 이를 해결하기 위한 트러블 슈팅보다 테스트를 작성할 때 잘못된 테스트를 찾는 편이 훨씬 더 비용이 적게 듭니다.

마지막으로, 테스트를 모두 실행한 후에는 소소한 뒷정리가 필요합니다. `tearDown()` 메서드에 `AircraftRepository`의 레코드를 모두 삭제하는 단일 명령문을 추가합니다.

```
@AfterEach
void tearDown() {
    repository.deleteAll();
}
```

우리가 사용 중인 앱의 경우, 각 테스트 전에 다시 초기화되는 H2 DB의 인메모리 인스턴스이기 때문에 데이터베이스에서 모든 레코드를 지울 필요가 없습니다. 일반적으로 이 작업은 테스트 클래스의 `tearDown()` 메서드에서 실시하는 관례입니다.

`AircraftRepositoryTest` 내에서 테스트를 모두 실행하면 [그림 9-8]과 유사한 통과 결과가 생성됩니다.

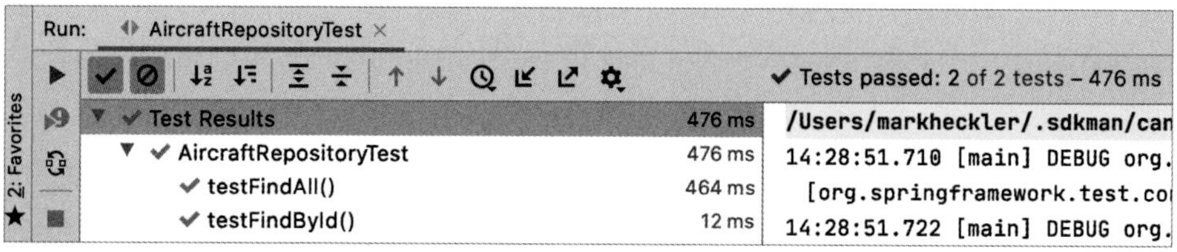

그림 9-8 `AircraftRepositoryTest`에서 수행한 모든 테스트 결과

테스트 시간: 속도의 필요성

초반에 언급했듯, 테스트 엔진이 각 테스트를 수행하기 위해 ApplicationContext에서 로딩하는 빈의 개수와 각 테스트의 범위를 줄이면 테스트의 속도와 신뢰도가 향상됩니다. 미지수가 적은 것은 테스트 스위트가 더 포괄적이라는 의미이고, 테스트 속도가 더 빠른 것은 테스트 스위트가 더 적은 시간에 더 많은 작업을 수행한다는 의미입니다. 이로써 골치 아픈 문제를 해결하게 됩니다.

지금까지 수행한 작업 시간이 얼마나 절약됐는지 살펴보면, PositionControllerTest의 초기 버전은 전체 ApplicationContext를 로딩하고, 테스트를 실행하고, 종료하기까지 998ms, 약 1초가 걸렸습니다. 코드와 테스트를 약간 리팩터링하면, 애플리케이션의 모듈성이 향상되고 관련 테스트의 중점이 개선되며, 동시에 테스트 실행 시간이 1/4초 미만인 230ms로 단축됩니다. 테스트를 실행할 때마다 3/4초 이상을 절약하면 여러 테스트와 빌드 시간이 대폭 줄고 개발 속도도 상당히 빨라집니다.

발전을 거듭하는 애플리케이션의 테스트에 완성이란 존재하지 않습니다. 하지만 현재 Aircraft Positions 앱과 관련된 기능의 경우, 이 장에서 작성한 테스트는 코드를 검증할 좋은 출발점이 되며 애플리케이션에 기능이 추가돼도 지속적인 확장이 가능합니다.

TIP_ 코드 사용하기

완성된 코드는 깃허브(chapter9end 브랜치)에서 확인할 수 있습니다.

9.4 마치며

각 애플리케이션의 프로덕션 준비에 가장 유용한 스프링 부트 애플리케이션 테스트의 기본 측면에 초점을 맞추고, 스프링 부트 애플리케이션 테스트의 핵심 측면을 논의하며 살펴보았습니다. 주제로는 단위 테스트, @SpringBootTest를 사용한 전체적인 애플리케이션 테스트, JUnit을 사용한 효과적인 단위 테스트를 작성하는 방법, 스프링 부트 테스트 슬라이스를 사용해 테스트 대상을 독립적으로 간소화하는 방법 등을 다루었습니다.

다음 장에서는 인증, 인가와 같은 보안 개념을 살펴보겠습니다. 그런 다음 스프링 시큐리티를 사용해 독립형 애플리케이션을 위한 폼 기반Forms-based 인증을 구현하는 방법, 가장 까다로운 요구사항을 충족하기 위해 보안과 유연성을 최대화하는 OpenID Connect와 OAuth2의 활용 방법을 소개합니다.

CHAPTER 10

애플리케이션 보안

인증Authentication과 인가Authorization(권한 부여)의 개념을 이해해야 보안 애플리케이션을 구축하고 사용자 확인과 접근 제어를 위한 기반을 마련하게 됩니다. 스프링 시큐리티는 인증과 인가를 위한 옵션을 HTTP 방화벽, 필터 체인, IETF와 W3CWorld Wide Web Consortium 표준의 광범위한 사용, 교환 옵션과 같은 메커니즘과 결합해 애플리케이션 보안성을 높입니다. 스프링 시큐리티는 바로 사용 가능한 동시에 보안을 중시하는 사고방식을 채택합니다. 부트의 강력한 자동 설정을 활용해 개발자 입력과 사용 가능한 의존성을 검증함으로써 최소한의 노력으로 스프링 부트 애플리케이션의 보안을 극대화합니다.

이 장에서는 보안의 핵심 측면과 이를 애플리케이션에 적용하는 방법을 소개하고 설명합니다. 스프링 시큐리티를 스프링 부트 앱에 적용해 애플리케이션의 보안 상태를 강화하고 적용 범위의 위험한 빈틈을 메우고 공격 노출 영역을 좁히는 여러 방법을 살펴보겠습니다.

TIP_ 코드 사용하기
이 장에서 사용하는 코드는 깃허브(`chapter10begin` 브랜치)에서 확인할 수 있습니다.

10.1 인증 및 인가 부여

종종 함께 사용되는 인증Authentication과 인가Authorization라는 두 용어는 관련성은 있지만 별개의 개념입니다.

인증

어떤 것(가령, 신원, 예술 작품 또는 금융 거래)을 실제, 사실 또는 진짜로 보여주는 행위, 프로세스나 방법. 무언가를 입증하는 행위나 과정

인가(권한 부여)

1: 권한을 부여하는 행위

2: 권한을 부여하는 수단

'인가'의 첫 번째 정의는 더 많은 정보에 권한을 부여하는 것을 의미합니다.

인가하다

1: 오랜 시간에 걸쳐 인가된 관습을, 인정되거나 적절한 권위(관습, 증거, 개인 권리나 규제 같은)로 승인, 권한 부여, 정당화하거나 허용하는 것

2: 특히 법적 권위 부여; 권한 부여EMPOWER

3: 고전적 의미: 정당화

'인가하다'의 정의는 더 많은 정보를 정당화하는 것을 의미합니다.

다소 흥미를 자아내지만, 정의가 명확하지 않습니다. 때때로 사전적 정의는 우리의 바람만큼 도움이 되지는 않습니다. 제가 내린 정의는 이렇습니다.

인증

누군가가 자신이 주장하는 사람임을 증명하기(가령, 신분증)

인가

누군가가 특정 리소스나 작업에 접근할 수 있는지 확인하기

10.1.1 인증

간단히 말해, 인증은 누군가(또는 무언가)가 자신이 주장하는 바로 그 사람(장치, 애플리케이션 또는 서비스의 경우엔 어떤 것)인지 증명하는 것입니다.

실제 세계에는 인증의 개념을 나타내는 구체적인 예가 있습니다. 신분을 증명하기 위해 직원 배지badge, 운전 면허증, 여권 같은 신분증을 제시해야 했다면 인증을 받은 것입니다. 자신이 누구인지 증명하는 것은 다양한 상황에서 우리 모두가 익숙해진 절차이며 물리적 수준 인증과 애플리케이션 인증은 개념적으로 별 차이가 없습니다.

인증은 일반적으로 다음의 하나 이상에 해당합니다.

- 당신 자신인 것
- 당신이 아는 것
- 당신이 가진 것

NOTE_ 이 세 가지 요소를 개별적으로 사용하거나 결합해 다중 인증Multi-Factor Authentication(MFA)을 설정합니다.

물론 인증하는 방식은 물리 세계와 가상 세계에서 다릅니다. 애플리케이션 인증은 조회하기 쉬운 비밀번호 입력, 보안키 삽입, 생체 데이터(홍채 스캔, 지문 등) 등 소프트웨어 기능을 이용하므로 사람이 신분증 사진과 현재 모습을 비교하는 물리 세계의 인증보다 더 수월합니다. 그럼에도 두 경우 모두에서 저장된 데이터와 제공된 데이터를 비교하고, 두 데이터가 일치해야 인증됩니다.

10.1.2 인가

일단 사용자가 인증을 받으면, 한 명 이상의 개인에게 허용된 사용 가능한 리소스 및/또는 작업에 접근할 수 있습니다.

NOTE_ 이 맥락에서 개인은 (대개) 인간이지만, 상황에 따라 애플리케이션, 서비스, 장치 등에도 동일한 개념과 액세스 고려사항이 적용됩니다.

개인은 신원이 입증되면 애플리케이션에 대한 일반 수준의 접근 인가를 얻습니다. 이제 인증된 애플리케이션 사용자는 무언가에 대한 접근을 요청합니다. 그러면 애플리케이션은 해당 리소스에 대한 사용자의 접근 아니면 인가 여부를 어떻게든 결정해야 합니다. 사용자의 인가가 확인되면 사용자에게 접근 권한이 부여됩니다. 그렇지 않은 경우, 접근 권한 부족으로 요청이 거부됐음을 사용자에게 알립니다.

10.2 스프링 시큐리티 살펴보기

스프링 시큐리티는 인증과 인가를 위한 확실한 옵션을 제공할 뿐 아니라 개발자가 스프링 부트 애플리케이션 보안 수준을 제고하는 데 도움되는 메커니즘을 제공합니다. 자동 설정 덕분에, 스프링 부트 애플리케이션은 제공된 정보를 활용해 보안을 극대화하려는 경우, 구체적인 지침이 없는 경우 등 필요에 따라 적절히 스프링 시큐리티의 각 기능을 활성화합니다. 물론 개발자는 조직의 특정 요구사항을 수용하기 위해 필요에 따라 보안 기능을 조정하거나 완화합니다.

스프링 시큐리티의 기능을 모두 설명하기에는 그 양이 방대합니다. 이 장에서는 스프링 시큐리티 모델과 그 기초를 이해하는 데 필요한 세 가지 주요 기능을 위주로 살펴보겠습니다. HTTP 방화벽, 보안 필터 체인, 요청과 해당 응답에 대한 IETF 및 W3C의 표준과 옵션의 광범위한 사용입니다.

10.2.1 HTTP 방화벽

수량을 정확히 알기는 어렵지만, 많은 보안 문제가 잘못된 URI를 사용한 요청과 이에 대한 시스템의 예기치 못한 응답에서 비롯됩니다. 이 문제는 실제로 애플리케이션의 첫 방어선이므로 애플리케이션 보안을 제고하기 위한 추가 노력을 고려하기 전에 해결해야 합니다.

스프링 시큐리티 5.0버전부터는 문제가 있는 형식의 모든 인바운드 요청을 살펴보는 HTTP 방화벽이 내장됐습니다. 잘못된 헤더값이나 형식 등 요청에 문제가 있는 경우, 요청을 폐기합니다. 개발자가 오버라이드하지 않는 한, 사용되는 기본 구현은 이름에 걸맞은 StrictHttpFirewall로, 애플리케이션의 보안 프로필에서 가장 먼저, 잠재적으로 악용될 만한, 가장 쉬운 빈틈을 메웁니다.

10.2.2 보안 필터 체인

인바운드 요청에 더 구체적이고 한 단계 더 높은 수준의 필터를 제공하는 스프링 시큐리티는 HTTP 방화벽을 통과한, 즉 제대로 형성된 요청을 필터 체인을 사용해 처리합니다.

간단히 말해, 개발자는 대부분의 애플리케이션에서 인바운드 요청이 개발자가 지정한 조건과 일치할 때까지 지나쳐버리게 하는 필터 체인의 조건을 지정합니다. 요청이 필터와 일치하면, 해당 조건을 평가하고 요청의 이행 여부를 결정합니다. 예를 들어, 특정 API 엔드포인트에 대한 요청이 도착하고 필터 체인의 필터 조건과 일치하면, 사용자가 요청된 리소스에 접근할 수 있는 적절한 역할/인가가 있는지 확인합니다. 적절한 역할/인가가 있다면, 요청을 처리합니다. 그렇지 않다면, 일반적으로 HTTP 403 Forbidden 상태 코드와 함께 거부합니다.

요청이 체인에 정의된 모든 필터와 일치하지 않고 지나치면, 요청은 삭제됩니다.

10.2.3 요청 및 응답 헤더

IETF와 W3C는 HTTP 기반 교환을 위한 여러 사양과 표준을 만들었는데, 그중 몇 가지는 정보의 안전한 교환과 관련 있습니다. 사용자 에이전트(명령 줄 유틸리티, 웹 브라우저 등)와 서버나 클라우드 기반 애플리케이션/서비스 간 상호작용을 위해 여러 헤더가 정의됐습니다. 이러한 헤더는 허용된 값과 동작 응답을 정의하고, 특정 동작을 요청하거나 신호를 보내는 데 사용하는데, 스프링 시큐리티는 헤더 세부 정보를 광범위하게 사용해 스프링 부트 애플리케이션의 보안 상태를 강화합니다.

스프링 시큐리티는 서로 다른 사용자 에이전트가 표준과 사양의 일부나 전부를, 심지어 완전히 또는 부분적으로라도 지원할 수 있다는 사실을 인식하고는, 알려진 헤더 옵션을 모두 확인하고 이를 전면적으로 적용해서 헤더를 요청 시 찾고 응답 시 제공하며 가능한 최선의 범위 접근방식을 수용합니다.

10.3 스프링 시큐리티로 폼 기반 인증 및 인가 구현

날마다 수많은 애플리케이션이 '여러분이 알고 있는' 인증 방식을 사용합니다. 조직 내부의 앱이든, 인터넷으로 고객에게 직접 제공하는 웹 애플리케이션이거나 네이티브 모바일 앱이든 상관없이, 사용자 ID와 비밀번호를 입력하는 방식은 개발자와 비개발자 모두에게 익숙한 일과입니다. 그리고 대개 이런 방식의 보안은 해야 할 일을 하기에 충분합니다.

스프링 시큐리티는 자동 설정과 이해하기 쉬운 추상화로 비밀번호 인증을 지원하는 뛰어난 OOTB[out-of-the-box](즉시 사용 가능한)를 스프링 부트 애플리케이션에 제공합니다. 이 절에서는 스프링 시큐리티를 사용해 폼 기반 인증을 포함하도록 `Aircraft Positions` 앱을 리팩터링하는 등 여러 단계를 보여줍니다.

10.3.1 스프링 시큐리티 의존성 추가하기

새 스프링 부트 프로젝트를 생성할 때, 새로 만드는 앱에 추가 설정 없이 최상위 보안 수준을 활성화하기는 매우 간단합니다. [그림 10-1]과 같이 스프링 이니셜라이저를 이용해 '스프링 시큐리티' 의존성만 추가하면, 다른 설정 없이 최상위 보안 수준을 활성화합니다.

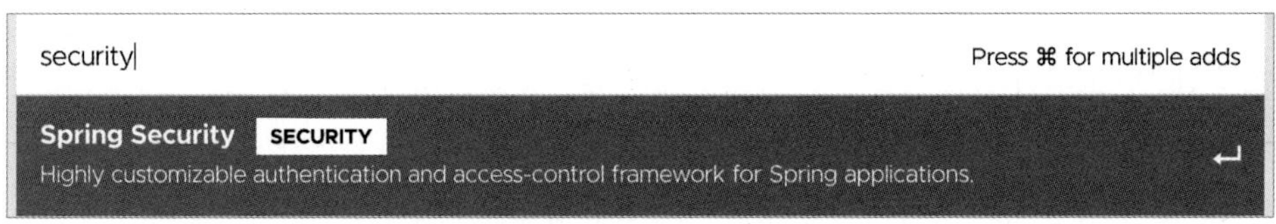

그림 10-1 스프링 이니셜라이저 내의 스프링 시큐리티 의존성

기존 애플리케이션에 스프링 시큐리티 의존성을 추가하려면 추가 설정이 필요합니다. 이니셜라이저가 추가하는 의존성과 동일한 상호 보완적인 의존성 두 개를 `Aircraft Positions` 앱의 *pom.xml* 메이븐 파일에 추가합니다. 앱을 위한 스프링 시큐리티와 테스트용입니다.

```
<dependency>
    <groupId>org.springframework.boot</groupId>
    <artifactId>spring-boot-starter-security</artifactId>
</dependency>
<dependency>
    <groupId>org.springframework.security</groupId>
    <artifactId>spring-security-test</artifactId>
    <scope>test</scope>
</dependency>
```

테스트 범위

특별히 스프링 시큐리티의 핵심 개념에 초점을 맞추기 위해, 기능을 추가할 때 일반적으로 진행하는 테스트 생성과 실행은 건너뛰겠습니다. 이 장의 내용을 간소화하기 위한 선택으로, 실제 개발 과정을 반영하지는 않습니다.

이 장과 후속 장들에서 빌드를 계속하려면, CLI에서 빌드하는 경우 `-DskipTests`를 추가하고 IDE에서 빌드하는 경우 메뉴 선택에서 '애플리케이션 설정'(테스트가 아닌 것)을 선택합니다.

클래스 경로에 스프링 시큐리티가 있고 애플리케이션에 대한 코드나 설정에 변경 사항이 없으면, 빠른 기능 확인을 위해 `Aircraft Positions` 앱을 다시 시작합니다. 이는 개발자를 대신해 스프링 시큐리티가 즉시 사용 가능한(OOTB) 기능을 어떻게 제공하는지 지켜볼 좋은 기회입니다.

`PlaneFinder`와 `Aircraft Positions` 앱을 모두 실행 중인 상태에서 터미널로 돌아가 다음과 같이 `Aircraft Positions` 앱의 `/aircraft` 엔드포인트를 다시 호출합니다.

```
mheckler-a01 :: ~ » http :8080/aircraft
HTTP/1.1 401
Cache-Control: no-cache, no-store, max-age=0, must-revalidate
Expires: 0
Pragma: no-cache
Set-Cookie: JSESSIONID=347DD039FE008DE50F457B890F2149C0; Path=/; HttpOnly
WWW-Authenticate: Basic realm="Realm"
X-Content-Type-Options: nosniff
X-Frame-Options: DENY
X-XSS-Protection: 1; mode=block

{
    "error": "Unauthorized",
    "message": "",
    "path": "/aircraft",
    "status": 401,
    "timestamp": "2020-10-10T17:26:31.599+00:00"
}
```

NOTE_ 명확성을 위해 일부 응답 헤더를 제거했습니다.

보다시피 더 이상 /aircraft 엔드포인트에 접근할 수 없으며, 실시한 요청에 '401 Unauthorized' 응답을 받았습니다. /aircraft 엔드포인트가 현재 Aircraft Positions 앱의 정보에 액세스하는 유일한 수단이므로 애플리케이션이 원치 않는 액세스로부터 완전히 보호됩니다. 안심이 되지만, 어떻게 이런 일이 발생하고 어떻게 유효한 사용자가 원하는 접근을 하도록 복원하는지 그 방법을 모두 이해해야 합니다.

앞서 언급했듯 스프링 시큐리티는 개발자가 스프링 부트 애플리케이션에서 스프링 시큐리티를 사용할 때 모든 수준(심지어 아무 설정도 하지 않을 때조차)에서 '최대의 보안이 기본값'이라는 사고방식을 채택합니다. 스프링 부트가 클래스 경로에서 스프링 시큐리티를 찾으면 합리적인 기본값을 사용해 보안을 설정합니다. 사용자가 정의되지 않았거나 비밀번호가 지정되지 않았거나 개발자가 별다른 노력을 기울이지 않았더라도, 프로젝트에 스프링 시큐리티가 포함되면 애플리케이션에 보안 목표가 있음을 의미합니다.

알다시피, 신경 쓸 일이 그리 많지 않습니다. 그러나 스프링 부트+시큐리티 자동 설정은 상당수의 필수적인 빈을 생성합니다. 사용자 ID와 비밀번호를 이용하는 사용자 인가와 폼 인증을 기반으로 한 기본 보안 기능을 구현하기 위해서입니다. 이 논리적인 가정하에 우리가 던질 합리적인 질문은 이렇습니다. 그렇다면 어떤 사용자 ID와 비밀번호를 기본으로 하는가?

Aircraft Positions 앱의 시작 로그로 돌아가면, 위 질문의 답 하나를 다음 코드에서 찾게 됩니다.

```
Using generated security password: 1ad8a0fc-1a0c-429e-8ed7-ba0e3c3649ef
```

애플리케이션에 사용자 ID와 비밀번호가 지정되지 않았거나 액세스할 다른 수단이 제공되지 않은 경우, 보안이 활성화된 스프링 부트 앱은 기본적으로 user라는 사용자 ID와 함께 고유 비밀번호가 있는 단일 계정을 생성하고, 비밀번호는 애플리케이션이 시작될 때마다 새로 생성됩니다. 터미널 창으로 돌아가서 이번에는 제공된 비밀번호를 사용해 다시 한번 애플리케이션 접근을 시도합니다.

```
mheckler-a01 :: ~ » http :8080/aircraft
    --auth user:1ad8a0fc-1a0c-429e-8ed7-ba0e3c3649ef
HTTP/1.1 200
Cache-Control: no-cache, no-store, max-age=0, must-revalidate
Expires: 0
```

```
Pragma: no-cache
Set-Cookie: JSESSIONID=94B52FD39656A17A015BC64CF6BF7475; Path=/; HttpOnly
X-Content-Type-Options: nosniff
X-Frame-Options: DENY
X-XSS-Protection: 1; mode=block
```


```
[
    {
        "altitude": 40000,
        "barometer": 1013.6,
        "bds40_seen_time": "2020-10-10T17:48:02Z",
        "callsign": "SWA2057",
        "category": "A3",
        "flightno": "WN2057",
        "heading": 243,
        "id": 1,
        "is_adsb": true,
        "is_on_ground": false,
        "last_seen_time": "2020-10-10T17:48:06Z",
        "lat": 38.600372,
        "lon": -90.42375,
        "polar_bearing": 207.896382,
        "polar_distance": 24.140226,
        "pos_update_time": "2020-10-10T17:48:06Z",
        "reg": "N557WN",
        "route": "IND-DAL-MCO",
        "selected_altitude": 40000,
        "speed": 395,
        "squawk": "2161",
        "type": "B737",
        "vert_rate": -64
    },
    {
        "altitude": 3500,
        "barometer": 0.0,
        "bds40_seen_time": null,
        "callsign": "N6884J",
        "category": "A1",
        "flightno": "",
        "heading": 353,
        "id": 2,
        "is_adsb": true,
        "is_on_ground": false,
        "last_seen_time": "2020-10-10T17:47:45Z",
```

```
        "lat": 39.062851,
        "lon": -90.084965,
        "polar_bearing": 32.218696,
        "polar_distance": 7.816637,
        "pos_update_time": "2020-10-10T17:47:45Z",
        "reg": "N6884J",
        "route": "",
        "selected_altitude": 0,
        "speed": 111,
        "squawk": "1200",
        "type": "P28A",
        "vert_rate": -64
    },
    {
        "altitude": 39000,
        "barometer": 0.0,
        "bds40_seen_time": null,
        "callsign": "ATN3425",
        "category": "A5",
        "flightno": "",
        "heading": 53,
        "id": 3,
        "is_adsb": true,
        "is_on_ground": false,
        "last_seen_time": "2020-10-10T17:48:06Z",
        "lat": 39.424159,
        "lon": -90.419739,
        "polar_bearing": 337.033437,
        "polar_distance": 30.505314,
        "pos_update_time": "2020-10-10T17:48:06Z",
        "reg": "N419AZ",
        "route": "AFW-ABE",
        "selected_altitude": 0,
        "speed": 524,
        "squawk": "2224",
        "type": "B763",
        "vert_rate": 0
    },
    {
        "altitude": 45000,
        "barometer": 1012.8,
        "bds40_seen_time": "2020-10-10T17:48:06Z",
        "callsign": null,
        "category": "A2",
```

```
        "flightno": "",
        "heading": 91,
        "id": 4,
        "is_adsb": true,
        "is_on_ground": false,
        "last_seen_time": "2020-10-10T17:48:06Z",
        "lat": 39.433982,
        "lon": -90.50061,
        "polar_bearing": 331.287125,
        "polar_distance": 32.622134,
        "pos_update_time": "2020-10-10T17:48:05Z",
        "reg": "N30GD",
        "route": "",
        "selected_altitude": 44992,
        "speed": 521,
        "squawk": null,
        "type": "GLF4",
        "vert_rate": 64
    }
]
```

NOTE_ 이전과 마찬가지로, 명확성을 위해 일부 응답 헤더를 제거했습니다.

제대로 된 기본 사용자 ID와 생성된 비밀번호를 사용해 `200 OK` 응답을 수신하고 다시 한번 `Aircraft Positions` 앱의 `/aircraft` 엔드포인트에 접근합니다.

응답 헤더에 대한 중요 정보

앞에서 매우 간략하게 언급했듯, 애플리케이션 보안을 향상시키기 위해 여러 IETF와 W3C 표준 헤더 옵션이 브라우저와 기타 사용자 에이전트에서 사용하도록 공식화 및/또는 권장됐습니다. 스프링 시큐리티는 가용한 모든 수단을 사용해 가능한 한 가장 완벽한 보안 범위를 제공하기 위해 IETF와 W3C 표준 헤더 옵션을 엄격하게 채택하고 구현합니다.

다음은 IETF와 W3C 표준 및 권장 사항을 준수하는 스프링 시큐리티의 응답 헤더 기본값입니다.

캐시 제어: Cache-Control 헤더는 no-cache, no-store, max-aged=0, must-revalidate 지시문을 사용해 으로 설정됩니다. Pragma 헤더는 no-cache 지시문과 함께 반환되고, Expires 헤더에는 0값이 제공됩니다. 모든 메커니즘은 브라우저/사용자 에이전트 기능 적용 범위에서 발생할 만한 빈틈을 제거해 캐싱에 대한 최상의 제어를 최상의 캐싱 제어를 보장하기 위해 지정됩니다. 즉 사용자가 사이트에서 로그아웃하면, 적대적인 행위자가 단순히 브라우저의 '뒤로 버튼'을 클릭해 피해자의 인증 정보로 로그인된 보안 사이트로 돌아가지 못하도록 캐싱을 무효화합니다.

콘텐츠 유형 옵션: X-Content-Type-Options 헤더는 콘텐츠 스니핑을 비활성화하기 위해 nosniff로 설정됩니다. 브라우저는 요청된 콘텐츠 유형을 스니핑sniff할 수 있으며, 요청된 콘텐츠 유형을 보여줍니다. 예를 들어 .jpg가 요청되면 브라우저는 이를 그래픽 이미지로 렌더링합니다. 이는 좋은 기능처럼 보이고, 실제로도 좋은 기능이 되기도 합니다. 그러나 스니핑sniffing된 콘텐츠에 악성 코드가 포함된 경우, 엄격한 보안 조치를 우회해 은밀하게 처리될 수 있습니다. 스프링 시큐리티는 기본적으로 nosniff 설정을 제공해 이런 공격 경로를 막습니다.

프레임 옵션: 브라우저가 iframe 내에 콘텐츠를 표시하지 못하도록, X-Frame-Options 헤더는 DENY 값으로 설정됩니다. '클릭재킹clickjacking'이라고 불리는 공격은 보이지 않는 프레임이 보이는 컨트롤 위에 놓일 때 발생하며, 그로 인해 사용자 의도와 달리 원하지 않는 작업을 시작해 사용자의 클릭을 '하이재킹hijacking(탈취)'하게 됩니다. 스프링 시큐리티는 기본적으로 프레임 지원을 비활성화하므로 클릭재킹 공격 경로를 차단합니다.

XSS 보호: X-XSS-Protection 헤더는 XSS(크로스 사이트 스크립팅) 공격으로부터 브라우저 보호를 활성화하기 위해 값을 1로 설정합니다. 그러나 일단 활성화되면, 브라우저는 인지한 공격에 여러 방법으로 대응합니다. 스프링 시큐리티는 기본적으로 가장 안전한 설정인 mode=block으로 설정해서 콘텐츠를 안전하게 수정하고 처리하려는 브라우저의 선의의 시도로 사용자가 취약해지지 않게 합니다. 콘텐츠를 차단하면 잠재적 취약점은 사라집니다.

콘텐츠 전송 네트워크를 사용하는 경우, 올바른 처리를 위해 XSS 설정을 조정하기도 합니다. 다른 설정과 마찬가지로, 이 설정은 개발자가 완전히 설정할 수 있습니다. 개발자의 특정 지시가 없는 경우, 스프링 시큐리티는 주어진 정보 내에서 가능한 한 '기본값이 안전'인 상태를 최대한 채택하기 위해 항상 노력할 것입니다.

Aircraft Positions 앱의 예제에서 현재 애플리케이션 보안 상태가 우려되는 사항이 몇 가지 있습니다. 그중 첫째는 정의된 사용자가 단 한 명이므로 애플리케이션에 접근해야 하는 여러 개인이 모두 하나뿐인 계정을 공동으로 사용해야 한다는 점입니다. 각자 자신이 누구인지 고유하게 증명하지 못하기 때문에 책임과 인증의 보안 원칙에 위배됩니다. 책임 소재와 관련해 위반이 발생한 경우, 위반한 사람이 누구인지 어떻게 결정할 수 있을까요? 위반이 발생한 경우, 유일한 사용자 계정을 잠그면 모든 사용자의 접근이 비활성화된다는 점은 말할 것도 없습니다. 현재로서는 피할 방법이 없습니다.

기존 보안 설정의 둘째 문제는 단일 비밀번호가 처리되는 방식입니다. 각 애플리케이션이 새로 시작할 때마다 자동으로 생성되는 새 비밀번호를 모든 사용자들과 공유해야 합니다. 그리고 애플리케이션 확장은 아직 논의되지 않았지만, Aircraft Positions 앱이 시작할 때마다 각 인스턴스는 고유한 비밀번호를 생성하는데, 특정 앱 인스턴스에 로그인을 시도하는 사용자는 그 비밀번호가 필요합니다. 이중 분명 몇 가지는 개선될 수 있으며, 개선되어야만 합니다.

10.3.2 인증 추가하기

스프링 시큐리티 인증 기능의 핵심은 UserDetailsService 개념입니다. UserDetailsService는 단일 메서드 loadUserByUsername(String username)가 있는 인터페이스로, (구현 시) UserDetails 인터페이스를 충족하는 객체를 반환하고, 이 인터페이스에서 주요 정보를 얻습니다. 그 정보란 사용자 이름, 비밀번호, 사용자에게 부여된 인가와 계정 상태 등입니다. 이러한 유연성 덕분에 다양한 기술로 수많은 구현이 가능해집니다. UserDetailsService가 UserDetails를 반환하는 한, 애플리케이션은 기본 구현의 세부 정보를 알 필요가 없습니다.

UserDetailsService 빈을 생성하기 위해 빈 생성 메서드를 정의할 설정 클래스를 생성합니다.

빈 생성

빈 생성 메서드는 메인 애플리케이션 클래스와 같이 @Configuration이 있는 메타 어노테이션을 포함해 모든 @Configuration 어노테이션 클래스(이전에 언급한 바와 같이) 내에 배치해도 되지만, 관련된 빈의 그룹에 대한 설정 클래스를 생성하는 편이 더 깔끔합니다. 애플리케이션도 작고 빈의 수도 적어서 이 자체가 단일 클래스가 될 수 있습니다.

한 번 사용하고 폐기할 매우 작은 애플리케이션과 같은 드문 예외를 제외하면, 저는 일반적으로 @SpringBootApplication 어노테이션이 달린 기본 애플리케이션 클래스에 빈 생성 메서드를 배치하지 않습니다. 빈 생성 메서드를 별도의 클래스에 배치하면, 테스트 시 생성하거나 mock 해야 하는 빈의 수를 줄입니다. 아니면 개발자가 @Component나 @Configuration 클래스 같은 빈 그룹을 비활성해야 하는 경우, 클래스 수준 어노테이션을 삭제하거나 주석 처리해 언제든 비활성화나 재활성화가 가능합니다. 사용하지 않는 기능을 자주 주석 처리하면 안 되지만, 필요에 따라서는 허용되는 일입니다.

이 별도의 클래스는 다음 이터레이션iteration에도 유용하며, '관심사의 분리separation of concerns'로 더 쉽고 빠르게 이터레이트iterate하게 됩니다.

먼저 PlaneFinder 앱에 SecurityConfig라는 클래스를 만들고 @Configuration 어노테이션을 달아 스프링 부트가 내부에서 빈 생성 메서드를 찾고 실행하도록 합니다. 인증에 필요한 빈은 UserDetailsService 인터페이스를 구현한 빈이므로 해당 빈을 생성하고 반환하기 위해 authentication() 메서드를 생성합니다. 다음은 의도적으로 완성하지 않은 코드입니다.

```
import org.springframework.context.annotation.Bean;
import org.springframework.context.annotation.Configuration;
import org.springframework.security.core.userdetails.User;
import org.springframework.security.core.userdetails.UserDetails;
import org.springframework.security.core.userdetails.UserDetailsService;
import org.springframework.security.provisioning.InMemoryUserDetailsManager;

@Configuration
public class SecurityConfig {
    @Bean
    UserDetailsService authentication() {
        UserDetails peter = User.builder()
                .username("peter")
```

```
                .password("ppassword")
                .roles("USER")
                .build();

        UserDetails jodie = User.builder()
                .username("jodie")
                .password("jpassword")
                .roles("USER", "ADMIN")
                .build();

        System.out.println("   >>> Peter's password: " + peter.getPassword());
        System.out.println("   >>> Jodie's password: " + jodie.getPassword());

        return new InMemoryUserDetailsManager(peter, jodie);
    }
}
```

UserDetailService authentication() 메서드 내에서, User 클래스의 builder() 메서드를 사용해 사용자의 이름, 비밀번호, 역할/인가를 지정해서 UserDetails 인터페이스 요구사항을 구현하는 객체를 두 개 만듭니다. 그런 다음 이 사용자를 build()하고 지역 변수에 할당합니다.

다음에는 시연용으로만 비밀번호를 표시합니다. 개념을 설명하기 위함임을 유념해주세요.

> **WARNING_** 비밀번호 로깅은 최악의 안티패턴입니다. 프로덕션 애플리케이션에는 절대로 비밀번호를 기록하지 마세요.

마지막으로, 생성된 두 User 객체를 사용해 InMemoryUserDetailsManager를 생성하고 이를 스프링 빈으로 반환합니다. InMemoryUserDetailsManager는 UserDetailsManager와 UserDetailsPasswordService 인터페이스를 구현해 특정 사용자가 있는지 여부 확인, 사용자의 생성/업데이트/삭제, 사용자 비밀번호의 수정/업데이트 같은 사용자 관리 작업을 가능하게 합니다. 개념을 명확하게 설명하기 위해 InMemoryUserDetailsManager를 사용하지만(외부 의존성이 없기 때문에), UserDetailsService 인터페이스를 구현하는 모든 빈은 인증용 빈으로 사용 가능합니다.

Aircraft Positions 앱으로 다시 돌아가 인증한 후, 다음 결과와 같은 항공기 현 위치 목록을 조회합니다(결과를 페이지에 맞게 잘라 편집함).

```
mheckler-a01 :: ~ » http :8080/aircraft --auth jodie:jpassword
HTTP/1.1 401
Cache-Control: no-cache, no-store, max-age=0, must-revalidate
Content-Length: 0
Expires: 0
Pragma: no-cache
WWW-Authenticate: Basic realm="Realm"
X-Content-Type-Options: nosniff
X-Frame-Options: DENY
X-XSS-Protection: 1; mode=block
```

여기서 약간의 트러블 슈팅이 필요합니다. IDE로 돌아가면 스택 트레이스stack trace에 유용한 정보가 있습니다.

```
java.lang.IllegalArgumentException: There is no PasswordEncoder
    mapped for the id "null"
      at org.springframework.security.crypto.password
        .DelegatingPasswordEncoder$UnmappedIdPasswordEncoder
            .matches(DelegatingPasswordEncoder.java:250)
                ~[spring-security-core-5.7.6.RELEASE.jar:5.7.6.RELEASE]
```

여기에 문제의 근원을 알려주는 힌트가 있습니다. 로깅된 비밀번호를 확인하면(다시 말하자면 비밀번호 로깅은 시연용임), 다음과 같습니다.

```
>>> Peter's password: ppassword
>>> Jodie's password: jpassword
```

보다시피 이런 비밀번호는 인코딩되지 않은 일반 텍스트입니다. 동작하는, 보안성 있는 인증을 위해 다음 단계에서는 다음과 같이 `SecurityConfig` 클래스 내에서 사용할 비밀번호 인코더를 추가합니다.

```
private final PasswordEncoder pwEncoder =
        PasswordEncoderFactories.createDelegatingPasswordEncoder();
```

보안 애플리케이션의 생성과 유지, 관리에 수반되는 어려움 하나는 보안의 지속적인 진화가 필연적이라는 사실입니다. 이 점을 인지해 스프링 시큐리티에는 단순히 플러그인하는 지정된 인코더가 없습니다. 대신 사용 가능한 여러 인코더가 있는 팩 토리를 사용하고, 인코딩과 디코딩을 하기 위해 하나의 인코더에 위임합니다.

물론 앞의 예와 같이 지정된 인코더가 없을 경우, 기본값으로 설정된 인코더가 사용됩니다. 현재 BCrypt는 기본값으로 훌륭합니다. 하지만 스프링 시큐리티 인코더 아키텍처의 위임된 유연한 특성은 표준이 발전하거나 요구사항이 변경될 때 인코더를 다른 인코더로 쉽게 교체할 수 있다는 점입니다. 이런 우아한 접근방식은 애플리케이션 사용자가 애플리케이션에 로그인할 때 한 인코더에서 다른 인코더로 사용자 자격 증명을 마찰 없이 마이그레이션하므로, 조직에 직접적으로 가치를 부여하진 않지만, 마이그레이션 작업량을 줄여줍니다.

이제 인코더가 준비됐으니 다음 단계는 인코더를 사용해 사용자 비밀번호를 암호화하는 것입니다. 비밀번호 인코더의 `encode()` 메서드에 일반 텍스트로 된 비밀번호를 전달한 후 호출하면, 암호화된 결과를 반환합니다.

> **TIP_** 엄밀히 말해 값을 암호화하면 해당 값도 인코딩되지만 모든 인코더가 암호화하지는 않습니다. 예를 들어, 해싱은 값을 인코딩하지만 반드시 암호화하지는 않습니다. 스프링 시큐리티에서 지원하는 모든 인코딩 알고리즘은 암호화하지만, 레거시 애플리케이션 지원을 위해 지원되는 일부 알고리즘은 그 외 알고리즘보다 보안 면에서 안전성이 떨어집니다. 늘 현재 권장되는 스프링 시큐리티 인코더를 선택하거나 아니면 `PasswordEncoderFactories.createDelegatingPasswordEncoder()`에서 제공하는 기본 인코더를 선택하세요.

다음은 SecurityConfig 클래스의 수정된 인증 버전입니다.

```
import org.springframework.context.annotation.Bean;
import org.springframework.context.annotation.Configuration;
import org.springframework.security.core.userdetails.User;
import org.springframework.security.core.userdetails.UserDetails;
import org.springframework.security.core.userdetails.UserDetailsService;
import org.springframework.security.crypto.factory.PasswordEncoderFactories;
import org.springframework.security.crypto.password.PasswordEncoder;
import org.springframework.security.provisioning.InMemoryUserDetailsManager;

@Configuration
public class SecurityConfig {
    private final PasswordEncoder pwEncoder =
            PasswordEncoderFactories.createDelegatingPasswordEncoder();
```

```
    @Bean
    UserDetailsService authentication() {
        UserDetails peter = User.builder()
                .username("peter")
                .password(pwEncoder.encode("ppassword"))
                .roles("USER")
                .build();

        UserDetails jodie = User.builder()
                .username("jodie")
                .password(pwEncoder.encode("jpassword"))
                .roles("USER", "ADMIN")
                .build();

        System.out.println("    >>> Peter's password: " + peter.getPassword());
        System.out.println("    >>> Jodie's password: " + jodie.getPassword());

        return new InMemoryUserDetailsManager(peter, jodie);
    }
}
```

Aircraft Positions 앱을 다시 시작한 다음, 다시 한번 인증을 시도하고 항공기 현 위치 목록을 다음 결과와 같이 조회합니다(결과를 페이지에 맞게 잘라 편집함).

```
mheckler-a01 :: ~ » http :8080/aircraft --auth jodie:jpassword
HTTP/1.1 200
Cache-Control: no-cache, no-store, max-age=0, must-revalidate
Expires: 0
Pragma: no-cache
X-Content-Type-Options: nosniff
X-Frame-Options: DENY
X-XSS-Protection: 1; mode=block

[
    {
        "altitude": 24250,
        "barometer": 0.0,
        "bds40_seen_time": null,
        "callsign": null,
        "category": "A2",
        "flightno": "",
        "heading": 118,
        "id": 1,
```

```
        "is_adsb": true,
        "is_on_ground": false,
        "last_seen_time": "2020-10-12T16:13:26Z",
        "lat": 38.325119,
        "lon": -90.154159,
        "polar_bearing": 178.56009,
        "polar_distance": 37.661127,
        "pos_update_time": "2020-10-12T16:13:24Z",
        "reg": "N168ZZ",
        "route": "FMY-SUS",
        "selected_altitude": 0,
        "speed": 404,
        "squawk": null,
        "type": "LJ60",
        "vert_rate": 2880
    }
]
```

이 결과에서 이제 인증이 성공했으며(지면을 고려해 잘못된 비밀번호를 사용한 의도적 실패 시나리오를 생략함), 유효한 사용자가 노출된 API에 다시 한번 접근할 수 있음을 확인합니다.

인코딩된 비밀번호를 확인하기 위해 IDE의 출력된 로깅을 보면, 값이 다음과 비슷합니다.

```
>>> Peter's password:
    {bcrypt}$2a$10$rLKBzRBvtTtNcV9o8JHzFeaIskJIPXnYgVtCPs5H0GINZtk1WzsBu
>>> Jodie's password: {
    bcrypt}$2a$10$VR33/dlbSsEPPq6nlpnE/.ZQt0M4.bjvO5UYmw0ZW1aptO4G8dEkW
```

로깅된 값은 두 예제 비밀번호가 BCrypt를 사용해 위임된 비밀번호 인코더에 의해 성공적으로 인코딩됐음을 보여줍니다.

인코딩된 비밀번호 형식

로그인을 시도하는 사용자가 제공한 비밀번호의 인코딩된 형식을 따라 인코딩할 비밀번호 인코더가 자동으로 선택됩니다. 편의를 위해, 스프링 시큐리티는 어떤 알고리즘이 사용됐는지를 나타내는 키를 인코딩된 값 앞에 추가합니다. 이 점 때문에 종종 개발자는 어리둥절합니다. 이 경우 적대적인 행위자가 (암호화된) 비밀번호를 획득하면 잠재적으로 중요한 정보도 취득하게 되는지 의문이 생깁니다. "키값이 알고리즘을 나타내니 복호화하기가 더 쉽지 않을까요?"라고 질문할 수 있습니다.

대답은 "아니오"입니다. 암호화 자체에 보안성이 있기 때문입니다.

이를 어떻게 확신하냐고요?

암호화 방법에는 대부분 이미 값을 암호화하는 데 사용된 항목을 나타내는 '표시'가 있습니다. 이전에 예제로 사용한 두 비밀번호를 다시 한번 보세요. 인코딩된 값은 모두 **$2a$10$** 문자열로 시작하고, 실제로 모든 BCrypt 암호화 값도 마찬가지입니다. 결과 인코딩 값에 어떤 메커니즘이 사용됐는지 알려주지 않는 암호화 알고리즘이 있기도 하지만, 어디까지나 규칙이 아니라 예외입니다.

10.3.3 인가

Aircraft Positions 앱은 이제 사용자를 성공적으로 인증하고 해당 사용자에게만 노출된 API 접근을 허용합니다. 그러나 현재 보안 설정에는 심각한 결함이 있습니다. 사용자가 API의 일부에 접근할 수 있다면, 사용자가 소유한 역할/인가와 관계없이, 더 정확하게는 소유하지 않은 역할과 관계없이 모든 API에도 접근할 수 있습니다.

이 결함의 아주 간단한 예로, PositionController 클래스의 기존 getCurrentAircraftPositions() 메서드를 복제하고, 이름 변경 후 다시 매핑해 Aircraft Positions 앱의 두 번째 엔드포인트를 추가합니다. 완료되면 PositionController는 다음과 같습니다.

```
import lombok.AllArgsConstructor;
import org.springframework.web.bind.annotation.GetMapping;
import org.springframework.web.bind.annotation.RestController;

@AllArgsConstructor
@RestController
public class PositionController {
    private final PositionRetriever retriever;

    @GetMapping("/aircraft")
    public Iterable<Aircraft> getCurrentAircraftPositions() {
        return retriever.retrieveAircraftPositions();
    }

    @GetMapping("/aircraftadmin")
    public Iterable<Aircraft> getCurrentAircraftPositionsAdminPrivs() {
```

```
        return retriever.retrieveAircraftPositions();
    }
}
```

목표는 'ADMIN' 역할을 하는 사용자만 두 번째 메서드인 `getCurrentAircraftPositionsAdminPrivs()`에 접근할 수 있게 하는 것입니다. 이 예제에서 반환된 값은 `getCurrentAircraftPositions()`에서 반환된 값과 동일하지만, 애플리케이션 확장 시 반환값이 그대로 유지되지 않을 가능성이 있습니다. 하지만 개념은 이와 관계없이 적용됩니다.

`Aircraft Positions` 앱을 다시 시작하고 명령 줄로 돌아가서 예상대로 새 엔드포인트에 대한 접근을 확인하기 위해 사용자 `'Jodie'`로 먼저 로그인합니다(첫 번째 엔드포인트에 대한 접근은 확인했지만 지면 관계상 생략했으며, 간결함을 위해 일부 헤더와 결과도 생략함).

```
mheckler-a01 :: ~ » http :8080/aircraftadmin --auth jodie:jpassword
HTTP/1.1 200
Cache-Control: no-cache, no-store, max-age=0, must-revalidate
Expires: 0
Pragma: no-cache
X-Content-Type-Options: nosniff
X-Frame-Options: DENY
X-XSS-Protection: 1; mode=block

[
    {
        "altitude": 24250,
        "barometer": 0.0,
        "bds40_seen_time": null,
        "callsign": null,
        "category": "A2",
        "flightno": "",
        "heading": 118,
        "id": 1,
        "is_adsb": true,
        "is_on_ground": false,
        "last_seen_time": "2020-10-12T16:13:26Z",
        "lat": 38.325119,
        "lon": -90.154159,
        "polar_bearing": 178.56009,
        "polar_distance": 37.661127,
        "pos_update_time": "2020-10-12T16:13:24Z",
```

```
            "reg": "N168ZZ",
            "route": "FMY-SUS",
            "selected_altitude": 0,
            "speed": 404,
            "squawk": null,
            "type": "LJ60",
            "vert_rate": 2880
        },
        {
            "altitude": 38000,
            "barometer": 1013.6,
            "bds40_seen_time": "2020-10-12T20:24:48Z",
            "callsign": "SWA1828",
            "category": "A3",
            "flightno": "WN1828",
            "heading": 274,
            "id": 2,
            "is_adsb": true,
            "is_on_ground": false,
            "last_seen_time": "2020-10-12T20:24:48Z",
            "lat": 39.348862,
            "lon": -90.751668,
            "polar_bearing": 310.510201,
            "polar_distance": 35.870036,
            "pos_update_time": "2020-10-12T20:24:48Z",
            "reg": "N8567Z",
            "route": "TPA-BWI-OAK",
            "selected_altitude": 38016,
            "speed": 397,
            "squawk": "7050",
            "type": "B738",
            "vert_rate": -128
        }
    ]
```

그다음 'Peter'로 로그인합니다. 'Peter'는 /aircraftadmin에 매핑된 getCurrentAircraftPositionsAdminPrivs() 메서드에 접근할 수 없어야 합니다. 하지만 실제로는 그렇지 않습니다. 현재 Peter(인증된 사용자)는 모든 항목에 접근할 수 있습니다.

```
mheckler-a01 :: ~ » http :8080/aircraftadmin --auth peter:ppassword
HTTP/1.1 200
Cache-Control: no-cache, no-store, max-age=0, must-revalidate
```

```
Expires: 0
Pragma: no-cache
X-Content-Type-Options: nosniff
X-Frame-Options: DENY
X-XSS-Protection: 1; mode=block

[
    {
        "altitude": 24250,
        "barometer": 0.0,
        "bds40_seen_time": null,
        "callsign": null,
        "category": "A2",
        "flightno": "",
        "heading": 118,
        "id": 1,
        "is_adsb": true,
        "is_on_ground": false,
        "last_seen_time": "2020-10-12T16:13:26Z",
        "lat": 38.325119,
        "lon": -90.154159,
        "polar_bearing": 178.56009,
        "polar_distance": 37.661127,
        "pos_update_time": "2020-10-12T16:13:24Z",
        "reg": "N168ZZ",
        "route": "FMY-SUS",
        "selected_altitude": 0,
        "speed": 404,
        "squawk": null,
        "type": "LJ60",
        "vert_rate": 2880
    },
    {
        "altitude": 38000,
        "barometer": 1013.6,
        "bds40_seen_time": "2020-10-12T20:24:48Z",
        "callsign": "SWA1828",
        "category": "A3",
        "flightno": "WN1828",
        "heading": 274,
        "id": 2,
        "is_adsb": true,
        "is_on_ground": false,
        "last_seen_time": "2020-10-12T20:24:48Z",
```

```
        "lat": 39.348862,
        "lon": -90.751668,
        "polar_bearing": 310.510201,
        "polar_distance": 35.870036,
        "pos_update_time": "2020-10-12T20:24:48Z",
        "reg": "N8567Z",
        "route": "TPA-BWI-OAK",
        "selected_altitude": 38016,
        "speed": 397,
        "squawk": "7050",
        "type": "B738",
        "vert_rate": -128
    }
]
```

Aircraft Positions 앱이 단순히 사용자를 인증하는 것이 아니라 특정 리소스에 접근할 수 있는 사용자 인가를 확인하도록 SecurityConfig를 리팩터링해야 합니다.

스프링 5.7.0-M2부터는 WebSecurityConfigurerAdapter가 deprecated가 되고, 컴포넌트 기반component-based 시큐리티 설정으로 업데이트됐습니다. 스프링 시큐리티 5.4부터 SecurityFilterChain 빈을 생성해 HttpSecurity를 설정하게 됐습니다.

```
@Bean
public SecurityFilterChain configure(HttpSecurity http) throws Exception {
    // 로깅 문 생략
    return http
            .authorizeHttpRequests()
            .anyRequest().authenticated()
            .and()
            .formLogin()
            .and()
            .build();
}
```

구현된 코드의 기능은 다음과 같습니다.

- 인증된 사용자의 모든 요청을 승인합니다.
- 간단한 로그인과 로그아웃 양식(개발자가 생성한 재정의가 가능한 양식)을 제공합니다.
- CLI 요청처럼, 브라우저가 아닌 곳에서 요청을 보내는 사용자에게도 HTTP 기본 인증을 활성화합니다.

이 기능은 개발자가 인증 세부 사항을 제공하지 않을 때 합리적인 보안 상태를 제공합니다. 다음 단계에서는 더 구체적으로 이 동작을 재정의합니다.

```
// 사용자 인가
@Override
protected void configure(HttpSecurity http) throws Exception {
    return http
            .authorizeHttpRequests()
            .requestMatchers("/aircraftadmin/**").hasRole("ADMIN")
            .anyRequest().authenticated()
            .and()
            .formLogin()
            .and()
            .httpBasic()
            .and()
            .build();

}
```

configure(HttpSecurity http) 메서드 구현은 다음 작업을 수행합니다.

- String 패턴 일치자를 사용해 요청 경로가 /aircraftadmin 및 아래의 모든 경로와 일치하는지 비교합니다.
- 일치에 성공하면, 사용자에게 'ADMIN' 역할/인가가 있는 경우 요청할 수 있는 인가를 부여합니다.
- 인증된 사용자가 실시한 모든 요청을 수행합니다.
- 간단한 로그인과 로그아웃 폼(개발자가 생성한 재정의가 가능한 폼)을 제공합니다.
- CLI 요청처럼, 브라우저가 아닌 곳에서 요청을 보내는 사용자에게도 HTTP 기본 인증을 활성화합니다.

이 최소한의 인가 메커니즘은 보안 필터 체인에 필터 두 개를 배치합니다. 하나는 경로 일치와 관리자 인가를 확인하는 것이고, 다른 하나는 그 외 모든 경로와 인증된 사용자를 확인하는 것입니다. 계층화된 접근방식을 사용하면 복잡한 시나리오도 매우 간단하고 추론하기 쉬운 논리로 다루게 됩니다.

SecurityConfig 클래스의 최종 버전(폼 기반 보안)입니다.

```
import org.springframework.context.annotation.Bean;
import org.springframework.security.config.annotation.web.builders.HttpSecurity;
import org.springframework.security.config.annotation.web.configuration
```

```
    .EnableWebSecurity;
import org.springframework.security.config.annotation.web.configuration
    .WebSecurityConfigurerAdapter;
import org.springframework.security.core.userdetails.User;
import org.springframework.security.core.userdetails.UserDetails;
import org.springframework.security.core.userdetails.UserDetailsService;
import org.springframework.security.crypto.factory.PasswordEncoderFactories;
import org.springframework.security.crypto.password.PasswordEncoder;
import org.springframework.security.provisioning.InMemoryUserDetailsManager;

@EnableWebSecurity
public class SecurityConfig extends WebSecurityConfigurerAdapter {
    private final PasswordEncoder pwEncoder =
            PasswordEncoderFactories.createDelegatingPasswordEncoder();

    @Bean
    UserDetailsService authentication() {
        UserDetails peter = User.builder()
                .username("peter")
                .password(pwEncoder.encode("ppassword"))
                .roles("USER")
                .build();

        UserDetails jodie = User.builder()
                .username("jodie")
                .password(pwEncoder.encode("jpassword"))
                .roles("USER", "ADMIN")
                .build();

        System.out.println("   >>> Peter's password: " + peter.getPassword());
        System.out.println("   >>> Jodie's password: " + jodie.getPassword());

        return new InMemoryUserDetailsManager(peter, jodie);
    }

   @Bean
   public SecurityFilterChain configure(HttpSecurity http) throws Exception {
        return http
                .authorizeHttpRequests()
                .requestMatchers("/aircraftadmin/**").hasRole("ADMIN")
                .anyRequest().authenticated()
                .and()
                .formLogin()
                .and()
```

```
                .httpBasic()
                .and()
                .build();
}
```

> **보안에 대한 참고사항**
>
> 더 구체적인 기준이 덜 구체적인 기준보다 우선하는 것이 절대적으로 중요합니다.
>
> 각 요청은 필터와 일치할 때까지 보안 필터 체인을 통과하는데, 이 시점에서 요청은 지정된 조건에 따라 처리됩니다. 예를 들어 `.anyRequest().authenticated()` 조건이 `.requestMatchers("/aircraftadmin/**").hasRole("ADMIN")`보다 먼저 배치되고, 모든 요청이 일치하며 인증된 모든 사용자에게 `/aircraftadmin` 아래에 포함된 모든 리소스에의 접근을 허용합니다.
>
> `anyRequest()`의 기준 앞에 `.requestMatchers("/aircraftadmin/**").hasRole("ADMIN")` (그리고 기타 특정 기준)을 배치하면, `anyRequest()`는 `.requestMatchers`에서 정의된 경로를 제외하고 그 외 모든 경로를 반환합니다. 이는 공통 랜딩 페이지, 메뉴와 같이 인증된 모든 사용자가 접근할 수 있는 애플리케이션 영역의 접근을 의도적으로 허용할 목적으로는 매우 유용합니다.
>
> 스프링 MVC 기반(nonreactive)과 스프링 웹플럭스 기반(reactive) 스프링 부트 앱은 어노테이션, 클래스/빈 이름, 반환 타입, 인증과 인가에 접근하는 방식에 약간의 차이가 있지만, 그래도 공통되는 부분이 많습니다. 이 부분은 다음 절에서 간단하게 다루겠습니다.

이제 모든 것이 의도한 대로 작동하는지 확인합니다. `Aircraft Positions` 앱을 다시 시작하고 명령 줄에서 `'Jodie'`로 `/aircraftadmin` 엔드포인트에 접근합니다(첫 번째 엔드포인트에 대한 접근은 확인했지만 지면 관계상 생략했으며, 간결함을 위해 일부 헤더와 결과도 생략함).

```
mheckler-a01 :: ~ » http :8080/aircraftadmin --auth jodie:jpassword
HTTP/1.1 200
Cache-Control: no-cache, no-store, max-age=0, must-revalidate
Expires: 0
Pragma: no-cache
X-Content-Type-Options: nosniff
```

```
X-Frame-Options: DENY
X-XSS-Protection: 1; mode=block

[
    {
        "altitude": 36000,
        "barometer": 1012.8,
        "bds40_seen_time": "2020-10-13T19:16:10Z",
        "callsign": "UPS2806",
        "category": "A5",
        "flightno": "5X2806",
        "heading": 289,
        "id": 1,
        "is_adsb": true,
        "is_on_ground": false,
        "last_seen_time": "2020-10-13T19:16:14Z",
        "lat": 38.791122,
        "lon": -90.21286,
        "polar_bearing": 189.515723,
        "polar_distance": 9.855602,
        "pos_update_time": "2020-10-13T19:16:12Z",
        "reg": "N331UP",
        "route": "SDF-DEN",
        "selected_altitude": 36000,
        "speed": 374,
        "squawk": "6652",
        "type": "B763",
        "vert_rate": 0
    },
    {
        "altitude": 25100,
        "barometer": 1012.8,
        "bds40_seen_time": "2020-10-13T19:16:13Z",
        "callsign": "ASH5937",
        "category": "A3",
        "flightno": "AA5937",
        "heading": 44,
        "id": 2,
        "is_adsb": true,
        "is_on_ground": false,
        "last_seen_time": "2020-10-13T19:16:13Z",
        "lat": 39.564148,
        "lon": -90.102459,
        "polar_bearing": 5.201331,
```

```
        "polar_distance": 36.841422,
        "pos_update_time": "2020-10-13T19:16:13Z",
        "reg": "N905J",
        "route": "DFW-BMI-DFW",
        "selected_altitude": 11008,
        "speed": 476,
        "squawk": "6270",
        "type": "CRJ9",
        "vert_rate": -2624
    }
]
```

`'Jodie'`는 'ADMIN' 역할을 하기 때문에 예상대로 `/aircraftadmin` 엔드포인트에 접근할 수 있습니다. 다음엔 `'Peter'`로 로그인합니다. 첫 번째 엔드포인트 접근을 확인했지만 생략했습니다(간결함을 위해 헤더 일부를 생략함).

```
mheckler-a01 :: ~ » http :8080/aircraftadmin --auth peter:ppassword
HTTP/1.1 403
Cache-Control: no-cache, no-store, max-age=0, must-revalidate
Expires: 0
Pragma: no-cache
X-Content-Type-Options: nosniff
X-Frame-Options: DENY
X-XSS-Protection: 1; mode=block

{
    "error": "Forbidden",
    "message": "",
    "path": "/aircraftadmin",
    "status": 403,
    "timestamp": "2020-10-13T19:18:10.961+00:00"
}
```

`'Peter'`는 'ADMIN'이 아니라 'USER' 역할만 하기 때문에 보이는 것처럼 오류가 발생해야 합니다. 보다시피 시스템이 제대로 작동합니다.

> **TIP_ 코드 사용하기**
> 완성된 폼 기반 예제는 깃허브(**chapter10forms** 브랜치)에서 확인할 수 있습니다.

10.4 인증 및 인가를 위한 OIDC와 OAuth2 구현

폼 기반 인증과 내부 인가는 많은 애플리케이션에 유용하지만 '이미 알고 있는 익숙한' 인증 방식이 지향하는 혹은 요구사항의 보안 수준에 이상적이지 않거나 심지어 부족한 사용 사례가 많습니다. 몇 가지 예를 들겠습니다.

- 인증이 필요하지만, 사용자에 대해 아무것도 알 필요가 없는(법적 이유나 그 밖의 이유로 알고 싶지 않은) 무료 서비스
- 단일 인증Single-Factor Authentication이 충분히 안전하지 않아, 다중 인증Multi-Factor Authentication 지원을 원하거나 요구하는 상황
- 비밀번호, 역할/인가, 기타 필요한 메커니즘을 관리하는 보안 소프트웨어의 인프라 생성과 유지, 관리가 우려되는 상황
- 보안 침해 시 책임이 우려되는 상황

이러한 우려나 목표에 간단히 답할 순 없습니다. 하지만 여러 회사에서 인증과 인가를 위한 강력하고 안전한 인프라 자산을 구축하고 유지, 관리하며, 무료이거나 저렴한 비용으로 일반적인 목적에 사용하도록 제공합니다. 선도적인 보안 공급업체인 Okta와 페이스북, 깃허브, 구글 등 검증된 사용자 인증과 인가 확인을 요구하는 회사들이 있습니다. 스프링 시큐리티는 OIDCOpenID Connect와 OAuth2를 통해 이러한 옵션 전부와 그 이상을 지원합니다.

OAuth2는 클라우드 기반 서비스, 공유 저장소, 애플리케이션 같은 지정된 리소스에 사용자의 제3자 인증 수단을 제공하기 위해 만들었습니다. 그리고 OAuth2를 기반으로 OIDC는 다음 중 하나 이상의 요소를 사용해 일관되고 표준화된 인증을 제공합니다.

- 비밀번호와 같이 알고 있는 것
- 하드웨어 키와 같이 가진 것
- 생체 인식 식별자와 같은 자신의 존재

스프링 부트와 스프링 시큐리티는 페이스북, 깃허브, 구글, Okta 등에서 제공하는 OIDC와 OAuth2 구현을 위한 자동 설정을 지원하고, OIDC, OAuth2, 스프링 시큐리티의 확장 가능한 아키텍처에 대해 발표된 표준으로 추가 공급자를 쉽게 설정합니다. 저는 다음 예에서 Okta의 라이브러리와 인증+인가 메커니즘을 사용하지만, 공급자 간의 차이는 대개 테마의 변형입니다. 여러분 자신의 필요에 가장 적합한 보안 공급자를 자유롭게 이용하면 됩니다.

OIDC 및 OAUTH2를 위한 다양한 애플리케이션/서비스 역할

이 절에서는 인증과 인가를 위해 각각 OIDC, OAuth2를 사용한 서비스가 수행하는 역할만 설명하지만, 실제로 모든 유형의 타사 인증과 인가 메커니즘에 전체적으로 또는 부분적으로 적용할 수 있습니다.

애플리케이션/서비스는 세 가지 기본 역할을 수행합니다.

- 클라이언트
- 인가 서버
- 리소스 서버

일반적으로 서비스는 클라이언트이자 최종 사용자가 상호작용하는 애플리케이션/서비스이며, 사용자에게 부여된 인가(역할/권한)를 인증하고 획득하기 위해 보안 제공자와 협력합니다.

인가 서버는 사용자 인증을 처리하고 사용자가 소유한 인가를 클라이언트에 반환합니다. 인가 서버는 시간이 지정된 인가 발행과 선택적으로 갱신을 처리합니다.

리소스 서버는 클라이언트가 제시한 인가를 기반으로 보호되는 리소스에 접근하게 해줍니다.

스프링 시큐리티로 세 유형의 애플리케이션/서비스를 모두 만들 수 있지만, 이 책에서는 클라이언트와 리소스 서버를 만드는 데 초점을 둡니다. 스프링 인가 서버(*https://spring.io/blog/2020/04/15/announcing-the-spring-authorization-server*)는 현재 실험용 프로젝트지만 빠르게 발전하고 있으며 여러 사용 사례에 매우 유용합니다. 그러나 많은 조직과 앞서 나열한 많은 목표에는 제3자가 제공하는 인가 서비스를 사용하는 방법이 아직까지 가장 합리적입니다. 늘 그렇듯이, 경로를 결정할 때는 자신의 요구사항을 따라야 합니다.

이 예제에서는 `Aircraft Positions` 앱이 OIDC와 OAuth2 클라이언트 애플리케이션의 역할을 하도록 리팩터링합니다. 그 역할이란 Okta의 기능을 사용해 사용자를 확인하고, 리소스 서버에 접근해 리소스를 접근 가능케 하는 사용자 인가를 획득하는 일입니다.

그런 다음 `Aircraft Positions` 앱의 (클라이언트 서버 역할) 요청과 함께 제공된 자격 증명credentials을 기반으로, `PlaneFinder` 앱이 OAuth2 리소스 서버로서 리소스를 제공하도록 리팩터링합니다.

10.4.1 Aircraft Positions 클라이언트 애플리케이션

저는 일반적으로 스택에서 맨 뒷단의 애플리케이션부터 시작하지만, 이 경우엔 사용자가 리소스의 접근 권한을 획득하거나 거부할 때의 흐름 때문에 앞단부터 접근하는 편이 더 유리하다고 생각합니다.

사용자는 일부 메커니즘을 사용해 사용자를 인증하는 클라이언트 애플리케이션에 접근합니다. 일단 인증되면 리소스에 대한 사용자 요청은 해당 리소스를 보유하고 관리하는 리소스 서버로 중계됩니다. 이는 우리 대부분이 반복적으로 따르는 매우 익숙한 흐름입니다. 리소스 서버로 순서를 동일하게 하여 클라이언트에서 리소스 서버로 보안을 활성화하면 우리가 예상하는 흐름과 깔끔하게 일치합니다.

Aircraft Positions 앱에 OIDC 및 OAuth2 의존성 추가

폼 기반 보안과 마찬가지로, [그림 10-2]처럼 새 애플리케이션에서 OIDC와 OAuth2를 적용하려면 스프링 이니셜라이저로 의존성을 간단히 추가하면 됩니다.

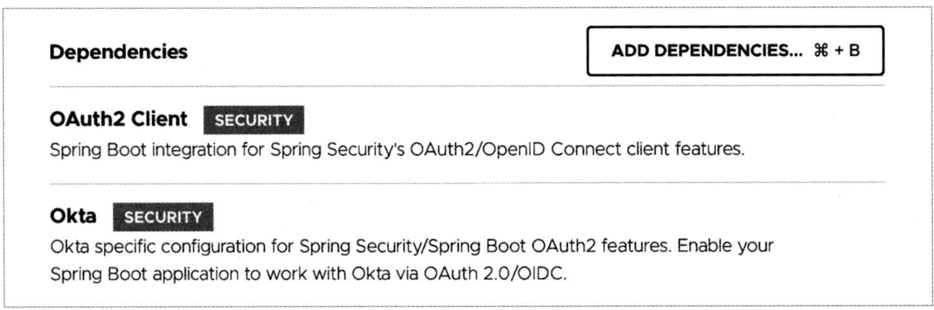

그림 10-2 스프링 이니셜라이저에서 Okta 사용을 위한 OIDC와 OAuth2 의존성 추가

약간의 수고를 하여 기존 애플리케이션에 OIDC와 OAuth2를 적용합니다. 현재 폼 기반 보안을 대체하기 위해, 이전 절에서 추가한 스프링 시큐리티의 기존 의존성부터 제거합니다. 그런 다음 `Aircraft Positions` 앱의 *pom.xml* 메이븐 파일에 OIDC와 OAuth2 의존성 두 가지를 추가합니다. 하나는 OAuth2 클라이언트(OIDC 인증 부분과 그 밖의 필수 설정 요소 포함)용이고 다른 하나는 Okta용입니다. 의존성을 추가하는 이유는 인증과 인가 관리에 OAuth2 클라이언트와 Okta의 인프라를 사용하기 때문입니다.

```
<!-- 하단의 코드는 주석 처리하거나 삭제해도 됨 -->
<!--<dependency>-->
<!-- <groupId>org.springframework.boot</groupId>-->
<!-- <artifactId>spring-boot-starter-security</artifactId>-->
<!--</dependency>-->

<!-- 아래 의존성 추가                                    -->
<dependency>
    <groupId>org.springframework.boot</groupId>
    <artifactId>spring-boot-starter-oauth2-client</artifactId>
</dependency>
<dependency>
    <groupId>com.okta.spring</groupId>
    <artifactId>okta-spring-boot-starter</artifactId>
    <version>1.4.0</version>
</dependency>
```

NOTE_ 현재 포함된 Okta의 스프링 부트 스타터 라이브러리 버전은 1.4.0입니다.[42] 현 버전의 스프링 부트에서 잘 작동하도록 테스트되고 검증됐습니다. 개발자는 빌드 파일에 의존성을 수동으로 추가할 때 다음을 습관화하는 것이 좋습니다. 스프링 이니셜라이저를 방문해 현재(당시) 부트 버전을 선택하고, Okta(또는 특별히 지정된 버전) 의존성을 추가한 후, 현재 권장되는 버전 번호를 프로젝트에서 실행해 확인하는 일입니다.

빌드를 '새로고침'하면, `Aircraft Positions` 앱이 Okta로 인증하고 사용자 인가를 얻도록 코드를 리팩터링해야 합니다.

인증 및 인가(권한 부여)를 위한 Aircraft Positions 앱 리팩터링

현재 `Aircraft Positions` 앱을 OAuth2 클라이언트 앱으로 설정하려면 세 가지를 수행해야 합니다.

- 폼 기반 보안 설정을 제거합니다.
- `PlaneFinder` 앱의 엔드포인트 접근에 사용된 `WebClient`에 OAuth2 설정을 추가합니다.
- OIDC+OAuth2에 등록된 클라이언트 자격 증명credentials을 지정하고 보안 제공자(이 경우엔 Okta)에 대한 URI를 지정합니다.

42 옮긴이_ 지금 사용하고 있는 스프링 부트의 버전과 Okta의 버전의 호환성 정보는 Okta 공식 페이지에서 확인하세요. `https://github.com/okta/okta-spring-boot#spring-boot-version-compatibility`
2022년 7월 기준으로 스프링 부트의 2.6.X 버전은 Okta 2.1.X 버전과 호환됩니다.

SecurityConfig 클래스의 바디 전체를 제거하는 일부터 시작해서 방금 전에 언급한 두 항목을 함께 처리합니다. Aircraft Positions 앱에서 로컬로 제공하는 리소스에 대한 접근 제어를 여전히 원하거나 필요로 한다면, SecurityConfig를 그대로 유지하거나 약간 수정합니다. 그러나 이 예제에서는 PlaneFinder 앱이 리소스 서버의 역할을 하므로 리소스에 대한 요청을 제어하거나 거부해야 합니다. Aircraft Positions 앱은 사용자 인증을 하도록 보안 인프라와 함께 클라이언트 역할을 하며, 그다음 리소스 요청을 리소스 서버에 전달합니다.

로컬 인증을 위한 자동 설정이 더 이상 필요하지 않으므로, @EnableWebSecurity 어노테이션을 @Configuration으로 대체합니다. 또 클래스 헤더에서 WebSecurityConfigurerAdapter 상속을 제거합니다. Aircraft Positions 앱의 이번 리팩터링에서는 엔드포인트에 대한 요청을 제한하지 않고, 대신 PlaneFinder 앱에 요청과 사용자 인가를 함께 전달해서 해당 인가를 각 리소스에 허용된 인가와 비교한 후 PlaneFinder 앱이 허용된 리소스에만 접근하도록 하기 위해서입니다.

다음으로 Aircraft Positions 앱 전체에서 사용할 SecurityConfig 클래스 내에서 WebClient 빈을 생성합니다. PositionRetriever 내의 멤버 변수에 할당된 WebClient 생성에 OAuth2 설정을 간단히 통합할 수 있습니다. 또 이를 가능케 하는 유효한 인수가 있으므로 이 시점에서 이 작업은 별다른 문제 없이 수월합니다. 그러나 PositionRetriever는 WebClient에 대한 접근이 필요하지만, OIDC와 OAuth2 설정을 처리하도록 WebClient를 설정하면 항공기 위치 조회라는 PositionRetriever의 주요 임무에서 벗어납니다.

인증과 인가를 위한 WebClient 생성과 설정은 SecurityConfig라는 클래스의 범위에 매우 적절합니다.

```
import org.springframework.context.annotation.Bean;
import org.springframework.context.annotation.Configuration;
import org.springframework.security.oauth2.client.registration
    .ClientRegistrationRepository;
import org.springframework.security.oauth2.client.web
    .OAuth2AuthorizedClientRepository;
import org.springframework.security.oauth2.client.web.reactive.function.client
    .ServletOAuth2AuthorizedClientExchangeFilterFunction;
import org.springframework.web.reactive.function.client.WebClient;

@Configuration
```

```
public class SecurityConfig {
    @Bean
    WebClient client(ClientRegistrationRepository regRepo,
                     OAuth2AuthorizedClientRepository cliRepo) {
        ServletOAuth2AuthorizedClientExchangeFilterFunction filter =
                new ServletOAuth2AuthorizedClientExchangeFilterFunction
                    (regRepo, cliRepo);

        filter.setDefaultOAuth2AuthorizedClient(true);

        return WebClient.builder()
                .baseUrl("http://localhost:7634/")
                .apply(filter.oauth2Configuration())
                .build();
    }
}
```

다음의 두 빈이 `client()` 빈 생성 메서드로 빈 주입됩니다.

- 보통 *application.yml* 같은 속성 파일에 있는, 애플리케이션에서 사용하도록 지정된 OAuth2 클라이언트 목록 `ClientRegistrationRepository`
- 인증된 사용자를 나타내고 해당 사용자의 `OAuth2AccessToken`을 관리하는 OAuth2 클라이언트 목록 `OAuth2AuthorizedClientRepository`

`WebClient` 빈을 만들고 설정하는 메서드 내에서 다음 작업을 수행합니다.

1. 주입된 두 repository로 필터 기능을 초기화합니다.
2. 기본 인증 클라이언트를 사용합니다. 일반적인 경우로, 보통은 해당 리소스를 보유한 사용자가 인증을 획득합니다. 하지만 액세스가 위임된 경우라면 해당 리소스 소유자가 아닌 인증된 사용자가 필요할 수 있습니다. URL을 지정하고, OAuth2용으로 설정된 필터를 `WebClient` 빌더에 적용한 후, `WebClient`를 빌드해 스프링 빈으로 반환하고, 이를 `ApplicationContext`에 추가합니다. 이제 OAuth2 지원 가능한 `WebClient`를 `Aircraft Positions` 앱 전체에서 사용할 수 있습니다.

이제 `WebClient` 빈이 빈 생성 메서드로 생성됐으므로, `WebClient` 객체를 생성하고 `PositionRetriever` 클래스 내의 멤버 변수에 직접 할당하는 문statement을 제거한 후, 간단한 멤버 변수 선언으로 대체합니다. 클래스에 롬복의 `@AllArgsConstructor` 어노테이션을 사용하면, 롬복은 모든 필드값을 매개변수로 받는 생성자인 '모든 인수 생성자'에 `WebClient` 매개변수를 자동으로 추가합니다. `WebClient` 빈은 `ApplicationContext`에서 사용 가능하기 때문에 스프링 부트는 PositionRetriever에 WebClient 빈을 주입하며, WebClient 멤버 변수에 자동으로 지정됩니다. 새로 리팩터링된 PositionRetriever 클래스는 이제 다음과 같습니다.

```
import lombok.AllArgsConstructor;
import org.springframework.stereotype.Component;
import org.springframework.web.reactive.function.client.WebClient;

@AllArgsConstructor
@Component
public class PositionRetriever {
    private final AircraftRepository repository;
    private final WebClient client;

    Iterable<Aircraft> retrieveAircraftPositions() {
        repository.deleteAll();

        client.get()
                .uri("/aircraft")
                .retrieve()
                .bodyToFlux(Aircraft.class)
                .filter(ac -> !ac.getReg().isEmpty())
                .toStream()
                .forEach(repository::save);

        return repository.findAll();
    }
}
```

이 절의 앞부분에서 애플리케이션에서 사용하도록 지정된 OAuth2 클라이언트 목록 ClientRegistrationRepository의 사용을 언급한 적이 있습니다. 이 repository를 채우는 방법은 여러 가지지만, 보통 항목은 애플리케이션 속성으로 지정합니다. 이 예제에서는 Aircraft Positions 앱의 *application.yml* 파일에 다음 정보를 추가합니다(여기에 표시된 더미값).

```
spring:
  security:
    oauth2:
      client:
        registration:
          okta:
```

```
        client-id: <your_assigned_client_id_here>
        client-secret: <your_assigned_client_secret_here>
    provider:
      okta:
        issuer-uri: https://<okta에서 발급 받은 subdomain 삽입>
                .oktapreview.com/oauth2/default
```

> **OIDC + OAUTH2 Provider에서 클라이언트 및 발행자 세부 정보 얻기**
>
> 이 절은 신뢰할 수 있는 제3자가 제공하는 보안 인프라와 상호작용해 스프링 부트 애플리케이션을 안전하게 개발하는 방법에 초점을 둡니다. 또 수많은 보안 제공자를 사용해 계정을 생성하는 세부적인 단계 제공, 애플리케이션 등록, 다양한 리소스의 사용자 인가 정의 등은 이 장의 범위에서 벗어납니다. 다행히 이러한 외부 작업을 수행하는 데 필요한 절차는 스프링 시큐리티 OAuth2 샘플 리포지터리에서 다룹니다.
>
> Okta를 인증 공급자로 설정하려면 이 링크(*https://github.com/spring-projects/spring-security/blob/5.4.1/samples/boot/oauth2login/README.adoc#okta-login*)를 따라가세요. 지원되는 그 밖의 서드 파티에 대한 유사 과정도 안내합니다.

해당 정보가 있으면, `Aircraft Positions` 앱의 `ClientRegistrationRepository`에는 사용자가 애플리케이션에 접근하려고 할 때 자동으로 사용할 Okta에 대한 단일 항목이 있습니다.

> **TIP_** 여러 항목이 정의된 경우, 첫 요청 시 웹페이지가 표시되며 사용자에게 제공자를 선택하라는 메시지가 표시됩니다.

성공한 사용자 승인과 실패한 사용자 승인을 더 잘 보여주기 위해, 추가로 `Aircraft Positions` 앱에 작은 변경(그리고 PositionRetriever에 대한 작은 다운스트림 변경)을 합니다. 현재 `PositionController` 클래스에 정의된 유일한 엔드포인트를 복제한 후, 메서드명을 변경하고 '관리자 전용' 접근을 의미하는 매핑을 해줍니다.

```
import lombok.AllArgsConstructor;
import org.springframework.web.bind.annotation.GetMapping;
import org.springframework.web.bind.annotation.RestController;
```

```java
@AllArgsConstructor
@RestController
public class PositionController {
    private final PositionRetriever retriever;

    @GetMapping("/aircraft")
    public Iterable<Aircraft> getCurrentAircraftPositions() {
        return retriever.retrieveAircraftPositions("aircraft");
    }

    @GetMapping("/aircraftadmin")
    public Iterable<Aircraft> getCurrentAircraftPositionsAdminPrivs() {
        return retriever.retrieveAircraftPositions("aircraftadmin");
    }
}
```

PositionRetriever의 단일 메서드를 사용해 두 PlaneFinder 앱의 엔드포인트 접근을 허용하기 위해, 동적 경로 매개변수 String 엔드포인트를 수락하고 클라이언트 요청을 빌드할 때 사용하도록 해당 retrieveAircraftPositions() 메서드를 수정합니다. 업데이트된 PositionRetriever 클래스는 다음과 같습니다.

```java
import lombok.AllArgsConstructor;
import org.springframework.stereotype.Component;
import org.springframework.web.reactive.function.client.WebClient;

@AllArgsConstructor
@Component
public class PositionRetriever {
    private final AircraftRepository repository;
    private final WebClient client;

    Iterable<Aircraft> retrieveAircraftPositions(String endpoint) {
        repository.deleteAll();

        client.get()
                .uri((null != endpoint) ? endpoint : "")
                .retrieve()
                .bodyToFlux(Aircraft.class)
                .filter(ac -> !ac.getReg().isEmpty())
                .toStream()
                .forEach(repository::save);
```

```
        return repository.findAll();
    }
}
```

이제 Aircraft Positions 앱은 완전하게 설정된 OIDC와 OAuth2 클라이언트 애플리케이션입니다. 다음엔 승인된 사용자가 요청 시 리소스를 제공하는 OAuth2 리소스 서버 역할을 하도록 PlaneFinder 앱을 리팩터링합니다.

10.4.2 PlaneFinder 리소스 서버

의존성 변경을 포함해 모든 리팩터링의 시작 지점은 빌드 파일입니다.

Aircraft Positions 앱에 OIDC 및 OAuth2 의존성 추가

앞서 언급했듯, 새 클라이언트 애플리케이션을 위한 새로운 스프링 부트 OAuth2 리소스 서버를 생성할 때는 [그림 10-3]처럼 스프링 이니셜라이저를 통해 의존성을 추가하는 방법이 가장 쉽습니다.

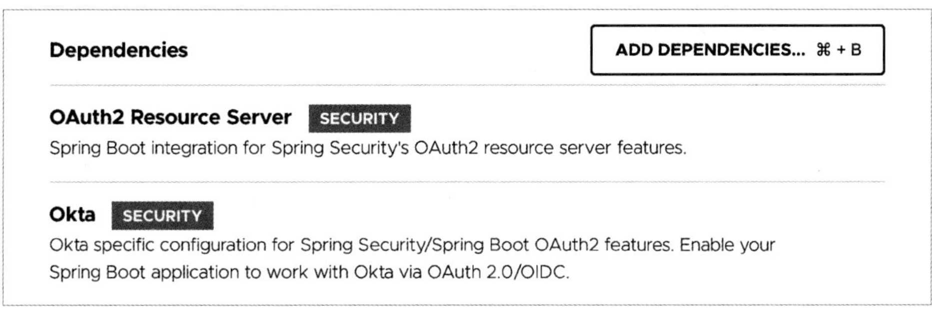

그림 10-3 스프링 이니셜라이저에서 Okta를 사용한 OAuth2 리소스 서버의 의존 라이브러리

> **의존성 탐구**
>
> 이 예제에서 OCID와 OAUTH2 메커니즘(보안 인프라와 라이브러리)에 Okta를 사용하기로 했으므로, `okta-spring-boot-starter` 의존성만 추가해도 동일한 결과를 얻습니다. Okta 의존성은 OAuth2 클라이언트 애플리케이션과 리소스 서버에 필요한 라이브러리를 아래와 같이 설치합니다.
>
> - Spring Security Config
> - Spring Security Core
> - Spring Security OAuth2 Client
> - Spring Security Core
> - Spring Security JOSE
> - Spring Security Resource Server
> - Spring Security Web
>
> 이니셜라이저에서 OAuth2 리소스 서버를 위한 의존성을 추가해도, OAuth2 클라이언트에 대한 의존성을 제외한 나머지 의존성이 동일하게 포함되므로 새 애플리케이션에 또 다른 부담을 주지 않습니다. Okta 의존성은 상위 집합입니다. 이니셜라이저에서 Okta 의존성을 추가하면, 추가된 의존성을 한눈에 보게 되고 여러 라이브러리들이 포함된 의존성을 한번에 추가하기 때문에, 나중에 인증과 인가 서버를 변경해도 굳이 따로 의존성을 추가할 필요가 없습니다. 그래서 저는 의존성을 이니셜라이저에서 추가합니다. 그럼에도 의존성 트리를 확인해서 불필요한 의존성은 제거하는 것이 바람직합니다.

기존 `PlaneFinder` 앱을 업데이트하기는 간단합니다. 인가 확인을 위해 OAuth2 리소스 서버와 Okta의 인프라를 사용할 계획이니, `PlaneFinder` 앱의 *pom.xml* 메이븐 빌드 파일에 OAuth2 리소스 서버와 Okta를 위해 이니셜라이저에서 추가한 의존성 2개를 추가합니다.

```
<dependency>
    <groupId>org.springframework.boot</groupId>
    <artifactId>spring-boot-starter-oauth2-resource-server</artifactId>
</dependency>
<dependency>
    <groupId>com.okta.spring</groupId>
    <artifactId>okta-spring-boot-starter</artifactId>
    <version>1.4.0</version>
</dependency>
```

빌드를 새로고침하고 나면, PlaneFinder 앱이 인바운드 요청과 함께 제공된 사용자 권한을 확인하고, PlaneFinder 앱의 리소스에 접근 권한을 부여하거나 거부하도록 코드를 리팩터링합니다.

리소스 인가를 위한 PlaneFinder 리팩터링

분산 시스템에 Okta를 사용해 OIDC, OAuth2 인증과 인가를 활성화하는 작업의 대부분이 이 시점에서 이미 완료됐습니다. OAuth2 리소스 서버의 임무를 올바르게 수행하도록 PlaneFinder 앱을 리팩터링하기 위해 작은 노력을 합니다.

- JWT(JSON Web Token) 지원 포함하기
- JWT("조트"로 발음함) 내에서 전달된 인가를 지정된 리소스 접근에 필요한 인가와 비교하기

두 작업은 스프링 시큐리티가 인바운드 요청의 JWT 내용을 조회, 확인하고 요구되는 인가와 비교할 단일 SecurityWebFilterChain 빈을 생성해 수행합니다.

빈 생성 메서드에 고유한 위치를 제공하기 위해 다시 한번 SecurityConfig 클래스를 만들고 @Configuration 어노테이션을 달아줍니다. 그러고 나서 다음과 같이 securityWebFilterChain() 메서드를 만듭니다.

```
import org.springframework.context.annotation.Bean;
import org.springframework.context.annotation.Configuration;
import org.springframework.security.config.web.server.ServerHttpSecurity;
import org.springframework.security.web.server.SecurityWebFilterChain;

@Configuration
public class SecurityConfig {
    @Bean
    public SecurityWebFilterChain securityWebFilterChain(ServerHttpSecurity http) {
        http
                .authorizeExchange()
                .pathMatchers("/aircraft/**").hasAuthority("SCOPE_closedid")
                .pathMatchers("/aircraftadmin/**").hasAuthority("SCOPE_openid")
                .and().oauth2ResourceServer().jwt();

        return http.build();
    }
}
```

필터 체인을 생성하기 위해 스프링 부트의 보안 자동 설정에서 제공하는 기존 ServerHttpSecurity 빈을 의존성 주입합니다. 이 빈은 spring-boot-starter-webflux가 클래스 경로에 있을 때 웹플럭스 지원 애플리케이션과 함께 사용됩니다.

> **NOTE_** 클래스 경로에 웹플럭스가 없는 애플리케이션은 이 장의 앞부분에 있는 폼 기반 인증 예제처럼 HttpSecurity 빈과 해당 메서드를 대신 사용합니다.

다음, 요청을 어떻게 처리할지 방법을 지정해 ServerHttpSecurity 빈의 보안 기준을 설정합니다. 먼저 요청과 요구되는 사용자 인가를 비교하기 위해 두 가지 리소스 경로를 제공합니다. 그리고 사용자 정보를 포함하기 위해 JWT를 사용해 OAuth2 리소스 서버 지원을 활성화합니다.

> **NOTE_** JWT는 리소스 액세스 권한을 사용자에게 전달하기 때문에 전달자 토큰bearer token이라고도 합니다.

마지막으로, ServerHttpSecurity 빈에서 SecurityWebFilterChain을 빌드하고 반환해서 PlaneFinder 앱 전체에서 빈으로 사용할 수 있게 합니다.

요청이 도착하면 필터 체인은 일치하는 항목을 찾을 때까지 요청된 리소스 경로를 체인에 지정된 경로와 비교합니다. 일치하면, 애플리케이션은 OAuth2 제공자(이 경우엔 Okta)를 통해 토큰 유효성을 확인한 다음, 매핑된 리소스 접근에 필요한 인가와 요청에 포함된 인가를 비교합니다. 유효한 일치 항목이 있으면, 접근 인가를 부여합니다. 그렇지 않은 경우, 애플리케이션은 '403 Forbidden' 상태 코드를 반환합니다.

두 번째 pathMatcher가 PlaneFinder 앱에 아직 존재하지 않는 리소스 경로를 지정한다는 사실을 알아차렸을 겁니다. 인가 검사의 성공과 실패를 보여주는 두 예제를 모두 제공하기 위해 이 경로를 PlaneController 클래스에 추가합니다.

OAuth2 제공자는 openid, 이메일, 프로필 등이 담긴 여러 기본 인가를 포함합니다. 예제 필터 체인에서 (공급자와 OAuth2 인가 설정에 대해) closedid의 존재하지 않는 인가를 확인합니다. 결과적으로 경로가 /aircraft로 시작하는 리소스 요청은 모두 실패합니다. 현재 작성된 대로 유효한 토큰을 가지며 /aircraftadmin 경로로 시작하는 리소스의 인바운드 요청은 모두 성공합니다.

NOTE_ 스프링 시큐리티는 OAuth2 제공자 인가 앞에 'SCOPE_'를 추가해 스프링 시큐리티의 내부 개념 범위와 OAuth2 인가를 일대일로 매핑합니다. 스프링 시큐리티를 OAuth2와 함께 사용하는 개발자라면, 실질적인 차이가 없더라도 이 점을 알고는 있어야 합니다.

코드 리팩터링을 완료하기 위해, 이제 이전 경로 일치자(pathMatcher)에서 참조된 /aircraftadmin 엔드포인트 매핑을 PlaneFinder 앱의 PlaneController 클래스에 추가하고, 기존 /aircraft 엔드포인트의 기능을 /aircraftadmin 엔드포인트에 단순히 복사해서 접근 기준이 다른 두 엔드포인트를 보여줍니다.

```
import org.springframework.messaging.handler.annotation.MessageMapping;
import org.springframework.stereotype.Controller;
import org.springframework.web.bind.annotation.GetMapping;
import org.springframework.web.bind.annotation.ResponseBody;
import reactor.core.publisher.Flux;

import java.io.IOException;
import java.time.Duration;

@Controller
public class PlaneController {
    private final PlaneFinderService pfService;

    public PlaneController(PlaneFinderService pfService) {
        this.pfService = pfService;
    }

    @ResponseBody
    @GetMapping("/aircraft")
    public Flux<Aircraft> getCurrentAircraft() throws IOException {
        return pfService.getAircraft();
    }

    @ResponseBody
    @GetMapping("/aircraftadmin")
    public Flux<Aircraft> getCurrentAircraftByAdmin() throws IOException {
        return pfService.getAircraft();
    }

    @MessageMapping("acstream")
    public Flux<Aircraft> getCurrentACStream() throws IOException {
```

```
            return pfService.getAircraft().concatWith(
                    Flux.interval(Duration.ofSeconds(1))
                            .flatMap(l -> pfService.getAircraft()));
        }
    }
```

마지막으로, 애플리케이션이 들어오는 JWT의 유효성 검사를 목적으로 OAuth2 제공자에 접근하려면 어디로 가야 할지 알려야 합니다. OAuth2 제공자 엔드포인트 사양에 약간의 선택 범위가 있기 때문에 수행 방법상 여러 변형이 있습니다. Okta는 그 밖의 필요한 URI를 획득하는 설정에서 중앙 URI 역할을 하는 발급자 URI를 유용하게 구현합니다. 이로써 애플리케이션 개발자가 단일 속성을 추가해야 하는 부담이 줄어듭니다.

application.properties 파일을 키-값 쌍 형식에서 *application.yml*로 변환해 구조화된 속성 트리를 허용함으로써 반복을 약간 줄였습니다. 이는 선택 사항이지만 속성 키의 중복이 나타나기 시작할 때 유용합니다.

```
spring:
  security:
    oauth2:
      resourceserver:
        jwt:
          issuer-uri: https://<okta에서 발급받은 subdomain 삽입>.oktapreview.com/
              oauth2/default
  rsocket:
    server:
      port: 7635

server:
  port: 7634
```

이제 모든 요소가 준비됐으니 `PlaneFinder` OAuth2 리소스 서버와 `Aircraft Positions` OIDC+OAuth2 클라이언트 애플리케이션을 모두 다시 시작해 결과를 확인합니다. 브라우저에서 `Aircraft Positions` 앱의 `/aircraftadmin` API 엔드포인트(*http://localhost:8080/aircraftadmin*) 주소를 로딩하면, [그림 10-4]와 같이 인증을 위해 Okta로 리디렉션됩니다.

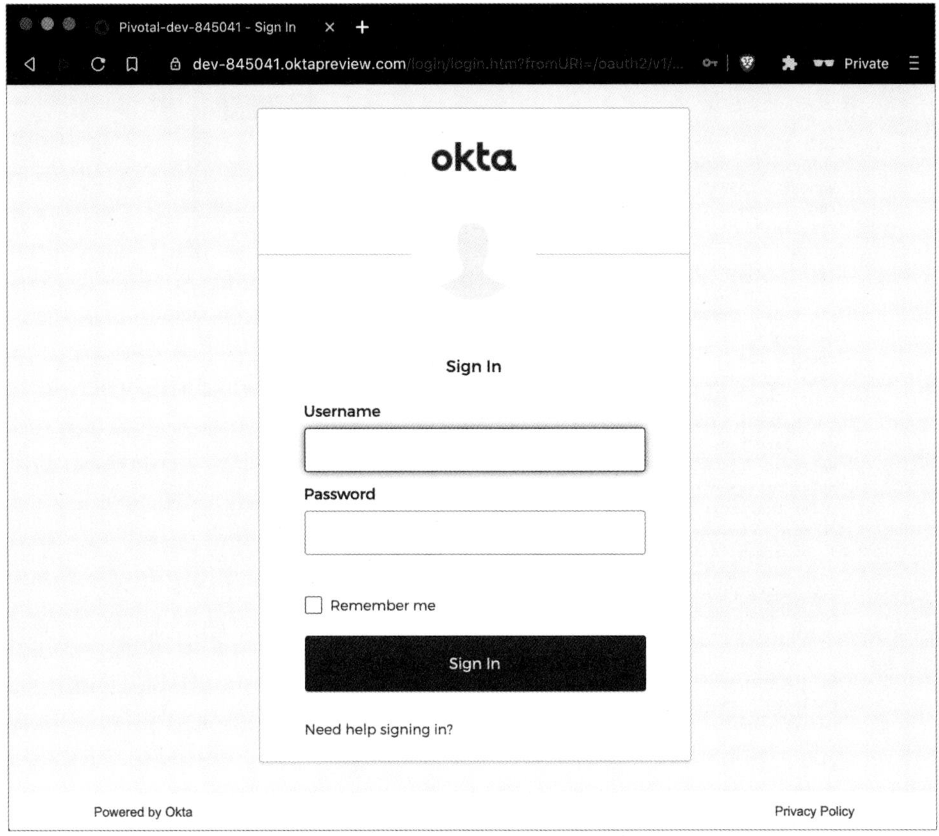

그림 10-4 OIDC 제공자(Okta)의 로그인 창

유효한 사용자 신분을 제공하면 Okta는 인증된 사용자(나)를 클라이언트 애플리케이션인 `Aircraft Positions` 앱으로 리디렉션합니다. 내가 요청한 엔드포인트는 다시 `PlaneFinder` 앱에서 항공기 위치를 요청하고 Okta에서 제공한 JWT를 같이 전달합니다. `PlaneFinder` 앱이 리소스 경로에 요청된 경로를 일치시키고 JWT와 포함된 인가를 확인하면, [그림 10-5]와 같이 `Aircraft Positions` 클라이언트 앱에 항공기 현 위치를 반환하고 이를 다시 사용자에게 제공합니다.

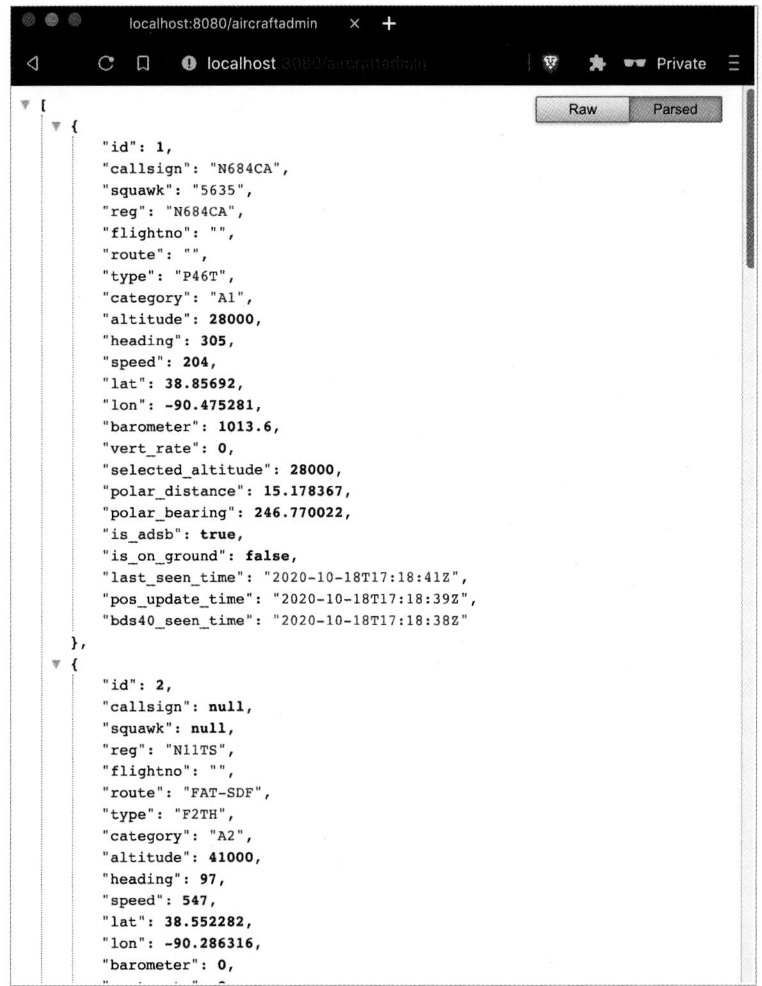

그림 10-5 항공기 현 위치의 성공적 반환

인가가 없는 리소스를 요청하면 어떻게 될까요? 인가에 실패한 예제를 보기 위해 *http://localhost:8080/aircraft*에 있는 `aircraft Positions`의 `/Aircraft` 엔드포인트 접근을 시도하면 [그림 10-6] 같은 결과를 보게 됩니다. 이미 인증됐다면, `Aircraft Positions` 앱에 접근하기 위해 다시 인증할 필요가 없습니다.

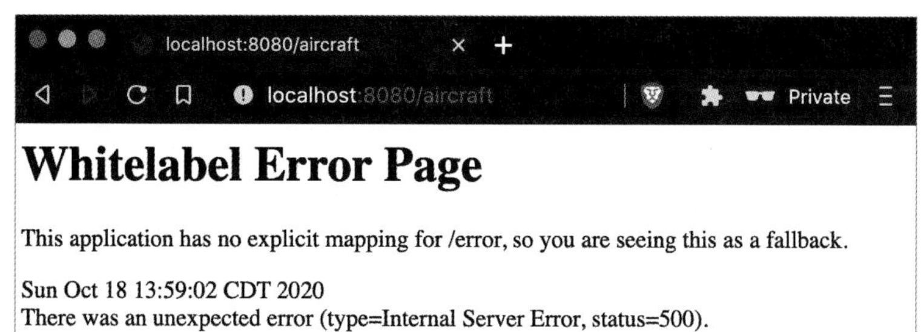

그림 10-6 인가에 실패한 결과

응답 결과에는 조회 실패에 관한 정보가 많지 않습니다. 잠재적인 적대 행위자에게 애플리케이션에 위해한 정보를 제공하는 세부 정보 누출의 방지는 대개 우수한 보안 관행으로 간주됩니다. 그러나 항공기 위치 로그를 보면 다음과 같은 추가 정보가 확인됩니다.

```
Forbidden: 403 Forbidden from GET http://localhost:7634/aircraft with root cause
```

`/aircraft` 또는 그 아래에 있는 리소스에 대한 요청이 일치하는지 확인하는 `PlaneFinder` 앱의 필터가 정의되지 않은 인가인 `'closedid'`를 예상했기 때문에, 정확히 예상된 응답입니다. 물론 ‘`'closedid'` 인가는 제공되지 않았습니다.

가능한 한 간추려 진행했지만, 이 예제들은 명망 있는 타사 보안 제공자를 사용하는 OIDC와 OAuth2 인증의 주요 측면을 나타냅니다. 스프링 부트 애플리케이션에서 이러한 유형의 인증과 인가를 사용자 정의하고 확장하기 위해 수행하는 모든 작업은 이 같은 기본 원칙과 단계를 기반으로 합니다.

인가 코드 흐름

이 절의 예제는 인가 코드 흐름Authorization Code Flow을 활용해 인가 코드 부여Authorization Code Grant를 가져옵니다. '인가 코드 흐름'은 일반적으로 보안 웹 애플리케이션이 만들어지는 프로세스이며, 네이티브 애플리케이션에 권장되는 PKCEProof Key for Code Exchange와 함께 인증 코드 흐름의 중추 역할을 합니다.

리소스 소유자 비밀번호 흐름Resource Owner Password Flow, 암시적 흐름Implicit Flow, 클라이언트 자격 증명 흐름Client Credentials Flow 등의 흐름이 있지만, 이런 흐름과 흐름의 제한 사항, 특정 사용 사례는 이 장의 범위를 벗어납니다.

TIP_ 코드 사용하기

완성된 코드는 깃허브(`chapter10end` 브랜치)에서 확인할 수 있습니다.

10.5 마치며

인증과 인가의 개념 이해는 보안 애플리케이션 구축과 사용자 확인, 접근 제어의 기반을 마련하는 데 중요합니다. 스프링 시큐리티는 인증과 인가를 위한 옵션을 HTTP 방화벽, 필터 체인, IETF와 W3C 표준의 광범위한 사용, 교환 옵션 등의 메커니즘과 결합해 애플리케이션의 보안을 견고히 합니다. '즉시 안전하게 사용 가능한' 사고방식을 채택한 스프링 시큐리티는 부트의 강력한 자동 설정을 활용해 개발자가 실행한 작업과 가용한 의존성을 평가하고 최소한의 수고로 스프링 부트 애플리케이션 보안을 극대화합니다.

이 장에서는 보안의 여러 핵심 측면과 이를 애플리케이션에 적용하는 방법을 설명했습니다. 스프링 시큐리티를 스프링 부트 앱에 통합해 애플리케이션의 보안 태세를 강화하고 적용 범위의 위험한 빈틈을 없애며, 공격 노출 영역을 줄이는 여러 방법을 살펴보았습니다.

다음 장에서는 다양한 대상을 목표로 스프링 부트 애플리케이션을 배포하는 방법을 검토하고 상대적 장점에 대해 논의하겠습니다. 또 배포 아티팩트를 생성하고 최적의 실행을 위한 옵션을 제공하며 해당 설정 요소와 출처를 확인하는 방법도 보여줍니다.

CHAPTER 11

애플리케이션 배포

소프트웨어 개발 과정에서 배포는 애플리케이션 프로덕션으로 진입하는 단계입니다.

애플리케이션이 최종 사용자에게 약속하는 기능에 관계없이, 배포되어 해당 사용자가 실제로 애플리케이션을 사용하기 전까지는, 개발했더라도 사실상 완성품이라기보다 습작에 가깝습니다. 애플리케이션 배포까지 진행돼야 마무리됩니다.

많은 개발자가 스프링 부트 애플리케이션을 WAR 파일이나 JAR 파일로 생성할 수 있다는 사실을 알고 있습니다. 대부분의 개발자는 WAR 옵션을 건너뛰고 실행 가능한 JAR 파일을 생성하는 많은 이유를 알고 있으며, 그 반대의 경우는 거의 없다는 점도 잘 알고 있습니다. 많은 개발자가 깨닫지 못한 것은 스프링 부트의 '실행 가능한' JAR를 빌드할 때도 다양한 요구사항과 사용 사례를 충족하는 배포 옵션이 많다는 사실입니다.

이 장에서는 다양한 목표 달성에 유용하도록 여러 옵션을 사용한 스프링 부트 애플리케이션의 배포 방법을 검토하고 상대적 장점에 대해 논의합니다. 그런 다음 배포 아티팩트를 만드는 방법을 보여주고, 최적의 실행을 위한 옵션을 설명하며, 그 구성과 출처를 확인하는 방법을 제시합니다. 스프링 부트 애플리케이션을 배포하는 도구가 여러분의 생각 이상으로 훨씬 더 많고 더 좋을 것입니다.

TIP_ 코드 사용하기
이 장에서 사용하는 코드는 깃허브(`chapter11begin` 브랜치)에서 확인할 수 있습니다.

11.1 실행 가능한 JAR

1장에서 논의한 바와 같이 스프링 부트의 실행 가능한 JAR는 독립적이며 테스트 가능하고 배포 가능한 단일 단위로 최대의 사용성과 다양성을 제공합니다. 생성과 반복iterate이 빠르고 환경 변화에 따라 동적으로 자체 구성 가능하며, 배포와 유지, 관리가 매우 간단합니다.

모든 클라우드 제공업체는 프로덕션 배포를 통해 프로토타이핑에 널리 사용되는 애플리케이션 호스팅 옵션을 제공하는데, 이러한 애플리케이션 플랫폼의 대부분은 가장 기본적인 환경 요소만 제공하는 거의 독립적으로 배포 가능한 애플리케이션을 기대합니다. 스프링 부트 JAR는 이러한 깨끗한 환경에 아주 자연스럽게 들어맞으며 충돌 없는 실행을 위해 JDK만 있으면 됩니다. 일부 플랫폼은 앱 호스팅에 매우 적합하다는 이유로, 이름을 스프링 부트로 지정하기도 합니다. HTTP 교환, 메시징 등과 관련된 외부 상호작용을 위한 메커니즘을 가져옴으로써 스프링 부트 애플리케이션은 애플리케이션 서버나 기타 외부 요소의 설치, 구성과 유지, 관리를 제거합니다. 이로써 개발자의 작업량과 애플리케이션 플랫폼 비용이 크게 줍니다.

스프링 부트 애플리케이션은 의존 라이브러리를 완전히 제어하므로, 외부 의존성 변경을 할 때 생기는 개발자의 두려움을 줄여줍니다. 부트가 아닌 애플리케이션에서는 애플리케이션 서버, 서블릿 엔진, 데이터베이스, 메시징 라이브러리, 그 밖의 여러 중요한 구성 요소 업데이트 시 수년 동안 수많은 충돌이 발생했습니다. 앱 플랫폼에서 유지, 관리하는 외부 구성 요소에 의존하는 애플리케이션에서 개발자는 단순히 단일 의존 라이브러리의 소수점 업데이트(예: 2.4.9에서 2.4.10으로 업데이트) 등 세상의 빠른 변화로 초래되는, 예상치 못한 앱의 중단을 극도로 경계해야 합니다. 참으로 급변하는 시대에 살고 있죠.

스프링 부트 애플리케이션을 사용하면, 핵심 스프링 라이브러리나 여러 계층의 의존성 여부에 관계없이 어떤 의존성이든 업그레이드가 훨씬 덜 고통스럽고, 스트레스도 덜 받습니다. 앱 개발자는 모든 것이 예상대로 작동할 때만 애플리케이션을 업그레이드, 테스트하고 업데이트한 것을 배포합니다(전형적인 '블루-그린 배포': 무중단 배포 방식을 의미함). 의존성은 더 이상 애플리케이션 외부에서가 아닌 내부 번들(묶음)로 제공되므로, 개발자는 의존성 버전과 업그레이드 타이밍을 완전히 제어하게 됩니다.

스프링 부트 JAR에는 스프링 부트 메이븐과 그레이들 플러그인 덕분에 또 다른 유용한 기능이 있습니다. 바로 완전히 실행 가능한 JAR를 생성하는 기능입니다. 따옴표는 일부러 붙인 것으로 공식 문서에도 존재하는데, 애플리케이션이 작동하려면 여전히 JDK가 필요하기 때문입니다. 그렇다면 완전히 실행 가능한 스프링 부트 애플리케이션은 무엇을 의미하며 어떻게 생성할까요?

그 방법부터 알아보겠습니다.

11.1.1 '완전히' 실행 가능한 JAR 빌드

예제는 PlaneFinder 앱을 사용합니다. 비교를 위해 mvn clean package를 사용하지 않고 명령 줄에서 프로젝트를 빌드합니다. 그 결과, 프로젝트의 대상 디렉터리에 다음과 같은 JAR가 생성됩니다(결과를 페이지에 맞게 편집함).

```
» ls -lb target/*.jar

-rw-r--r-- 1 markheckler staff 27085204 target/planefinder-0.0.1-SNAPSHOT.jar
```

이 스프링 부트 JAR는 외부 다운스트림 의존성이 필요 없는 완전한 애플리케이션으로 구성됐기 때문에 실행 가능한 JAR라고 합니다. 실행에 필요한 것은 설치된 JDK에서 제공하는 JVM 뿐입니다. 현재 상태에서 앱을 실행하면, 다음과 같습니다(결과를 페이지에 맞게 편집함).

```
» java -jar target/planefinder-0.0.1-SNAPSHOT.jar
  .   ____          _            __ _ _
 /\\ / ___'_ __ _ _(_)_ __  __ _ \ \ \ \
( ( )\___ ¦ '_ ¦ '_¦ ¦ '_ \/ _` ¦ \ \ \ \
 \\/  ___)¦ ¦_)¦ ¦ ¦ ¦ ¦¦ (_¦ ¦  ) ) ) )
  '  ¦____¦ .__¦_¦ ¦_¦_¦ ¦_\__, ¦ / / / /
 ======¦_¦==========¦___/=/_/_/_/
 :: Spring Boot ::                (v3.0.2)

: Starting PlanefinderApplication v0.0.1-SNAPSHOT
: No active profile set, falling back to default profiles: default
: Bootstrapping Spring Data R2DBC repositories in DEFAULT mode.
: Finished Spring Data repository scanning in 132 ms. Found 1 R2DBC
  repository interfaces.
: Netty started on port(s): 7634
: Netty RSocket started on port(s): 7635
: Started PlanefinderApplication in 2.75 seconds (JVM running for 3.106)
```

이 JAR는 물론 예상대로 작동하며 다음에 해야 할 일에서 기준점 역할을 합니다. 이제 [그림 11-1]과 같이 Spring-boot-maven-plug-in의 기존 코드에 표시된 XML 스니펫을 추가하기 위해 PlaneFinder 앱의 *pom.xml*을 다시 봅니다.

```
    <build>
        <plugins>
            <plugin>
                <groupId>org.springframework.boot</groupId>
                <artifactId>spring-boot-maven-plugin</artifactId>
                <version>3.0.2</version>
                <configuration>
                    <executable>true</executable>
                </configuration>
            </plugin>
        </plugins>
    </build>

</project>
```

그림 11-1 PlaneFinder 앱의 *pom.xml*의 플러그인

터미널로 돌아가서, mvn clean package 명령어를 사용해 프로젝트를 다시 빌드합니다. 이번에는 아래 출력(페이지에 맞게 자른 결과)에 표시된 대로 프로젝트의 대상 디렉터리 내에 생성된 결과물인 JAR에 눈에 띄는 차이가 있습니다.

```
» ls -lb target/*.jar

-rwxr--r--  1 markheckler  staff  27094314 target/planefinder-0.0.1-SNAPSHOT.jar
```

크기는 9KB(9,110바이트)에 조금 못 미치며 스프링 부트 표준의 실행 가능한 JAR보다 약간 더 큽니다. 이로 인해 얻는 이득은 무엇일까요?

자바 JAR 파일은 파일 종결 마커[43]를 찾을 때까지 끝에서부터 처음으로 읽습니다. 읽은 그대로입니다. 완전히 실행 가능한 JAR를 생성할 때, 스프링 부트 플러그인은 바이너리처럼 실행할 수 있는 스크립트를 실행 가능한 JAR를 시작하는 부분에 추가합니다. 유닉스Unix나 리눅스Linux

43 옮긴이_ end-of-file

기반 시스템의 init.d 또는 systemd에 등록해 실행하는 바이너리와 유사합니다.(JDK가 있다는 가정함). 편집기에서 PlaneFinder 앱의 JAR를 검사하면 다음과 같이 JAR 시작 부분에 스크립트가 나타납니다.(간결함을 위해 스크립트 헤더를 일부만 표시함).

```
#!/bin/bash
#
#   .   ____          _            __ _ _
#  /\\ / ___'_ __ _ _(_)_ __  __ _ \ \ \ \
# ( ( )\___ | '_ | '_| | '_ \/ _` | \ \ \ \
#  \\/  ___)| |_)| | | | | || (_| |  ) ) ) )
#   '  |____| .__|_| |_|_| |_\__, | / / / /
#  ======|_|==========|___/=/_/_/_/
#   :: Spring Boot Startup Script ::
#

### BEGIN INIT INFO
# Provides:          planefinder
# Required-Start:    $remote_fs $syslog $network
# Required-Stop:     $remote_fs $syslog $network
# Default-Start:     2 3 4 5
# Default-Stop:      0 1 6
# Short-Description: planefinder
# Description:       Data feed for SBUR
# chkconfig:        2345 99 01
### END INIT INFO

...

# Action functions
start() {
  if [[ -f "$pid_file" ]]; then
    pid=$(cat "$pid_file")
    isRunning "$pid" && { echoYellow "Already running [$pid]"; return 0; }
  fi
  do_start "$@"
}

do_start() {
  working_dir=$(dirname "$jarfile")
  pushd "$working_dir" > /dev/null
  if [[ ! -e "$PID_FOLDER" ]]; then
    mkdir -p "$PID_FOLDER" &> /dev/null
```

```
    if [[ -n "$run_user" ]]; then
      chown "$run_user" "$PID_FOLDER"
    fi
  fi
  if [[ ! -e "$log_file" ]]; then
    touch "$log_file" &> /dev/null
    if [[ -n "$run_user" ]]; then
      chown "$run_user" "$log_file"
    fi
  fi
  if [[ -n "$run_user" ]]; then
    checkPermissions || return $?
    if [ $USE_START_STOP_DAEMON = true ] && type start-stop-daemon >
        /dev/null 2>&1; then
      start-stop-daemon --start --quiet \
        --chuid "$run_user" \
        --name "$identity" \
        --make-pidfile --pidfile "$pid_file" \
        --background --no-close \
        --startas "$javaexe" \
        --chdir "$working_dir" \
       --"${arguments[@]}" \
        >> "$log_file" 2>&1
      await_file "$pid_file"
    else
      su -s /bin/sh -c "$javaexe $(printf "\"%s\" " "${arguments[@]}") >>
        \"$log_file\" 2>&1 & echo \$!" "$run_user" > "$pid_file"
    fi
    pid=$(cat "$pid_file")
  else
    checkPermissions || return $?
    "$javaexe" "${arguments[@]}" >> "$log_file" 2>&1 &
    pid=$!
    disown $pid
    echo "$pid" > "$pid_file"
  fi
  [[ -z $pid ]] && { echoRed "Failed to start"; return 1; }
  echoGreen "Started [$pid]"
}

stop() {
  working_dir=$(dirname "$jarfile")
  pushd "$working_dir" > /dev/null
  [[ -f $pid_file ]] ||
```

```
    { echoYellow "Not running (pidfile not found)"; return 0; }
  pid=$(cat "$pid_file")
  isRunning "$pid" || { echoYellow "Not running (process ${pid}).
    Removing stale pid file."; rm -f "$pid_file"; return 0; }
  do_stop "$pid" "$pid_file"
}

do_stop() {
  kill "$1" &> /dev/null || { echoRed "Unable to kill process $1"; return 1; }
  for ((i = 1; i <= STOP_WAIT_TIME; i++)); do
    isRunning "$1" || { echoGreen "Stopped [$1]"; rm -f "$2"; return 0; }
    [[ $i -eq STOP_WAIT_TIME/2 ]] && kill "$1" &> /dev/null
    sleep 1
  done
  echoRed "Unable to kill process $1";
  return 1;
}

force_stop() {
  [[ -f $pid_file ]] ||
    { echoYellow "Not running (pidfile not found)"; return 0; }
  pid=$(cat "$pid_file")
  isRunning "$pid" ||
    { echoYellow "Not running (process ${pid}). Removing stale pid file.";
    rm -f "$pid_file"; return 0; }
  do_force_stop "$pid" "$pid_file"
}

do_force_stop() {
  kill -9 "$1" &> /dev/null ||
      { echoRed "Unable to kill process $1"; return 1; }
  for ((i = 1; i <= STOP_WAIT_TIME; i++)); do
    isRunning "$1" || { echoGreen "Stopped [$1]"; rm -f "$2"; return 0; }
    [[ $i -eq STOP_WAIT_TIME/2 ]] && kill -9 "$1" &> /dev/null
    sleep 1
  done
  echoRed "Unable to kill process $1";
  return 1;
}

restart() {
  stop && start
}
```

```
force_reload() {
  working_dir=$(dirname "$jarfile")
  pushd "$working_dir" > /dev/null
  [[ -f $pid_file ]] || { echoRed "Not running (pidfile not found)";
      return 7; }
  pid=$(cat "$pid_file")
  rm -f "$pid_file"
  isRunning "$pid" || { echoRed "Not running (process ${pid} not found)";
      return 7; }
  do_stop "$pid" "$pid_file"
  do_start
}

status() {
  working_dir=$(dirname "$jarfile")
  pushd "$working_dir" > /dev/null
  [[ -f "$pid_file" ]] || { echoRed "Not running"; return 3; }
  pid=$(cat "$pid_file")
  isRunning "$pid" || { echoRed "Not running (process ${pid} not found)";
      return 1; }
  echoGreen "Running [$pid]"
  return 0
}

run() {
  pushd "$(dirname "$jarfile")" > /dev/null
  "$javaexe" "${arguments[@]}"
  result=$?
  popd > /dev/null
  return "$result"
}

# Call the appropriate action function
case "$action" in
start)
  start "$@"; exit $?;;
stop)
  stop "$@"; exit $?;;
force-stop)
  force_stop "$@"; exit $?;;
restart)
  restart "$@"; exit $?;;
force-reload)
  force_reload "$@"; exit $?;;
```

```
status)
  status "$@"; exit $?;;
run)
  run "$@"; exit $?;;
*)
  echo "Usage: $0 {start¦stop¦force-stop¦restart¦force-reload¦status¦run}";
    exit 1;
esac

exit 0
<binary portion omitted>
```

또 스프링 부트 메이븐(또는 빌드 시스템으로 그레이들을 선택한 경우) 플러그인은 출력물인 JAR에 대한 읽기, 쓰기, 실행(rwx) 권한이 설정됩니다. 이렇게 되면 위에서 실행한 것과 같이 동일하게 실행되며, 헤더 스크립트가 JDK를 찾아 실행할 애플리케이션을 준비시켜 아래와 같이 실행됩니다.(결과를 페이지에 맞게 잘라 편집함).

```
» target/planefinder-0.0.1-SNAPSHOT.jar
  .   ____          _            __ _ _
 /\\ / ___'_ __ _ _(_)_ __  __ _ \ \ \ \
( ( )\___ ¦ '_ ¦ '_¦ ¦ '_ \/ _` ¦ \ \ \ \
 \\/  ___)¦ ¦_)¦ ¦ ¦ ¦ ¦ ¦¦ (_¦ ¦  ) ) ) )
  '  ¦____¦ .__¦_¦ ¦_¦_¦ ¦_\__, ¦ / / / /
 ======¦_¦==========¦___/=/_/_/_/
 :: Spring Boot :: (v3.0.2)
: Starting PlanefinderApplication v0.0.1-SNAPSHOT
: No active profile set, falling back to default profiles: default
: Bootstrapping Spring Data R2DBC repositories in DEFAULT mode.
: Finished Spring Data repository scanning in 185 ms.
  Found 1 R2DBC repository interfaces.
: Netty started on port(s): 7634
: Netty RSocket started on port(s): 7635
: Started PlanefinderApplication in 2.938 seconds (JVM running for 3.335)
```

어떻게 설정하는지 방법을 설명했으니, 이제 어떤 옵션들이 있는지 살펴볼 차례입니다.

11.1.2 무엇을 의미할까요?

완전히 실행 가능한 JAR를 생성하는 기능은 모든 문제를 해결할 방책은 아니지만, 필요할 때 기본 유닉스Unix와 리눅스Linux 기반 시스템과의 심층 통합을 위한 고유한 기능을 제공합니다. 시스템에서 스프링 부트 애플레이이케이션을 시작시키는 기능은 스프링 부트의 내장 스크립트 애플리케이션 실행 권한 덕분에 스프링 부트 애플리케이션을 시스템에 추가하는 일이 간단해졌습니다.

현재 애플리케이션 환경에서 해당 기능이 필요하지 않거나 기능을 사용하지 못하는 경우, `java -jar`를 사용하는 일반적인 jar를 생성합니다. 필요할 때 바로 찾을 수 있고 무료로 사용할 수 있는 구현 도구이므로, 구현하는데 별 다른 수고를 들일 필요가 없습니다.

11.2 JAR 확장

스프링 부트의 실행 가능한 jar는 Jar 내에 Jar를 중첩시키는 혁신적인 접근방식입니다. 스프링 부트 Jar 내에 있는 종속 jar가 손상이나 변경되지도 않은 경우, 추출 같은 후속 작업하기에 제격입니다. 실행 가능 JAR에 종속 JAR 파일을 추가하는 프로세스를 반대로 하면, 구성 요소 아티팩트가 변경되지 않은 원래 상태로 생성됩니다. 생각하는 것처럼 매우 간단합니다.

스프링 부트에서 실행 가능한 JAR에서 구성 요소 아티팩트를 추출해 원래 상태로 되돌리기는 몇 가지 장점이 있습니다.

- 추출된Extracted 스프링 부트 애플리케이션은 약간 더 빨리 실행됩니다. 큰 장점은 아니지만 그래도 보너스입니다.
- 추출된 의존성은 쉽게 교체할 수 있는 개별 단위입니다. 변경된 파일만 재배포하면 되므로 앱 업데이트를 더 신속하게 및/또는 더 낮은 대역폭으로 실행하게 됩니다.
- **헤로쿠**Heroku**와 클라우드 파운드리**Cloud Foundry의 빌드 또는 브랜드/파생 서비스 같은 많은 클라우드 플랫폼은 앱 배포 프로세스 실행 중에 사용하는 방식입니다. 로컬 환경과 원격 환경을 최대한 미러링하면, 일관성을 유지하고 필요한 경우 문제를 진단하는 데 도움이 됩니다.

일반적인 실행 가능한 JAR와 완전히 실행 가능한 JAR는 `jar -xvf <spring_boot_jar>`를 사용해 다음과 같은 방식으로 구성 요소 아티팩트를 추출합니다(결과를 페이지에 맞게 잘라 편집함).

```
» mkdir expanded
» cd expanded
» jar -xvf ../target/planefinder-0.0.1-SNAPSHOT.jar
  created: META-INF/
 inflated: META-INF/MANIFEST.MF
  created: org/
  created: org/springframework/
  created: org/springframework/boot/
  created: org/springframework/boot/loader/
  created: org/springframework/boot/loader/archive/
  created: org/springframework/boot/loader/data/
  created: org/springframework/boot/loader/jar/
  created: org/springframework/boot/loader/jarmode/
  created: org/springframework/boot/loader/util/
  created: BOOT-INF/
  created: BOOT-INF/classes/
  created: BOOT-INF/classes/com/
  created: BOOT-INF/classes/com/thehecklers/
  created: BOOT-INF/classes/com/thehecklers/planefinder/
  created: META-INF/maven/
  created: META-INF/maven/com.thehecklers/
  created: META-INF/maven/com.thehecklers/planefinder/
 inflated: BOOT-INF/classes/schema.sql
 inflated: BOOT-INF/classes/application.properties
 inflated: META-INF/maven/com.thehecklers/planefinder/pom.xml
 inflated: META-INF/maven/com.thehecklers/planefinder/pom.properties
  created: BOOT-INF/lib/
 inflated: BOOT-INF/classpath.idx
 inflated: BOOT-INF/layers.idx
»
```

파일이 추출되면 tree 명령을 사용해 구조를 시각적으로 좀 더 보기 편하게 변환해 검사하는 것이 유용합니다.

```
❯ tree
.
├── BOOT-INF
│   ├── classes
│   │   ├── application.properties
│   │   ├── com
│   │   │   └── thehecklers
│   │   │       └── planefinder
```

```
│   │   │           ├── Aircraft.class
│   │   │           ├── DbConxInit.class
│   │   │           ├── FlightGenerator.class
│   │   │           ├── PlaneController.class
│   │   │           ├── PlaneFinderService.class
│   │   │           ├── PlaneRepository.class
│   │   │           └── PlanefinderApplication.class
│   │   └── schema.sql
│   ├── classpath.idx
│   ├── layers.idx
│   └── lib
│       ├── h2-2.1.214.jar
│       ├── jackson-annotations-2.13.4.jar
│       ├── jackson-core-2.13.4.jar
│       ├── jackson-databind-2.13.4.2.jar
│       ├── jackson-dataformat-cbor-2.13.4.jar
│       ├── jackson-datatype-jdk8-2.13.4.jar
│       ├── jackson-datatype-jsr310-2.13.4.jar
│       ├── jackson-module-parameter-names-2.13.4.jar
│       ├── jakarta.annotation-api-1.3.5.jar
│       ├── jul-to-slf4j-1.7.36.jar
│       ├── log4j-api-2.17.2.jar
│       ├── log4j-to-slf4j-2.17.2.jar
│       ├── logback-classic-1.2.11.jar
│       ├── logback-core-1.2.11.jar
│       ├── netty-buffer-4.1.87.Final.jar
│       ├── netty-codec-4.1.87.Final.jar
│       ├── netty-codec-dns-4.1.87.Final.jar
│       ├── netty-codec-http-4.1.87.Final.jar
│       ├── netty-codec-http2-4.1.87.Final.jar
│       ├── netty-codec-socks-4.1.87.Final.jar
│       ├── netty-common-4.1.87.Final.jar
│       ├── netty-handler-4.1.87.Final.jar
│       ├── netty-handler-proxy-4.1.87.Final.jar
│       ├── netty-resolver-4.1.87.Final.jar
│       ├── netty-resolver-dns-4.1.87.Final.jar
│       ├── netty-resolver-dns-classes-macos-4.1.87.Final.jar
│       ├── netty-resolver-dns-native-macos-4.1.87.Final-osx-x86_64.jar
│       ├── netty-transport-4.1.87.Final.jar
│       ├── netty-transport-classes-epoll-4.1.87.Final.jar
│       ├── netty-transport-native-epoll-4.1.87.Final-linux-x86_64.jar
│       ├── netty-transport-native-unix-common-4.1.87.Final.jar
│       ├── r2dbc-h2-0.9.1.RELEASE.jar
│       ├── r2dbc-pool-0.9.2.RELEASE.jar
```

```
│       ├── r2dbc-spi-0.9.1.RELEASE.jar
│       ├── reactive-streams-1.0.4.jar
│       ├── reactor-core-3.4.26.jar
│       ├── reactor-netty-core-1.0.27.jar
│       ├── reactor-netty-http-1.0.27.jar
│       ├── reactor-pool-0.2.11.jar
│       ├── rsocket-core-1.1.3.jar
│       ├── rsocket-transport-netty-1.1.3.jar
│       ├── slf4j-api-1.7.36.jar
│       ├── snakeyaml-1.30.jar
│       ├── spring-aop-5.3.25.jar
│       ├── spring-beans-5.3.25.jar
│       ├── spring-boot-2.7.8.jar
│       ├── spring-boot-autoconfigure-2.7.8.jar
│       ├── spring-boot-jarmode-layertools-2.7.8.jar
│       ├── spring-context-5.3.25.jar
│       ├── spring-core-5.3.25.jar
│       ├── spring-data-commons-2.7.7.jar
│       ├── spring-data-r2dbc-1.5.7.jar
│       ├── spring-data-relational-2.4.7.jar
│       ├── spring-expression-5.3.25.jar
│       ├── spring-jcl-5.3.25.jar
│       ├── spring-messaging-5.3.25.jar
│       ├── spring-r2dbc-5.3.25.jar
│       ├── spring-tx-5.3.25.jar
│       ├── spring-web-5.3.25.jar
│       └── spring-webflux-5.3.25.jar
├── META-INF
│   ├── MANIFEST.MF
│   └── maven
│       └── com.thehecklers
│           └── planefinder
│               ├── pom.properties
│               └── pom.xml
└── org
    └── springframework
        └── boot
            └── loader
                ├── ClassPathIndexFile.class
                ├── ExecutableArchiveLauncher.class
                ├── JarLauncher.class
                ├── LaunchedURLClassLoader$DefinePackageCallType.class
                ├── LaunchedURLClassLoader$UseFastConnectionExceptionsEnumeration.class
                ├── LaunchedURLClassLoader.class
```

```
├── Launcher.class
├── MainMethodRunner.class
├── PropertiesLauncher$1.class
├── PropertiesLauncher$ArchiveEntryFilter.class
├── PropertiesLauncher$ClassPathArchives.class
├── PropertiesLauncher$PrefixMatchingArchiveFilter.class
├── PropertiesLauncher.class
├── WarLauncher.class
├── archive
│   ├── Archive$Entry.class
│   ├── Archive$EntryFilter.class
│   ├── Archive.class
│   ├── ExplodedArchive$AbstractIterator.class
│   ├── ExplodedArchive$ArchiveIterator.class
│   ├── ExplodedArchive$EntryIterator.class
│   ├── ExplodedArchive$FileEntry.class
│   ├── ExplodedArchive$SimpleJarFileArchive.class
│   ├── ExplodedArchive.class
│   ├── JarFileArchive$AbstractIterator.class
│   ├── JarFileArchive$EntryIterator.class
│   ├── JarFileArchive$JarFileEntry.class
│   ├── JarFileArchive$NestedArchiveIterator.class
│   └── JarFileArchive.class
├── data
│   ├── RandomAccessData.class
│   ├── RandomAccessDataFile$1.class
│   ├── RandomAccessDataFile$DataInputStream.class
│   ├── RandomAccessDataFile$FileAccess.class
│   └── RandomAccessDataFile.class
├── jar
│   ├── AbstractJarFile$JarFileType.class
│   ├── AbstractJarFile.class
│   ├── AsciiBytes.class
│   ├── Bytes.class
│   ├── CentralDirectoryEndRecord$1.class
│   ├── CentralDirectoryEndRecord$Zip64End.class
│   ├── CentralDirectoryEndRecord$Zip64Locator.class
│   ├── CentralDirectoryEndRecord.class
│   ├── CentralDirectoryFileHeader.class
│   ├── CentralDirectoryParser.class
│   ├── CentralDirectoryVisitor.class
│   ├── FileHeader.class
│   ├── Handler.class
│   ├── JarEntry.class
```

```
|   ├── JarEntryCertification.class
|   ├── JarEntryFilter.class
|   ├── JarFile$1.class
|   ├── JarFile$JarEntryEnumeration.class
|   ├── JarFile.class
|   ├── JarFileEntries$1.class
|   ├── JarFileEntries$EntryIterator.class
|   ├── JarFileEntries$Offsets.class
|   ├── JarFileEntries$Zip64Offsets.class
|   ├── JarFileEntries$ZipOffsets.class
|   ├── JarFileEntries.class
|   ├── JarFileWrapper.class
|   ├── JarURLConnection$1.class
|   ├── JarURLConnection$JarEntryName.class
|   ├── JarURLConnection.class
|   ├── StringSequence.class
|   └── ZipInflaterInputStream.class
├── jarmode
|   ├── JarMode.class
|   ├── JarModeLauncher.class
|   └── TestJarMode.class
└── util
    └── SystemPropertyUtils.class

20 directories, 142 files
```

tree를 사용해 JAR 콘텐츠를 보면, 애플리케이션 구성이 계층적으로 보입니다. 또 이 애플리케이션에 대해 선택된 기능을 제공하기 위해 결합되는 수많은 의존성을 호출합니다.

BOOT-INF/lib 폴더 내에 파일을 나열하면 아래와 같이 구성 요소 라이브러리가 스프링 부트 JAR의 빌드와 그 내용의 후속 추출물과 JAR의 타임스탬프timestamp를 통해 변경되지 않은 상태로 남아 있음을 확인하게 됩니다(결과를 페이지에 맞게 잘라 편집함).

```
› ls -l BOOT-INF/lib
total 52352
-rw-r--r--  1 markheckler  staff  2543012 Jun 13  2022 h2-2.1.214.jar
-rw-r--r--  1 markheckler  staff    75717 Sep  3 21:56 jackson-annotations-2.13.4.jar
-rw-r--r--  1 markheckler  staff   374895 Sep  3 22:06 jackson-core-2.13.4.jar
-rw-r--r--  1 markheckler  staff  1531681 Oct 13 17:33 jackson-databind-2.13.4.2.jar
-rw-r--r--  1 markheckler  staff    63741 Sep  3 22:41 jackson-dataformat-cbor-
2.13.4.jar
```

```
-rw-r--r--  1 markheckler  staff    34800 Sep  3 22:35 jackson-datatype-jdk8-
2.13.4.jar
-rw-r--r--  1 markheckler  staff   121204 Sep  3 22:35 jackson-datatype-jsr310-
2.13.4.jar
-rw-r--r--  1 markheckler  staff     9514 Sep  3 22:35 jackson-module-parameter-names-
2.13.4.jar
...
-rw-r--r--  1 markheckler  staff   382966 Jan 11 11:07 spring-aop-5.3.25.jar
-rw-r--r--  1 markheckler  staff   703303 Jan 11 11:07 spring-beans-5.3.25.jar
-rw-r--r--  1 markheckler  staff  1455010 Jan 19 14:09 spring-boot-2.7.8.jar
-rw-r--r--  1 markheckler  staff  1677556 Jan 19 14:09 spring-boot-autoconfigure-
2.7.8.jar
-rw-r--r--  1 markheckler  staff    29510 Feb  1  1980 spring-boot-jarmode-layertools-
2.7.8.jar
-rw-r--r--  1 markheckler  staff  1275201 Jan 11 11:08 spring-context-5.3.25.jar
-rw-r--r--  1 markheckler  staff  1486404 Feb  1  1980 spring-core-5.3.25.jar
-rw-r--r--  1 markheckler  staff  1346862 Jan 13 10:12 spring-data-commons-2.7.7.jar
-rw-r--r--  1 markheckler  staff   454275 Jan 13 10:20 spring-data-r2dbc-1.5.7.jar
-rw-r--r--  1 markheckler  staff   380080 Jan 13 10:13 spring-data-relational-
2.4.7.jar
-rw-r--r--  1 markheckler  staff   289775 Jan 11 11:07 spring-expression-5.3.25.jar
-rw-r--r--  1 markheckler  staff    24439 Jan 11 11:07 spring-jcl-5.3.25.jar
-rw-r--r--  1 markheckler  staff   568791 Jan 11 11:08 spring-messaging-5.3.25.jar
-rw-r--r--  1 markheckler  staff   135770 Jan 11 11:11 spring-r2dbc-5.3.25.jar
-rw-r--r--  1 markheckler  staff   333449 Jan 11 11:08 spring-tx-5.3.25.jar
-rw-r--r--  1 markheckler  staff  1642784 Jan 11 11:08 spring-web-5.3.25.jar
-rw-r--r--  1 markheckler  staff   947858 Jan 11 11:08 spring-webflux-5.3.25.jar
```

모든 파일이 스프링 부트 JAR에서 추출되면, 애플리케이션을 실행하는 몇 가지 방법이 있습니다. 권장되는 접근은 아래와 같이 JarLauncher를 사용해 실행 전반에 걸쳐 일관된 클래스 로딩 순서를 유지하는 방식입니다(결과를 페이지에 맞게 잘라 편집함).

```
» java org.springframework.boot.loader.JarLauncher

  .   ____          _            __ _ _
 /\\ / ___'_ __ _ _(_)_ __  __ _ \ \ \ \
( ( )\___ | '_ | '_| | '_ \/ _` | \ \ \ \
 \\/  ___)| |_)| | | | | || (_| |  ) ) ) )
  '  |____| .__|_| |_|_| |_\__, | / / / /
 =========|_|==============|___/=/_/_/_/
 :: Spring Boot ::                (v3.0.2)

: Starting PlanefinderApplication v0.0.1-SNAPSHOT
: No active profile set, falling back to default profiles: default
: Bootstrapping Spring Data R2DBC repositories in DEFAULT mode.
: Finished Spring Data repository scanning in 95 ms. Found 1 R2DBC
  repository interfaces.
: Netty started on port(s): 7634
: Netty RSocket started on port(s): 7635
: Started PlanefinderApplication in 1.935 seconds (JVM running for 2.213)
```

이 경우 PlaneFinder 앱은 스프링 부트 완전히 실행 가능한 JAR보다 1초 이상 빠르게 확장되어 시작했습니다. 이 장점만으로는 완전 독립적으로 배포 가능한 완전히 실행 가능한 JAR의 장점을 능가하지 못합니다. 그러나 적은 수의 파일이 변경될 때만 델타를 푸시하는 기능, 로컬 및 원격 환경 간의 일치, 확장된 스프링 부트 애플리케이션을 실행하는 기능은 매우 유용한 옵션이 됩니다.

11.3 컨테이너에 스프링 부트 애플리케이션 배포하기

앞서 언급했듯이 일부 클라우드 플랫폼(온프레미스/프라이빗 및 퍼블릭 클라우드 모두)은 배포 가능한 애플리케이션을 사용하고 앱 개발자가 제공하는 광범위하게 최적화된 기본값과 설정을 사용해 개발자를 대신해 컨테이너 이미지를 생성합니다. 그런 다음 이 이미지를 사용해 애플리케이션의 설정 복제와 활용도를 기반으로 실행 중인 애플리케이션으로 컨테이너를 생성(그리고 파괴)합니다. 개발자가 헤로쿠Heroku와 클라우드 파운드리Cloud Foundry 같은 플랫폼을 통해 실행 가능한 JAR를 푸시하고 원하는 구성 설정을 제공하거나 단순히 기본값을 수락하면, 나머지는 플랫폼에서 처리합니다. VM웨어VMware의 쿠버네티스Kubernetes용 Tanzu 서비스 같은 플랫폼에도 위와 같은 기능이 있으며, 지원하는 기능의 범위와 유연한 실행은 계속 향상되고 있습니다.

위와 같은 원활한 환경을 지원하지 않는 플랫폼과 배포 대상도 있습니다. 이런 제품을 사용하는 경우, 스프링 부트는 또 다른 해결책을 제공합니다.

스프링 부트 애플리케이션을 위한 컨테이너 이미지를 직접 만들 수는 있지만 최적의 방법은 아닙니다. 컨테이너 이미지를 직접 생성하는 것은 애플리케이션 자체의 가치는 더 나아지지 않고 그대로이면서, 일반적으로 개발 버전에서 프로덕션 버전으로 가기 위한 필요악으로 간주돼왔습니다. 하지만 더 이상 그럴 필요가 없습니다.

앞서 언급한 플랫폼에서 사용하는 동일한 도구를 활용해 애플리케이션을 컨테이너화하는 스프링 부트는 메이븐과 그레이들 플러그인 내에 도커, 쿠버네티스, 모든 주요 컨테이너 엔진/메커니즘이 준수하는 '컨테이너에 대한 기술 표준화Open Container Initiative(이하 OCI)' 이미지를 생성하는 기능을 제공합니다. 업계 최고의 클라우드 네이티브 빌드팩과 Paketo 빌드팩 이니셔티브를 기반으로 구축된 스프링 부트 빌드 플러그인은 로컬에 설치하고 도커 데몬을 사용해 OCI 이미지를 생성하며 이를 로컬 또는 지정된 원격 이미지 리포지터리로 푸시하는 옵션을 제공합니다.

스프링 부트의 플러그인을 사용해 애플리케이션에서 이미지를 생성하는 가장 기본적인 방법일 것입니다. '자동 설정' 개념을 사용해 이미지 콘텐츠를 계층화하고, 각 코드 단위의 예상 변경 빈도를 기반으로 코드/라이브러리를 분리해 이미지 생성을 최적화합니다. 자동 설정과 스프링 팀의 철학에 기반해, 만약 사용자 정의 설정을 해야 하는 경우 계층화 프로세스를 재정의하고 안내하는 방법도 제공합니다. 이 방법은 거의 필요하지 않지만, 필요 시 쉽게 수행할 수 있습니다.

기본 설정은 스프링 부트 2.4.0 Milestone 2 이후의 모든 버전에서 다음 레이어를 생성합니다.

`dependencies`

정기적 출시 버전(GA 버전 같은 의존성 포함)

`spring-boot-loader`

`org/springframework/boot/loader` 아래에 있는 모든 파일 포함

`snapshot-dependencies`

아직 GA로 간주되지 않는 미래 지향적 출시 버전

`application`

애플리케이션 클래스와 관련 리소스(템플릿, 속성 파일, 스크립트 등)

코드 변동성 또는 변경 경향과 빈도는 일반적으로 레이어 목록의 위에서 아래로 이동할 때 증가합니다. 유사한 휘발성 코드를 배치할 별도의 레이어를 생성함으로써 후속 이미지를 훨씬 더 효율적이고 훨씬 더 빠르게 생성합니다. 이렇게 하면 애플리케이션 수명 동안 배포 가능한 아티팩트를 재구축하는 데 필요한 시간과 리소스가 크게 줄어듭니다.

11.3.1 IDE에서 컨테이너 이미지 생성하기

스프링 부트 애플리케이션에서 계층화된 컨테이너 이미지는 IDE 내에서 매우 쉽게 만듭니다. 예제에서는 인텔리제이를 사용하지만 거의 모든 주요 IDE에 유사한 기능이 있습니다.

> **NOTE_** 이미지를 생성하려면 로컬 환경에서 도커(제 경우엔 Mac용 Docker Desktop)가 실행 중이어야 합니다.[44]

이미지를 생성하기 위해 인텔리제이의 오른쪽 여백에서 'Maven'이라는 탭을 확장해 Maven 패널을 연 다음, 'Plugins'를 확장하고 'spring-boot' 플러그인을 선택해 확장한 후, 'spring-boot:build-image' 옵션을 두 번 클릭해 [그림 11-2]와 같이 실행합니다.

44 도커가 설치되지 않았다면 도커 공식 홈페이지를 방문해 설치합니다. https://www.docker.com/

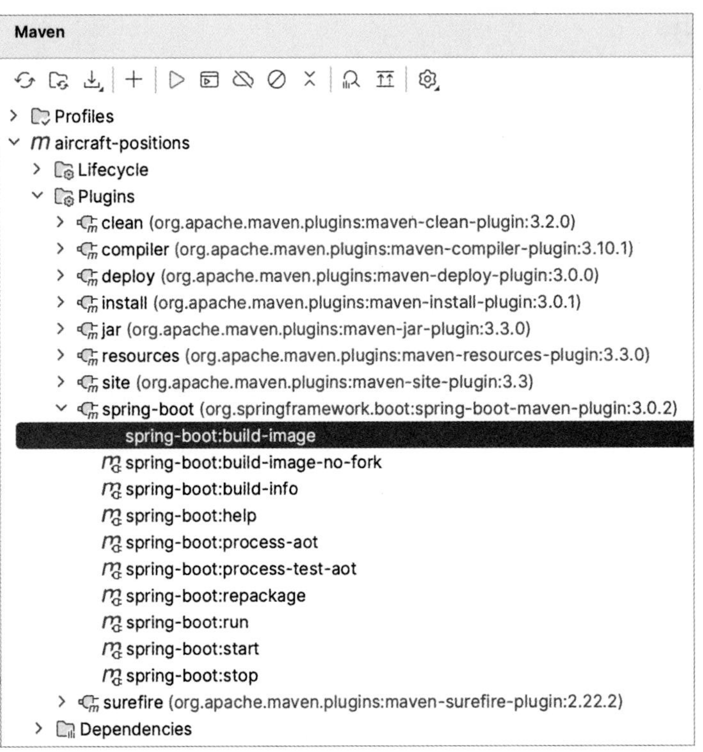

그림 11-2 인텔리제이의 메이븐 패널에서 스프링 부트 애플리케이션 컨테이너 이미지 빌드하기

이미지를 생성하면 다소 긴 작업 로그가 생성됩니다. 특히 주목할 항목은 다음과 같습니다.

```
[INFO]     [creator]     Paketo Executable JAR Buildpack 6.6.0
[INFO]     [creator]       https://github.com/paketo-buildpacks/executable-jar
[INFO]     [creator]         Writing env.launch/CLASSPATH.delim
[INFO]     [creator]         Writing env.launch/CLASSPATH.prepend
[INFO]     [creator]       Process types:
[INFO]     [creator]         executable-jar: java org.springframework.boot.
    loader.JarLauncher
[INFO]     [creator]         task:           java org.springframework.boot.
    loader.JarLauncher
[INFO]     [creator]         web:            java org.springframework.boot.
    loader.JarLauncher
[INFO]     [creator]
[INFO]     [creator]     Paketo Spring Boot Buildpack 5.22.1
[INFO]     [creator]       https://github.com/paketo-buildpacks/spring-boot
[INFO]     [creator]       Creating slices from layers index
```

```
[INFO]     [creator]         dependencies
[INFO]     [creator]         spring-boot-loader
[INFO]     [creator]         snapshot-dependencies
[INFO]     [creator]         application
[INFO]     [creator]       Launch Helper: Contributing to layer
[INFO]     [creator]         Creating /layers/paketo-buildpacks_spring-boot/
    helper/exec.d/spring-cloud-bindings
[INFO]     [creator]         Writing profile.d/helper
[INFO]     [creator]       Web Application Type: Contributing to layer
[INFO]     [creator]         Reactive web application detected
[INFO]     [creator]         Writing env.launch/BPL_JVM_THREAD_COUNT.default
[INFO]     [creator]       Spring Cloud Bindings 1.11.0: Contributing to layer
```

앞서 언급했듯, 이미지 레이어(이전 목록에서는 '슬라이스'로 불린)와 해당 콘텐츠는 특정 상황에 필요한 경우 수정 가능합니다.

이미지가 생성되면 다음과 같은 결과가 로그를 완성합니다.

```
[INFO] Successfully built image 'docker.io/library/aircraft-positions:
       0.0.1-SNAPSHOT'
[INFO]
[INFO] ------------------------------------------------------------------------
[INFO] BUILD SUCCESS
[INFO] ------------------------------------------------------------------------
[INFO] Total time:  25.851 s
[INFO] Finished at: 2020-11-28T20:09:48-06:00
[INFO] ------------------------------------------------------------------------
```

11.3.2 명령 줄에서 컨테이너 이미지 생성하기

명령 줄에서도 동일한 컨테이너 이미지를 간단하게 만들 수 있습니다. 명령 줄에서 컨테이너 이미지를 생성하기 전에 이미지의 명명 설정을 조금 변경합니다.

편의상 도커 허브 계정과 명명 규칙에 맞는 이미지 만들기를 권장하며, 비슷한 명명 규칙이 독자가 선택한 이미지 리포지터리에도 있을 것입니다. 스프링 부트의 빌드 플러그인은 이미지를 저장소 리포지터리/카탈로그로 푸시하는 단계를 원활하게 하는 *<configuration>*의 세부 정보를 작성할 수 있게 합니다. 내 요구사항/기본 설정과 일치하도록 `Aircraft Positions` 앱의

pom.xml 파일 <plug-ins>에 적절하게 태그가 지정된 행을 추가합니다.

```
<build>
  <plug-ins>
    <plug-in>
      <groupId>org.springframework.boot</groupId>
      <artifactId>spring-boot-maven-plug-in</artifactId>
      <configuration>
        <image>
          <name>hecklerm/${project.artifactId}</name>
        </image>
      </configuration>
    </plug-in>
  </plug-ins>
</build>
```

그런 다음, 터미널을 실행한 후 프로젝트 디렉터리에서 다음 명령을 실행해 애플리케이션 컨테이너 이미지를 다시 생성하면, 아래와 같은 결과 메시지가 보입니다.

```
» mvn spring-boot:build-image


... (간결함을 위해 중간 로그 제거)


[INFO] Successfully built image 'docker.io/hecklerm/aircraft-positions:latest'
[INFO]
[INFO] ------------------------------------------------------------------------
[INFO] BUILD SUCCESS
[INFO] ------------------------------------------------------------------------
[INFO] Total time:  13.257 s
[INFO] Finished at: 2020-11-28T20:23:40-06:00
[INFO] ------------------------------------------------------------------------
```

결과 메시지를 보면, IDE에서 기본 설정을 사용해 빌드할 때와 같이 더 이상 *docker.io/library/Aircraft-positions:0.0.1-SNAPSHOT*이 아닙니다. 새 이미지 좌표는 *pom.xml: docker.io/hecklerm/Aircraft-positions:latest*에 지정한 좌표와 같습니다.

11.3.3 이미지 확인하기

이전 두 절에서 생성된 이미지가 로컬 리포지터리에 로딩됐는지 확인하기 위해 터미널 창에서 다음 명령을 실행하고, 이름으로 필터링해 다음 결과를 확인합니다(페이지에 맞게 편집함).

```
» docker images ¦ grep -in aircraft-positions
aircraft-positions            0.0.1-SNAPSHOT   a7ed39a3d52e    277MB
hecklerm/aircraft-positions   latest           924893a0f1a9    277MB
```

이전 출력 결과에서 마지막으로 표시된 이미지가 이제 원하는 계정, 명명 규칙과 일치하므로 도커 허브에 푸시하면 다음과 같은 결과가 나타납니다.

```
» docker push hecklerm/aircraft-positions
The push refers to repository [docker.io/hecklerm/aircraft-positions]
1dc94a70dbaa: Pushed
4672559507f8: Pushed
e3e9839150af: Pushed
5f70bf18a086: Layer already exists
a3abfb734aa5: Pushed
3c14fe2f1177: Pushed
4cc7b4eb8637: Pushed
fcc507beb4cc: Pushed
c2e9ddddd4ef: Pushed
108b6855c4a6: Pushed
ab39aa8fd003: Layer already exists
0b18b1f120f4: Layer already exists
cf6b3a71f979: Pushed
ec0381c8f321: Layer already exists
7b0fc1578394: Pushed
eb0f7cd0acf8: Pushed
1e5c1d306847: Mounted from paketobuildpacks/run
23c4345364c2: Mounted from paketobuildpacks/run
a1efa53a237c: Mounted from paketobuildpacks/run
fe6d8881187d: Mounted from paketobuildpacks/run
23135df75b44: Mounted from paketobuildpacks/run
b43408d5f11b: Mounted from paketobuildpacks/run
latest: digest:
  sha256:a7e5d536a7426d6244401787b153ebf43277fbadc9f43a789f6c4f0aff6d5011
    size: 5122
»
```

도커 허브를 방문해서 [그림 11-3]과 같이 이미지의 성공적인 공개public 배포를 확인합니다.

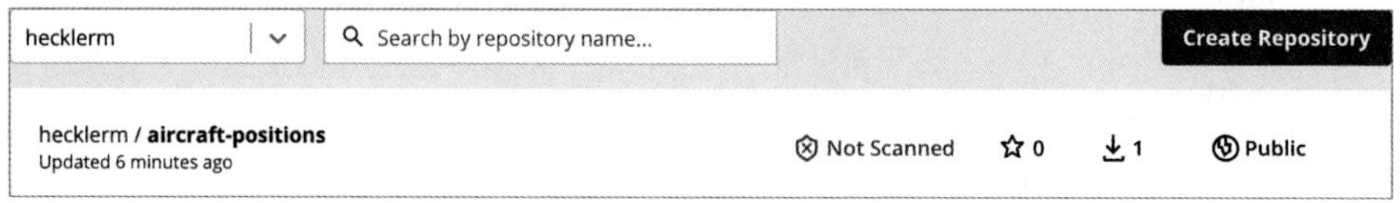

그림 11-3 도커 허브의 스프링 부트 애플리케이션 컨테이너 이미지

컨테이너화된 애플리케이션을 더 광범위하게 (그리고 프로덕션에) 배포하기 전의 마지막 단계는 이미지를 도커 허브나 로컬 환경 외부의 컨테이너 이미지 리포지터리에 배포하는 일입니다.

11.3.4 컨테이너화된 애플리케이션 실행하기

`docker run` 명령을 사용해 애플리케이션을 실행합니다. 개발자가 속한 조직에는 애플리케이션을 컨테이너 이미지(이미지 리포지터리에서 조회된)에서 실행 중인 컨테이너화된 애플리케이션으로 이동하는 배포 파이프라인이 아마 있을 겁니다. 여기서 다루는 방법과 달리 아마 조직에서는 훨씬 더 많이 자동화됐을 겁니다. 실질적인 단계는 거의 유사합니다.

이미 로컬 환경에 이미지의 복사본이 있으므로 원격으로 이미지를 받을 필요는 없습니다. 그렇지 않다면, 지정된 이미지를 기반으로 컨테이너를 시작하기 전에 데몬이 원격 이미지와 레이어를 조회해 이를 로컬로 재구성하기 위해 이미지 리포지터리에 대한 원격 액세스가 필요합니다.

컨테이너화된 `Aircraft Positions` 앱을 실행하기 위해 다음 명령을 실행하고 결과를 확인합니다(결과를 페이지에 맞게 잘라 편집함).

```
» docker run --name myaircraftpositions -p8080:8080
  hecklerm/aircraft-positions:latest
Setting Active Processor Count to 6
WARNING: Container memory limit unset. Configuring JVM for 1G container.
Calculated JVM Memory Configuration: -XX:MaxDirectMemorySize=10M -Xmx636688K
  -XX:MaxMetaspaceSize=104687K -XX:ReservedCodeCacheSize=240M -Xss1M
  (Total Memory: 1G, Thread Count: 50, Loaded Class Count: 16069, Headroom: 0%)
Adding 138 container CA certificates to JVM truststore
Spring Cloud Bindings Enabled
```

```
Picked up JAVA_TOOL_OPTIONS:
-Djava.security.properties=/layers/paketo-buildpacks_bellsoft-liberica/
    java-security-properties/java-security.properties
  -agentpath:/layers/paketo-buildpacks_bellsoft-liberica/jvmkill/
    jvmkill-1.16.0-RELEASE.so=printHeapHistogram=1
  -XX:ActiveProcessorCount=6
  -XX:MaxDirectMemorySize=10M
  -Xmx636688K
  -XX:MaxMetaspaceSize=104687K
  -XX:ReservedCodeCacheSize=240M
  -Xss1M
  -Dorg.springframework.cloud.bindings.boot.enable=true

  .   ____          _            __ _ _
 /\\ / ___'_ __ _ _(_)_ __  __ _ \ \ \ \
( ( )\___ | '_ | '_| | '_ \/ _` | \ \ \ \
 \\/  ___)| |_)| | | | | || (_| |  ) ) ) )
  '  |____| .__|_| |_|_| |_\__, | / / / /
 =========|_|==============|___/=/_/_/_/
 :: Spring Boot ::                (v3.0.2)

 : Starting AircraftPositionsApplication v0.0.1-SNAPSHOT
 : Netty started on port(s): 8080
 : Started AircraftPositionsApplication in 10.7 seconds (JVM running for 17.0.6)
```

이제 스프링 부트 플러그인 생성 이미지 내부를 살펴보겠습니다.

11.4 스프링 부트 애플리케이션 검사를 위한 유틸리티 컨테이너 이미지

수많은 유틸리티 도구가 컨테이너 이미지와 함께 작동하며, 각 도구가 제공하는 기능은 이 책의 범위를 벗어납니다. 특정 상황에서 유용하다고 생각한 두 가지 유틸리티 pack과 dive를 간단히 살펴보겠습니다.

11.4.1 팩(Pack)

클라우드 네이티브(또는 Paketo) 빌드팩과 빌드팩 자체를 사용해 스프링 부트 애플리케이션 컨테이너 이미지 생성에 들어가는 자료를 검사하기 위해 pack 유틸리티를 사용합니다. pack은 클라우드 네이티브 빌드팩을 사용해 앱을 빌드하기 위해 지정된 CLI이며 다양한 방법으로 획득합니다. Mac에서 홈브루Homebrew를 사용해 `brew install buildpacks/tap/pack` 명령으로 조회해 간단하게 설치했습니다.

이전에 만든 이미지를 pack으로 실행하면 다음 결과가 나타납니다.

```
› pack inspect-image hecklerm/aircraft-positions
Inspecting image: hecklerm/aircraft-positions

REMOTE:

Stack: io.buildpacks.stacks.bionic

Base Image:
  Reference: da2ecf16d391a9ff189be09d8bfffd342ce86a41769233757fd0c9818c915e14
  Top Layer: sha256:4a2b616128d5851f357a6a8c1bfb4ed917a9dde54948cab3bafbd3cafe79933d

Run Images:
  index.docker.io/paketobuildpacks/run:base-cnb
  gcr.io/paketo-buildpacks/run:base-cnb

Buildpacks:
  ID                                        VERSION        HOMEPAGE
  paketo-buildpacks/ca-certificates         1.0.1          https://github.com/paketo-
buildpacks/ca-certificates
  paketo-buildpacks/bellsoft-liberica       6.2.0          https://github.com/paketo-
buildpacks/bellsoft-liberica
  paketo-buildpacks/executable-jar          3.1.3          https://github.com/paketo-
buildpacks/executable-jar
  paketo-buildpacks/dist-zip                2.2.2          https://github.com/paketo-
buildpacks/dist-zip
  paketo-buildpacks/spring-boot             3.5.0          https://github.com/paketo-
buildpacks/spring-boot

Processes:
  TYPE                 SHELL        COMMAND          ARGS
                       WORK DIR
  web (default)        bash         java             org.springframework.boot.loader.
```

```
JarLauncher
  executable-jar        bash          java          org.springframework.boot.loader.
JarLauncher
  task                  bash          java          org.springframework.boot.loader.
JarLauncher

LOCAL:

Stack: io.buildpacks.stacks.bionic

Base Image:
  Reference: 85aa20e8ba56aaf9b18189380208c092ac925037e6c2dcf6e0c3a568f3103d35
  Top Layer: sha256:4706cb0001de341fcc0c4a161e92f1804bb5e2dd9ec7798e17ef06fca0cc13a7

Run Images:
  index.docker.io/paketobuildpacks/run:base-cnb
  gcr.io/paketo-buildpacks/run:base-cnb

Buildpacks:
  ID                                          VERSION       HOMEPAGE
  paketo-buildpacks/ca-certificates           3.5.1         https://github.com/paketo-
buildpacks/ca-certificates
  paketo-buildpacks/bellsoft-liberica         9.10.3        https://github.com/paketo-
buildpacks/bellsoft-liberica
  paketo-buildpacks/syft                      1.23.0        https://github.com/paketo-
buildpacks/syft
  paketo-buildpacks/executable-jar            6.5.0         https://github.com/paketo-
buildpacks/executable-jar
  paketo-buildpacks/dist-zip                  5.4.0         https://github.com/paketo-
buildpacks/dist-zip
  paketo-buildpacks/spring-boot               5.22.1        https://github.com/paketo-
buildpacks/spring-boot

Processes:
     TYPE               SHELL         COMMAND       ARGS
                        WORK DIR
  web (default)                       java          org.springframework.boot.loader.
JarLauncher             /workspace
  executable-jar                      java          org.springframework.boot.loader.
JarLauncher             /workspace
  task                                java          org.springframework.boot.loader.
JarLauncher             /workspace
```

`pack` 유틸리티의 `inspect-image` 명령을 사용하면, 이미지에 대한 몇 가지 주요 정보를 얻습니다.

- 이 이미지의 기반으로 사용된 도커 기본 이미지/리눅스 버전(bionic)
- 이미지를 채우는 데 사용된 빌드팩(5개의 Paketo 빌드팩)
- 어떤 프로세스가 어떤 수단으로 실행될 것인지(셸에서 실행되는 자바 명령)

로컬과 원격 리포지터리가 모두 지정된 이미지에 대해 폴링되며 둘 다의 세부 정보가 제공됩니다. 이 정보는 한 위치 또는 다른 위치에서 오래된 컨테이너 이미지로 발생하는 문제의 진단에 특히 유용합니다.

11.4.2 다이브(Dive)

`dive` 유틸리티는 컨테이너 이미지로 '다이빙'해 매우 세분화된 OCI 이미지 레이어와 전체 이미지 파일 시스템의 트리 구조를 보는 방법으로 알렉스 굿맨Alex Goodman을 만들었습니다.

`dive`는 스프링 부트 계층 구조의 애플리케이션 수준보다 더 깊게, 운영체제의 깊이로 들어갑니다. 운영체제 대 애플리케이션OS vs. Application에 초점을 맞추기 때문에, `pack`보다 덜 유용하지만 특정 파일의 존재 여부, 파일 권한, 기타 필수 하위 수준 문제를 확인하는 데는 이상적입니다. 거의 사용되지 않는 도구지만 해당 수준의 세부 사항과 제어가 필요할 때 필수입니다.

TIP_ 코드 사용하기
완성된 코드는 깃허브(`chapter11end` 브랜치)에서 확인할 수 있습니다.

11.5 마치며

애플리케이션의 사용자가 실제로 해당 애플리케이션을 사용하기까지는 사용자가 어떻게 사용할지 다양한 가정에 기반한 연습에 불과합니다. 비유적으로 그리고 종종 문자 그대로 배포야말로 진정한 결과물입니다.

많은 개발자가 스프링 부트 애플리케이션을 WAR 파일이나 JAR 파일로 생성할 수 있다는 사실을 알고 있습니다. 대부분의 개발자는 WAR 옵션을 건너뛰고 실행 가능한 JAR 파일을 생성하는 많은 이유를 알고 있으며, 그 반대의 경우는 거의 없다는 점도 압니다. 많은 개발자가 깨닫지 못한 것은 '실행 가능한' JAR를 빌드할 때도 다양한 요구사항과 사용 사례를 충족하는 배포 옵션이 많다는 사실입니다.

이 장에서는 다양한 대상에 유용한 옵션을 사용해 스프링 부트 애플리케이션을 배포하는 여러 가지 방법을 살펴보고, 상대적 장점에 대해 논의했습니다. 그런 다음 이러한 배포 아티팩트를 만드는 방법을 시연하고 최적의 실행을 위한 옵션을 설명했으며, 해당 구성 요소와 출처를 확인하는 방법도 보였습니다. 표준 '실행 가능한' JAR, 완전히 실행 가능한 스프링 부트 JAR, 확장 JAR, 도커, 쿠버네티스, 모든 주요 컨테이너 엔진/메커니즘에서 실행되는 클라우드 네이티브(Paketo) 빌드팩을 사용해 구축된 컨테이너 이미지 등입니다. 스프링 부트는 충돌 없는 수많은 배포 옵션을 제공해 개발 능력을 배포 능력으로 확장합니다.

다음 장에서는 좀 더 어려운 두 가지 주제를 좀 더 깊이 파고들어 이 책과 여정을 마무리합니다. 리액티브 애플리케이션의 테스트와 디버깅을 더 깊게 알고 싶다면 놓치지 마세요.

CHAPTER 12

리액티브로 더 깊이 들어가기

이전에 논의한 바와 같이, 리액티브 프로그래밍은 개발자가 분산 시스템에서 리소스를 더 잘 활용하게 해주며, 심지어 강력한 확장 메커니즘을 애플리케이션 경계를 넘어 통신 채널로 확장합니다. 리액티브 프로그래밍에서 일반적으로 사용하는 선언형declative 접근 대신, 명시적이고 순차적인 비즈니스 로직을 사용하기 때문에 **명령형**imperative 자바[45]라 불리는 주류 자바 개발에 익숙한 개발자라면 리액티브 기능을 사용하는 데 많은 수고가 따릅니다. 예상되는 학습 곡선learning curve 외에, 물론 스프링의 병렬적이고 보완적인 웹MVC와 웹플럭스 구현 덕분에 그나마 학습 곡선이 완만하지만, 도구 사용, 성숙도, 테스트, 문제 해결, 디버깅 같은 필수 활동에 관해 참고할 만한 관행이 주류 자바보다 상대적으로 더 적습니다.

리액티브 자바 개발은 명령형 자바 개발에 비해 초기 단계지만 같은 갈래에서 나왔기 때문에 리액티브와 관련된 도구와 프로세스를 더 빠르게 개발하고 발전시킬 수 있었습니다. 리액티브 자바와 마찬가지로, 스프링 역시 수십 년간의 지식을 당장 사용 가능한 프로덕션 컴포넌트로 만들기 위해 기존의 명령형 지식을 기반으로 리액티브 스프링을 만들었습니다.

이 장에서는 리액티브 스프링 부트 애플리케이션을 배포할 때 발생하는 문제를 테스트하고 진단/디버깅하는 최신 기술을 소개하고 설명하며, 운영 환경으로 전환하기 전에 웹플럭스/리액터를 사용해 작업하는 방법을 살펴봅니다.

---

45 옮긴이_ 여기서 명령형(imperative)과 선언형(declarative)은 프로그래밍 패러다임의 의미로 이야기하고 있으며, 이런 패러다임에는 Imperitve Programming Paradigm(명령형 프로그래밍 패러다임)과 Declarative Programming Paradigm(선언형 프로그래밍 패러다임) 등이 있습니다. 대표적으로 명령형 프로그래밍 패러다임에는 객체 지향 프로그래밍(Object Oriented Programming)이 있고, 선언형 프로그래밍 패러다임에는 함수형 프로그래밍(Functional Programming)이 있습니다.

TIP_ 코드 사용하기
이 장에서 사용하는 코드는 깃허브(`chapter12begin` 브랜치)에서 확인할 수 있습니다.

12.1 리액티브는 언제 사용할까?

리액티브 프로그래밍은, 특히 리액티브 스트림에 중점을 둔 애플리케이션은 현재 다른 수단으로는 달성하기 어려운 시스템 전체에서 확장을 가능하게 합니다. 그러나 모든 애플리케이션이 종단간 확장성의 끝까지 완벽하게 수행해야 할 필요는 없으며, 어떤 애플리케이션은 이미 상대적으로 예측 가능한 부하를 장기간에 걸쳐 훌륭히 처리하고 있을 겁니다. 명령형 애플리케이션은 오랫동안 전 세계적으로 조직 시스템의 요구사항을 충족해왔으며 새로운 옵션이 등장한다고 해서 단순히 대체되지는 않을 것입니다.

리액티브 프로그래밍은 의심할 여지없이 흥미로운 가능성이 있지만, 스프링 팀은 리액티브 코드가 가까운 미래에 모든 명령형 코드를 대체하지는 않는다고 힘주어 이야기합니다. 다음은 스프링 웹플럭스에 대한 스프링 프레임워크 참조 문서(*https://oreil.ly/SFRefDoc*)에 명시된 내용입니다.

> **대규모 팀은 논블로킹, 함수형과 선언형 프로그래밍으로 전환하는 과정에서 가파른 학습 곡선을 염두에 두어야 합니다. 전체를 전환하지 않고 시작하는 실용적인 방법은 리액티브 웹클라이언트WebClient를 사용하는 것입니다. 그 외에도 작게 시작해 리액티브로 바꾸는 것이 어떤 이점을 가져오는지 살펴보고 저울질해보세요. 우리는 많은 애플리케이션의 경우 리액티브의 전환이 불필요할 수 있다고 생각합니다. 리액티브가 어떤 이점이 있는지 불확실하다면, 먼저 논블로킹 I/O 작동 방식(예: 단일 스레드 Node.js의 동시성)과 그 효과에 대해 알아보십시오.**
>
> **— 스프링 프레임워크 참조 문서**

요약하자면, 리액티브 프로그래밍과 스프링 웹플럭스를 채택하는 것은 선택사항입니다. 어쩌면 특정 요구사항을 달성하는 가장 좋은 방법일 수도 있지만, 해당 시스템의 관련 요구사항을 신중하게 고려한 후에 선택해야 합니다. 리액티브 여부에 관계없이, 스프링 부트는 모든 프로덕션 환경을 처리하기 위해 비즈니스 핵심 소프트웨어를 개발할 수 있는 여러 탁월한 옵션을 제공합니다.

12.2 리액티브 애플리케이션 테스트

리액티브 스프링 부트 애플리케이션 테스트의 핵심 개념에 더 집중하기 위해 적용할 코드 범위를 좁혀보는 몇 가지 단계를 진행합니다. 다른 프로젝트에서 가져온 코드가 여전히 남아 있지만, 문제가 되지는 않습니다.

> **테스트에 대한 참고사항**
>
> 9장에서 테스트를 설명할 때 제 테스트 철학을 어느 정도 언급했습니다. 이 장에서 테스트의 측면을 더 깊이 파고들기 위해 수행하게 될 단계들을 명확히 설명하고자 제가 가진 생각을 공유하겠습니다.
>
> 이 책은 주로 스프링 부트에 초점을 맞추고 관련된 주제를 부차적으로 다루기 때문에, 군더더기 없이 배경을 이해하는 데 필수적인 정보를 엄선하려고 노력했습니다. 독자마다 배경지식이 다르기 때문에, 모두를 만족시킬 수 없지만 그래도 최선을 다해보겠습니다.
>
> 테스트는 코드 구조에 영향을 끼칩니다. 진정한 TDD[Test Driven Development]로 작업 시 테스트는 애플리케이션 개발 초기부터 코드에 영향을 미칩니다.
>
> 제가 이 책의 여러 장에서 적용 가능한 테스트보다 스프링 부트의 개념에 중점을 두기 위해 한 것처럼 비즈니스 로직 코드를 작성한 후 테스트 코드를 작성하는 것이 동작을 분리해 특정 컴포넌트와 결과를 테스트하기 위한 코드 리팩터링 작업을 더 용이하게 합니다. 이 방법이 혼란스럽게 느껴질 수 있지만, 일반적으로 더 명확한 경계를 가진 코드를 생성하면 코드가 더 견고해지고 테스트하기도 용이해집니다.
>
> 이 장의 코드도 예외가 아닙니다. 원하는 동작을 적절하게 분리하고 테스트하기 위해 기존 코드 일부를 리팩터링해야 합니다. 시간이 오래 걸리지 않으며, 리팩터링을 하고 나면 코드가 개선될 것입니다.

> **TIP_** 이 장의 초반부에 표시한 대로 깃허브 `chapter12begin`을 체크아웃하지 않았다면 지금 하세요.

이 절에서는 일반적인 블로킹 `Iterable`이나 `Object` 타입 대신 `Flux`, `Mono` 타입 그리고 `Flux`이거나 `Mono`일 수 있는 `Publisher` 타입 같은 리액티브 스트림 `Publisher`를 노출하는 API를 외부에서 테스트하는 데 중점을 둡니다. 외부 API를 제공하는 `Aircraft Positions` 앱 내 클래스인 PositionController부터 시작합니다.

12.2.1 리팩터링

PositionController 코드가 작동은 하지만, 테스트하기에 좋은 코드는 아닙니다. 작업의 첫 순서는 관심사의 분리separation of concerns를 더 깔끔하게 하는 것입니다. 먼저 @Configuration 클래스 내에 RSocketRequester 빈을 생성하는 메서드를 추가해 애플리케이션 내 어디에서나 액세스하게 합니다.

```
import org.springframework.context.annotation.Bean;
import org.springframework.context.annotation.Configuration;
import org.springframework.messaging.rsocket.RSocketRequester;

@Configuration
public class RSocketRequesterConfig {
    @Bean
    RSocketRequester requester(RSocketRequester.Builder builder) {
        return builder.tcp("localhost", 7635);
    }
}
```

이는 RSocketRequester를 생성하는 코드를 컨트롤러 클래스 외부에 배치해 PositionController의 생성자를 간소화합니다. 생성자 주입을 통해 PositionController에서 RSocketRequester 빈을 사용할 수 있게 합니다.

```
public PositionController(AircraftRepository repository,
                          RSocketRequester requester) {
    this.repository = repository;
    this.requester = requester;
}
```

NOTE_ RSocket 연결을 테스트하려면 통합 테스트가 필요합니다. 이 절은 통합 테스트가 아닌 단위 테스트에 중점을 두지만, PositionController를 분리하고 적절하게 단위 테스트를 하기 위해 PositionController에서 RSocketRequester를 분리하는 일은 여전히 중요합니다.

컨트롤러 기능을 벗어나는 또 다른 비즈니스 로직 코드가 있는데, 바로 AircraftRepository 빈을 사용해 항공기 위치를 획득, 저장, 조회하는 것입니다. 일반적으로 특정 클래스와 관련되지 않은 복잡한 비즈니스 로직이 해당 클래스에 있으면, 앞서 RSocketRequester 빈을 분리했던 것처럼 해당 코드를 분리하는 것이 좋습니다. 다소 복잡하고 관련 없는 이 코드를 PositionController 외부에 재배치하기 위해 PositionService 클래스를 생성하고 애플리케이션 전체에서 사용 가능한 @Service 빈으로 정의합니다. @Service 어노테이션은 단순히 자주 사용되는 @Component 어노테이션을 시각적으로 보여주는 설명입니다.

```
import org.springframework.stereotype.Service;
import org.springframework.web.reactive.function.client.WebClient;
import reactor.core.publisher.Flux;
import reactor.core.publisher.Mono;

@Service
public class PositionService {
    private final AircraftRepository repo;
    private WebClient client = WebClient.create(
        "http://localhost:7634/aircraft");

    public PositionService(AircraftRepository repo) {
        this.repo = repo;
    }

    public Flux<Aircraft> getAllAircraft() {
        return repo.deleteAll()
                .thenMany(client.get()
                        .retrieve()
                        .bodyToFlux(Aircraft.class)
                        .filter(plane -> !plane.getReg().isEmpty()))
                .flatMap(repo::save)
                .thenMany(repo.findAll());
    }

    public Mono<Aircraft> getAircraftById(Long id) {
        return repo.findById(id);
    }

    public Flux<Aircraft> getAircraftByReg(String reg) {
        return repo.findAircraftByReg(reg);
    }
}
```

NOTE_ 현재 AircraftRepository에는 정의된 findAircraftByReg() 메서드가 없습니다. 테스트를 진행하기 전에 이 문제를 해결할 예정입니다.

더 많은 작업을 수행할 수 있지만(특히 WebClient 멤버 변수와 관련해), 지금은 기존의 PositionController::getCurrentAircraftPositions 내부에 있는 코드를 PositionService::getAllAircraft로 옮기는 것만으로 충분합니다. PositionController에 PositionService 빈을 주입해 훨씬 깔끔하고 집중된 컨트롤러 클래스를 만듭니다.

```
import org.springframework.http.MediaType;
import org.springframework.messaging.rsocket.RSocketRequester;
import org.springframework.stereotype.Controller;
import org.springframework.ui.Model;
import org.springframework.web.bind.annotation.GetMapping;
import org.springframework.web.bind.annotation.ResponseBody;
import reactor.core.publisher.Flux;

@Controller
public class PositionController {
    private final PositionService service;
    private final RSocketRequester requester;

    public PositionController(PositionService service,
            RSocketRequester requester) {
        this.service = service;
        this.requester = requester;
    }

    @GetMapping("/aircraft")
    public String getCurrentAircraftPositions(Model model) {
        model.addAttribute("currentPositions", service.getAllAircraft());

        return "positions";
    }

    @ResponseBody
    @GetMapping(value = "/acstream", produces =
        MediaType.TEXT_EVENT_STREAM_VALUE)
    public Flux<Aircraft> getCurrentACPositionsStream() {
        return requester.route("acstream")
                .data("Requesting aircraft positions")
```

```
                .retrieveFlux(Aircraft.class);
    }
}
```

기존 PositionController 엔드포인트를 검토하면 Thymeleaf 템플릿(public String getCurrentAircraftPositions(Model model))을 사용하거나 외부 RSocket 연결(public Flux<Aircraft> getCurrentACPositionsStream())이 필요함을 알게 됩니다. 외부 API를 제공하는 Aircraft Positions 앱의 기능을 분리하고 테스트하려면 현재 정의된 엔드포인트를 확장해야 합니다. /acpos와 /acpos/search에 매핑된 엔드포인트를 두 개 더 추가해서 PositionService에서 생성한 메서드를 활용하는, 기본적이지만 유연한 API를 생성합니다.

먼저 PlaneFinder 앱에서 일정 범위 내에 있는 항공기의 현 위치를 모두 조회하고 JSON으로 반환하는 메서드를 만듭니다. getCurrentACPositions() 메서드는 대응하는 getCurrentAircraftPositions(Model model)과 마찬가지로 PositionService::getAllAircraft를 호출하지만, 도메인 객체 모델에 추가하고 HTML 페이지 표시를 위해 템플릿 엔진으로 리디렉션하는 대신 JSON으로 값을 반환합니다.

그다음 고유한 위치 레코드 식별자와 항공기 등록번호로 항공기 현 위치를 검색하는 메서드를 만듭니다. 레코드(엄밀히 하면 이 Aircraft Positions 버전은 몽고DB를 사용하기 때문에 레코드가 아니라 도큐먼트임) 식별자는 PlaneFinder 앱에서 저장된 위치 중 마지막으로 조회된 데이터베이스 고유 ID입니다. 특정 위치 레코드 조회에 유용하기도 하지만, 항공기 관점에서 더 유용한 것은 항공기의 고유 등록번호를 검색하는 기능입니다.

흥미롭게도 PlaneFinder 앱은 질의query 시 한 대의 항공기 위치를 1개 이상 보고합니다. 이는 비행 중인 항공기 위치를 지속적으로 보고하는 특성 때문입니다. 즉, 보고된 현 위치 내에서 항공기의 고유 등록번호로 검색할 때 실제로 해당 항공편에서 1개 이상의 위치 보고서를 조회할 수 있다는 뜻입니다.

다른 타입의 다른 검색 기준을 사용해 여러 잠재적 결과를 반환하는 유연한 검색 메커니즘을 작성하는 방법이 여럿 있지만, 여기서는 하나의 메서드에 모든 옵션을 통합하기로 했습니다.

```
@ResponseBody
@GetMapping("/acpos/search")
public Publisher<Aircraft>
```

```
        searchForACPosition(@RequestParam Map<String, String> searchParams) {

    if (!searchParams.isEmpty()) {
        Map.Entry<String, String> setToSearch =
                searchParams.entrySet().iterator().next();

        if (setToSearch.getKey().equalsIgnoreCase("id")) {
            return service.getAircraftById(Long.valueOf(setToSearch.getValue()));
        } else {
            return service.getAircraftByReg(setToSearch.getValue());
        }
    } else {
        return Mono.empty();
    }
}
```

searchForACPosition의 설계 및 구현 결정

먼저 `@ResponseBody`가 필요한 이유는 REST 엔드포인트와 템플릿 구동 엔드포인트를 동일한 `Controller` 클래스에 같이 두기로 했기 때문입니다. 앞에서 언급했듯 `@RestController` 메타 어노테이션에는 `@Controller`와 `@Response Body`가 모두 포함되어 `Object` 값이 HTML 페이지의 DOM(도메인 객체 모델)을 통해 반환되는 것이 아니라 직접 반환됨을 나타냅니다. `PositionController`는 `@Controller` 어노테이션만 달려 있기 때문에 `Object` 값을 직접 반환하는 모든 메서드에 `@ResponseBody`를 추가해야 합니다.

그다음 `@RequestParam` 어노테이션을 사용하면 엔드포인트 매핑에 물음표(?)를 추가하고 `key=value` 형식으로 매개변수를 지정하고, 또 각 매개변수를 쉼표로 구분해 사용자가 0개 혹은 그 이상의 요청 매개변수request parameters를 사용할 수 있습니다. 이 예제에서는 `"id"`라는 키에 대한 첫 번째 매개변수(존재하는 경우)만 확인하도록 의도적으로 선택했습니다. 요청에 `id` 매개변수가 포함됐으면 데이터베이스 ID로 항공기 위치 도큐먼트를 요청하는 데 사용합니다. 매개변수가 `id`가 아닌 경우, 기본적으로 보고된 현 위치 내에서 항공기 등록번호를 검색합니다.

여기에는 등록에 대한 기본 검색과 후속 검색 매개변수의 의도적인 폐기 등을 포함해 프로덕션 시스템에서는 하지 않는 몇 가지 암묵적인 가정이 있습니다. 이 부분은 저 자신과 여러분에게 차후의 연습으로 남겨 두겠습니다.

메서드 시그니처에서 주의할 점 하나는 구체적으로 `Flux`나 `Mono`가 아닌 `Publisher`를 반환한다는 점입니다. 검색 옵션을 단일 방법으로 통합하기로 한 점과 데이터베이스 ID로 데이터베이스 내의 위치 도큐먼트를 검색하면 일치 항목이 하나만 반환되는 반면, 항공기 등록번호로 검색하면 여러 결과가 나올 수 있다는 사실을 고려해 반환 타입을 Publisher로 정했습니다. Mono와 Flux는 둘 다 Publisher의 구현체이기 때문에 반환 타입을 Publisher로 지정하면, Mono와 Flux 두 타입을 모두 반환할 수 있습니다.

마지막으로, 사용자가 검색 매개변수를 제공하지 않으면, Mono.empty()를 사용해 비어 있는 Mono를 반환합니다. 요구사항이 동일한 결과를 요구하거나 모든 항공기 위치와 같은 다른 결과를 반환하도록 선택(또는 요구)할 수 있습니다. 어떤 설계 결정을 내리든 '놀람 최소화 원칙Principle of Least Astonishment'을 기준으로 삼으면 됩니다.

PositionController 클래스의 최종(현재) 버전입니다.

```
import org.reactivestreams.Publisher;
import org.springframework.http.MediaType;
import org.springframework.messaging.rsocket.RSocketRequester;
import org.springframework.stereotype.Controller;
import org.springframework.ui.Model;
import org.springframework.web.bind.annotation.GetMapping;
import org.springframework.web.bind.annotation.RequestParam;
import org.springframework.web.bind.annotation.ResponseBody;
import reactor.core.publisher.Flux;
import reactor.core.publisher.Mono;

import java.util.Map;

@Controller
public class PositionController {
    private final PositionService service;
    private final RSocketRequester requester;

    public PositionController(PositionService service,
            RSocketRequester requester) {
        this.service = service;
        this.requester = requester;
    }

    @GetMapping("/aircraft")
    public String getCurrentAircraftPositions(Model model) {
```

```
        model.addAttribute("currentPositions", service.getAllAircraft());

        return "positions";
    }

    @ResponseBody
    @GetMapping("/acpos")
    public Flux<Aircraft> getCurrentACPositions() {
        return service.getAllAircraft();
    }

    @ResponseBody
    @GetMapping("/acpos/search")
    public Publisher<Aircraft> searchForACPosition(@RequestParam Map<String,
            String> searchParams) {

        if (!searchParams.isEmpty()) {
            Map.Entry<String, String> setToSearch =
                searchParams.entrySet().iterator().next();

            if (setToSearch.getKey().equalsIgnoreCase("id")) {
                return service.getAircraftById(Long.valueOf
                    (setToSearch.getValue()));
            } else {
                return service.getAircraftByReg(setToSearch.getValue());
            }
        } else {
            return Mono.empty();
        }
    }

    @ResponseBody
    @GetMapping(value = "/acstream", produces =
            MediaType.TEXT_EVENT_STREAM_VALUE)
    public Flux<Aircraft> getCurrentACPositionsStream() {
        return requester.route("acstream")
                .data("Requesting aircraft positions")
                .retrieveFlux(Aircraft.class);
    }
}
```

다음엔 PositionService 클래스로 돌아갑니다. 앞에서 언급했듯, public Flux<Aircraft> getAircraftByReg(String reg) 메서드는 AircraftRepository에서 현재 정의되지 않은 메서드를 참조합니다. 이를 수정하기 위해 AircraftRepository 인터페이스 정의에 Flux<Aircraft> findAircraftByReg(String reg) 메서드를 추가합니다.

```
import org.springframework.data.repository.reactive.ReactiveCrudRepository;
import reactor.core.publisher.Flux;

public interface AircraftRepository extends
        ReactiveCrudRepository<Aircraft, Long> {
    Flux<Aircraft> findAircraftByReg(String reg);
}
```

흥미로운 이 단일 메서드 시그니처는 다음과 같이 광범위하게 적용 가능한 규칙을 사용한 스프링 데이터의 쿼리 메소드 개념을 보여줍니다. 규칙: find, search, 혹은 get 같은 연산자 / 저장, 조회, 관리하는 객체의 타입(이 경우엔 Aircraft) / 그리고 reg와 같은 멤버 변수명. 이렇게 메소드 명명 규칙을 사용해 매개변수+타입 및 반환 타입과 함께 메소드 시그니처를 작성하면, 스프링 데이터는 메소드를 구현합니다.

코드에 더 자세한 내용이나 힌트를 주고, 필요한 경우 메서드 시그니처에 @Query 어노테이션을 달고 필요한 세부 정보도 제공합니다. 하지만 여기서는 필요하지 않습니다. 등록번호로 항공기 위치를 검색하고 리액티브 스트림에서 0개 이상의 값을 리액티브 스트림 Flux로 반환한다는 정보는 스프링 데이터가 메서드를 구현하기에 충분한 정보입니다.

PositionService로 돌아가면, IDE에서 더 이상 repo.findAircraftByReg(reg) 메서드에 빨간 줄이 생기지 않고 유효한 메서드로 인식하는 것을 볼 수 있습니다.

NOTE_ 이 예제에서 제가 내린 또 다른 설계 결정은 항공기 현 위치 도큐먼트를 질의[query]하기 위해 getAircraftById와 getAircraftByReg 메서드를 둘 다 포함한 것입니다. 이런 설계 결정은 일부 항공기 위치 도큐먼트가 데이터베이스에 존재한다고 간주하거나 아니면 조회한 위치가 데이터베이스에 존재하지 않을 경우 사용자가 새로고침된 항공기 위치 조회에 관심이 없다고 간주할 수 있습니다. 요구사항에 따라서는 검색하기 전에 일부 위치가 있는지 확인하고, 조회한 항공기 위치가 없을 경우 getAllAircraft 메서드를 호출해 항공기 위치를 새로 데이터베이스에 저장한 후 조회하는 방법도 있습니다.

12.2.2 테스트

이전 장에서는 표준 Object 타입을 사용해 예상 결과를 테스트했습니다. WebClient와 WebTestClient를 사용했지만 리액티브 스트림 Publisher 타입을 반환했는지 여부에 관계없이 모든 HTTP 기반 엔드포인트와 상호작용하기 위한 도구로만 사용했습니다. 이제 리액티브 스트림 구문을 사용해 테스트해보겠습니다.

기존 PositionControllerTest 클래스를 시작점으로 사용해 해당 클래스인 PositionController가 노출하는 새로운 리액티브 엔드포인트를 수용하도록 재구성했습니다. 다음은 클래스 수준 세부 정보입니다.

```
@WebFluxTest(controllers = {PositionController.class})
class PositionControllerTest {
    @Autowired
    private WebTestClient client;

    @MockBean
    private PositionService service;
    @MockBean
    private RSocketRequester requester;

    private Aircraft ac1, ac2, ac3;

    ...

}
```

먼저 클래스 수준 어노테이션 @WebFluxTest(controllers = {PositionController.class})를 만듭니다. 저는 이 예제에서 여전히 리액티브 WebTestClient를 사용하며, 이 테스트 클래스의 범위를 웹플럭스 기능으로 제한하고 싶습니다. 따라서 전체 스프링 부트 애플리케이션 컨텍스트를 로딩하는 것은 불필요하고 시간과 리소스를 낭비합니다.

둘째, WebTestClient 빈을 @Autowire 사용해 빈 주입합니다. 이전 장에서 실시한 테스트에서는 WebTestClient 빈을 단일 테스트 메서드에 직접 주입했지만, 지금은 여러 메서드에서 필요하므로 참조할 멤버 변수를 만드는 편이 더 합리적입니다.

셋째, Mockito의 @MockBean 어노테이션을 사용해 Mock 빈을 생성합니다. RSocket

Requester 빈을 모킹하는 이유는 우리가 클래스 수준 어노테이션에 로딩하도록 요청한(그리고 필요로 하는) PositionController가 RSocketRequester의 실제 또는 Mock 빈을 필요로 하기 때문입니다. 이 클래스의 테스트 내 기능을 모킹하고 사용하기 위해 PositionService를 모킹합니다. PositionService를 모킹하면 올바른 동작을 보장하고, PositionService의 결과물을 PositionController가 컨슈머consumer로서 소비하고, 실제 결과를 알려진 예상 결과와 비교할 수 있습니다.

마지막으로, 테스트에서 사용할 Aircraft 인스턴스를 세 개 생성합니다.

JUnit의 @Test 메서드를 실행하기 전에 @BeforeEach 어노테이션이 달린 메서드를 실행해 시나리오와 예상 결과를 구성합니다. 각 테스트 메서드 전에 테스트 환경을 준비하는 데 사용하는 setUp() 메서드입니다.

```
@BeforeEach
void setUp(ApplicationContext context) {
    // Spring Airlines flight 001 en route, flying STL to SFO,
    // at 30000' currently over Kansas City
    ac1 = new Aircraft(1L, "SAL001", "sqwk", "N12345", "SAL001",
            "STL-SFO", "LJ", "ct",
            30000, 280, 440, 0, 0,
            39.2979849, -94.71921, 0D, 0D, 0D,
            true, false,
            Instant.now(), Instant.now(), Instant.now());

    // Spring Airlines flight 002 en route, flying SFO to STL,
    // at 40000' currently over Denver
    ac2 = new Aircraft(2L, "SAL002", "sqwk", "N54321", "SAL002",
            "SFO-STL", "LJ", "ct",
            40000, 65, 440, 0, 0,
            39.8560963, -104.6759263, 0D, 0D, 0D,
            true, false,
            Instant.now(), Instant.now(), Instant.now());

    // Spring Airlines flight 002 en route, flying SFO to STL,
    // at 40000' currently just past DEN
    ac3 = new Aircraft(3L, "SAL002", "sqwk", "N54321", "SAL002",
            "SFO-STL", "LJ", "ct",
            40000, 65, 440, 0, 0,
            39.8412964, -105.0048267, 0D, 0D, 0D,
            true, false,
```

```
            Instant.now(), Instant.now(), Instant.now());


        Mockito.when(service.getAllAircraft()).thenReturn(Flux.just(ac1, ac2, ac3));
        Mockito.when(service.getAircraftById(1L)).thenReturn(Mono.just(ac1));
        Mockito.when(service.getAircraftById(2L)).thenReturn(Mono.just(ac2));
        Mockito.when(service.getAircraftById(3L)).thenReturn(Mono.just(ac3));
        Mockito.when(service.getAircraftByReg("N12345"))
            .thenReturn(Flux.just(ac1));
        Mockito.when(service.getAircraftByReg("N54321"))
            .thenReturn(Flux.just(ac2, ac3));
    }
```

ac1 멤버 변수에 N12345 등록번호가 있는 항공기의 위치를 할당합니다. ac2와 ac3의 경우, 동일한 항공기인 N54321의 두 위치를 가까운 위치로 할당해 PlaneFinder 앱에서 항공기 위치 수신 시 근접한 항공기 위치를 수신하는 빈번한 사례를 시뮬레이션합니다.

또 setUp() 메서드의 마지막 몇 줄은 해당 메서드가 다양한 방식으로 호출될 때 PositionService의 Mock 빈이 제공할 동작을 정의합니다. 9장의 모킹 메서드와 유의미한 유일한 차이점은 반환값의 타입입니다. 실제 PositionService 메서드는 리액터 Publisher 타입의 Flux와 Mono를 반환하므로 모킹 메서드도 Publisher 타입을 반환해야 합니다.

모든 항공기 위치 조회 테스트

마지막으로, PositionController의 getCurrentACPositions() 메서드를 테스트하는 메서드를 만듭니다.

```
    @Test
    void getCurrentACPositions() {
        StepVerifier.create(client.get()
                .uri("/acpos")
                .exchange()
                .expectStatus().isOk()
                .expectHeader().contentType(MediaType.APPLICATION_JSON)
                .returnResult(Aircraft.class)
                .getResponseBody())
            .expectNext(ac1)
            .expectNext(ac2)
            .expectNext(ac3)
```

```
            .verifyComplete();
}
```

리액티브 스트림 애플리케이션을 테스트하면, 예상 결과를 설정하고, 실제 결과를 얻고, 테스트 성공이나 실패를 확인하기 위해 예상 결과와 실제 결과를 비교하는, 매우 일상적으로 수행하는 작업에 무수한 문제가 발생합니다. 리액티브 스트림 Publisher(게시자)는 블로킹의 Iterable 타입과 마찬가지로 여러 결과를 효과적이고 즉각적인 방식으로 얻지만, 리액티브 스트림 Publisher는 완전한 결과 집합이 반환될 때까지 기다리지 않고 단일 단위로 반환합니다. 예를 들면, 5개 결과를 한 번에 받는 것과 5개 결과를 매우 빠르게 개별적으로 받는 것의 차이입니다.

리액터 테스트 도구의 핵심은 StepVerifier와 해당 유틸리티 메서드입니다. StepVerifier는 Publisher를 구독subscribe하고 이름에서 알 수 있듯 개발자가 개별적으로 얻은 값을 개별적으로 확인하도록 합니다. getCurrentACPositions 테스트에서 다음 작업을 수행합니다.

- StepVerifier를 만듭니다.
- 다음 단계로 생성된 Flux를 StepVerifier에 제공합니다.
  - WebTestClient 빈을 사용합니다.
  - /acpos 엔드포인트에 매핑된 PositionController::getCurrentACPositions 메서드에 액세스합니다.
  - exchange()를 시작합니다.
  - 응답 상태가 200 OK인지 확인합니다.
  - 응답 헤더에 'application/json' 콘텐츠 타입이 있는지 확인합니다.
  - Aircraft 클래스의 인스턴스로 결과 항목을 반환합니다.
  - 응답을 받습니다.
- 예상되는 첫 번째 값 ac1의 실제 첫 번째 값을 확인합니다.
- 예상되는 두 번째 값 ac2의 실제 두 번째 값을 확인합니다.
- 예상되는 세 번째 값 ac3의 실제 세 번째 값을 확인합니다.
- Publisher 완료 신호의 모든 작업과 수신을 확인합니다.

이는 반환된 조건과 값을 포함해 예상되는 동작에 대한 철저한 테스트입니다. 테스트 결과를 실행하면 다음과 유사한 결과가 출력됩니다(결과를 페이지에 맞게 잘라 편집함).

```
  .   ____          _            __ _ _
 /\\ / ___'_ __ _ _(_)_ __  __ _ \ \ \ \
( ( )\___ | '_ | '_| | '_ \/ _` | \ \ \ \
 \\/  ___)| |_)| | | | | || (_| |  ) ) ) )
  '  |____| .__|_| |_|_| |_\__, | / / / /
 =========|_|==============|___/=/_/_/_/
 :: Spring Boot ::                (v3.0.2)

: Starting PositionControllerTest on mheckler-a01.vmware.com with PID 21211
: No active profile set, falling back to default profiles: default
: Started PositionControllerTest in 2.19 seconds (JVM running for 2.879)

Process finished with exit code 0
```

IDE에서 실행하면, [그림 12-1]과 같은 결과가 보입니다.

Test Results 303 ms
PositionControllerTest 303 ms
getCurrentACPositions() 303 ms

그림 12-1 성공적인 테스트

Aircraft Positions 검색 기능 테스트

PositionController::searchForACPosition 내의 검색 기능을 테스트하려면, 데이터베이스 도큐먼트 ID와 항공기 등록번호로 항공기 위치 검색을 처리하는 기능으로 인해 최소 두 개의 개별 테스트가 필요합니다.

데이터베이스 도큐먼트 식별자로 검색을 테스트하기 위해 다음의 단위 테스트를 만듭니다.

```
@Test
void searchForACPositionById() {
    StepVerifier.create(client.get()
            .uri("/acpos/search?id=1")
            .exchange()
            .expectStatus().isOk()
            .expectHeader().contentType(MediaType.APPLICATION_JSON)
            .returnResult(Aircraft.class)
```

```
            .getResponseBody())
        .expectNext(ac1)
        .verifyComplete();
}
```

이 테스트는 모든 항공기 위치에 대한 단위 테스트와 유사한데, 중요한 예외가 두 가지 있습니다.

- 지정된 URI는 검색 엔드포인트를 참조하고 ac1을 조회하기 위해 검색 매개변수 id=1을 포함합니다.
- 예상 결과는 expectNext(ac1) 체인 연산자에 표시된 대로 ac1뿐입니다.

항공기 등록번호로 항공기 위치 검색을 테스트하기 위해서 두 개의 해당 위치 도큐먼트를 포함하도록 getAircraftByReg 모킹 메서드(setup() 메서드의 service.getAircraftByReg("N54321"))를 사용하는 엔드포인트를 호출해 다음의 단위 테스트를 만듭니다.

```
@Test
void searchForACPositionByReg() {
    StepVerifier.create(client.get()
            .uri("/acpos/search?reg=N54321")
            .exchange()
            .expectStatus().isOk()
            .expectHeader().contentType(MediaType.APPLICATION_JSON)
            .returnResult(Aircraft.class)
            .getResponseBody())
        .expectNext(ac2)
        .expectNext(ac3)
        .verifyComplete();
}
```

이 테스트와 이전 테스트의 차이점은 미미합니다.

- URI에는 검색 매개변수 reg=N54321이 포함됐고, 결과적으로 ac2와 ac3이 반환돼야 합니다. 둘 모두는 등록번호 N54321 항공기의 보고된 위치를 포함합니다.
- 예상 결과는 expectNext(ac2)와 expectNext(ac3)의 체인 연산을 통해 ac2와 ac3인 것으로 확인됩니다.

PositionControllerTest 클래스의 최종 상태입니다.

```
import org.junit.jupiter.api.BeforeEach;
import org.junit.jupiter.api.Test;
import org.mockito.Mockito;
import org.springframework.beans.factory.annotation.Autowired;
import org.springframework.boot.test.autoconfigure.web.reactive.WebFluxTest;
import org.springframework.boot.test.mock.mockito.MockBean;
import org.springframework.http.MediaType;
import org.springframework.messaging.rsocket.RSocketRequester;
import org.springframework.test.web.reactive.server.WebTestClient;
import reactor.core.publisher.Flux;
import reactor.core.publisher.Mono;
import reactor.test.StepVerifier;

import java.time.Instant;

@WebFluxTest(controllers = {PositionController.class})
class PositionControllerTest {
    @Autowired
    private WebTestClient client;

    @MockBean
    private PositionService service;
    @MockBean
    private RSocketRequester requester;

    private Aircraft ac1, ac2, ac3;

    @BeforeEach
    void setUp() {
        // Spring Airlines flight 001 en route, flying STL to SFO, at 30000'
        // currently over Kansas City
        ac1 = new Aircraft(1L, "SAL001", "sqwk", "N12345", "SAL001",
                "STL-SFO", "LJ", "ct",
                30000, 280, 440, 0, 0,
                39.2979849, -94.71921, 0D, 0D, 0D,
                true, false,
                Instant.now(), Instant.now(), Instant.now());

        // Spring Airlines flight 002 en route, flying SFO to STL, at 40000'
        // currently over Denver
        ac2 = new Aircraft(2L, "SAL002", "sqwk", "N54321", "SAL002",
```

```
            "SFO-STL", "LJ", "ct",
            40000, 65, 440, 0, 0,
            39.8560963, -104.6759263, 0D, 0D, 0D,
            true, false,
            Instant.now(), Instant.now(), Instant.now());

    // Spring Airlines flight 002 en route, flying SFO to STL, at 40000'
    // currently just past DEN
    ac3 = new Aircraft(3L, "SAL002", "sqwk", "N54321", "SAL002",
            "SFO-STL", "LJ", "ct",
            40000, 65, 440, 0, 0,
            39.8412964, -105.0048267, 0D, 0D, 0D,
            true, false,
            Instant.now(), Instant.now(), Instant.now());


    Mockito.when(service.getAllAircraft())
            .thenReturn(Flux.just(ac1, ac2, ac3));
    Mockito.when(service.getAircraftById(1L))
            .thenReturn(Mono.just(ac1));
    Mockito.when(service.getAircraftById(2L))
            .thenReturn(Mono.just(ac2));
    Mockito.when(service.getAircraftById(3L))
            .thenReturn(Mono.just(ac3));
    Mockito.when(service.getAircraftByReg("N12345"))
            .thenReturn(Flux.just(ac1));
    Mockito.when(service.getAircraftByReg("N54321"))
            .thenReturn(Flux.just(ac2, ac3));
}

@AfterEach
void tearDown() {
}

@Test
void getCurrentACPositions() {
    StepVerifier.create(client.get()
            .uri("/acpos")
            .exchange()
            .expectStatus().isOk()
            .expectHeader().contentType(MediaType.APPLICATION_JSON)
            .returnResult(Aircraft.class)
            .getResponseBody())
        .expectNext(ac1)
```

```
                .expectNext(ac2)
                .expectNext(ac3)
                .verifyComplete();
    }

    @Test
    void searchForACPositionById() {
        StepVerifier.create(client.get()
                    .uri("/acpos/search?id=1")
                    .exchange()
                    .expectStatus().isOk()
                    .expectHeader().contentType(MediaType.APPLICATION_JSON)
                    .returnResult(Aircraft.class)
                    .getResponseBody())
                .expectNext(ac1)
                .verifyComplete();
    }

    @Test
    void searchForACPositionByReg() {
        StepVerifier.create(client.get()
                    .uri("/acpos/search?reg=N54321")
                    .exchange()
                    .expectStatus().isOk()
                    .expectHeader().contentType(MediaType.APPLICATION_JSON)
                    .returnResult(Aircraft.class)
                    .getResponseBody())
                .expectNext(ac2)
                .expectNext(ac3)
                .verifyComplete();
    }
}
```

PositionControllerTest 클래스에서 모든 테스트를 실행하면, [그림 12-2]에 표시된 것처럼 만족스러운 결과가 제공됩니다.

Test Results	325 ms
PositionControllerTest	325 ms
searchForACPositionByReg()	302 ms
getCurrentACPositions()	11 ms
searchForACPositionById()	12 ms

그림 12-2 모든 단위 테스트의 성공적 실행

> **NOTE_** StepVerifier는 더 많은 테스트 가능성을 제공하며, 그중 몇 가지를 이 절에서 살펴보았습니다. 특히 흥미로운 부분은 StepVerifier::withVirtualTime 메서드를 사용하면 값을 간헐적으로 내보내는 퍼블리셔의 테스트를 압축해서 원래는 긴 시간 간격을 두고 출력하는 결과를 즉시 생성한다는 점입니다. StepVerifier::withVirtualTime은 직접 Publisher를 수락하는 대신 Supplier<Publisher>를 수락하지만, 그 밖의 사용 메커니즘은 매우 유사합니다.

위 부분들은 리액티브 스프링 부트 애플리케이션을 테스트하는 데 필수적인 요소입니다. 그러나 실제 프로덕션에서 문제가 발생하면 어떻게 해야 할까요? 애플리케이션이 출시될 때 문제를 식별하고 해결하기 위해 리액터에서 제공하는 도구에는 무엇이 있을까요?

12.3 리액티브 애플리케이션 진단 및 디버깅

일반적인 자바 애플리케이션에서 문제가 발생하면, 보통 스택트레이스stacktrace가 나섭니다. (종종 방대한 경우에) 유용한 스택트레이스는 여러 이유로 명령형 코드로 생성할 수 있으며, 높은 수준의 관점에서 보면 다음 두 요소로 이 유용한 정보를 수집하고 표시할 수 있습니다.

- 일반적으로 무언가를 (명령형으로) 수행하는 방법을 지시하는 코드의 순차적 실행
- 해당 순차적 코드의 실행은 단일 스레드에서 발생

모든 규칙에는 예외가 있지만, 일반적으로 위 두 가지는 오류가 발생한 시간까지 순차적으로 실행되는 단계를 캡처하는 일반적인 조합입니다. 단일 스레드에서는 모든 것이 단계적으로 발생합니다. 이 방식을 사용하면 일반적으로 전체 시스템 리소스를 효과적으로 활용하지 못할 수 있지만, 문제를 격리하고 해결하는 작업은 훨씬 간단해집니다.

이제 리액티브 스트림에 대해 살펴보겠습니다. 프로젝트 리액터와 기타 리액티브 스트림 구현체는 스케줄러를 사용해 다른 스레드를 관리하고 사용합니다. 일반적으로 유휴idle 상태이거나 충분히 활용되지 않는 리소스를 작업에 투입해 리액티브 애플리케이션이 블로킹 애플리케이션보다 훨씬 더 많이 확장하도록 합니다. 스케줄러와 사용 및 조정 방법을 제어하는 데 사용할 수 있는 옵션의 자세한 내용은 리액터 코어 문서(*https://projectreactor.io/docs/core/release/reference*)를 참조하세요. 현재 대부분의 상황에서 리액터가 자동 스케줄링만으로도 충분히 처리합니다.

그러나 바로 이 부분 때문에 리액티브 스프링 부트(또는 모든 리액티브) 애플리케이션에서 의미 있는 실행 추적execution trace의 생성과 관련된 문제가 하나 생깁니다. 단일 스레드의 활동을 단순히 따라가서는 실행되는 의미 있는 순차적 코드 목록을 생성하지 못합니다.

이 스레드-호핑thread-hoping 최적화 기능으로 인해 이미 실행 추적이 어려운데 더 복잡해지면, 리액티브 프로그래밍이 코드 조립code assembly[46]과 코드 실행code execution[47]을 분리하게 됩니다. 8장에서 언급했듯, 대부분의 `Publisher` 타입은 구독subscribe하기 전에는 아무 일도 일어나지 않습니다.

간단히 말해 `Publisher`(`Flux` 또는 `Mono`) 파이프라인을 선언적으로 어셈블링한 코드에서 발생한 문제를 가리키는 프로덕션 에러는 마주할 가능성이 거의 없습니다. 오류는 거의 보편적으로 파이프라인이 활성화되는 시점[48](값을 생성, 처리, 구독자Subscriber에게 전달)에 발생합니다.

위와 같은 코드 조립과 코드 실행의 간극과 여러 스레드를 활용해 체인 연산을 완료하는 리액터의 기능은 런타임 시 드러나는 오류를 효과적으로 해결하기 위해 더 나은 도구가 필요합니다. 다행히 리액터는 몇 가지 우수한 옵션을 제공합니다.

---

46 옮긴이_ Flux 또는 Mono(연산자)에서 메서드를 호출해도 동작이 즉시 시작되지는 않습니다. 대신 Flux(또는 Mono)의 새 인스턴스가 반환되어 추가 연산자를 계속 구성할 수 있습니다. 따라서 비동기 처리 파이프라인을 나타내는 연산자 체인(또는 연산자 비순환 그래프)을 생성합니다. 이 선언 단계를 조립 시간(assembly time)이라고 합니다. `https://spring.io/blog/2019/03/06/flight-of-the-flux-1-assembly-vs-subscription`

47 옮긴이_ Publisher를 구독(subscribe)했을 때 데이터가 선언된 파이프라인을 통해 흐르는 것을 실행 시간(execution time) 혹은 구독 시간(subscription time)이라고 합니다. `https://spring.io/blog/2019/03/06/flight-of-the-flux-1-assembly-vs-subscription`

48 옮긴이_ 코드 실행 시간을 가리킵니다.

12.3.1 Hooks.onOperatorDebug()

앞서 언급한 사항이 의미하는 것은 기존 스택트레이스stacktrace 결과를 사용해 리액티브 애플리케이션의 문제를 해결하기가 불가능하다는 게 아니라 크게 개선될 수 있다는 것입니다. 대부분의 경우와 마찬가지로, 증거는 코드에 있습니다. 이 경우에는 실패 후 기록된 출력입니다.

리액티브 Publisher 체인 연산자의 실패를 시뮬레이션하기 위해 PositionControllerTest 클래스를 다시 방문해 각 테스트가 실행되기 전에 실행되는 setUp() 메서드에서 한 줄의 코드를 변경합니다.

```
Mockito.when(service.getAllAircraft()).thenReturn(Flux.just(ac1, ac2, ac3));
```

Mock getAllAircraft() 메서드에 의해 생성된 제대로 작동하는 Flux를 결과값 스트림에 오류가 포함된 Flux로 바꿉니다.

```
Mockito.when(service.getAllAircraft()).thenReturn(
        Flux.just(ac1, ac2, ac3)
                .concatWith(Flux.error(new Throwable("Bad position report")))
);
```

다음으로 getCurrentACPositions() 테스트를 실행해 의도적인 오류를 발생시킨 Flux의 결과를 확인합니다(결과를 페이지에 맞게 잘라 편집함).

```
500 Server Error for HTTP GET "/acpos"

java.lang.Throwable: Bad position report
      at com.thehecklers.aircraftpositions.PositionControllerTest
        .setUp(PositionControllerTest.java:59) ~[test-classes/:na]
      Suppressed: reactor.core.publisher.FluxOnAssembly$OnAssemblyException:
Error has been observed at the following site(s):
      |_ checkpoint ⇢ Handler com.thehecklers.aircraftpositions
        .PositionController
        #getCurrentACPositions() [DispatcherHandler]
      |_ checkpoint ⇢ HTTP GET "/acpos" [ExceptionHandlingWebHandler]
Stack trace:
              at com.thehecklers.aircraftpositions.PositionControllerTest
        .setUp(PositionControllerTest.java:59) ~[test-classes/:na]
              at java.base/jdk.internal.reflect.NativeMethodAccessorImpl
```

```
.invoke0(Native Method) ~[na:na]
        at java.base/jdk.internal.reflect.NativeMethodAccessorImpl
.invoke(NativeMethodAccessorImpl.java:62) ~[na:na]
        at java.base/jdk.internal.reflect.DelegatingMethodAccessorImpl
.invoke(DelegatingMethodAccessorImpl.java:43) ~[na:na]
        at java.base/java.lang.reflect.Method
.invoke(Method.java:564) ~[na:na]
        at org.junit.platform.commons.util.ReflectionUtils
.invokeMethod(ReflectionUtils.java:686)
~[junit-platform-commons-1.6.2.jar:1.6.2]
        at org.junit.jupiter.engine.execution.MethodInvocation
.proceed(MethodInvocation.java:60)
         ~[junit-jupiter-engine-5.6.2.jar:5.6.2]
        at org.junit.jupiter.engine.execution.InvocationInterceptorChain
$ValidatingInvocation.proceed(InvocationInterceptorChain.java:131)
~[junit-jupiter-engine-5.6.2.jar:5.6.2]
        at org.junit.jupiter.engine.extension.TimeoutExtension
.intercept(TimeoutExtension.java:149)
~[junit-jupiter-engine-5.6.2.jar:5.6.2]
        at org.junit.jupiter.engine.extension.TimeoutExtension
.interceptLifecycleMethod(TimeoutExtension.java:126)
~[junit-jupiter-engine-5.6.2.jar:5.6.2]
        at org.junit.jupiter.engine.extension.TimeoutExtension
.interceptBeforeEachMethod(TimeoutExtension.java:76)
~[junit-jupiter-engine-5.6.2.jar:5.6.2]
        at org.junit.jupiter.engine.execution
.ExecutableInvoker$ReflectiveInterceptorCall.lambda$ofVoidMethod
  $0(ExecutableInvoker.java:115)
  ~[junit-jupiter-engine-5.6.2.jar:5.6.2]
        at org.junit.jupiter.engine.execution.ExecutableInvoker
.lambda$invoke$0(ExecutableInvoker.java:105)
  ~[junit-jupiter-engine-5.6.2.jar:5.6.2]
        at org.junit.jupiter.engine.execution.InvocationInterceptorChain
$InterceptedInvocation.proceed(InvocationInterceptorChain.java:106)
  ~[junit-jupiter-engine-5.6.2.jar:5.6.2]
        at org.junit.jupiter.engine.execution.InvocationInterceptorChain
.proceed(InvocationInterceptorChain.java:64)
  ~[junit-jupiter-engine-5.6.2.jar:5.6.2]
        at org.junit.jupiter.engine.execution.InvocationInterceptorChain
.chainAndInvoke(InvocationInterceptorChain.java:45)
  ~[junit-jupiter-engine-5.6.2.jar:5.6.2]
        at org.junit.jupiter.engine.execution.InvocationInterceptorChain
.invoke(InvocationInterceptorChain.java:37)
  ~[junit-jupiter-engine-5.6.2.jar:5.6.2]
```

```
        at org.junit.jupiter.engine.execution.ExecutableInvoker
.invoke(ExecutableInvoker.java:104)
  ~[junit-jupiter-engine-5.6.2.jar:5.6.2]
        at org.junit.jupiter.engine.execution.ExecutableInvoker
.invoke(ExecutableInvoker.java:98)
  ~[junit-jupiter-engine-5.6.2.jar:5.6.2]
        at org.junit.jupiter.engine.descriptor.ClassBasedTestDescriptor
.invokeMethodInExtensionContext(ClassBasedTestDescriptor.java:481)
  ~[junit-jupiter-engine-5.6.2.jar:5.6.2]
        at org.junit.jupiter.engine.descriptor.ClassBasedTestDescriptor
.lambda$synthesizeBeforeEachMethodAdapter
  $18(ClassBasedTestDescriptor.java:466)
  ~[junit-jupiter-engine-5.6.2.jar:5.6.2]
        at org.junit.jupiter.engine.descriptor.TestMethodTestDescriptor
.lambda$invokeBeforeEachMethods$2(TestMethodTestDescriptor.java:169)
  ~[junit-jupiter-engine-5.6.2.jar:5.6.2]
        at org.junit.jupiter.engine.descriptor.TestMethodTestDescriptor
.lambda$invokeBeforeMethodsOrCallbacksUntilExceptionOccurs
    $5(TestMethodTestDescriptor.java:197)
    ~[junit-jupiter-engine-5.6.2.jar:5.6.2]
        at org.junit.platform.engine.support.hierarchical.ThrowableCollector
.execute(ThrowableCollector.java:73)
    ~[junit-platform-engine-1.6.2.jar:1.6.2]
        at org.junit.jupiter.engine.descriptor.TestMethodTestDescriptor
.invokeBeforeMethodsOrCallbacksUntilExceptionOccurs
    (TestMethodTestDescriptor.java:197)
    ~[junit-jupiter-engine-5.6.2.jar:5.6.2]
        at org.junit.jupiter.engine.descriptor.TestMethodTestDescriptor
.invokeBeforeEachMethods(TestMethodTestDescriptor.java:166)
    ~[junit-jupiter-engine-5.6.2.jar:5.6.2]
        at org.junit.jupiter.engine.descriptor.TestMethodTestDescriptor
.execute(TestMethodTestDescriptor.java:133)
    ~[junit-jupiter-engine-5.6.2.jar:5.6.2]
        at org.junit.jupiter.engine.descriptor.TestMethodTestDescriptor
.execute(TestMethodTestDescriptor.java:71)
    ~[junit-jupiter-engine-5.6.2.jar:5.6.2]
        at org.junit.platform.engine.support.hierarchical.NodeTestTask
.lambda$executeRecursively$5(NodeTestTask.java:135)
    ~[junit-platform-engine-1.6.2.jar:1.6.2]
        at org.junit.platform.engine.support.hierarchical.ThrowableCollector
.execute(ThrowableCollector.java:73)
    ~[junit-platform-engine-1.6.2.jar:1.6.2]
        at org.junit.platform.engine.support.hierarchical.NodeTestTask
.lambda$executeRecursively$7(NodeTestTask.java:125)
```

```
    ~[junit-platform-engine-1.6.2.jar:1.6.2]
        at org.junit.platform.engine.support.hierarchical.Node
.around(Node.java:135) ~[junit-platform-engine-1.6.2.jar:1.6.2]
        at org.junit.platform.engine.support.hierarchical.NodeTestTask
.lambda$executeRecursively$8(NodeTestTask.java:123)
    ~[junit-platform-engine-1.6.2.jar:1.6.2]
        at org.junit.platform.engine.support.hierarchical.ThrowableCollector
.execute(ThrowableCollector.java:73)
    ~[junit-platform-engine-1.6.2.jar:1.6.2]
        at org.junit.platform.engine.support.hierarchical.NodeTestTask
.executeRecursively(NodeTestTask.java:122)
    ~[junit-platform-engine-1.6.2.jar:1.6.2]
        at org.junit.platform.engine.support.hierarchical.NodeTestTask
.execute(NodeTestTask.java:80)
    ~[junit-platform-engine-1.6.2.jar:1.6.2]
        at java.base/java.util.ArrayList.forEach(ArrayList.java:1510) ~[na:na]
        at org.junit.platform.engine.support.hierarchical
.SameThreadHierarchicalTestExecutorService
    .invokeAll(SameThreadHierarchicalTestExecutorService.java:38)
        ~[junit-platform-engine-1.6.2.jar:1.6.2]
        at org.junit.platform.engine.support.hierarchical.NodeTestTask
.lambda$executeRecursively$5(NodeTestTask.java:139)
    ~[junit-platform-engine-1.6.2.jar:1.6.2]
        at org.junit.platform.engine.support.hierarchical.ThrowableCollector
.execute(ThrowableCollector.java:73)
    ~[junit-platform-engine-1.6.2.jar:1.6.2]
        at org.junit.platform.engine.support.hierarchical.NodeTestTask
.lambda$executeRecursively$7(NodeTestTask.java:125)
    ~[junit-platform-engine-1.6.2.jar:1.6.2]
        at org.junit.platform.engine.support.hierarchical.Node
.around(Node.java:135) ~[junit-platform-engine-1.6.2.jar:1.6.2]
        at org.junit.platform.engine.support.hierarchical.NodeTestTask
.lambda$executeRecursively$8(NodeTestTask.java:123)
    ~[junit-platform-engine-1.6.2.jar:1.6.2]
        at org.junit.platform.engine.support.hierarchical.ThrowableCollector
.execute(ThrowableCollector.java:73)
    ~[junit-platform-engine-1.6.2.jar:1.6.2]
        at org.junit.platform.engine.support.hierarchical.NodeTestTask
.executeRecursively(NodeTestTask.java:122)
    ~[junit-platform-engine-1.6.2.jar:1.6.2]
        at org.junit.platform.engine.support.hierarchical.NodeTestTask
.execute(NodeTestTask.java:80)
    ~[junit-platform-engine-1.6.2.jar:1.6.2]
        at java.base/java.util.ArrayList.forEach(ArrayList.java:1510) ~[na:na]
```

```
        at org.junit.platform.engine.support.hierarchical
.SameThreadHierarchicalTestExecutorService
    .invokeAll(SameThreadHierarchicalTestExecutorService.java:38)
        ~[junit-platform-engine-1.6.2.jar:1.6.2]
        at org.junit.platform.engine.support.hierarchical.NodeTestTask
.lambda$executeRecursively$5(NodeTestTask.java:139)
    ~[junit-platform-engine-1.6.2.jar:1.6.2]
        at org.junit.platform.engine.support.hierarchical.ThrowableCollector
.execute(ThrowableCollector.java:73)
    ~[junit-platform-engine-1.6.2.jar:1.6.2]
        at org.junit.platform.engine.support.hierarchical.NodeTestTask
.lambda$executeRecursively$7(NodeTestTask.java:125)
    ~[junit-platform-engine-1.6.2.jar:1.6.2]
        at org.junit.platform.engine.support.hierarchical.Node
.around(Node.java:135) ~[junit-platform-engine-1.6.2.jar:1.6.2]
        at org.junit.platform.engine.support.hierarchical.NodeTestTask
.lambda$executeRecursively$8(NodeTestTask.java:123)
    ~[junit-platform-engine-1.6.2.jar:1.6.2]
        at org.junit.platform.engine.support.hierarchical.ThrowableCollector
.execute(ThrowableCollector.java:73)
    ~[junit-platform-engine-1.6.2.jar:1.6.2]
        at org.junit.platform.engine.support.hierarchical.NodeTestTask
.executeRecursively(NodeTestTask.java:122)
    ~[junit-platform-engine-1.6.2.jar:1.6.2]
        at org.junit.platform.engine.support.hierarchical.NodeTestTask
.execute(NodeTestTask.java:80)
    ~[junit-platform-engine-1.6.2.jar:1.6.2]
        at org.junit.platform.engine.support.hierarchical
.SameThreadHierarchicalTestExecutorService
    .submit(SameThreadHierarchicalTestExecutorService.java:32)
        ~[junit-platform-engine-1.6.2.jar:1.6.2]
        at org.junit.platform.engine.support.hierarchical
.HierarchicalTestExecutor.execute(HierarchicalTestExecutor.java:57)
    ~[junit-platform-engine-1.6.2.jar:1.6.2]
        at org.junit.platform.engine.support.hierarchical
.HierarchicalTestEngine.execute(HierarchicalTestEngine.java:51)
    ~[junit-platform-engine-1.6.2.jar:1.6.2]
        at org.junit.platform.launcher.core.DefaultLauncher
.execute(DefaultLauncher.java:248)
    ~[junit-platform-launcher-1.6.2.jar:1.6.2]
        at org.junit.platform.launcher.core.DefaultLauncher
.lambda$execute$5(DefaultLauncher.java:211)
    ~[junit-platform-launcher-1.6.2.jar:1.6.2]
        at org.junit.platform.launcher.core.DefaultLauncher
```

```
        .withInterceptedStreams(DefaultLauncher.java:226)
            ~[junit-platform-launcher-1.6.2.jar:1.6.2]
               at org.junit.platform.launcher.core.DefaultLauncher
        .execute(DefaultLauncher.java:199)
            ~[junit-platform-launcher-1.6.2.jar:1.6.2]
               at org.junit.platform.launcher.core.DefaultLauncher
        .execute(DefaultLauncher.java:132)
            ~[junit-platform-launcher-1.6.2.jar:1.6.2]
               at com.intellij.junit5.JUnit5IdeaTestRunner
        .startRunnerWithArgs(JUnit5IdeaTestRunner.java:69)
            ~[junit5-rt.jar:na]
               at com.intellij.rt.junit.IdeaTestRunner$Repeater
        .startRunnerWithArgs(IdeaTestRunner.java:33)
            ~[junit-rt.jar:na]
               at com.intellij.rt.junit.JUnitStarter
        .prepareStreamsAndStart(JUnitStarter.java:230)
            ~[junit-rt.jar:na]
               at com.intellij.rt.junit.JUnitStarter
        .main(JUnitStarter.java:58) ~[junit-rt.jar:na]


java.lang.AssertionError: Status expected:<200 OK>
    but was:<500 INTERNAL_SERVER_ERROR>

> GET /acpos
> WebTestClient-Request-Id: [1]

No content

< 500 INTERNAL_SERVER_ERROR Internal Server Error
< Content-Type: [application/json]
< Content-Length: [142]

{"timestamp":"2020-11-09T15:41:12.516+00:00","path":"/acpos","status":500,
        "error":"Internal Server Error","message":"","requestId":"699a523c"}

      at org.springframework.test.web.reactive.server.ExchangeResult
    .assertWithDiagnostics(ExchangeResult.java:209)
      at org.springframework.test.web.reactive.server.StatusAssertions
    .assertStatusAndReturn(StatusAssertions.java:227)
      at org.springframework.test.web.reactive.server.StatusAssertions
    .isOk(StatusAssertions.java:67)
      at com.thehecklers.aircraftpositions.PositionControllerTest
    .getCurrentACPositions(PositionControllerTest.java:90)
```

```
  at java.base/jdk.internal.reflect.NativeMethodAccessorImpl
.invoke0(Native Method)
  at java.base/jdk.internal.reflect.NativeMethodAccessorImpl
.invoke(NativeMethodAccessorImpl.java:62)
  at java.base/jdk.internal.reflect.DelegatingMethodAccessorImpl
.invoke(DelegatingMethodAccessorImpl.java:43)
  at java.base/java.lang.reflect.Method.invoke(Method.java:564)
  at org.junit.platform.commons.util.ReflectionUtils
.invokeMethod(ReflectionUtils.java:686)
  at org.junit.jupiter.engine.execution.MethodInvocation
.proceed(MethodInvocation.java:60)
  at org.junit.jupiter.engine.execution.InvocationInterceptorChain
$ValidatingInvocation.proceed(InvocationInterceptorChain.java:131)
  at org.junit.jupiter.engine.extension.TimeoutExtension
.intercept(TimeoutExtension.java:149)
  at org.junit.jupiter.engine.extension.TimeoutExtension
.interceptTestableMethod(TimeoutExtension.java:140)
  at org.junit.jupiter.engine.extension.TimeoutExtension
.interceptTestMethod(TimeoutExtension.java:84)
  at org.junit.jupiter.engine.execution.ExecutableInvoker
$ReflectiveInterceptorCall
    .lambda$ofVoidMethod$0(ExecutableInvoker.java:115)
  at org.junit.jupiter.engine.execution.ExecutableInvoker
.lambda$invoke$0(ExecutableInvoker.java:105)
  at org.junit.jupiter.engine.execution.InvocationInterceptorChain
$InterceptedInvocation.proceed(InvocationInterceptorChain.java:106)
  at org.junit.jupiter.engine.execution.InvocationInterceptorChain
.proceed(InvocationInterceptorChain.java:64)
  at org.junit.jupiter.engine.execution.InvocationInterceptorChain
.chainAndInvoke(InvocationInterceptorChain.java:45)
  at org.junit.jupiter.engine.execution.InvocationInterceptorChain
.invoke(InvocationInterceptorChain.java:37)
  at org.junit.jupiter.engine.execution.ExecutableInvoker
.invoke(ExecutableInvoker.java:104)
  at org.junit.jupiter.engine.execution.ExecutableInvoker
.invoke(ExecutableInvoker.java:98)
  at org.junit.jupiter.engine.descriptor.TestMethodTestDescriptor
.lambda$invokeTestMethod$6(TestMethodTestDescriptor.java:212)
  at org.junit.platform.engine.support.hierarchical.ThrowableCollector
.execute(ThrowableCollector.java:73)
  at org.junit.jupiter.engine.descriptor.TestMethodTestDescriptor
.invokeTestMethod(TestMethodTestDescriptor.java:208)
  at org.junit.jupiter.engine.descriptor.TestMethodTestDescriptor
.execute(TestMethodTestDescriptor.java:137)
```

```
  at org.junit.jupiter.engine.descriptor.TestMethodTestDescriptor
.execute(TestMethodTestDescriptor.java:71)
  at org.junit.platform.engine.support.hierarchical.NodeTestTask
.lambda$executeRecursively$5(NodeTestTask.java:135)
  at org.junit.platform.engine.support.hierarchical.ThrowableCollector
.execute(ThrowableCollector.java:73)
  at org.junit.platform.engine.support.hierarchical.NodeTestTask
.lambda$executeRecursively$7(NodeTestTask.java:125)
  at org.junit.platform.engine.support.hierarchical.Node.around(Node.java:135)
  at org.junit.platform.engine.support.hierarchical.NodeTestTask
.lambda$executeRecursively$8(NodeTestTask.java:123)
  at org.junit.platform.engine.support.hierarchical.ThrowableCollector
.execute(ThrowableCollector.java:73)
  at org.junit.platform.engine.support.hierarchical.NodeTestTask
.executeRecursively(NodeTestTask.java:122)
  at org.junit.platform.engine.support.hierarchical.NodeTestTask
.execute(NodeTestTask.java:80)
  at java.base/java.util.ArrayList.forEach(ArrayList.java:1510)
  at org.junit.platform.engine.support.hierarchical
.SameThreadHierarchicalTestExecutorService
    .invokeAll(SameThreadHierarchicalTestExecutorService.java:38)
  at org.junit.platform.engine.support.hierarchical.NodeTestTask
.lambda$executeRecursively$5(NodeTestTask.java:139)
  at org.junit.platform.engine.support.hierarchical.ThrowableCollector
.execute(ThrowableCollector.java:73)
  at org.junit.platform.engine.support.hierarchical.NodeTestTask
.lambda$executeRecursively$7(NodeTestTask.java:125)
  at org.junit.platform.engine.support.hierarchical.Node.around(Node.java:135)
  at org.junit.platform.engine.support.hierarchical.NodeTestTask
.lambda$executeRecursively$8(NodeTestTask.java:123)
  at org.junit.platform.engine.support.hierarchical.ThrowableCollector
.execute(ThrowableCollector.java:73)
  at org.junit.platform.engine.support.hierarchical.NodeTestTask
.executeRecursively(NodeTestTask.java:122)
  at org.junit.platform.engine.support.hierarchical.NodeTestTask
.execute(NodeTestTask.java:80)
  at java.base/java.util.ArrayList.forEach(ArrayList.java:1510)
  at org.junit.platform.engine.support.hierarchical
.SameThreadHierarchicalTestExecutorService
    .invokeAll(SameThreadHierarchicalTestExecutorService.java:38)
  at org.junit.platform.engine.support.hierarchical.NodeTestTask
.lambda$executeRecursively$5(NodeTestTask.java:139)
  at org.junit.platform.engine.support.hierarchical.ThrowableCollector
.execute(ThrowableCollector.java:73)
```

```
    at org.junit.platform.engine.support.hierarchical.NodeTestTask
.lambda$executeRecursively$7(NodeTestTask.java:125)
    at org.junit.platform.engine.support.hierarchical.Node.around(Node.java:135)
    at org.junit.platform.engine.support.hierarchical.NodeTestTask
.lambda$executeRecursively$8(NodeTestTask.java:123)
    at org.junit.platform.engine.support.hierarchical.ThrowableCollector
.execute(ThrowableCollector.java:73)
    at org.junit.platform.engine.support.hierarchical.NodeTestTask
.executeRecursively(NodeTestTask.java:122)
    at org.junit.platform.engine.support.hierarchical.NodeTestTask
.execute(NodeTestTask.java:80)
    at org.junit.platform.engine.support.hierarchical
.SameThreadHierarchicalTestExecutorService
      .submit(SameThreadHierarchicalTestExecutorService.java:32)
    at org.junit.platform.engine.support.hierarchical.HierarchicalTestExecutor
.execute(HierarchicalTestExecutor.java:57)
    at org.junit.platform.engine.support.hierarchical.HierarchicalTestEngine
.execute(HierarchicalTestEngine.java:51)
    at org.junit.platform.launcher.core.DefaultLauncher
.execute(DefaultLauncher.java:248)
    at org.junit.platform.launcher.core.DefaultLauncher
.lambda$execute$5(DefaultLauncher.java:211)
    at org.junit.platform.launcher.core.DefaultLauncher
.withInterceptedStreams(DefaultLauncher.java:226)
    at org.junit.platform.launcher.core.DefaultLauncher
.execute(DefaultLauncher.java:199)
    at org.junit.platform.launcher.core.DefaultLauncher
.execute(DefaultLauncher.java:132)
    at com.intellij.junit5.JUnit5IdeaTestRunner
.startRunnerWithArgs(JUnit5IdeaTestRunner.java:69)
    at com.intellij.rt.junit.IdeaTestRunner$Repeater
.startRunnerWithArgs(IdeaTestRunner.java:33)
    at com.intellij.rt.junit.JUnitStarter
.prepareStreamsAndStart(JUnitStarter.java:230)
    at com.intellij.rt.junit.JUnitStarter
.main(JUnitStarter.java:58)
Caused by: java.lang.AssertionError: Status expected:<200 OK>
      but was:<500 INTERNAL_SERVER_ERROR>
    at org.springframework.test.util.AssertionErrors
.fail(AssertionErrors.java:59)
    at org.springframework.test.util.AssertionErrors
.assertEquals(AssertionErrors.java:122)
    at org.springframework.test.web.reactive.server.StatusAssertions
.lambda$assertStatusAndReturn$4(StatusAssertions.java:227)
```

```
    at org.springframework.test.web.reactive.server.ExchangeResult
.assertWithDiagnostics(ExchangeResult.java:206)
    ... 66 more
```

보다시피 단 하나의 잘못된 정보에 대한 로그가 많아 소화하기가 매우 어렵습니다. 유용한 정보도 있지만 과하고 불필요한 정보에 압도당할 정도입니다.

> **NOTE_** 여기서는 마지못해 의도적으로 이전 `Flux` 오류로 인한 전체 출력을 포함했습니다. `Publisher`에 오류가 발생했을 때 일반적인 스택트레이스로 탐색하는 것이 얼마나 어려운지 보여주고, 이후 사용할 도구가 불필요한 정보를 줄이고 문제 해결에 도움될 핵심 정보를 주는 것과 대조하기 위해서입니다. 문제의 핵심에 도달하는 것은 개발 과정에서 좌절할 일을 줄여주고, 프로덕션상의 비즈니스 애플리케이션 문제를 해결할 때 절대적으로 중요합니다.

프로젝트 리액터에는 `Hooks` 클래스를 통해 사용할 수 있는 Hook라고 하는 설정 가능한 수명 주기 콜백이 포함됩니다. 오류가 발생했을 때 필요한 정보를 찾는 데 특히 유용한 연산자는 `onOperatorDebug()`입니다.

위처럼 정상 작동하지 않는 `Publisher` 인스턴스의 생성 전에 `Hooks.onOperatorDebug()`를 호출하면, 호출 이후 `Publisher` 타입(및 하위 타입)의 모든 인스턴스의 어셈블리 타임assembly-time[49]을 정보 확인 수단으로 사용할 수 있습니다.

어셈블리 타임 정보를 수집하기 위해, 일반적으로 `Hooks.onOperatorDebug()`는 다음과 같이 애플리케이션의 메인 메서드에 적습니다.[50]

```
import org.springframework.boot.SpringApplication;
import org.springframework.boot.autoconfigure.SpringBootApplication;
import reactor.core.publisher.Hooks;

@SpringBootApplication
public class AircraftPositionsApplication {

    public static void main(String[] args) {
        Hooks.onOperatorDebug();
```

49 옮긴이_ 위 코드 어셈블링 역주를 참조하세요.

50 옮긴이_ 리액티브 연산자 체인 진행 전에 `Hooks.onOperatorDebug()`로 디버그 모드를 실행해야 모든 어셈블리 타임 정보를 추적할 수 있으므로 애플리케이션 시작 시 `Hooks.onOperatorDebug()` 메서드를 적어야 한다는 의미입니다. https://projectreactor.io/docs/core/release/reference/#debug-activate 참조

```
        SpringApplication.run(AircraftPositionsApplication.class, args);
    }

}
```

테스트 클래스에서 이 기능을 시연하고 있으므로, 의도적으로 실패한 Publisher의 코드 조립 바로 앞 줄에 Hooks.onOperatorDebug()를 추가합니다.

```
Hooks.onOperatorDebug();
Mockito.when(service.getAllAircraft()).thenReturn(
        Flux.just(ac1, ac2, ac3)
                .concatWith(Flux.error(new Throwable("Bad position report")))
);
```

Hooks.onOperatorDebug() 한 줄 추가만으로 방대한 스택트레이스가 제거되지는 않습니다. 스택트레이스로 제공되는 추가 데이터가 도움되는 경우도 가끔은 있습니다. 하지만 대부분의 경우 onOperatorDebug()에 의해 추가된 백트레이스backtrace 로그(트리 형태로 상세 정보 출력)를 사용하는 것이 오류를 식별하고 해결하는 속도를 높입니다. 자세한 내용과 형식을 유지하기 위해 getCurrentACPositions() 테스트에서 소개한 것과 같은 오류에 대한 백트레이스 요약이 [그림 12-3]에 나와 있습니다.

```
java.lang.Throwable: Bad position report
    at com.thehecklers.aircraftpositions.PositionControllerTest.setUp(PositionControllerTest.java:67) ~[test-classes/:na]
    Suppressed: reactor.core.publisher.FluxOnAssembly$OnAssemblyException:
Assembly trace from producer [reactor.core.publisher.FluxError] :
    reactor.core.publisher.Flux.error(Flux.java:871)
    com.thehecklers.aircraftpositions.PositionControllerTest.setUp(PositionControllerTest.java:68)
Error has been observed at the following site(s):
    |_          Flux.error → at com.thehecklers.aircraftpositions.PositionControllerTest.setUp(PositionControllerTest.java:68)
    |_     Flux.concatWith → at com.thehecklers.aircraftpositions.PositionControllerTest.setUp(PositionControllerTest.java:68)
    |_                     → at com.thehecklers.aircraftpositions.PositionService$MockitoMock$883678645.getAllAircraft(null:-1)
    |_           Flux.from → at org.springframework.http.codec.json.AbstractJackson2Encoder.encode(AbstractJackson2Encoder.java:178)
    |_    Flux.collectList → at org.springframework.http.codec.json.AbstractJackson2Encoder.encode(AbstractJackson2Encoder.java:179)
    |_    Flux.collectList → at org.springframework.http.codec.json.AbstractJackson2Encoder.encode(AbstractJackson2Encoder.java:179)
    |_            Mono.map → at org.springframework.http.codec.json.AbstractJackson2Encoder.encode(AbstractJackson2Encoder.java:180)
    |_            Mono.map → at org.springframework.http.codec.json.AbstractJackson2Encoder.encode(AbstractJackson2Encoder.java:180)
    |_           Mono.flux → at org.springframework.http.codec.json.AbstractJackson2Encoder.encode(AbstractJackson2Encoder.java:181)
    |_           Mono.flux → at org.springframework.http.codec.json.AbstractJackson2Encoder.encode(AbstractJackson2Encoder.java:181)
    |_           Flux.from → at org.springframework.http.server.reactive.ChannelSendOperator.<init>(ChannelSendOperator.java:57)
    |_      Mono.doOnError → at org.springframework.http.server.reactive.AbstractServerHttpResponse.writeWith(AbstractServerHttpResponse.java:221)
    |_                     → at org.springframework.http.codec.EncoderHttpMessageWriter.write(EncoderHttpMessageWriter.java:203)
    |_                     → at org.springframework.web.reactive.result.method.annotation.AbstractMessageWriterResultHandler.writeBody
 (AbstractMessageWriterResultHandler.java:104)
    |_                     → at org.springframework.web.reactive.result.method.annotation.ResponseBodyResultHandler.handleResult(ResponseBodyResultHandler.java:86)
    |_          checkpoint → Handler com.thehecklers.aircraftpositions.PositionController#getCurrentACPositions() [DispatcherHandler]
    |_        Mono.flatMap → at org.springframework.web.reactive.DispatcherHandler.lambda$handleResult$5(DispatcherHandler.java:172)
    |_ Mono.onErrorResume → at org.springframework.web.reactive.DispatcherHandler.handleResult(DispatcherHandler.java:171)
    |_        Mono.flatMap → at org.springframework.web.reactive.DispatcherHandler.handle(DispatcherHandler.java:147)
    |_                     → at org.springframework.web.server.handler.DefaultWebFilterChain.lambda$filter$0(DefaultWebFilterChain.java:120)
    |_          Mono.defer → at org.springframework.web.server.handler.DefaultWebFilterChain.filter(DefaultWebFilterChain.java:119)
    |_          Mono.defer → at org.springframework.web.server.handler.DefaultWebFilterChain.filter(DefaultWebFilterChain.java:119)
    |_                     → at org.springframework.web.server.handler.FilteringWebHandler.handle(FilteringWebHandler.java:59)
    |_                     → at org.springframework.web.server.handler.WebHandlerDecorator.handle(WebHandlerDecorator.java:56)
    |_          Mono.error → at org.springframework.web.server.handler.ExceptionHandlingWebHandler$CheckpointInsertingHandler.handle(ExceptionHandlingWebHandler
.java:98)
    |_          Mono.error → at org.springframework.web.server.handler.ExceptionHandlingWebHandler$CheckpointInsertingHandler.handle(ExceptionHandlingWebHandler
.java:98)
    |_          checkpoint → HTTP GET "/acpos" [ExceptionHandlingWebHandler]
    |_                     → at org.springframework.web.server.handler.ExceptionHandlingWebHandler.lambda$handle$0(ExceptionHandlingWebHandler.java:77)
    |_ Mono.onErrorResume → at org.springframework.web.server.handler.ExceptionHandlingWebHandler.handle(ExceptionHandlingWebHandler.java:77)
    |_ Mono.onErrorResume → at org.springframework.web.server.handler.ExceptionHandlingWebHandler.handle(ExceptionHandlingWebHandler.java:77)
```

그림 12-3 백트레이스 디버깅

[그림 12-3]의 백트레이스 로그 맨 위를 보면 Bad position report가 찍혀 있습니다. 또 PositionControllerTest.java의 68행에 concatWith를 사용한 Flux 오류가 출력됐습니다. Hooks.onOperatorDebug() 덕분에 이 문제와 특정 위치를 식별하는 데 걸린 시간이 몇 분에서 몇 초로 단축됐습니다.

그러나 Hooks.onOperatorDebug() 실행 이후의 모든 Publisher에 대한 어셈블리 타임 정보를 추적하려면 비용이 듭니다. Hooks.onOperatorDebug()로 실행되는 디버그 모드는 전역적이며, 디버그 모드가 활성화되면 Publisher가 실행하는 모든 리액티브 스트림의 모든 연산자 체인chained operator에 영향을 미치기 때문에 상대적으로 런타임runtime 비용이 많이 듭니다. 다른 대안을 생각해봅시다.

12.3.2 체크포인트

모든 Publisher에 백트레이스를 모두 출력하는 대신 주요 Publisher 근처에 체크포인트를 설정해서 문제를 쉽게 해결할 수 있습니다. checkpoint() 연산자를 체인에 삽입하면 Hook를 활성화하는 것처럼 작동하지만, 해당 연산자 체인의 해당 부분에 대해서만 작동합니다.

체크포인트에는 세 가지 변형이 있습니다.

- 백트레이스가 포함된 표준 체크포인트
- 내용을 설명하는 문자열 매개변수를 허용하고 백트레이스를 포함하지 않는 경량 체크포인트
- 내용을 설명하는 문자열 매개변수도 허용하는 백트레이스가 있는 표준 체크포인트

실제로 작동하는 것을 봅시다.

먼저 Position ControllerTest: 내의 setUp() 메서드에서 PositionService::getAllAircraft를 위해 Mock 메서드 앞에 있는 Hooks.onOperatorDebug()를 제거합니다.

```
//Hooks.onOperatorDebug();    주석 처리 혹은 삭제
Mockito.when(service.getAllAircraft()).thenReturn(
    Flux.just(ac1, ac2, ac3)
        .checkpoint()
        .concatWith(Flux.error(new Throwable("Bad position report")))
        .checkpoint()
);
```

`getCurrentACPositions()`에 대한 테스트를 다시 실행하면 [그림 12-4]에 표시된 결과가 생성됩니다.

```
java.lang.Throwable: Bad position report
    at com.thehecklers.aircraftpositions.PositionControllerTest.setUp(PositionControllerTest.java:68) ~[test-classes/:na]
    Suppressed: reactor.core.publisher.FluxOnAssembly$OnAssemblyException:
Assembly trace from producer [reactor.core.publisher.FluxConcatArray] :
    reactor.core.publisher.Flux.checkpoint(Flux.java:3196)
    com.thehecklers.aircraftpositions.PositionControllerTest.setUp(PositionControllerTest.java:70)
Error has been observed at the following site(s):
    |_     Flux.checkpoint → at com.thehecklers.aircraftpositions.PositionControllerTest.setUp(PositionControllerTest.java:70)
    |_                     → at com.thehecklers.aircraftpositions.PositionService$MockitoMock$1696125553.getAllAircraft(null:-1)
    |_           Flux.from → at org.springframework.http.codec.json.AbstractJackson2Encoder.encode(AbstractJackson2Encoder.java:178)
    |_    Flux.collectList → at org.springframework.http.codec.json.AbstractJackson2Encoder.encode(AbstractJackson2Encoder.java:179)
    |_            Mono.map → at org.springframework.http.codec.json.AbstractJackson2Encoder.encode(AbstractJackson2Encoder.java:180)
    |_           Mono.flux → at org.springframework.http.codec.json.AbstractJackson2Encoder.encode(AbstractJackson2Encoder.java:181)
    |_           Flux.from → at org.springframework.http.server.reactive.ChannelSendOperator.<init>(ChannelSendOperator.java:57)
    |_                     → at org.springframework.http.codec.EncoderHttpMessageWriter.write(EncoderHttpMessageWriter.java:203)
    |_                     → at org.springframework.web.reactive.result.method.annotation.AbstractMessageWriterResultHandler.writeBody
 (AbstractMessageWriterResultHandler.java:104)
    |_                     → at org.springframework.web.reactive.result.method.annotation.ResponseBodyResultHandler.handleResult(ResponseBodyResultHandler.java:86)
    |_          checkpoint → Handler com.thehecklers.aircraftpositions.PositionController#getCurrentACPositions() [DispatcherHandler]
    |_                     → at org.springframework.web.server.handler.DefaultWebFilterChain.lambda$filter$0(DefaultWebFilterChain.java:120)
    |_          Mono.defer → at org.springframework.web.server.handler.DefaultWebFilterChain.filter(DefaultWebFilterChain.java:119)
    |_                     → at org.springframework.web.server.handler.FilteringWebHandler.handle(FilteringWebHandler.java:59)
    |_                     → at org.springframework.web.server.handler.WebHandlerDecorator.handle(WebHandlerDecorator.java:56)
    |_          Mono.error → at org.springframework.web.server.handler.ExceptionHandlingWebHandler$CheckpointInsertingHandler.handle(ExceptionHandlingWebHandler
.java:98)
    |_          checkpoint → HTTP GET "/acpos" [ExceptionHandlingWebHandler]
    |_                     → at org.springframework.web.server.handler.ExceptionHandlingWebHandler.lambda$handle$0(ExceptionHandlingWebHandler.java:77)
    |_ Mono.onErrorResume → at org.springframework.web.server.handler.ExceptionHandlingWebHandler.handle(ExceptionHandlingWebHandler.java:77)
```

그림 12-4 표준 체크포인트 출력

목록의 맨 위에 있는 체크포인트는 문제가 발생한 연산자로 안내합니다. 즉 트리거된 체크포인트 바로 앞에 있는 연산자입니다. 체크포인트가 위에서 `PositionControllerTest` 클래스의 64행에 삽입한 체크포인트의 특정 행 번호와 실제 소스 코드 파일을 반영하기 때문에 백트레이스 정보는 계속 수집됩니다.

경량 체크포인트로 전환하면 백트레이스 정보 모음은 개발자가 지정한 유용한 문자열 설명으로 대체됩니다. 표준 체크포인트에 대한 백트레이스 수집은 범위가 제한적이지만, 여전히 단순한 문자열을 저장하는 것 이상의 리소스가 필요합니다. 경량 체크포인트에 충분한 세부 사항을 제공할 경우, 문제가 있는 연산자를 찾는 데 동일하게 유용합니다. 경량 체크포인트를 활용하기 위해 코드를 업데이트하기는 간단합니다.

```
//Hooks.onOperatorDebug();        주석 처리 혹은 삭제
Mockito.when(service.getAllAircraft()).thenReturn(
    Flux.just(ac1, ac2, ac3)
        .checkpoint("All Aircraft: after all good positions reported")
        .concatWith(Flux.error(new Throwable("Bad position report")))
        .checkpoint("All Aircraft: after appending bad position report")
);
```

getCurrentACPositions() 테스트를 다시 실행하면 [그림 12-5]에 표시된 결과가 생성됩니다.

```
java.lang.Throwable: Bad position report
    at com.thehecklers.aircraftpositions.PositionControllerTest.setUp(PositionControllerTest.java:68) ~[test-classes/:na]
    Suppressed: reactor.core.publisher.FluxOnAssembly$OnAssemblyException:
Error has been observed at the following site(s):
    |_        checkpoint → All Aircraft: after appending bad position report
    |_                   → at com.thehecklers.aircraftpositions.PositionService$MockitoMock$1153167644.getAllAircraft(null:-1)
    |_         Flux.from → at org.springframework.http.codec.json.AbstractJackson2Encoder.encode(AbstractJackson2Encoder.java:178)
    |_   Flux.collectList → at org.springframework.http.codec.json.AbstractJackson2Encoder.encode(AbstractJackson2Encoder.java:179)
    |_          Mono.map → at org.springframework.http.codec.json.AbstractJackson2Encoder.encode(AbstractJackson2Encoder.java:180)
    |_         Mono.flux → at org.springframework.http.codec.json.AbstractJackson2Encoder.encode(AbstractJackson2Encoder.java:181)
    |_         Flux.from → at org.springframework.http.server.reactive.ChannelSendOperator.<init>(ChannelSendOperator.java:57)
    |_                   → at org.springframework.http.codec.EncoderHttpMessageWriter.write(EncoderHttpMessageWriter.java:203)
    |_                   → at org.springframework.web.reactive.result.method.annotation.AbstractMessageWriterResultHandler.writeBody
  (AbstractMessageWriterResultHandler.java:104)
    |_                   → at org.springframework.web.reactive.result.method.annotation.ResponseBodyResultHandler.handleResult(ResponseBodyResultHandler.java:86)
    |_        checkpoint → Handler com.thehecklers.aircraftpositions.PositionController#getCurrentACPositions() [DispatcherHandler]
    |_                   → at org.springframework.web.server.handler.DefaultWebFilterChain.lambda$filter$0(DefaultWebFilterChain.java:120)
    |_        Mono.defer → at org.springframework.web.server.handler.DefaultWebFilterChain.filter(DefaultWebFilterChain.java:119)
    |_                   → at org.springframework.web.server.handler.FilteringWebHandler.handle(FilteringWebHandler.java:59)
    |_                   → at org.springframework.web.server.handler.WebHandlerDecorator.handle(WebHandlerDecorator.java:56)
    |_        Mono.error → at org.springframework.web.server.handler.ExceptionHandlingWebHandler$CheckpointInsertingHandler.handle(ExceptionHandlingWebHandler
  .java:98)
    |_        checkpoint → HTTP GET "/acpos" [ExceptionHandlingWebHandler]
    |_                   → at org.springframework.web.server.handler.ExceptionHandlingWebHandler.lambda$handle$0(ExceptionHandlingWebHandler.java:77)
    |_ Mono.onErrorResume → at org.springframework.web.server.handler.ExceptionHandlingWebHandler.handle(ExceptionHandlingWebHandler.java:77)
```

그림 12-5 경량 체크포인트 출력

체크포인트 목록에 더 이상 파일과 행 번호는 없지만, 명확한 설명을 통해 Flux 코드 조립에서 문제가 발생한 연산자를 쉽게 찾을 수 있습니다.

경우에 따라 Publisher를 구축하기 위해 매우 복잡한 체인 연사자를 사용해야 하는 요구사항이 있기도 합니다. 이러한 상황에서는 문제 해결을 위해 문자열 설명과 전체 백트레이스 정보를 모두 포함하는 것이 유용합니다. 매우 제한된 예를 보여주기 위해 PositionService::getAllAircraft에 사용된 Mock 메서드를 다음과 같이 한 번 더 리팩터링합니다.

```
//Hooks.onOperatorDebug();        주석 처리 혹은 삭제
Mockito.when(service.getAllAircraft()).thenReturn(
    Flux.just(ac1, ac2, ac3)
        .checkpoint("All Aircraft: after all good positions reported", true)
        .concatWith(Flux.error(new Throwable("Bad position report")))
        .checkpoint("All Aircraft: after appending bad position report", true)
);
```

getCurrentACPositions() 테스트를 다시 한번 실행하면, [그림 12-6]과 같은 출력 결과가 나타납니다.

```
java.lang.Throwable: Bad position report
    at com.thehecklers.aircraftpositions.PositionControllerTest.setUp(PositionControllerTest.java:68) ~[test-classes/:na]
    Suppressed: reactor.core.publisher.FluxOnAssembly$OnAssemblyException:
Assembly trace from producer [reactor.core.publisher.FluxConcatArray], described as [All Aircraft: after appending bad position report] :
    reactor.core.publisher.Flux.checkpoint(Flux.java:3261)
    com.thehecklers.aircraftpositions.PositionControllerTest.setUp(PositionControllerTest.java:70)
Error has been observed at the following site(s):
    |_    Flux.checkpoint → at com.thehecklers.aircraftpositions.PositionControllerTest.setUp(PositionControllerTest.java:70)
    |_                    → at com.thehecklers.aircraftpositions.PositionService$MockitoMock$1058388294.getAllAircraft(null:-1)
    |_          Flux.from → at org.springframework.http.codec.json.AbstractJackson2Encoder.encode(AbstractJackson2Encoder.java:178)
    |_   Flux.collectList → at org.springframework.http.codec.json.AbstractJackson2Encoder.encode(AbstractJackson2Encoder.java:179)
    |_           Mono.map → at org.springframework.http.codec.json.AbstractJackson2Encoder.encode(AbstractJackson2Encoder.java:180)
    |_          Mono.flux → at org.springframework.http.codec.json.AbstractJackson2Encoder.encode(AbstractJackson2Encoder.java:181)
    |_          Flux.from → at org.springframework.http.server.reactive.ChannelSendOperator.<init>(ChannelSendOperator.java:57)
    |_                    → at org.springframework.http.codec.EncoderHttpMessageWriter.write(EncoderHttpMessageWriter.java:203)
    |_                    → at org.springframework.web.reactive.result.method.annotation.AbstractMessageWriterResultHandler.writeBody
 (AbstractMessageWriterResultHandler.java:104)
    |_                    → at org.springframework.web.reactive.result.method.annotation.ResponseBodyResultHandler.handleResult(ResponseBodyResultHandler.java:86)
    |_         checkpoint → Handler com.thehecklers.aircraftpositions.PositionController#getCurrentACPositions() [DispatcherHandler]
    |_                    → at org.springframework.web.server.handler.DefaultWebFilterChain.lambda$filter$0(DefaultWebFilterChain.java:120)
    |_         Mono.defer → at org.springframework.web.server.handler.DefaultWebFilterChain.filter(DefaultWebFilterChain.java:119)
    |_                    → at org.springframework.web.server.handler.FilteringWebHandler.handle(FilteringWebHandler.java:59)
    |_                    → at org.springframework.web.server.handler.WebHandlerDecorator.handle(WebHandlerDecorator.java:56)
    |_         Mono.error → at org.springframework.web.server.handler.ExceptionHandlingWebHandler$CheckpointInsertingHandler.handle(ExceptionHandlingWebHandler
 .java:98)
    |_         checkpoint → HTTP GET "/acpos" [ExceptionHandlingWebHandler]
    |_                    → at org.springframework.web.server.handler.ExceptionHandlingWebHandler.lambda$handle$0(ExceptionHandlingWebHandler.java:77)
    |_ Mono.onErrorResume → at org.springframework.web.server.handler.ExceptionHandlingWebHandler.handle(ExceptionHandlingWebHandler.java:77)
Stack trace:
        at com.thehecklers.aircraftpositions.PositionControllerTest.setUp(PositionControllerTest.java:68) ~[test-classes/:na] <35 internal calls>
        at java.base/java.util.ArrayList.forEach(ArrayList.java:1510) ~[na:na] <9 internal calls>
        at java.base/java.util.ArrayList.forEach(ArrayList.java:1510) ~[na:na] <23 internal calls>
```

그림 12-6 문자열 설명이 추가된 표준 체크포인트

12.3.3 ReactorDebugAgent.init()

앞서 Hook를 사용해 생성한 백트레이스처럼 동일한 Hook를 사용해 디버깅을 활성화함으로써 부과되는 성능 저하 없이, 애플리케이션 내의 모든 `Publisher`에 전체 백트레이스의 이점을 실현할 방법이 있습니다.

리액터 프로젝트에는 애플리케이션에 포함된 코드를 계측하는 데 사용되는 별도의 자바 에이전트가 포함된 `reactor-tools`라는 라이브러리가 있습니다. `react-tools`는 디버깅 정보를 애플리케이션에 추가하고 실행 중인 애플리케이션에 연결해서 모든 후속 `Publisher`의 실행을 추적하며, 성능 저하 없이 동일한 종류의 자세한 백트레이스 정보를 Hook로 제공합니다. 따라서 `ReactorDebugAgent`를 활성화한 상태의 프로덕션 환경에서 리액티브 애플리케이션을 실행하는 방법은 단점이 거의 없으며 장점은 무수히 많습니다.

별도의 라이브러리로서 `react-tools`는 애플리케이션의 빌드 파일에 수동으로 추가해야 합니다. `Aircraft Positions` 앱의 메이븐 *pom.xml*에 다음 항목을 추가합니다.

```
<dependency>
    <groupId>io.projectreactor</groupId>
    <artifactId>reactor-tools</artifactId>
</dependency>
```

업데이트된 *pom.xml*을 저장한 후 프로젝트 내 ReactorDebugAgent에의 액세스 권한을 얻기 위해 의존성을 새로고침하거나 재임포트합니다.

Hooks.onOperatorDebug()와 마찬가지로 ReactorDebugAgent는 일반적으로 애플리케이션을 실행하기 전에 애플리케이션의 메인 메서드에서 초기화합니다. 전체 애플리케이션 컨텍스트를 로딩하지 않는 테스트 내에서 ReactorDebugAgent를 시연할 것이므로, 앞서 시연한 Hooks.onOperatorDebug()와 마찬가지로 런타임 실행 오류를 시연하는 데 사용되는 Flux를 생성하기 직전의 부분에 초기화 호출을 삽입합니다. 이제 불필요한 checkpoint()에 대한 호출을 제거합니다.

```
//Hooks.onOperatorDebug();
ReactorDebugAgent.init();      // 이 줄을 추가
Mockito.when(service.getAllAircraft()).thenReturn(
        Flux.just(ac1, ac2, ac3)
                .concatWith(Flux.error(new Throwable("Bad position report")))
);
```

다시 한번 getCurrentACPositions() 테스트로 돌아가 실행하면, [그림 12-7]에 표시된 요약 트리가 출력됩니다. 트리를 보면 Hooks.onOperatorDebug()에서 제공하는 것과 유사하지만 런타임 시 발생한 단점이 없습니다.

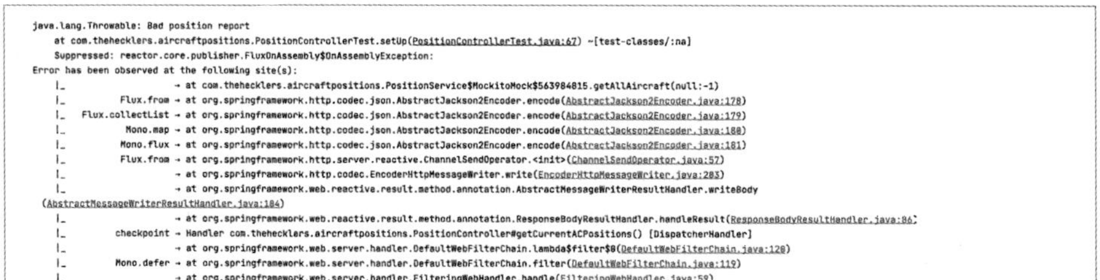

```
java.lang.Throwable: Bad position report
    at com.thehecklers.aircraftpositions.PositionControllerTest.setUp(PositionControllerTest.java:67) ~[test-classes/:na]
    Suppressed: reactor.core.publisher.FluxOnAssembly$OnAssemblyException:
Error has been observed at the following site(s):
    |_                  → at com.thehecklers.aircraftpositions.PositionService$MockitoMock$563984815.getAllAircraft(null:-1)
    |_        Flux.from → at org.springframework.http.codec.json.AbstractJackson2Encoder.encode(AbstractJackson2Encoder.java:178)
    |_ Flux.collectList → at org.springframework.http.codec.json.AbstractJackson2Encoder.encode(AbstractJackson2Encoder.java:179)
    |_         Mono.map → at org.springframework.http.codec.json.AbstractJackson2Encoder.encode(AbstractJackson2Encoder.java:180)
    |_        Mono.flux → at org.springframework.http.codec.json.AbstractJackson2Encoder.encode(AbstractJackson2Encoder.java:181)
    |_        Flux.from → at org.springframework.http.server.reactive.ChannelSendOperator.<init>(ChannelSendOperator.java:57)
    |_                  → at org.springframework.http.codec.EncoderHttpMessageWriter.write(EncoderHttpMessageWriter.java:203)
    |_                  → at org.springframework.web.reactive.result.method.annotation.AbstractMessageWriterResultHandler.writeBody
 (AbstractMessageWriterResultHandler.java:104)
    |_                  → at org.springframework.web.reactive.result.method.annotation.ResponseBodyResultHandler.handleResult(ResponseBodyResultHandler.java:86)
    |_       checkpoint → Handler com.thehecklers.aircraftpositions.PositionController#getCurrentACPositions() [DispatcherHandler]
    |_                  → at org.springframework.web.server.handler.DefaultWebFilterChain.lambda$filter$0(DefaultWebFilterChain.java:120)
    |_       Mono.defer → at org.springframework.web.server.handler.DefaultWebFilterChain.filter(DefaultWebFilterChain.java:119)
    |_                  → at org.springframework.web.server.handler.FilteringWebHandler.handle(FilteringWebHandler.java:59)
    |_                  → at org.springframework.web.server.handler.WebHandlerDecorator.handle(WebHandlerDecorator.java:56)
    |_       Mono.error → at org.springframework.web.server.handler.ExceptionHandlingWebHandler$CheckpointInsertingHandler.handle(ExceptionHandlingWebHandler
 .java:98)
    |_       checkpoint → HTTP GET "/acpos" [ExceptionHandlingWebHandler]
    |_                  → at org.springframework.web.server.handler.ExceptionHandlingWebHandler.lambda$handle$0(ExceptionHandlingWebHandler.java:77)
    |_ Mono.onErrorResume → at org.springframework.web.server.handler.ExceptionHandlingWebHandler.handle(ExceptionHandlingWebHandler.java:77)
Stack trace:
        at com.thehecklers.aircraftpositions.PositionControllerTest.setUp(PositionControllerTest.java:67) ~[test-classes/:na] <35 internal calls>
        at java.base/java.util.ArrayList.forEach(ArrayList.java:1510) ~[na:na] <9 internal calls>
        at java.base/java.util.ArrayList.forEach(ArrayList.java:1510) ~[na:na] <23 internal calls>
```

그림 12-7 Flux 오류로 인한 ReactorDebugAgent 출력

리액티브 애플리케이션을 테스트하거나 디버깅하는 데 직접적인 도움이 되지는 않지만, 그럼에도 애플리케이션 품질을 개선하는 데 도움되는 도구들도 있습니다. 한 예로 BlockHound(*https://github.com/reactor/BlockHound*)는 이 장의 범위를 벗어나지만 블로킹 호출이 애플리케이션의 코드 또는 해당 의존성 내에 숨겨져 있는지 확인하는 데 유용합니다. 물론 이 도구와 그 밖의 도구는 리액티브 애플리케이션과 시스템의 수준을 높일 다양한 방법을 제공하기 위해 빠르게 진화하며 발전하고 있습니다.

TIP_ 코드 사용하기
완성된 코드는 깃허브(chapter12end 브랜치)에서 확인할 수 있습니다.

12.4 마치며

리액티브 프로그래밍은 개발자에게 분산 시스템의 리소스를 더 잘 활용하는 방법과 함께 애플리케이션 경계를 넘어 커뮤니케이션 채널로 확장할 수 있는 강력한 메커니즘도 제공합니다. 명시적이고 순차적인 로직 때문에 명령형 자바라 불리는 주류 자바 개발에 익숙한 개발자들에게 리액티브에서 사용하는 선언형 접근법과 리액티브의 기능은 원치 않는 비용을 요구하기도 합니다. 예상되는 학습 곡선learning curve 외에, 물론 스프링의 병렬적이고 보완적인 웹MVC와 웹플럭스 구현 덕분에 그나마 곡선이 완만하지만, 도구 사용, 성숙도, 테스트, 문제 해결, 디버깅 같은 필수 활동에 대한 참고할 만한 관행이 주류 자바보다 비교적 적습니다.

리액티브 자바 개발이 명령형 자바 개발에 비해 초기 단계인 것은 사실이지만, 이들이 같은 뿌리에서 갈라졌다는 사실 때문에 도구와 프로세스의 빠른 개발/발전이 가능했습니다. 리액티브 자바와 마찬가지로, 스프링 역시 수십 년간의 지식을 당장 사용 가능한 프로덕션 컴포넌트로 만들기 위해 기존의 명령형 지식을 기반으로 리액티브 스프링을 만들었습니다.

이 장에서는 리액티브 스프링 부트 애플리케이션을 배포하기 시작할 때 발생할 만한 테스트, 진단/디버깅 문제의 현재 상태를 소개하고 자세히 설명했습니다. 그런 다음 사용 가능한 각 옵션의 상대적 이점을 보여주면서 다양한 방식으로 리액티브 애플리케이션을 테스트하고 문제를 해결하기 위해 웹플럭스/리액터를 프로덕션 이전과 프로덕션에서 작동시키는 방법을 시연했습니다. 지금도 마음대로 사용할 수 있는 도구가 풍부하며, 앞으로 더 많아질 것입니다.

이 책에서 저는 스프링 부트를 시작하고 실행하는 최선의 방법을 알려주기 위해 스프링 부트의 수많은 강점 중 어떤 부분을 다룰지 선택해야 했습니다. 스프링 부트에 훨씬 더 많은 기능이 있으니 책의 범위를 두 배(또는 세 배)로 늘릴 수 있었으면 하는 바람도 가졌었습니다. 이 여정에 동행해주셔서 감사합니다. 앞으로 더 많은 것을 나누기를 희망하며, 여러분의 스프링 부트 모험에 건승을 빕니다.

INDEX

INDEX

INDEX

INDEX

기타